Palestina

Rashid Khalidi

Palestina

Um século de guerra e resistência (1917-2017)

tradução
Rogerio W. Galindo

todavia

*Dedico este livro a meus netos, Tariq, Idris e Nur,
todos nascidos no século XXI, que,
tomara, vejam o fim dessa guerra centenária*

Somos uma nação ameaçada de desaparecimento.
'Isa e Yusuf al-'Isa, *Filastin*, 7 de maio de 1914

Introdução 11

1. Primeira declaração de guerra: 1917-39 31
2. Segunda declaração de guerra: 1947-8 79
3. Terceira declaração de guerra: 1967 133
4. Quarta declaração de guerra: 1982 189
5. Quinta declaração de guerra: 1987-95 227
6. Sexta declaração de guerra: 2000-14 279

Conclusão: Um século de guerra contra os palestinos 319

Agradecimentos 345
Notas 349
Índice remissivo 407
Créditos das imagens 427

Introdução

No início da década de 1990 morei em Jerusalém vários meses por ano, fazendo pesquisas nas bibliotecas particulares de algumas das famílias mais antigas da cidade, entre as quais a minha. Com minha esposa e filhos, fiquei num apartamento que pertencia a uma *waqf*, uma casa doada para fins religiosos, pela família Khalidi, no coração da populosa e barulhenta Cidade Velha. Do telhado do prédio, era possível ver duas das maiores obras-primas do início da arquitetura islâmica: o brilhante e dourado Domo da Rocha, a quase cem metros dali, no Haram al-Sharif, e mais além a cúpula prateada e menor da mesquita al-Aqsa, com o monte das Oliveiras ao fundo.[1] Em outras direções, podia-se avistar as igrejas e sinagogas da Cidade Velha.

Logo abaixo na rua Bab al-Silsila ficava o prédio principal da Biblioteca Khalidi, fundada em 1899 por meu avô, Hajj Raghib al-Khalidi, com uma herança de sua mãe, Khadija al-Khalidi.[2] A biblioteca abriga mais de 1200 manuscritos, principalmente em árabe (alguns em persa e turco otomano), sendo o mais antigo do início do século XI.[3] Contando com cerca de 2 mil livros árabes do século XIX e documentos diversos da família, a coleção é uma das mais extensas, em toda a Palestina, que ainda se encontra nas mãos dos proprietários originais.[4]

Na época de minha permanência, a estrutura principal da biblioteca, que data de meados do século XIII, estava passando por uma restauração, por isso os materiais estavam sendo guardados temporariamente em grandes caixas de papelão num prédio do período dos mamelucos ligado a nosso apartamento por uma escada estreita. Vivi mais de um ano entre aquelas caixas, passando por livros, documentos e cartas empoeirados e carcomidos pertencentes a gerações de Khalidi, entre eles meu tio-trisavô, Yusuf Diya al-Din Pasha al-Khalidi.[5]* Através de seus documentos, descobri um homem culto com ampla formação adquirida em Jerusalém, Malta, Istambul e Viena, um homem profundamente interessado em religião comparada, em especial no judaísmo, e que era dono de muitos livros em línguas europeias sobre esse e outros assuntos.

Yusuf Diya era herdeiro de uma grande linhagem de estudiosos islâmicos e funcionários da área jurídica de Jerusalém; seu pai, al-Sayyid Muhammad 'Ali al-Khalidi, servira por cerca de cinquenta anos como vice-*cádi* e chefe da secretaria do tribunal da Xaria da cidade. Mas muito jovem Yusuf Diya decidiu seguir um caminho diferente. Depois de aprender os fundamentos de uma educação tradicional islâmica, deixou a Palestina aos dezoito anos — sem a aprovação do pai, segundo nos contaram — para passar dois anos em uma escola da British Church Mission Society em Malta. De lá, ele foi estudar na Imperial Medical School em Istambul, ingressando a seguir no Robert College, então recém-fundado na cidade por missionários protestantes americanos. Por cinco anos durante a década de 1860, Yusuf Diya frequentou uma das primeiras instituições na região que forneciam uma educação moderna ocidental, aprendendo inglês, francês, alemão e muito mais. Era uma trajetória pouco usual para um jovem de uma família de estudiosos religiosos muçulmanos em meados do século XIX.

---

* Os nomes árabes foram transcritos de acordo com o sistema simplificado usado no *International Journal of Middle East Studies* (IJMES), exceto nos casos em que outra ortografia foi preferida pelos próprios nomeados.

Yusuf Diya al-Din Pasha al-Khalidi.

Tendo obtido essa formação ampla, Yusuf Diya ocupou diversos cargos como funcionário do governo otomano — tradutor no Ministério das Relações Exteriores; cônsul no porto russo de Poti, no mar Negro; governador de distritos no Curdistão, no Líbano, na Palestina e na Síria; e prefeito de Jerusalém por quase uma década — com períodos como professor na Royal Imperial University em Viena. Ele também foi eleito deputado por Jerusalém durante o curto período do parlamento otomano estabelecido em 1876 sob a nova Constituição do império, ganhando a inimizade do sultão 'Abd al-Hamid por ter apoiado as prerrogativas parlamentares sobre o Poder Executivo.[6]

Conforme a tradição familiar e também de acordo com sua educação islâmica e ocidental, al-Khalidi também se tornou um consumado intelectual. A Biblioteca Khalidi contém muitos livros seus em francês, alemão e inglês, assim como correspondência com acadêmicos na Europa e no Oriente Médio. Além disso, antigos jornais austríacos, franceses e britânicos na biblioteca mostram que ele acompanhava regularmente a imprensa estrangeira. Há provas de que recebia esse material através da mala postal austríaca em Istambul, que não estava sujeita às draconianas leis de censura otomanas.[7]

Como resultado de suas vastas leituras, assim como de seu tempo em Viena e em outros países europeus, e de seus encontros com missionários cristãos, Yusuf Diya estava totalmente consciente da difusão do antissemitismo ocidental. Ele também havia obtido um conhecimento impressionante das origens intelectuais do sionismo, em especial sua natureza como resposta ao virulento antissemitismo da Europa cristã. Estava sem dúvida a par de *O Estado judeu*, do jornalista vienense Theodor Herzl, publicado em 1896, e sabia dos primeiros dois congressos sionistas em Basileia, na Suíça, em 1897 e 1898.[8] (De fato, parece claro que Yusuf Diya conhecia Herzl da época em que viveu em Viena.) Ele sabia dos debates e das visões de diferentes líderes e correntes sionistas, entre as quais a defesa explícita de Herzl de um Estado para os judeus, com o "direito soberano" de controle da imigração. Além disso, como prefeito de Jerusalém, ele testemunhara o conflito com a população local provocado pelos anos iniciais de atividade protossionista, começando com a chegada dos primeiros colonos judeus europeus no fim da década de 1870 e princípios da década de 1880.

Herzl, o reconhecido líder do crescente movimento que havia fundado, fez sua única visita à Palestina em 1898, programada para coincidir com a do cáiser Guilherme II da Alemanha. Ele já havia começado a pensar sobre alguns dos problemas que envolviam a colonização da Palestina, escrevendo em seu diário em 1895:

> Devemos expropriar gentilmente as propriedades privadas nos territórios a nós designados. Devemos tentar estimular a população pobre a cruzar a fronteira à procura de

empregos para ela nos países de trânsito, rejeitando-a enquanto isso para empregos em nosso país. Os proprietários virão para o nosso lado. Tanto o processo de expropriação quanto a remoção dos pobres devem ser realizados de maneira discreta e prudente.[9]

Yusuf Diya teria estado mais consciente que a maioria de seus compatriotas na Palestina da ambição do nascente movimento sionista, assim como de sua força, de seus recursos e de seu apelo. Ele sabia muito bem que não havia como conciliar as reivindicações sionistas sobre a Palestina e seu objetivo explícito por um Estado judeu e soberania com os direitos e o bem-estar dos habitantes nativos da região. Por essas razões, presume-se, ele enviou, em 1º de março de 1899, uma profética carta de sete páginas ao rabino-chefe francês, Zadoc Kahn, com a intenção de que fosse repassada ao fundador do sionismo moderno.

A carta começava com uma expressão da admiração de Yusuf Diya por Herzl, que ele estimava "como homem, como escritor de talento e como verdadeiro patriota judeu", e de seu respeito pelo judaísmo e pelos judeus, que disse serem "seus primos", referindo-se ao patriarca Abraão, reverenciado como antepassado em comum tanto por judeus quanto por muçulmanos.[10] Ele entendia as motivações do sionismo, assim como deplorava a perseguição a que os judeus estavam sujeitos na Europa. À luz disso, escreveu, a princípio o sionismo era "natural, belo e justo", e "quem poderia contestar os direitos dos judeus na Palestina? Meu Deus, historicamente é seu país!".

Essa frase é às vezes citada, separada do restante da carta, como exemplo do entusiasmo de Yusuf Diya em aceitar todo o programa sionista na Palestina. No entanto, o ex-prefeito e deputado de Jerusalém passava a alertar para os perigos que previa como consequência da implementação do projeto sionista de um Estado soberano judeu ali. A ideia sionista iria semear dissensão entre cristãos, muçulmanos e judeus locais. Iria colocar em risco o status e a segurança que os judeus sempre tinham tido em todo o domínio otomano. Chegando a seu principal argumento, Yusuf Diya disse sobriamente que, quaisquer que fossem os méritos do sionismo, as "forças brutais das circunstâncias tinham que ser consideradas". A mais importante era que "a Palestina é parte integral do Império Otomano e mais grave, é habitada por outras pessoas". Ela já tinha uma população nativa que nunca aceitaria ser suplantada. Yusuf Diya falou "com pleno conhecimento dos fatos", ponderando que era "pura loucura" o sionismo planejar tomar conta da Palestina. "Nada poderia ser mais justo e equitativo" do que

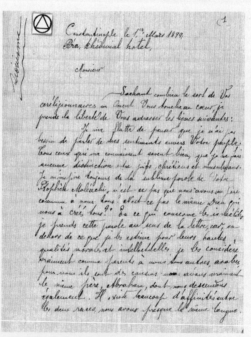

Yusuf Diya para Theodor Herzl: a Palestina
"é habitada por outras pessoas", que não
aceitarão facilmente sua própria remoção.

"a infeliz nação judaica" encontrar refúgio em outro lugar. Mas, concluía com um pedido sincero, "em nome de Deus, deixe a Palestina em paz".

A resposta de Herzl a Yusuf Diya veio rapidamente, em 19 de março. Sua carta foi talvez a primeira resposta de um fundador do movimento sionista a uma objeção palestina convincente contra seus planos embrionários para a Palestina. Nela, Herzl estabeleceu o que iria se tornar um padrão de desdenhar dos interesses da população local, e às vezes da sua própria existência, como sendo insignificantes. O líder sionista simplesmente ignorou a ideia básica da carta, de que a Palestina já era ocupada por uma população que não concordaria em ser suplantada. Apesar de ter visitado a região uma vez, Herzl, como a maioria dos primeiros sionistas europeus, não conhecia muito bem a população local nem tinha contato com ela. Ele também ficou sem responder às bem embasadas preocupações de al-Khalidi sobre o perigo que o programa sionista representava para as maiores e bem estabelecidas comunidades judaicas em todo o Oriente Médio.

Atenuando o fato de que o sionismo, em última análise, desejava a dominação judaica da Palestina, Herzl utilizou uma justificativa que tem sido o pilar do colonialismo desde sempre e em todos os lugares e que se tornaria um argumento comum do movimento sionista: a imigração judaica iria beneficiar o povo nativo da Palestina. "É em benefício do bem-estar, da riqueza individual dele, que irá aumentar quando a nossa lhe for acrescentada." Dando eco à linguagem que usara em *O Estado judeu*, Herzl acrescentou: "Ao permitir a imigração de muitos judeus que levarão para lá sua inteligência, sua perspicácia financeira e seus meios de empreendimento, ninguém pode duvidar de que o bem-estar de toda a região seria o feliz resultado".[11]

O mais revelador é que a carta aborda uma consideração que Yusuf não tinha sequer levantado. "Você vê outra dificuldade,

Excelência, na existência da população não judaica na Palestina. Mas quem pensaria em mandá-la embora?"[12] Ao dar sua garantia como resposta à pergunta não formulada por al-Khalidi, Herzl alude ao desejo registrado em seu diário de "estimular" a população pobre do país a "discretamente" atravessar as fronteiras.[13] Está claro nessa arrepiante citação que Herzl compreendia a importância do "desaparecimento" da população nativa da Palestina para que o sionismo fosse bem-sucedido. Além disso, o contrato de 1901 que ele corredigiu para a Empresa Judaico-Otomana de Terras inclui o mesmo princípio de remoção dos habitantes da Palestina para "outras províncias e territórios do Império Otomano".[14] Apesar de Herzl destacar em seus escritos que seu projeto era baseado na "maior tolerância", com direitos totais para todos,[15] o que ele queria dizer com isso era apenas a tolerância a qualquer minoria que pudesse permanecer depois que o restante fosse deslocado para outro lugar.

Herzl subestimou seu correspondente. A carta de al-Khalidi deixa claro que ele entendeu perfeitamente que o problema não era a imigração de um número "limitado de judeus" para a Palestina, mas a transformação de toda a terra num Estado judeu. Dada a resposta de Herzl para ele, Yusuf Diya só podia ter chegado a duas conclusões. Ou o líder sionista queria enganá-lo ao esconder os verdadeiros objetivos do movimento sionista, ou simplesmente não via Yusuf Diya e os árabes da Palestina como pessoas que mereciam ser levadas a sério.

Ao contrário, com a arrogante autoconfiança tão comum aos europeus do século XIX, Herzl oferecia a sugestão absurda de que a colonização e, em última análise, a usurpação de suas terras por estranhos beneficiaria o povo daquele país. Seu pensamento e sua resposta a Yusuf Diya parecem ter se baseado na suposição de que os árabes poderiam no fim ser subornados ou enganados de forma a ignorar aquilo que o movimento sionista realmente pretendia na Palestina. Essa atitude condescendente em relação à inteligência, sem falar nos direitos, da população árabe da Palestina seria repetida em série por líderes sionistas, britânicos, europeus e americanos nas décadas que se seguiram, até o presente. Quanto ao Estado judeu criado pelo movimento fundado por Herzl, como previu Yusuf Diya, deveria haver nele espaço para um povo apenas, o povo judeu: os outros seriam de fato "incentivados a partir para longe", ou, na melhor das hipóteses, tolerados.

A carta de Yusuf Diya e a resposta de Herzl são bastante conhecidas pelos historiadores do período, mas a maioria deles não parece ter refletido com cuidado sobre o que talvez tenha sido a primeira conversa significativa entre uma liderança palestina e um fundador do movimento sionista. Eles não consideraram por completo as racionalizações de Herzl, que expuseram, de maneira muito clara, a natureza essencialmente colonialista do conflito de um século na Palestina. Tampouco reconheceram os argumentos de al-Khalidi, que foram confirmados integralmente desde 1899.

Começando logo após a Primeira Guerra Mundial, o desmantelamento da sociedade nativa palestina foi posto em ação por uma imigração em grande escala de colonos judeus europeus apoiados pelas autoridades do recém-estabelecido Mandato Britânico da Palestina, que os ajudaram a construir a estrutura autônoma de um Paraestado sionista. Além disso, um setor separado da economia controlado por judeus foi criado por meio da exclusão do trabalho árabe de empresas de propriedade de judeus sob o slogan "*Avoda ivrit*", "trabalho hebreu", e a injeção de grandes quantidades de capital do exterior.[16] No meio da década de 1930, embora os judeus ainda fossem uma minoria da população, esse setor amplamente autônomo era maior do que a parcela da economia de propriedade árabe.

A população nativa foi enfraquecida ainda mais pela repressão violenta da Grande Revolta Árabe contra o domínio britânico, em 1936-9, durante a qual algo entre 14% e 17% da população de homens adultos foi morta, ferida, presa ou exilada,[17] com os britânicos utilizando 100 mil soldados e poderio aéreo para se sobrepor à resistência palestina. Enquanto isso, uma onda massiva de imigração de judeus resultante da perseguição pelo regime nazista na Alemanha aumentou a população judaica na Palestina de apenas 18% do total em 1932 para mais de 31% em 1939. Isso forneceu a massa crítica demográfica e o poder militar necessários para a limpeza étnica da Palestina em 1948. A expulsão de mais da metade da população árabe do país, primeiro por milícias sionistas e depois pelo Exército israelense, completou o triunfo militar e político do sionismo.

Tal engenharia social radical às custas da população nativa é típica de todo movimento colonizador. Na Palestina, foi necessária uma precondição para transformar a maior parte de um país predominantemente árabe num Estado predominantemente judeu. Conforme este livro irá argumentar, a história moderna da Palestina pode ser mais bem entendida nos seguintes termos: como uma guerra colonial declarada contra a população nativa, por vários participantes, para forçá-la a abrir mão de sua terra natal em favor de outras pessoas contra sua própria vontade.

Apesar de suas várias características em comum com outras campanhas colonialistas, essa guerra também se distingue por traços muito específicos, como ter sido realizada pelo movimento sionista, que era e é, em si, um projeto colonizador bastante peculiar. Para complicar ainda mais essa compreensão, há o fato de que esse conflito colonialista, conduzido com apoio massivo de poderes externos, se tornou com o tempo um confronto nacional entre duas novas entidades nacionais, dois povos. Subjacente a essa característica, e ampliando-a, estava a profunda ressonância para os judeus, e também para muitos cristãos, de sua conexão bíblica com a terra histórica de Israel. Habilmente tecida no sionismo político moderno, essa ressonância se tornou parte integrante dele. Um movimento colonialista-nacional do final do século XIX se adornou, assim, com um manto bíblico que era poderosamente atraente para protestantes leitores da Bíblia na Grã-Bretanha e nos Estados Unidos, cegando-os para a modernidade do sionismo e sua natureza colonialista: pois como poderiam os judeus estar "colonizando" a terra onde sua religião começou?

Dada essa cegueira, o conflito é retratado, na melhor das hipóteses, como um confronto nacional direto, ainda que trágico, entre dois povos com direitos sobre a mesma terra. Na pior, é descrito como o resultado do ódio fanático e arraigado de árabes e muçulmanos contra o povo judeu enquanto ele estabelece seu direito inalienável à sua terra natal eterna, dada por Deus. Na verdade, não há razão para que aquilo que vem acontecendo na Palestina faz mais de um século não possa ser entendido *tanto* como um conflito colonialista *quanto* como uma disputa entre nações. Mas nossa preocupação aqui é sua natureza colonialista, uma vez que esse aspecto central tem sido subestimado, embora essas qualidades típicas de outras campanhas colonialistas estejam evidentes na história moderna da Palestina.

De maneira característica, colonizadores europeus que procuravam suplantar ou dominar povos nativos, nas Américas, na África, na Ásia ou na Australásia (ou na Irlanda), sempre os descreveram em termos pejorativos. Eles também sempre alegam que vão melhorar as condições de vida da população nativa como resultado de seu domínio; a natureza "civilizadora" e "avançada" de seus projetos colonialistas serve para justificar qualquer maldade perpetrada contra os povos nativos para atingir seus objetivos. Basta mencionar a retórica de administradores franceses no Norte da África ou de vice-reis britânicos na Índia. Sobre o Raj britânico, Lord Curzon disse:

> Sentir que em algum lugar entre esses milhões de pessoas se deixou um pouco de justiça ou felicidade ou prosperidade, um senso de hombridade ou dignidade moral, uma fonte de patriotismo, um alvorecer de iluminação intelectual ou uma noção de dever, onde antes isso não existia — é o que basta, essa é a justificativa do inglês na Índia.[18]

As palavras "onde antes isso não existia" merecem ser repetidas. Para Curzon e outros de sua classe colonial, os nativos não sabiam o que era melhor para eles e não podiam alcançar essas coisas sozinhos: "Vocês não podem ficar sem nós", afirmou Curzon em outro discurso.[19]

Há mais de um século, os palestinos têm sido descritos precisamente na mesma linguagem por seus colonizadores, como aconteceu com outros povos nativos. A retórica condescendente de Theodor Herzl e outros líderes sionistas não era diferente da usada por seus pares europeus. O Estado judeu, escreveu Herzl, iria "formar uma parte de um muro de defesa para a Europa na Ásia, um posto avançado da civilização contra a barbárie".[20] Isso lembrava a linguagem usada na conquista da fronteira norte-americana, que acabou no século XIX com a erradicação ou submissão de toda a população nativa do continente. Como na América do Norte, a colonização da Palestina — como a da África do Sul, da Austrália, da Argélia e de partes da África Ocidental — tinha o objetivo de implantar uma colônia branca europeia. O mesmo tom em relação aos palestinos que caracteriza tanto a retórica de Curzon quanto a da carta de Herzl está replicado na maior parte do discurso sobre a Palestina nos Estados Unidos, na Europa e em Israel até hoje.

Em sintonia com essa lógica colonialista, há um amplo material literário dedicado a provar que, antes do advento da colonização sionista europeia, a Palestina era estéril, vazia e atrasada. A Palestina histórica já foi tema de inúmeras lendas depreciativas na cultura popular ocidental, bem como de escritos academicamente sem valor que se pretendem científicos e eruditos, mas que são cheios de erros históricos, retratos equivocados e, às vezes, total intolerância. No máximo, afirma essa literatura, o país era habitado por uma pequena população de beduínos sem raízes e nômades que não tinham identidade fixa e nenhum vínculo com a terra por onde passavam, de maneira essencialmente transitória.

O corolário dessa afirmação é que foram apenas o trabalho e o dinamismo dos novos imigrantes judeus que transformaram o país no jardim florido que supostamente é hoje, e que somente eles tinham uma identificação e um amor pela terra, bem como um direito a ela (concedido por Deus). Essa atitude é resumida no slogan "Uma terra sem povo para um povo sem terra", usado por apoiadores cristãos de uma Palestina judaica, bem como pelos primeiros sionistas, como Israel Zangwill.[21] A Palestina era *terra nullius* para aqueles que vieram se estabelecer nela, e aqueles que lá viviam não tinham nome e eram amorfos. Assim, a carta de Herzl a Yusuf Diya se referia a árabes palestinos, que então eram cerca de 95% dos habitantes do país, como sua "população não judaica".

Em essência, o argumento era que os palestinos não existiam, ou não deveriam ser levados em conta, ou não mereciam habitar o país que tão tristemente negligenciaram. Se não existem, então mesmo as bem fundamentadas objeções palestinas aos planos do movimento sionista poderiam ser simplesmente ignoradas. Assim como Herzl ignorou a carta de Yusuf Diya al-Khalidi, a maioria dos esquemas para a disposição da Palestina era igualmente arrogante. A Declaração Balfour, que foi emitida em 1917 por um gabinete britânico e pela qual a Inglaterra se comprometia com a criação de uma nação judaica, nem sequer mencionava os palestinos, a grande maioria da população do país na época, embora estivesse determinando o futuro da Palestina pelo século subsequente.

A ideia de que os palestinos simplesmente não existiam, ou, até pior, eram uma invenção dolosa dos que desejavam o mal a Israel, é apoiada por obras fraudulentas como *From Time Immemorial* [Desde tempos imemoriais], de Joan Peter, agora considerada de modo geral por estudiosos como sem mérito algum. (Na época da publicação em 1984, no entanto, o livro recebeu uma recepção arrebatadora, continua sendo publicado e suas vendas são desanimadoramente boas.)[22] Tal literatura, tanto pseudointelectual quanto popular, é na maior parte baseada em relatos de viajantes europeus, em relatos de novos imigrantes sionistas ou em fontes do Mandato Britânico. Com frequência é produzida por pessoas que nada sabem sobre a sociedade nativa e sua história e demonstram desprezo por ela, ou que, pior, têm objetivos que dependem de sua invisibilidade ou desaparecimento. Usando raras fontes produzidas pela sociedade palestina, essas representações essencialmente repetem a perspectiva, a ignorância e a parcialidade de gente de fora, manchada pela arrogância europeia.[23]

A mensagem também está extensamente representada na cultura popular em Israel e nos Estados Unidos, assim como na vida política e na vida pública.[24] Foi amplificada através de best-sellers como o romance *Exodus*, de Leon Uris, e o filme vencedor do Oscar baseado nele, obras que têm um grande impacto em uma geração inteira e que servem para confirmar e aprofundar preconceitos existentes.[25] Celebridades políticas já negaram explicitamente a existência de palestinos — por exemplo, Newt Gingrich, ex-presidente da Câmara dos Deputados dos Estados Unidos: "Acho que temos um povo palestino inventado, na realidade são árabes". Enquanto voltava de uma viagem à Palestina em março de 2015, o ex-governador do Arkansas Mike Huckabee disse: "Não existem realmente palestinos".[26] Em alguma medida, todo governo americano desde Harry Truman tem tido integrantes que produzem políticas sobre a Palestina cuja opinião indica que acreditam que os palestinos, existentes ou não, são menos seres humanos que os israelenses.

Significativamente, muitos dos apóstolos iniciais do sionismo se orgulhavam de abraçar a natureza colonialista do projeto. O eminente líder do sionismo revisionista Ze'ev Jabotinsky, padrinho da tendência política que domina Israel desde 1977, mantida pelos primeiros-ministros Menachem Begin, Yitzhak Shamir, Ariel Sharon, Ehud Olmert e Benjamin Netanyahu, era especialmente claro sobre isso. Ele escreveu em 1923:

> Toda população nativa no mundo resiste à colonização enquanto tiver a mínima esperança de ser capaz de se livrar do perigo de ser colonizada. É isso que os árabes na Palestina estão fazendo, e continuarão a fazer enquanto existir uma solitária faísca de esperança de que serão capazes de evitar a transformação da "Palestina" na "Terra de Israel".

Tal honestidade era rara entre outros líderes sionistas, que, como Herzl, defendiam a pureza inocente de seus objetivos ao mesmo tempo que enganavam seus interlocutores ocidentais, e talvez a si mesmos, com contos de fada sobre suas intenções benignas em relação aos habitantes árabes da Palestina.

Jabotinsky e seus seguidores estavam entre os poucos francos o bastante para admitir publicamente e sem rodeios a dura realidade que seria inevitável enfrentar na implantação de uma sociedade colonial num lugar com uma população existente. Em especial, ele reconheceu que a ameaça constante do uso de força massiva contra a maioria árabe seria necessária para implantar o programa sionista: aquilo que ele chamava de "muro de ferro" de baionetas era um imperativo para seu sucesso. "A colonização sionista [...] só pode seguir e se desenvolver sob a proteção de um poder independente da população nativa — atrás de uma parede de ferro, que a população nativa não pode romper", afirmou.[27] Essa ainda era a idade de ouro do colonialismo, quando coisas como essa perpetradas contra sociedades nativas por ocidentais eram comuns e descritas como "progresso".

As instituições sociais e econômicas fundadas pelos primeiros sionistas, que foram centrais para o sucesso do projeto sionista, eram também inquestionavelmente entendidas e descritas por todos como colonialistas. A mais importante dessas instituições era a Associação de Colonização Judaica (ACJ, renomeada Associação Judaica de Colonização da Palestina em 1924). Essa organização foi originalmente estabelecida pelo filantropo judeu alemão barão Maurice de Hirsch e depois incorporada a uma organização similar fundada pelo financista francês barão Edmond de Rothschild. A ACJ forneceu apoio financeiro massivo que viabilizou a extensiva compra de terras e os subsídios que permitiram à maioria das primeiras colônias sionistas na Palestina sobreviver e se desenvolver antes do período do Mandato e durante a vigência deste.

Não é de estranhar que, quando o colonialismo ganhou má fama na era de descolonização após a Segunda Guerra Mundial, as origens e práticas colonialistas do sionismo e de Israel foram apagadas e convenientemente esquecidas em Israel e no Ocidente. De fato, o sionismo — por duas décadas o enteado mimado do colonialismo britânico — se recriou como um movimento anticolonialista. A oportunidade para essa mudança radical surgiu com uma campanha de sabotagem e terrorismo lançada contra a Grã-Bretanha depois que ela limitou drasticamente seu apoio à imigração judaica com a publicação de um documento oficial do governo conhecido como "Livro Branco de 1939", às vésperas da Segunda Guerra Mundial. Esse desentendimento entre antigos aliados (para ajudá-los a lutar contra os palestinos no fim dos anos 1930, os britânicos haviam armado e treinado os colonos judeus cuja entrada na região permitiram) alentou a estranha ideia de que o movimento sionista era ele próprio anticolonialista.

Não havia como escapar do fato de que a princípio o sionismo tinha se apegado firmemente ao Império Britânico em busca de apoio, e só conseguira se implantar na Palestina graças aos esforços incessantes do imperialismo britânico. Não poderia ter sido diferente, pois, como destacou Jabotinsky, apenas os britânicos tinham os recursos para promover a guerra colonial necessária para sufocar a resistência palestina à invasão de seu país. Essa guerra continua desde então, promovida às vezes aberta e às vezes secretamente, mas sempre com a aprovação tácita ou explícita, e com frequência com o envolvimento direto, das principais potências e a sanção dos órgãos internacionais por elas dominados, a Liga das Nações e a Organização das Nações Unidas (ONU).

Hoje, o conflito que foi produzido por esse clássico empreendimento colonialista europeu em uma terra não europeia, apoiado desde 1917 pelo maior poder imperial do Ocidente à época, raramente é descrito em termos tão crus. Na verdade, aqueles que analisam não apenas os esforços de colonização de Israel em Jerusalém, na Cisjordânia e nas Colinas de Golã ocupadas, mas o empreendimento sionista como um todo a partir da perspectiva de sua origem e sua natureza colonizadoras, são frequentemente vilipendiados. Muitos não podem aceitar a contradição inerente à ideia de que, embora o sionismo tenha, sem dúvida, sido bem-sucedido em criar uma entidade nacional florescente em Israel, suas raízes são as de um projeto colonialista (assim como as de outros países modernos: Estados Unidos, Canadá, Austrália e Nova Zelândia). Nem conseguem aceitar que não teriam tido êxito não fosse o apoio dos grandes poderes imperiais, Grã-Bretanha e depois Estados Unidos. O sionismo, portanto, poderia ser e foi um movimento simultaneamente nacional e colonialista.

Em vez de escrever uma pesquisa ampla da história palestina, escolhi me concentrar em seis pontos importantes na luta pela Palestina. Esses seis eventos — desde a publicação, em 1917, da Declaração Balfour, que decidiu o destino da Palestina, ao cerco de Israel à Faixa de Gaza e suas guerras intermitentes contra a população local no início dos anos 2000 — destacam a natureza colonialista de cem anos de guerra contra a Palestina, e também o papel indispensável de poderes externos em promovê-la.[28] Contei essa história parcialmente através da experiência de palestinos que viveram durante a guerra, muitos deles membros de minha família que estavam presentes em alguns dos episódios descritos. Incluí minhas próprias lembranças dos eventos que testemunhei, assim como material pertencente à minha e a outras famílias, além de várias narrativas em primeira pessoa. Meu propósito foi mostrar que esse conflito deve ser entendido de maneira bastante diferente do que prega a maioria das visões predominantes.

Já escrevi muitos livros e numerosos artigos sobre diferentes aspectos da história palestina numa veia puramente acadêmica.[29] Essa é a base deste livro, mas ele também tem uma dimensão de primeira pessoa que costuma ser excluída da história acadêmica. Embora membros de minha família, assim como eu próprio, venham se envolvendo em eventos na Palestina há anos, na condição de testemunhas ou participantes, nossas experiências não são excepcionais, apesar dos privilégios de que desfrutamos por causa de nossa classe e status. Pode-se recorrer a muitos desses relatos, embora a história vinda de classes sociais mais baixas e de outros setores da sociedade palestina ainda esteja em grande medida por ser contada. No entanto, apesar das tensões inerentes a essa abordagem escolhida, acredito que ela ajuda a iluminar uma perspectiva que está faltando na forma como a história da Palestina tem sido relatada na maior parte da literatura.

Devo acrescentar que este livro não corresponde a uma "concepção lacrimosa" dos últimos cem anos da história palestina, para revisitar a brilhante crítica do grande historiador Salo Baron sobre a tendência da escrita da história pelos judeus no século XIX.[30] Os palestinos têm sido acusados, por aqueles que simpatizam com seus opressores, de chafurdar na própria vitimização. É um fato, no entanto, que, assim como todos os povos nativos que enfrentaram guerras coloniais, eles se viram em situações assustadoras e em alguns momentos insuportáveis. Também é verdade que sofreram derrotas seguidas e com frequência estiveram divididos e mal liderados. Nada disso significa que não poderiam, às vezes, enfrentar essas situações com êxito, ou que em outras ocasiões pudessem ter feito melhores escolhas.[31] Mas não podemos ignorar as aterradoras forças internacionais e imperiais organizadas contra eles, cuja escala tem sido frequentemente desprezada, e a despeito das quais mostraram uma resiliência notável. É minha esperança que este livro reflita essa resiliência e ajude a recuperar parte do que foi apagado da história por aqueles que controlam toda a Palestina histórica e a narrativa em torno dela.

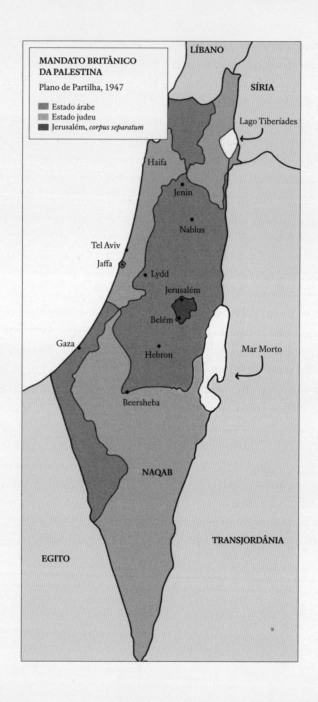

1.
Primeira declaração de guerra
1917-39

> *Há muitos casos de guerras que começaram antes de terem sido declaradas.*
>
> Arthur James Balfour[1]

Na virada do século XX, antes que o efeito da colonização sionista na Palestina tivesse sido compreendido, novas ideias estavam se espalhando, a educação e a alfabetização modernas estavam começando a se expandir, e a integração da economia do país à ordem capitalista global avançava a passos largos. A produção para exportação de cultivos como trigo e frutas cítricas, o investimento de capital em agricultura, e a introdução de culturas comerciais e trabalho remunerado, notável na rápida expansão de laranjais, estavam mudando a face de grandes porções da área rural. Essa evolução andava de mãos dadas com o acúmulo da propriedade de terras nas mãos de poucas pessoas. Grandes áreas estavam passando para o controle de proprietários ausentes — muitos dos quais viviam em Beirute ou Damasco — às custas de pequenos proprietários camponeses. Saneamento, saúde e os índices de nascidos vivos estavam aos poucos melhorando, os índices de mortes se encontravam em declínio e a população, como resultado, aumentava mais rapidamente. O telégrafo, a navegação a vapor, trens, luz a gás, eletricidade e estradas modernas transformavam gradualmente cidades, vilas e até alguns vilarejos rurais. Ao mesmo tempo, viajar na região e além dela ficou mais rápido, barato, seguro e mais conveniente.[2]

Nos anos 1860, Yusuf Diya al-Khalidi teve que ir até Malta e Istambul para receber uma educação no padrão ocidental. Em 1914, era possível obter educação em diversas escolas e faculdades estatais, privadas e missionárias na Palestina, em Beirute, no Cairo e em Damasco. A pedagogia moderna era frequentemente usada em escolas missionárias estrangeiras, católicas, protestantes e ortodoxas, assim como em escolas judaicas da Aliança Israelita Universal. Em parte por medo de que missionários aliados a seus poderosos patrocinadores dominassem a instrução da geração mais jovem, as autoridades otomanas estabeleceram uma crescente rede de escolas estatais, que acabaram servindo a mais estudantes na Palestina que as escolas estrangeiras. Embora o acesso universal à educação e a ampla alfabetização ainda estivessem num futuro distante, as mudanças que levaram à Primeira Guerra Mundial ofereceram novos horizontes e novas ideias para um número cada vez maior de pessoas.[3] A população árabe se beneficiou dessas mudanças.

Em termos sociais, a Palestina ainda era extremamente rural com uma natureza sobretudo patriarcal e hierárquica, como permaneceu em grande parte até 1948. Era dominada por pequenas elites urbanas oriundas de algumas famílias como a minha, que se agarravam a suas posições e privilégios enquanto se adaptavam às novas condições, com seus membros mais jovens adquirindo educação moderna e aprendendo línguas estrangeiras para manter seu status e suas vantagens. Essas elites controlavam a política da Palestina, embora o crescimento de novas profissões, comércios e classes significasse que nos anos 1900 havia mais caminhos de evolução e mobilidade vertical. No rápido crescimento das cidades costeiras de Jaffa e Haifa em particular, as mudanças eram mais visíveis do que nas cidades conservadoras do interior como Jerusalém, Nablus e Hebron, uma vez que as primeiras testemunharam o surgimento de uma burguesia comercial incipiente e de uma classe trabalhadora urbana embrionária.[4]

Ao mesmo tempo, o sentimento de identidade de grande parte da população também evoluía e mudava. A geração de meu avô se identificava — e era identificada — em termos de família, afiliação religiosa e cidade ou vila de origem. Eles valorizavam a linhagem de seus ancestrais reverenciados; eram falantes orgulhosos do árabe, a língua do Alcorão, e herdeiros da cultura árabe. Podiam se sentir leais à dinastia e ao Estado otomano, uma aliança enraizada na tradição, assim como num sentimento de que o Estado otomano era um baluarte da defesa das terras dos primeiros e maiores impérios muçulmanos, terras cobiçadas pelo cristianismo desde as Cruzadas, terras nas quais se localizavam as cidades sagradas de Meca, Medina e Jerusalém. Essa lealdade, no entanto, havia começado a se enfraquecer no século XIX, à medida que a fundação religiosa do Estado diminuía, que derrotas militares otomanas e perdas territoriais se acumulavam, e que as ideias de nacionalismo evoluíam e se espalhavam.

A mobilidade e o acesso maiores à educação aceleraram essas mudanças, e a imprensa florescente e a disponibilidade de livros impressos também tiveram papel importante: 32 novos jornais e periódicos se estabeleceram na Palestina entre 1908 e 1914, e ainda mais nos anos 1920 e 1930.[5] Diferentes formas de identificação, tais como a nacionalidade e as novas ideias sobre organização social, entre as quais a solidariedade na classe trabalhadora e o papel das mulheres na sociedade, estavam surgindo para desafiar as antigas afiliações estabelecidas. Esses modos de pertencimento, a uma nacionalidade, ou a uma classe, ou a um grupo profissional, ainda estavam em formação e evoluíram em camadas sobrepostas de lealdade. A carta de Yusuf Diya a Herzl, em 1899, por exemplo, evoca afiliação religiosa, a lealdade otomana, o orgulho local em Jerusalém e um claro senso de identificação com a Palestina.

Nessa primeira década do século XX, muitos judeus que viviam na Palestina ainda eram culturalmente bastante parecidos com os citadinos muçulmanos e cristãos, e viviam de modo razoavelmente satisfatório a seu lado. Eles eram em sua maioria ultraortodoxos e não sionistas, *mizrahi* (orientais) ou sefarditas (descendentes de judeus expulsos da Espanha), urbanitas do Oriente Médio ou de origem mediterrânea que frequentemente falavam árabe ou turco, ainda que apenas como segundo ou terceiro idioma. Apesar das marcadas diferenças religiosas entre eles e seus vizinhos, não eram estrangeiros, nem eram europeus ou colonos: eram, viam a si mesmos e eram vistos como judeus que faziam parte da sociedade nativa de maioria muçulmana.[6] Além do mais, alguns jovens judeus europeus asquenazes estabelecidos na Palestina nessa época, entre os quais alguns fervorosos sionistas como David Ben-Gurion e Yitzhak Ben-Zvi (um se tornou primeiro-ministro e o outro, presidente de Israel), inicialmente procuraram algum tipo de integração à sociedade local. Ben-Gurion e Ben-Zvi até obtiveram nacionalidade otomana, estudaram em Istambul e aprenderam árabe e turco.

A velocidade muito maior de transformação em países desenvolvidos da Europa Ocidental e da América do Norte, comparada à do resto do mundo durante a era industrial moderna, levou muitos observadores estrangeiros, entre eles alguns estudiosos proeminentes, a alegar erroneamente que as sociedades do Oriente Médio, como a Palestina, estavam estagnadas ou até que se encontravam "em declínio".[7] Sabemos agora a partir de muitos índices que esse não era de forma alguma o caso: um corpo crescente de trabalho histórico solidamente fundamentado em fontes otomanas, palestinas, israelenses e ocidentais refuta por completo essas falsas noções.[8]

No entanto, estudos recentes sobre a Palestina nos anos anteriores a 1948 vão muito além de apenas lidar com os equívocos e as distorções no cerne de tal pensamento. Independentemente da impressão causada em leigos mal-informados, é claro que até a primeira parte do século XX existia na Palestina sob o domínio otomano uma sociedade árabe vibrante que passava por uma série de transições rápidas e aceleradas, assim como ocorria em várias outras sociedades médio-orientais em seu entorno.[9]

Grandes impactos externos têm um efeito poderoso nas sociedades, sobretudo em seu autoconhecimento. O Império Otomano se tornou cada vez mais frágil no início do século XX, com grandes perdas territoriais nos Bálcãs, na Líbia e em outros locais. Uma longa série de desgastantes conflitos e revoltas que se estenderam por quase uma década começou com a guerra na Líbia em 1911-2, seguida pela Guerra dos Bálcãs em 1912-3, e depois pelos extraordinários deslocamentos da Primeira Guerra Mundial, que levou ao desaparecimento do império. Os quatro anos desta trouxeram escassez, penúria, fome, doenças, a requisição de animais de tração e o recrutamento da maioria dos homens em idade produtiva, que foram enviados para o front. Estima-se que a Grande Síria, que incluía a Palestina e os atuais Jordânia, Síria e Líbano, tenha sofrido meio milhão de mortes entre 1915 e 1918 devido apenas à fome (exacerbada por uma praga de gafanhotos).[10]

A fome e uma penúria geral foram apenas uma das causas das terríveis condições da população. Como a maioria dos observadores estava focada nas perdas terríveis na Frente Ocidental, poucos perceberam que o Império Otomano como um todo sofreu perdas de guerra maiores do que qualquer grande potência combatente, com mais de 3 milhões de mortos, 15% da população total. Grande parte dessas perdas era de civis (sendo o maior grupo único as vítimas de massacres a mando das autoridades otomanas em 1915 e 1916 — armênios, assírios e outros cristãos).[11] Além disso, dos 2,8 milhões de soldados otomanos originalmente mobilizados, cerca de 750 mil podem ter morrido no conflito.[12] As baixas árabes também foram altas, uma vez que as unidades do Exército recrutadas no Iraque e na Grande Síria estavam fortemente representadas em sangrentos campos de batalha, como a frente oriental otomana contra a Rússia, bem como em Galípoli, Sinai, Palestina e Iraque. O demógrafo Justin McCarthy estimou que, depois de crescer cerca de 1% ao ano até 1914, a população da Palestina diminuiu 6% durante a guerra.[13]

O tumulto do período não poupou nem as famílias ricas, como a minha. Quando meu pai, Ismail, nasceu em 1915, quatro de seus irmãos adultos, Nu'man, Hasan, Husayn e Ahmad, haviam sido recrutados para servir no Exército otomano. Dois foram feridos em combate, mas tiveram a sorte de sobreviver. Minha tia 'Anbara Salam al-Khalidi se lembra de imagens terríveis de fome e privação nas ruas de Beirute, onde viveu quando jovem.[14] Husayn al-Khalidi, meu tio, que serviu como oficial médico durante a guerra, se lembra de cenas igualmente comoventes em Jerusalém, onde viu os corpos de dezenas de pessoas que morreram de fome espalhados nas ruas.[15] Os tributos extorsivos cobrados pelas autoridades otomanas durante o conflito incluíram o enforcamento, sob acusação de traição, do noivo de minha tia, 'Abd al-Ghani al-'Uraysi, ao lado de muitos outros patriotas nacionalistas árabes.[16]

Em 1917, meu avô Hajj Raghib al-Khalidi e minha avó Amira, conhecida por todos como Um Hasan, junto com outros residentes da área de Jaffa, receberam das autoridades otomanas uma ordem de evacuação. Para escapar dos riscos da guerra, eles deixaram sua casa em Tal al-Rish, perto de Jaffa (o trabalho de meu avô como juiz os havia levado até lá a partir de

Husayn e Hasan al-Khalidi, alistados
no Exército otomano.

Jerusalém muitos anos antes), com os quatro filhos pequenos, meu pai entre eles. Por vários meses, a família se refugiou na vila da colina de Dayir Ghassaneh, a leste de Jaffa, com membros do clã Barghouti, com quem tinham laços antigos.[17] A vila ficava longe o suficiente do mar para estar fora do alcance das armas navais dos Aliados, e distante das lutas pesadas ao longo da costa com as tropas britânicas comandadas pelo general Sir Edmund Allenby que avançavam para o norte.

Da primavera de 1917 até o final do outono, as partes do sul do país foram palco de uma série de batalhas entre forças britânicas e otomanas, estas últimas apoiadas por tropas alemãs e austríacas. Os combates envolveram guerra de trincheiras, ataques aéreos e bombardeios intensivos de artilharia terrestre e naval. Unidades britânicas e imperiais lançaram uma série de grandes ofensivas, que lentamente empurraram os defensores otomanos para trás. Os combates se espalharam para o norte da Palestina no inverno (Jerusalém, no centro, foi capturada pelos britânicos em dezembro de 1917) e continuaram no início de 1918. Em muitas regiões, o impacto direto da guerra causou intenso sofrimento. Um dos distritos mais atingidos compreendia a Cidade de Gaza e as cidades e vilarejos próximos, onde extensas áreas foram pulverizadas por pesados bombardeios britânicos durante a prolongada guerra de trincheiras e, em seguida, pelo lento avanço aliado na costa do Mediterrâneo.

Logo depois de Jaffa ter sido capturada pelos britânicos em novembro de 1917, a família de meu avô voltou para casa, em Tal al-Rish. Outra tia, Fatima al-Khalidi Salam, então com oito anos, se recorda do pai falando com soldados britânicos. "*Welcome, welcome*" [bem-vindos, bem-vindos], disse ele em seu inglês sem dúvida imperfeito. Um Hasan, que ouviu o cumprimento como "*Ya waylkum*" — "Ai de vocês!" em árabe —, temeu que ele tivesse posto a família em risco ao provocar os soldados aliados.[18] Estivesse Hajj Raghib al-Khalidi saudando ou lamentando a chegada dos britânicos, o fato era que dois de seus filhos ainda lutavam pelo outro lado, e dois eram mantidos como prisioneiros de guerra, o que colocava a família numa situação perigosa. Dois tios permaneciam no Exército otomano, que resistiu aos britânicos no nordeste da Palestina e na Síria, até o fim de 1918.

Eles estavam entre os milhares de homens que não voltaram para casa no fim da guerra. Alguns tinham emigrado para as Américas para escapar do recrutamento, ao passo que muitos, o escritor 'Aref Shehadeh (depois conhecido como 'Arif al-'Arif) entre eles, eram mantidos como prisioneiros em campos de detenção aliados.[19] Outros estavam ainda nas colinas, fugindo do recrutamento, como Najib Nassar, editor do jornal francamente antissionista *al-Karmil*, de Haifa.[20] Também havia soldados árabes que desertaram do Exército otomano e mudaram de lado, ou que estavam servindo nas forças da Revolta Árabe lideradas por Sharif Husayn e aliada à Inglaterra. Outros ainda — como 'Isa al-'Isa, o editor do periódico *Filastin*, que havia sido exilado pelas autoridades otomanas por sua determinada independência com seus fortes ecos de nacionalismo árabe — foram forçados a deixar a região relativamente cosmopolita de Jaffa rumo a várias pequenas cidades no coração da Anatólia rural.[21]

Todos esses profundos choques materiais ampliaram o impacto das dolorosas mudanças políticas do pós-guerra, que obrigaram as pessoas a repensar antigas noções de identidade. No fim do conflito, os habitantes da Palestina e da maior parte do mundo árabe se viram sob a ocupação de exércitos europeus. Depois de quatrocentos anos, eles se deparavam com a perspectiva desconcertante de domínio estrangeiro e do rápido desaparecimento do controle otomano, único sistema de governo conhecido havia mais de vinte gerações. Foi em meio a esse grande trauma, enquanto uma era terminava e outra começava, em um contexto impiedoso de sofrimento, perda e privação, que os palestinos descobriram, de forma fragmentária, a Declaração Balfour.

A importante declaração feita há pouco mais de um século em nome do gabinete da Grã-Bretanha em 2 de novembro de 1917, pelo secretário de Estado para Relações Exteriores, Arthur James Balfour — que veio a ser conhecida como Declaração Balfour — compreendia uma única frase:

> O governo de Sua Majestade vê com bons olhos o estabelecimento na Palestina de um lar nacional para o povo judeu, e se empenhará ao máximo para facilitar a realização desse objetivo, ficando claramente entendido que nada deve ser feito que possa prejudicar os direitos civis e religiosos das

comunidades não judaicas ali existentes, ou os direitos e status políticos desfrutados por judeus em qualquer outro país.

Se antes da Primeira Guerra Mundial muitos palestinos conscientes haviam começado a ver o movimento sionista como uma ameaça, a Declaração Balfour introduziu um novo e terrível elemento. Na linguagem leve e enganadora da diplomacia, com sua frase ambígua que aprovava "o estabelecimento na Palestina de um lar nacional para o povo judeu", a declaração efetivamente prometia apoio britânico à meta de Theodor Herzl de criar um Estado judeu soberano e o controle de imigração em toda a Palestina.

Significativamente, a ampla maioria árabe da população (cerca de 94% na época) não foi mencionada por Balfour, exceto de maneira indireta, como as "comunidades não judaicas ali existentes". Elas eram descritas em termos do que *não* eram, e certamente não como uma nação ou um povo — as palavras "palestinos" e "árabes" não estão entre as 67 palavras da declaração. A essa maioria esmagadora da população eram prometidos apenas "direitos civis e religiosos", não direitos políticos ou nacionais. Em contraste, Balfour prescrevia direitos nacionais para o que chamava de "povo judeu", que em 1917 era uma pequena minoria — 6% — dos habitantes do país.

Antes de garantir o apoio britânico, o movimento sionista havia sido um projeto de colonização em busca de um grande poder patrocinador. Sem conseguir encontrá-lo no Império Otomano, na Alemanha da era guilhermina e em outros lugares, o sucessor de Theodor Herzl, Chaim Weizmann, e seus colegas finalmente tiveram sucesso em sua abordagem ao gabinete de guerra britânico liderado por David Lloyd George, obtendo o apoio de uma das maiores potências da época. Os palestinos agora enfrentariam um adversário muito mais aterrador do que qualquer outro com que já tinham se deparado, com tropas britânicas naquele exato momento avançando para o norte e ocupando seu país, tropas que serviam a um governo que se comprometera a implantar um "lar nacional" onde a imigração ilimitada deveria produzir uma futura maioria judaica.

As intenções e os objetivos do governo britânico na época foram intensamente analisados ao longo do último século.[22] Entre suas muitas motivações estavam tanto um romântico anseio filossemita, derivado da religião, de "devolver" os hebreus à terra da Bíblia, quanto um desejo antissemita de reduzir a imigração judaica para a Grã-Bretanha, ligado à convicção de que o "judaísmo mundial" tinha o poder de manter a recém-revolucionária Rússia lutando na guerra e envolver nela os Estados Unidos. Além disso, a Grã-Bretanha desejava sobretudo o controle da Palestina por razões estratégicas geopolíticas que antecediam a Primeira Guerra Mundial e só haviam sido reforçadas pelos eventos do conflito.[23] Por mais importantes que tenham sido as outras motivações, essa era a principal: o Império Britânico *nunca* foi motivado pelo altruísmo. Seus interesses estratégicos foram perfeitamente atendidos por seu patrocínio ao projeto sionista, bem como por uma série de projetos regionais empreendidos durante a guerra. Entre eles estavam os compromissos assumidos em 1915 e 1916 que garantiam independência aos árabes liderados por Sharif Husayn, emir de Meca (consagrados na correspondência entre Husayn e McMahon), e um acordo secreto de 1916 com a França — o Acordo Sykes-Picot —, no qual as duas potências concordavam com uma partilha colonial dos países árabes do Oriente.[24]

Mais importante do que as motivações britânicas para a emissão da Declaração Balfour é o que esse empreendimento significava na prática para os objetivos claros do movimento sionista — soberania e controle completo sobre a Palestina.

Com o patrocínio irrestrito do império, esses objetivos de repente se tornaram plausíveis. Algumas lideranças políticas britânicas ampliaram o apoio ao sionismo que ia bem além do texto cuidadosamente pensado da declaração. Em um jantar na casa de Balfour em 1922, três dos mais proeminentes estadistas britânicos da época — o anfitrião, Lloyd George e Winston Churchill, secretário de Estado para as Colônias — asseguraram a Weizmann que, ao usar o termo "lar nacional judeu", eles "sempre queriam dizer um eventual Estado judeu". Lloyd George convenceu o líder sionista de que a Grã-Bretanha, por esse motivo, não permitiria um governo representativo na Palestina. E nunca o fez.[25]

Do ponto de vista dos sionistas, seu empreendimento estava agora protegido por um indispensável "muro de ferro" de poderio militar britânico, nas palavras de Ze'ev Jabotinksy. Para os habitantes da Palestina, a prosa cuidadosa e calibrada de Balfour, que decidiu seu futuro, era na realidade uma arma apontada diretamente para sua cabeça, uma declaração de guerra do Império Britânico contra a população nativa. A maioria agora enfrentava a perspectiva de ser superada por uma imigração ilimitada de judeus para um país que então era quase completamente árabe tanto na população quanto na cultura. Intencionalmente ou não, a declaração deu início a um conflito colonialista total, um ataque de um século ao povo palestino, com o objetivo de promover um "lar nacional" exclusivista às suas custas.

A reação palestina à Declaração Balfour demorou a surgir, e de início foi relativamente discreta. Notícias do pronunciamento britânico haviam se espalhado para a maior parte do mundo logo após sua promulgação. Na Palestina, no entanto, os jornais locais haviam sido calados desde o início da guerra tanto pela censura governamental quanto pela falta de papel-jornal, resultado de um duro bloqueio naval imposto pelos Aliados aos portos otomanos. Depois que tropas britânicas ocuparam Jerusalém em dezembro de 1917, o regime militar baniu a publicação de notícias sobre a declaração.[26] De fato, as autoridades britânicas não permitiram que jornais reaparecessem na Palestina por quase dois anos. Quando afinal chegaram à Palestina, os primeiros relatos da Declaração Balfour se disseminaram aos poucos pelo boca a boca e depois através de jornais egípcios que viajantes traziam do Cairo.

A notícia caiu como uma bomba em uma sociedade prostrada e exausta nesse estágio final da guerra, quando sobreviventes do caos e dos deslocamentos estavam lentamente retornando a suas casas. Há provas de que eles ficaram chocados ao tomar conhecimento dela. Em dezembro de 1918, 33 palestinos (entre os quais al-'Isa) que acabavam de se deslocar da Anatólia para Damasco (onde o acesso a notícias não era restrito) enviaram antecipadamente uma carta de protesto para a conferência de paz que estava se reunindo em Versalhes e para o Ministério das Relações Exteriores britânico. Eles reforçavam que "este país é nosso país" e expressavam horror ante a proclamação sionista de que "a Palestina seria transformada em um lar nacional para eles".[27]

Essa perspectiva pode ter parecido remota para muitos palestinos quando a Declaração Balfour foi emitida, numa época em que judeus constituíam uma pequena minoria da população. Apesar disso, alguns indivíduos visionários, Yusuf Diya al--Khalidi entre eles, haviam identificado desde o início o perigo que o sionismo representava. Em 1914, 'Isa al-'Isa escreveu, em um perspicaz editorial no *Filastin*, sobre "uma nação ameaçada de desaparecimento pela onda sionista sobre esta terra palestina, [...] uma nação que é ameaçada em sua própria existência pela expulsão de sua terra natal".[28] Aqueles que temiam a invasão do movimento sionista estavam assustados com sua capacidade de adquirir grandes extensões de terra fértil das quais os camponeses nativos eram removidos e por seu sucesso em aumentar a imigração judaica.

De fato, entre 1909 e 1914, cerca de 40 mil imigrantes judeus tinham chegado (apesar de alguns terem partido logo depois) e dezoito novas colônias (de um total de 52 em 1914) haviam sido criadas pelo movimento sionista nas terras compradas sobretudo de proprietários ausentes. A concentração relativamente recente da propriedade privada da terra facilitou muito a aquisição dessas áreas. O impacto para os palestinos foi especialmente pronunciado em comunidades agrícolas em áreas de intensa colonização sionista: a costa plana e os férteis vales Marj Ibn 'Amer e Huleh ao norte. Muitos camponeses nas vilas vizinhas a essas novas colônias haviam perdido suas propriedades como resultado das vendas de terras. Alguns haviam também sofrido em conflitos armados com as primeiras unidades paramilitares formadas pelos colonos judeus europeus.[29] O temor deles era compartilhado pelos habitantes urbanos árabes de Haifa, Jaffa e Jerusalém — os principais locais de população judaica à época e ainda agora —, que observavam com crescente preocupação o fluxo de imigrantes judeus nos anos anteriores à guerra. Depois da emissão da Declaração Balfour, as implicações desastrosas para o futuro da Palestina estavam cada vez mais visíveis para todos.

Além das mudanças demográficas, entre outras, a Primeira Guerra Mundial e suas consequências aceleraram a mudança no sentimento nacional palestino, que passou de um amor pelo país e de lealdade à família e a locais para uma forma completamente moderna de nacionalismo.[30] Em um mundo no qual o nacionalismo estava ganhando espaço havia muitas décadas, a Grande Guerra forneceu um impulso global à ideia. A tendência foi intensificada quase no fim do conflito por Woodrow Wilson nos Estados Unidos e Lênin na Rússia soviética, uma vez que ambos defendiam o princípio da autodeterminação nacional, embora de maneiras e com objetivos diferentes.

Quaisquer que fossem as intenções desses dois líderes, o aparente endosso das aspirações nacionais dos povos de todo o mundo por potências ostensivamente anticolonialistas teve um enorme impacto. Era evidente que Wilson não tinha a intenção de aplicar o princípio à maioria dos que os viam como inspiração para suas esperanças de libertação nacional. De fato, ele se confessou surpreso pela infinidade de povos, a maior parte dos quais nem conhecia, que responderam a seu chamado por autodeterminação.[31] Apesar disso, as esperanças despertadas e depois frustradas — pelos pronunciamentos de Wilson em apoio à autodeterminação nacional, pela revolução bolchevique e pela indiferença dos Aliados na Conferência de Paz em Versalhes para com as reivindicações de independência dos povos colonizados — desencadearam grandes levantes revolucionários anticolonialistas na Índia, no Egito, na China, na Coreia, na Irlanda e em outros lugares.[32] A dissolução dos impérios Otomano, dos Románov e dos Habsburgo — Estados dinásticos transnacionais — ocorreram em grande medida em virtude da propagação do nacionalismo e sua intensificação durante e após a guerra.

As identidades políticas na Palestina haviam certamente evoluído antes da guerra, em concordância com as mudanças globais e com o desenvolvimento do Estado otomano. No entanto, isso acontecera de forma relativamente lenta, dentro dos limites do império dinástico, transnacional e religiosamente legitimado. O mapa mental da maioria de seus súditos antes de 1914 fora limitado pelo fato de terem sido governados por esse sistema político por tanto tempo que lhes era difícil conceber como seria não estar sob domínio otomano. Entrando no mundo do pós-guerra, sofrendo um trauma coletivo, o povo da Palestina enfrentou uma realidade radicalmente nova: deveria ser governado pela Grã-Bretanha e seu país havia sido prometido a outros como um "lar nacional". Contra isso poderiam ser colocadas suas expectativas sobre a possibilidade de independência e autodeterminação árabe, garantida a Sharif Husayn pelos britânicos em 1916 — promessa repetida em várias declarações públicas posteriores, entre as quais uma anglo-francesa de 1918, antes de ser consagrada no Pacto da nova Liga das Nações em 1919.

Um indicador crucial para as percepções dos palestinos sobre si mesmos e sua compreensão dos eventos entre as guerras é a imprensa palestina. Dois jornais, *Filastin*, sob a direção de 'Isa al-'Isa em Jaffa, e *al-Karmil*, publicado em Haifa por Najib Nassar, eram bastiões do patriotismo local e críticos do tratado sionista-britânico e do perigo que ele representava para a maioria árabe na Palestina. Eles estavam entre os mais influentes faróis da ideia de identidade palestina. Outros jornais ecoavam e amplificavam os mesmos temas, concentrando-se na florescente e quase totalmente fechada economia judaica e em outras instituições criadas pelo projeto de construção do Estado sionista e apoiadas pelas autoridades britânicas.

Depois de participar, em 1929, da cerimônia de abertura de uma nova linha de trem que ligava Tel Aviv a assentamentos judeus e vilas árabes no sul, 'Isa al-'Isa escreveu um assustador editorial no *Filastin*. Segundo o texto, ao longo de todo o trajeto colonos judeus se aproveitavam da presença de autoridades britânicas para lhes fazer novas exigências, enquanto os palestinos não estavam por perto. "Havia apenas um tarbuche", prosseguia o autor, "entre tantos chapéus." A mensagem era clara: os *wataniyin*, "o povo do país", eram pouco organizados, ao passo que *al-qawm*, "esta nação", explorava toda oportunidade a ela oferecida. O título do editorial resumia a gravidade do alerta de al-'Isa: "Estrangeiros em nossa própria terra: Nossa letargia e a prontidão deles".[33] Outro indicador como esse é fornecido pelo crescente número de livros de memórias publicados por palestinos. A maioria deles, escrita em árabe, reflete as preocupações de seus autores de classe alta e média.[34] Encontrar a visão dos segmentos mais pobres da sociedade palestina é mais difícil. Há pouca história oral disponível das primeiras décadas de domínio britânico.[35]

Embora fontes como essas forneçam uma noção da evolução da identidade entre os palestinos, com o aumento do uso dos termos "Palestina" e "palestinos", os pontos de virada nesse processo são difíceis de identificar. Algumas coisas podem ser extraídas da trajetória pessoal de meu avô. Hajj Raghib, que teve uma educação religiosa tradicional e foi líder religioso e *cádi*, era amigo próximo de 'Isa al-'Isa (que, por coincidência, era avô de minha esposa, Mona) e contribuía com artigos sobre assuntos como educação, bibliotecas e cultura para o *Filastin*.[36] Através de histórias contadas pelas famílias Khalidi e al-'Isa, conseguimos ter uma ideia das frequentes interações sociais entre os dois — um muçulmano, o outro, grego ortodoxo —, principalmente no jardim da casa de meu avô em Tal al-Rish, nos limites de Jaffa. Em um desses encontros, ambos suportaram a interminável visita de um xeque local maçante e conservador antes de voltarem, depois que ele se foi, para o prazer mais convivial de beber em privado.[37] O fato é que Hajj Raghib, uma pessoa religiosa, fazia parte de um círculo dos principais defensores seculares da Palestina como fonte de identidade.

A história revelada, mesmo em um exame superficial, pela imprensa, por memórias e outras fontes similares geradas por palestinos vai contra a mitologia popular do conflito, que tem como premissa a inexistência deles ou sua falta de consciência coletiva. Na realidade, a identidade palestina e o nacionalismo são muitas vezes vistos como nada mais do que expressões

A família al-Khalidi, em Tal al-Rish, *c.* 1930: na fileira superior, da esquerda para a direita: Ismail (pai do autor), Ya'coub, Hasan (com Samira no colo), Husayn (segurando Leila), Ghalib. Na fileira do meio: 'Anbara, Walid, Um Hasan (avó do autor), Sulafa, Hajj Raghib (seu avô), Nash'at, Ikram. Fileira inferior: 'Adel, Hatim, Raghib, Amira, Khalid e Mu'awiya.

recentes de uma oposição irracional (e até fanática) à autodeterminação nacional judaica. Mas a identidade palestina, bem como o sionismo, surgiu em resposta a muitos estímulos, e quase exatamente ao mesmo tempo que o sionismo político moderno. A ameaça do sionismo era apenas um desses estímulos, assim como o antissemitismo era apenas um dos fatores que alimentavam o sionismo. Como revelam jornais como *Filastin* e *al-Karmil*, essa identidade incluía o amor ao país, o desejo de melhorar a sociedade, o apego religioso à Palestina e a oposição ao controle europeu. Depois da guerra, o foco na Palestina como um local central de identidade ganhou força a partir da ampla frustração com o bloqueio das aspirações árabes na Síria e em outros lugares, à medida que o Oriente

Médio se tornava sufocantemente dominado por potências colonialistas europeias. Essa identidade, portanto, é comparável a outras identidades de Estados-nações árabes que surgiram por volta da mesma época na Síria, no Líbano e no Iraque.

De fato, todos os povos árabes vizinhos desenvolveram identidades nacionais muito parecidas com a dos palestinos e o fizeram sem o impacto do surgimento do colonialismo sionista em meio a eles. Assim como o sionismo, as identidades nacionais dos palestinos e de outros povos árabes eram modernas e contingentes, um produto das circunstâncias do final do século XIX e do século XX, não eternas e imutáveis. A negação de uma identidade palestina autêntica e independente é compatível com as visões colonialistas de Herzl sobre os supostos benefícios do sionismo para a população nativa e constitui um elemento crucial no apagamento de seus direitos nacionais e de seu povo pela Declaração Balfour e suas consequências.

Assim que se tornou possível fazê-lo depois da Primeira Guerra Mundial, os palestinos começaram a se organizar politicamente em oposição tanto ao domínio britânico quanto à imposição do movimento sionista como um interlocutor privilegiado dos britânicos. As iniciativas palestinas incluíram petições aos britânicos, à Conferência de Paz de Paris e à recém-formada Liga das Nações. Sua campanha mais notável foi uma série de sete congressos da Palestina árabe planejada por uma rede em todo o país de sociedades muçulmanas e cristãs e realizada de 1919 a 1928. Esses congressos fomentaram um conjunto consistente de exigências concentradas na independência da Palestina árabe, na rejeição à Declaração Balfour, no apoio ao governo da maioria e no fim da imigração ilimitada e da compra de terras por parte de judeus. Os congressos estabeleceram uma comissão executiva árabe que se encontrou repetidas vezes com autoridades britânicas em Jerusalém e em Londres, mas sem sucesso. Era um diálogo de surdos. Os britânicos se recusavam a reconhecer a autoridade representativa dos congressos e seus líderes e insistiam na aceitação árabe da Declaração Balfour e dos termos do Mandato que a ela se seguiram — a antítese de todas as substantivas exigências árabes — como uma precondição para discussão. A liderança palestina buscou uma infrutífera abordagem legalista por mais de uma década e meia.

Em contraste com essas iniciativas da elite, a insatisfação popular com o apoio britânico às aspirações sionistas explodiu em manifestações, greves e protestos, com a violência disparando notavelmente em 1920, 1921 e 1929, cada episódio mais intenso que o anterior. Em todos os casos as explosões foram espontâneas, com frequência provocadas por grupos sionistas em demonstrações de força. Os britânicos reprimiam protestos pacíficos e explosões de violência com igual severidade, mas o descontentamento popular árabe continuou. No início dos anos 1930, elementos jovens e instruídos de classe média e classe média baixa, impacientes com a abordagem conciliatória da elite, começaram a lançar iniciativas mais radicais e a organizar mais grupos militantes. Esses grupos incluíam uma rede de ativistas organizada pela área norte do país por um pastor itinerante de origem síria baseado em Haifa chamado Shaykh 'Iz al-Din al-Qassam, que estava preparando clandestinamente uma revolta armada, assim como o Partido Istiqlal ("independência"), cujo nome resumia seus objetivos.

Todas essas iniciativas aconteceram a princípio nas sombras de um rígido regime militar britânico que durou até 1920 (um dos congressos foi realizado em Damasco porque os britânicos haviam banido as atividades políticas palestinas), e depois sob uma série de altos comissários do Mandato Britânico. O primeiro deles foi Sir Herbert Samuel, um dedicado sionista e ex-ministro que estabeleceu as fundações governamentais para muito do que se seguiu e que habilmente promoveu os objetivos sionistas ao mesmo tempo que frustrava os dos palestinos.

Palestinos bem informados sabiam o que os sionistas estavam pregando para seus seguidores tanto no exterior quanto em hebraico na Palestina — que a imigração ilimitada iria produzir uma maioria judaica, permitindo a tomada do país. Eles vinham acompanhando as falas e os feitos de líderes sionistas através de extensiva cobertura sobre o assunto na imprensa árabe desde antes da guerra.[38] Embora Chaim Weizmann, por exemplo, tivesse dito a vários árabes proeminentes, num jantar em Jerusalém em março de 1918, que era preciso "estar atento a insinuações traiçoeiras de que os sionistas estavam atrás de poder político",[39] a maioria sabia que afirmações como essas eram estratégicas e destinadas a esconder os reais objetivos dos sionistas. De fato, os líderes do movimento sionista entendiam que "sob nenhuma circunstância deveriam falar como se o programa sionista exigisse a expulsão dos árabes, porque isso faria os judeus perderem a simpatia do mundo", mas palestinos bem informados não se deixavam enganar.[40]

Embora pessoas que liam os jornais, membros da elite, camponeses e citadinos que tinham contato direto com os colonos judeus estivessem conscientes da ameaça, essa consciência estava longe de ser universal. Do mesmo modo, a evolução do senso de identidade dos palestinos foi desigual. Embora a maioria das pessoas desejasse a independência palestina, algumas alimentavam a esperança de que tal independência pudesse ser assegurada como parte de um Estado árabe maior. Um jornal publicado por um breve período em Jerusalém em 1919 por 'Arif al-'Arif e outra personalidade política, Muhammad Hasan al-Budayri, proclamava essa aspiração em seu nome: *Suriyya al-Janubiyya*, ou "Sul da Síria". (O periódico foi logo fechado pelos britânicos.) Um governo sob o comando de Amir Faysal, filho de Sharif Husayn, havia sido estabelecido em Damasco em 1918, e muitos palestinos esperavam que seu país se tornasse a parte sul desse Estado nascente. No entanto, a França reivindicou a Síria para si com base no Acordo Sykes--Picot e, em julho de 1920, tropas francesas a ocuparam, eliminando o recém-criado Estado árabe.[41] À medida que países árabes sob mandatos ou outras formas de controle europeu direto ou indireto se inquietavam com seus próprios e restritos problemas, palestinos em número cada vez maior percebiam que teriam que depender de si mesmos. O arabismo e o sentimento de pertencimento ao mundo árabe mais amplo sempre permaneceram fortes, mas a identidade palestina era o tempo todo reforçada pelo viés da Grã-Bretanha em favor do florescente projeto sionista.

Mudanças em outras partes do Oriente Médio varreram uma região assolada pela instabilidade permanente. Após um confronto amargo com forças de ocupação aliadas, o núcleo de uma república turca surgiu na Anatólia no lugar do Império Otomano. Enquanto isso, a Grã-Bretanha não conseguiu impor um tratado unilateral ao Irã e retirou suas forças de ocupação em 1921. A França se estabeleceu na Síria e no Líbano, depois de esmagar o Estado de Amir Faysal. Os egípcios que se revoltaram contra seus senhores britânicos em 1919 foram reprimidos com grande dificuldade pelo poder colonial, que foi finalmente obrigado a conceder ao Egito um simulacro de independência em 1922. Algo análogo ocorreu no Iraque, onde um levante armado generalizado em 1920 obrigou os britânicos a concederem um autogoverno sob uma monarquia árabe chefiada pelo mesmo Amir Faysal, agora com o título de rei. Pouco mais de uma década após a Primeira Guerra Mundial, turcos, iranianos, sírios, egípcios e iraquianos alcançaram certa independência, embora muitas vezes altamente restringida e severamente limitada. Na Palestina, os britânicos operavam com um conjunto diferente de regras.

* * *

Em 1922, a nova Liga das Nações emitiu seu Mandato para a Palestina, que formalizava a governança britânica do país. Em um presente extraordinário para o movimento sionista, o Mandato não só incorporava o texto literal da Declaração Balfour como ampliava de maneira considerável os compromissos nela contidos. O documento começa com uma referência ao Artigo 22 do Pacto da Liga das Nações, que afirma que para "certas comunidades [...] sua existência como nações independentes pode ser provisoriamente reconhecida". E prossegue, garantindo um compromisso internacional em manter as estipulações da Declaração Balfour. A implicação clara dessa sequência é que apenas um povo na Palestina deve ser reconhecido com direitos nacionais: o povo judeu. Isso estava em contradição com todos os outros territórios ocupados do Oriente Médio, onde o Artigo 22 do pacto se aplicava a toda a população e, em última análise, pretendia permitir alguma forma de independência desses países.

No terceiro parágrafo da introdução do Mandato, o povo judeu, e apenas o povo judeu, é descrito como tendo uma conexão histórica com a Palestina. Aos olhos dos autores, todo o ambiente construído de 2 mil anos do país com suas aldeias, santuários, castelos, mesquitas, igrejas e monumentos datados dos períodos otomano, mameluco, aiúbida, cruzado, abássida, omíada, bizantino e anteriores não pertencia a nenhum povo, ou apenas a grupos religiosos amorfos. Havia pessoas lá, sem dúvida, mas elas não tinham história ou existência coletiva e, portanto, podiam ser ignoradas. As raízes daquilo que o sociólogo israelense Baruch Kimmerling chamou de "politicídio" do povo palestino estão plenamente expostas no preâmbulo do Mandato. A maneira mais segura de erradicar o direito de um povo à sua terra é negar sua conexão histórica com ela.

Em nenhum lugar nos 28 artigos subsequentes do Mandato há qualquer referência aos palestinos como um povo com direitos nacionais ou políticos. De fato, assim como na Declaração Balfour, as palavras "árabe" e "palestino" não aparecem. As únicas proteções previstas para a grande maioria da população da Palestina envolviam direitos pessoais e religiosos e a preservação do status quo dos lugares sagrados. Por outro lado, o Mandato determinava os modos-chave para estabelecer e expandir o lar nacional para o povo judeu, que, de acordo com os autores, o movimento sionista não estava criando, mas "reconstituindo".

Sete dos 28 artigos do Mandato são dedicados aos privilégios e às facilidades a serem estendidos ao movimento sionista para implementar a política interna nacional (os demais abordam assuntos administrativos e diplomáticos, e o artigo mais longo trata da questão das antiguidades). O movimento sionista, encarnado na Palestina como a Agência Judaica para Israel, foi explicitamente designado como o representante oficial da população judaica do país, embora antes da imigração em massa de sionistas europeus comprometidos a comunidade judaica fosse composta principalmente por judeus religiosos ou *mizrahi* que, em sua maioria, não eram sionistas ou até mesmo se opunham ao sionismo. É claro que a maioria árabe não identificada não teve direito a qualquer representação.

O Artigo 2º do Mandato previa instituições autônomas; no entanto, o contexto deixa claro que isso se aplicava apenas ao *yishuv*, como a população judaica da Palestina era chamada, enquanto à maioria palestina era negado consistentemente o acesso a tais instituições. (Quaisquer concessões posteriores oferecidas em questões de representação, como uma proposta britânica para uma Agência Árabe, estavam condicionadas a igual representação para a pequena minoria e a grande maioria, e à aceitação palestina dos termos do

Mandato, que explicitamente anulavam sua existência — apenas a primeira situação absurda em que os palestinos se veriam presos.) Nunca houve propostas para criar instituições representativas para todo o país em bases democráticas e com poder real (de acordo com a garantia privada de Lloyd George a Weizmann), pois a maioria palestina naturalmente teria votado para acabar com a posição privilegiada do movimento sionista em seu país.

Uma das estipulações-chave do Mandato era o Artigo 4º, que dava à Agência Judaica um status quase governamental como um "corpo público" com poderes amplos nas esferas econômica e social e a capacidade de "ajudar e participar do desenvolvimento do país" como um todo.

Além de fazer da Agência Judaica uma parceira do governo mandatário, essa estipulação permitia que ela adquirisse status diplomático internacional e, dessa forma, representasse os interesses sionistas perante a Liga das Nações e em outros lugares. Essa representação era normalmente um atributo da soberania, e o movimento sionista se aproveitou muito dela para promover sua presença internacional e agir como um Paraestado. De novo, nenhum desses poderes foi concedido à maioria palestina durante os trinta anos do Mandato, apesar das repetidas reivindicações.

O Artigo 6º determinava que fosse facilitada a imigração judaica e encorajada "a criação de assentamentos judeus na região" — uma estipulação crucial, dada a importância da demografia e do controle da terra ao longo do século subsequente de lutas entre o sionismo e os palestinos. Essa estipulação foi a base para um crescimento significativo da população judaica e a aquisição de terras estrategicamente localizadas que permitiram o controle da espinha dorsal territorial do país ao longo da costa, no leste da Galileia, e no grande e fértil vale de Marj Ibn 'Amer que as conecta.

O Artigo 7º previa uma lei de nacionalidade para facilitar a aquisição da cidadania palestina por judeus. Essa mesma lei foi usada para negar a nacionalidade aos palestinos que tinham emigrado para as Américas durante a era otomana e agora desejavam retornar à sua terra natal.[42] Assim, os imigrantes judeus, independentemente de suas origens, podiam obter nacionalidade palestina, enquanto os árabes palestinos nativos que por acaso estavam no exterior quando os britânicos assumiram o poder tiveram cidadania negada. Por fim, outros artigos permitiam que a Agência Judaica assumisse ou estabelecesse obras públicas, e que cada comunidade mantivesse escolas em seu próprio idioma — o que significava o controle da organização sobre grande parte do sistema escolar do *yishuv* — e tornavam o hebraico uma língua oficial do país.

Em suma, o Mandato permitiu essencialmente a criação de uma administração sionista paralela à do governo mandatorial britânico, que foi incumbido de promovê-la e apoiá-la. Esse órgão paralelo deveria exercer para uma parte da população muitas das funções de um Estado soberano, incluindo representação democrática e controle da educação, saúde, obras públicas e diplomacia internacional. Para usufruir de todos os atributos da soberania, essa entidade carecia apenas de força militar. O que aconteceria, com o tempo.

Para entender por completo a força particularmente destrutiva do Mandato para os palestinos, vale a pena retornar ao Artigo 22 do Pacto da Liga das Nações e examinar um memorando confidencial escrito por Lord Balfour em setembro de 1919. Para áreas que faziam parte do Império Otomano, o artigo ("provisoriamente") reconhecia sua "existência como nações independentes". O pano de fundo desse artigo em relação ao Oriente Médio envolvia repetidas promessas britânicas de independência a todos os árabes dos domínios otomanos durante a Primeira Guerra Mundial em troca de seu apoio contra os otomanos, bem como a autodeterminação proclamada por Woodrow Wilson. De fato, todos os outros territórios no Oriente Médio com status de Mandatos finalmente conquistaram a independência (embora ambas as potências, Grã-Bretanha e França, distorcessem as regras para manter o grau máximo de controle pelo maior tempo possível).

Apenas aos palestinos foram negadas essas vantagens, ao mesmo tempo que instituições representativas e progresso em direção ao autogoverno foram obtidos pela população judaica na Palestina, que se beneficiou exclusivamente do Artigo 22 do pacto. Durante décadas, as autoridades britânicas, de maneira dissimulada, mas firme, sustentaram que a Palestina havia sido excluída das promessas de independência árabe durante a guerra. No entanto, quando trechos relevantes da correspondência Husayn-McMahon foram divulgados pela primeira vez em 1938, o governo britânico foi forçado a admitir que a linguagem usada era no mínimo ambígua.[43]

Como vimos, um dos funcionários mais profundamente envolvidos em privar os palestinos de seus direitos foi o secretário das Relações Exteriores da Grã-Bretanha, Lord Arthur Balfour. Nobre tímido e mundano, ex-primeiro-ministro e sobrinho do ex-primeiro-ministro conservador Lord Salisbury, ele servira por cinco anos como secretário-chefe da Grã-Bretanha na Irlanda, a colônia mais antiga do império, onde foi muito odiado, ganhando o apelido de "Bloody Balfour" [Balfour, o Sanguinário].[44] Ironicamente, foi seu governo o autor da Lei de Estrangeiros, de 1905, destinada sobretudo a manter fora da Grã-Bretanha judeus indigentes que fugiam dos pogroms tsaristas. Apesar de cínico convicto, ele mantinha algumas crenças, sendo uma delas a retidão moral do sionismo e sua utilidade para o Império Britânico, causa para a qual foi alistado por Chaim Weizmann. Apesar dessa crença, Balfour estava atento às implicações das ações de seu governo que outros prefeririam fingir que não existiam.

Em um memorando confidencial de setembro de 1919 (que só se tornou conhecido depois de incluído, quase três décadas depois, numa coleção de documentos sobre o período entreguerras),[45] Balfour detalhou para o ministério sua análise das complicações que a Grã-Bretanha havia criado para si mesma no Oriente Médio como resultado de seus compromissos conflitantes. Sobre os múltiplos compromissos contraditórios dos Aliados — como aqueles incorporados na correspondência Husayn-McMahon, no Acordo Sykes-Picot e no Pacto da Liga das Nações —, Balfour foi mordaz. Depois de resumir a incoerência da política britânica na Síria e na Mesopotâmia, ele avaliou sem rodeios a situação na Palestina:

> A contradição entre a letra do Pacto e a política dos Aliados é ainda mais flagrante no caso da "nação independente" da Palestina do que no caso da "nação independente" da Síria. Pois na Palestina não propomos sequer passar pela forma de consultar os desejos dos atuais habitantes do país [...]. As quatro grandes potências estão comprometidas com o sionismo. E o sionismo, certo ou errado, bom ou ruim, está enraizado em tradições seculares, em necessidades presentes, em esperanças futuras, de importância muito mais profunda do que os desejos e preconceitos dos 700 mil árabes que agora habitam aquela terra antiga.
>
> Na minha opinião, isso está certo. O que nunca consegui entender é como isso pode ser harmonizado com a declaração, o Pacto ou as instruções para a Comissão de Inquérito.
>
> Não acho que o sionismo prejudicará os árabes; mas eles nunca dirão que o querem. Qualquer que seja o futuro da Palestina, ela não é agora uma "nação independente", nem está ainda a caminho de se tornar uma. Qualquer que seja a deferência que deva ser dada às opiniões dos que ali vivem, as Potências, na sua seleção de um mandatário, não se

propõem, no meu entender, a consultá-los. Em suma, no que diz respeito à Palestina, as Potências não fizeram nenhuma declaração de fato que não seja reconhecidamente errada, e nenhuma declaração de política que, pelo menos em termos literais, elas não tenham tido desde sempre a intenção de violar.

Nesse resumo brutalmente franco, Balfour opunha as nobres "tradições seculares", "necessidades presentes" e "esperanças futuras" incorporadas no sionismo aos meros "desejos e preconceitos" dos árabes na Palestina, "que agora habitam aquela antiga terra", o que implicava que sua população não era mais do que transitória. Ecoando Herzl, Balfour alegava levianamente que o sionismo não prejudicaria os árabes, mas não tinha escrúpulos em reconhecer a má-fé e o engodo que caracterizavam a política britânica e aliada na Palestina. Mas isso não importa. O restante do memorando é um conjunto sem graça de propostas sobre como superar os obstáculos criados por esse emaranhado de hipocrisia e compromissos contraditórios. Os únicos dois pontos fixos no resumo de Balfour são a preocupação com os interesses imperiais britânicos e o compromisso de oferecer oportunidades para o movimento sionista. Suas motivações eram semelhantes às da maioria dos outros altos funcionários britânicos envolvidos na elaboração da política palestina; nenhum deles foi tão honesto sobre as implicações de suas ações.

O que essas contraditórias promessas britânicas e aliadas e um sistema de mandatos adaptado às necessidades do projeto sionista produziram para os árabes da Palestina nos anos entreguerras? Os britânicos tratavam os palestinos com a mesma condescendência desdenhosa que dispensavam a outros povos súditos, de Hong Kong à Jamaica. Seus funcionários monopolizavam os altos cargos do governo do Mandato e excluíam árabes qualificados;[46] censuravam os jornais, proibiam a atividade política quando ela os incomodava e, em geral, conduziam uma administração tão parcimoniosa quanto possível à luz de seus compromissos. Como no Egito e na Índia, eles fizeram pouco para promover a educação, uma vez que a sabedoria convencional colonialista sustentava que instrução em excesso produzia "nativos" que não sabiam qual era seu lugar. Relatos em primeira mão do período estão repletos de exemplos das atitudes racistas dos funcionários coloniais para com aqueles que consideravam seus inferiores, mesmo que estivessem lidando com profissionais experientes que falavam um inglês perfeito.

A experiência na Palestina foi diferente do que se viu na maioria dos outros povos colonizados nessa época, pois o Mandato trouxe um influxo de colonos estrangeiros cuja missão era dominar o país. Durante os anos cruciais de 1917 a 1939, a imigração judaica e "a criação de assentamentos judeus" ordenados pelo Mandato prosseguiram em ritmo acelerado. As colônias estabelecidas pelo movimento sionista ao longo da costa da Palestina e em outras regiões férteis e estratégicas serviram para garantir o controle de uma rampa de lançamento territorial para a dominação (e, por fim, a conquista) do país, uma vez que o equilíbrio demográfico, econômico e militar havia mudado suficientemente em favor do *yishuv*.[47] Em pouco tempo, a proporção judaica da população total triplicou, crescendo de cerca de 6% do total no fim da Primeira Guerra Mundial para cerca de 18% em 1926.

No entanto, apesar da capacidade extraordinária do movimento sionista de mobilizar e investir capital na Palestina (a entrada de recursos numa economia judaica cada vez mais segregada durante os anos 1920 foi 41,5% maior que seu produto interno bruto,[48] um nível impressionante), entre 1926 e 1932 a população judaica parou de crescer como proporção da população do país, estagnando entre 17% e 18,5%.[49] Alguns desses anos coincidiram com a depressão global, quando os judeus que deixaram a Palestina eram em maior número que os que estavam chegando e a entrada de capital caiu de maneira marcante. Naquele ponto, o projeto sionista pareceu não ter condições de atingir a massa demográfica crítica que tornaria a Palestina "tão judaica quanto a Inglaterra é inglesa", nas palavras de Weizmann.[50]

Tudo mudou em 1933, com a conquista do poder na Alemanha pelos nazistas, que imediatamente começaram a perseguir e expulsar a bem estabelecida comunidade judaica. Com as discriminatórias leis de imigração em vigor nos Estados Unidos, no Reino Unido e em outros países, muitos judeus alemães não tinham outro lugar para ir além da Palestina. A ascensão de Hitler se revelou um dos eventos mais importantes na história moderna tanto da Palestina quanto do sionismo. Só em 1935, mais de 60 mil imigrantes judeus foram para lá, um número maior que toda a população judaica do país em 1917. A maioria desses refugiados, principalmente vindos da Alemanha, mas também de países vizinhos onde a perseguição antissemita se intensificava, era qualificada e instruída. Judeus alemães tinham permissão para levar recursos até o total de 100 milhões de dólares, graças ao Acordo de Transferência entre o governo nazista e o movimento sionista, concluído em troca do fim de um boicote judeu à Alemanha.[51]

Durante os anos 1930 a economia judaica na Palestina ultrapassou a do setor árabe pela primeira vez, e a população judaica cresceu para mais de 30% do total em 1939. À luz do veloz crescimento econômico e dessa rápida mudança populacional em apenas sete anos, somada à expansão considerável da capacidade militar do movimento sionista, ficou claro para seus líderes que o núcleo demográfico, econômico, territorial e militar necessário para dominar todo o país, ou a maior parte dele, seria atingido em breve. Como Ben-Gurion definiu na época, "uma imigração no ritmo de 60 mil por ano significa um Estado judaico em toda a Palestina".[52] Muitos palestinos chegaram a conclusões semelhantes.

Os palestinos agora se viam como inexoravelmente destinados a ser estrangeiros em sua própria terra, conforme 'Isa al-'Isa havia alertado em termos dramáticos em 1929. Durante os primeiros vinte anos da ocupação britânica, a crescente resistência palestina ao domínio cada vez maior do movimento sionista havia encontrado expressão em explosões periódicas de violência, que ocorriam apesar do compromisso assumido por lideranças palestinas com os britânicos de manter seus seguidores sob controle. Na área rural, ataques esporádicos, frequentemente descritos pelos britânicos e sionistas como "banditismo", expressavam a raiva popular contra as aquisições de terras sionistas, que muitas vezes resultavam na expulsão de camponeses de terras que consideravam suas e que eram sua fonte de subsistência. Nas cidades, as manifestações contra o domínio britânico e a expansão do Paraestado sionista se tornaram maiores e mais militantes no início da década de 1930.

Tentando manter o controle dos eventos, líderes da elite organizaram uma conferência pan-islâmica, ao mesmo tempo que enviavam delegações a Londres e coordenavam várias formas de protesto. Esses líderes, no entanto, não querendo confrontar os britânicos muito abertamente, resistiram aos apelos palestinos por um boicote total às autoridades do império e por uma greve de impostos. Eles permaneceram incapazes de perceber que sua abordagem diplomática tímida não conseguiria convencer nenhum governo britânico a renunciar a seu compromisso com o sionismo ou a concordar com as demandas dos palestinos.

Assim, essas iniciativas da elite não conseguiram deter a marcha do projeto sionista nem trouxeram qualquer avanço à causa palestina. No entanto, em resposta à crescente agitação palestina, e sobretudo após os surtos de distúrbios violentos, diferentes governos britânicos foram obrigados a reexaminar suas políticas na Palestina. O resultado foi a criação de várias comissões de inquérito e documentos oficiais, como a Comissão Hayward em 1920, o Livro Branco de Churchill em 1922, a Comissão Shaw em 1929, o Relatório Hope-Simpson em 1930, o Livro Branco de Passfield em 1930, a Comissão Peel em 1937 e a Comissão Woodhead em 1938. No entanto, esses documentos recomendavam apenas medidas limitadas para aplacar os palestinos (a maioria das quais foi anulada pelo governo em Londres sob pressão dos sionistas) ou propunham um curso de ação que apenas agravava o profundo sentimento de injustiça. O resultado foi uma explosão violenta sem precedentes em toda a Palestina a partir de 1936.

A frustração dos palestinos com a resposta ineficiente de suas lideranças no decorrer de quinze anos de congressos, manifestações e reuniões inúteis com oficiais britânicos obstinados levou por fim a uma grande revolta popular. Esta começou com uma greve geral de seis meses, uma das mais longas da história colonial, lançada espontaneamente por grupos de militantes jovens urbanos de classe média (muitos deles membros do Partido Istiqlal) em todo o país. A greve acabou se transformando na grande revolta de 1936-9, que foi o evento crucial do período entreguerras na Palestina.

Nas duas décadas após 1917, os palestinos foram incapazes de desenvolver uma estrutura abrangente para seu movimento nacional, como o Partido Wafd no Egito, o Partido do Congresso na Índia ou o Sinn Féin na Irlanda. Tampouco mantiveram uma frente nacional aparentemente sólida, como alguns outros povos que lutavam contra o colonialismo conseguiram fazer. Seus esforços foram prejudicados pela natureza hierárquica, conservadora e dividida da sociedade e da política palestinas, característica de muitas na região, e ainda mais minados por uma sofisticada política de dividir e governar adotada pelas autoridades, auxiliada e incentivada pela Agência Judaica. Essa estratégia colonialista pode ter atingido seu ápice de perfeição na Palestina após centenas de anos de maturação na Irlanda, na Índia e no Egito.

As políticas britânicas destinadas a dividir os palestinos incluíam cooptar facções de sua elite, colocar membros da mesma família, como os Husayni, uns contra os outros e inventar "instituições tradicionais" para servir a seus propósitos. Exemplos dessas criações britânicas foram a posição de grão-mufti de toda a Palestina (tradicionalmente, houvera quatro muftis de Jerusalém, não de toda a Palestina: um para cada um dos ritos, Hanafi, Shafi'i, Maliki e Hanbali) e o Supremo Muçulmano para administrar os assuntos da comunidade muçulmana. Os britânicos nomearam Hajj Amin al--Husayni como grão-mufti e chefe do conselho depois que ele, durante uma espécie de entrevista de emprego, prometeu a Sir Herbert Samuel que manteria a ordem (algo que fez por quase quinze anos).[53] Sua nomeação serviu a dois propósitos. Um deles era criar uma estrutura de liderança alternativa ao Executivo árabe nacionalista dos congressos palestinos, que era chefiado pelo primo do mufti, Musa Kazim Pasha al-Husayni, e assim também instigar atritos entre os dois homens. O outro era reforçar a ideia de que, além do povo judeu, com suas características nacionais, a população árabe da Palestina não tinha natureza nacional e consistia apenas em comunidades religiosas. Essas medidas pretendiam desviar os palestinos da exigência de instituições democráticas representativas de âmbito nacional, dividir o movimento nacional e impedir a criação de uma única alternativa nacional ao Mandato e sua carga sionista.[54]

Embora as táticas de dividir e governar tenham tido bastante sucesso até meados da década de 1930, a greve geral de seis meses em 1936 constituiu uma explosão popular e espontânea de baixo para cima que pegou de surpresa os britânicos, os sionistas e a liderança palestina e obrigou esta última a deixar de lado suas divisões, pelo menos nominalmente. O resultado foi o Comitê Superior Árabe (CSA), criado para liderar e representar toda a maioria árabe, embora os britânicos nunca o tenham reconhecido como representante. O comitê era composto só de homens, todos eles pessoas de posses, e todos membros da elite palestina em seus setores de serviços, fundiário e mercantil. O CSA tentou assumir o controle da greve geral, mas infelizmente sua conquista mais importante foi negociar o fim do movimento no outono de 1936, a pedido de vários governantes árabes, que em essência agiam a mando de seus patronos, os britânicos. Eles garantiram à liderança palestina que os britânicos atenderiam a suas queixas.

O decepcionante resultado dessa intervenção veio em julho de 1937, quando uma Comissão Real sob o comando de Lord Peel encarregada de investigar os distúrbios na Palestina propôs a partilha desta, criando um pequeno Estado judeu em cerca de 17% do território, do qual mais de 200 mil árabes seriam expulsos (a expulsão era chamada de modo eufemístico de "transferência"). Sob esse esquema, o restante do país deveria permanecer sob controle britânico ou ser entregue a um aliado da Grã-Bretanha, Amir 'Abdullah, da Transjordânia, o que, de uma perspectiva palestina, era quase a mesma coisa. Mais uma vez, os palestinos foram tratados como se não tivessem existência nacional nem direitos coletivos.

O fato de a Comissão Peel ter satisfeito as metas sionistas básicas com a criação de um Estado e a remoção dos palestinos, embora não em toda a Palestina, somado à negação de seu objetivo fervorosamente desejado de autodeterminação, os incitou a um estágio muito mais combativo de sua revolta. A revolta armada que eclodiu em outubro de 1937 varreu o país. Ela só foi controlada dois anos depois por meio de uso maciço da força, bem a tempo de unidades militares britânicas de elite (na época havia 100 mil soldados na Palestina, um para cada quatro palestinos adultos) serem redistribuídas para combater na Segunda Guerra Mundial. A revolta alcançou notáveis êxitos temporários, mas acabou produzindo resultados debilitantes para os palestinos.

De todos os serviços prestados pela Grã-Bretanha ao movimento sionista antes de 1939, talvez o mais valioso tenha sido a repressão armada contra a resistência palestina na forma de revolta. A sangrenta guerra travada contra a maioria do país, que deixou de 14% a 17% da população árabe masculina adulta morta, ferida, encarcerada ou exilada,[55] foi a melhor ilustração das verdades proferidas sem rodeios por Jabotinsky sobre a necessidade do uso da força para que o projeto sionista tivesse sucesso. Para reprimir a revolta, o Império Britânico mobilizou duas divisões adicionais de tropas, esquadrões de bombardeiros e toda a parafernália de repressão que havia aperfeiçoado ao longo de muitas décadas de guerras coloniais.[56]

Os refinamentos de insensibilidade e crueldade empregados foram muito além de execuções sumárias. Devido à posse de uma única bala, Shaykh Farhan al-Sa'di, um líder rebelde de 81 anos, foi condenado à morte em 1937. Sob a lei marcial em vigor na época, essa única bala era suficiente para justificar a pena capital, particularmente no caso de um guerrilheiro notável como al-Sa'di.[57] Bem mais de cem dessas sentenças de execução foram proferidas após julgamentos sumários por tribunais militares, com muitos outros palestinos executados no local por tropas britânicas.[58] Enfurecidos por rebeldes que emboscavam seus comboios e explodiam seus trens, os britânicos passaram a amarrar prisioneiros palestinos à frente de carros blindados e locomotivas para evitar tais ataques, uma tática em que eles tinham sido pioneiros num esforço inútil para esmagar a resistência dos irlandeses durante sua guerra de independência, de 1919 a 1921.[59] A demolição de casas de rebeldes presos ou executados, ou de supostos rebeldes ou seus parentes, era rotina, outra tática tomada de empréstimo da cartilha britânica desenvolvida na Irlanda.[60] Duas outras práticas imperiais amplamente empregadas na repressão aos palestinos foram a detenção de milhares deles sem julgamento e o exílio de líderes incômodos.

A reação explosiva à recomendação de partilha feita pela Comissão Peel culminou no assassinato do comissário distrital britânico para a Galileia, capitão Lewis Andrews, em outubro de 1937. Em resposta a esse desafio direto ao império, as autoridades do Mandato deportaram praticamente toda a liderança nacionalista palestina, incluindo o prefeito de Jerusalém, dr. Husayn al-Khalidi, meu tio. Com outros quatro (ele e outros dois eram membros do CSA), foi enviado para as ilhas Seicheles, um local isolado no oceano Índico que o Império Britânico com frequência escolhia para exilar oponentes nacionalistas.[61] Os homens foram mantidos em um complexo fortemente vigiado por dezesseis meses, privados de visitantes e contato externo, e entre seus companheiros de prisão estavam líderes políticos de Áden, no Iêmen, e Zanzibar. Outros líderes palestinos foram exilados no Quênia ou na África do Sul, enquanto alguns, como o mufti, conseguiram escapar e seguiram para o Líbano. Outros ainda foram confinados, em geral sem julgamento, em mais de uma dezena do que os próprios britânicos chamavam de "campos de concentração", principalmente o de Sarafand. Entre eles se encontrava outro tio meu, Ghalib, que, assim como seu irmão mais velho, estava envolvido em atividades nacionalistas consideradas antibritânicas.

Pouco antes de sua prisão e exílio, Husayn al-Khalidi, que foi membro do CSA e atuou como prefeito eleito de Jerusalém por três anos antes de ser removido pelos britânicos, se encontrou com o general de divisão Sir John Dill, o oficial no comando das forças britânicas na Palestina. Em suas memórias, meu tio se lembra de ter dito a ele que a única maneira de acabar com a violência era atender a algumas das demandas dos palestinos, especificamente a suspensão da imigração judaica. Qual seria o efeito de prender a liderança árabe?, perguntou Dill. Um árabe de alto escalão lhe dissera que tais prisões acabariam com a revolta em dias ou semanas. Meu tio o corrigiu: a revolta só iria se intensificar e sair do controle. Era a Agência Judaica que queria as prisões, e al--Khalidi sabia que o Escritório Colonial estava considerando essa possibilidade, mas resolver a questão da Palestina não seria tão simples.[62]

Meu tio estava certo. Nos meses após seu exílio e as prisões em massa de outros, a revolta entrou em sua fase mais intensa, e as forças britânicas perderam o controle de várias áreas urbanas e grande parte do campo, que foram tomadas e governadas pelos rebeldes.[63] Nas palavras do sucessor de Dill, o general de divisão Robert Haining, em agosto de 1938 "a situação era tal que a administração civil do país era, para todos os efeitos práticos, inexistente".[64] Em dezembro, Haining relatou ao Ministério da Guerra que "praticamente todas as aldeias do país abrigam e apoiam os rebeldes e ajudarão a esconder sua identidade das forças governamentais".[65] Foi necessária toda a força do Império Britânico, que pôde ser usada apenas quando mais tropas ficaram disponíveis depois do Acordo de Munique em setembro de 1938, e quase um ano mais de luta feroz, para extinguir a revolta palestina.

Enquanto isso, profundas diferenças surgiram entre os palestinos. Alguns, alinhados com Amir 'Abdullah, da Jordânia, acolheram discretamente a recomendação de partilha feita pela Comissão Peel, pois isso favorecia a anexação à Transjordânia da parte da Palestina que não seria transformada no novo Estado judeu. A maioria dos palestinos, no entanto, se opôs fortemente a todos os aspectos das recomendações — tanto à partilha de seu país quanto ao estabelecimento de um Estado judeu, por menor que fosse, e também à expulsão da maioria da população árabe desse Estado. A partir de então, quando a revolta atingiu seu auge no fim de 1937 e início de 1938, um conflito ainda mais intenso entre os palestinos se seguiu a uma amarga divisão entre aqueles que eram leais ao mufti, que não defendiam nenhum compromisso com os britânicos, e os oponentes do mufti, liderados pelo ex-prefeito de Jerusalém Raghib al-Nashashibi, que eram mais conciliadores. Na visão de 'Isa al-'Isa, as disputas interpalestinas, cujo resultado foram centenas de assassinatos no fim da década de 1930, minaram gravemente a força dos palestinos. Ele próprio foi obrigado a se exilar em Beirute em 1938, após ter sua vida ameaçada e sua casa em Ramleh incendiada, com a perda de todos os seus livros e documentos. Isso foi, sem dúvida, obra dos homens do mufti, e o incidente o deixou profundamente amargurado.[66] Se no início "era dirigida contra os ingleses e os judeus", escreveu ele, a revolta foi depois "transformada em uma guerra civil, na qual métodos de terrorismo, pilhagem, roubo, incêndio e assassinato se tornaram comuns".[67]

Apesar dos sacrifícios — que podem ser medidos pelo grande número de palestinos mortos, feridos, presos ou exilados — e do sucesso momentâneo da sublevação, as consequências para os palestinos foram quase inteiramente negativas. A selvagem repressão britânica, a morte e o exílio de tantos líderes e o conflito dentro de suas fileiras deixaram os palestinos divididos, sem direção e com sua economia debilitada quando a rebelião foi esmagada, no verão de 1939. Isso os colocou em uma posição muito frágil para enfrentar o agora revigorado movimento sionista, que se fortalecera durante a revolta, obtendo grandes quantidades de armas e treinamento extensivo dos britânicos para ajudá-los a reprimi-la.[68]

À medida que nuvens escuras da guerra se formavam sobre o céu da Europa em 1939, no entanto, novos desafios globais cruciais para o Império Britânico, somados ao impacto da revolta árabe, produziram uma grande mudança na política de Londres, afastando os ingleses de seu apoio incondicional ao sionismo. Embora os sionistas tenham ficado encantados com o esmagamento decisivo da resistência palestina pela Grã-Bretanha, essa nova mudança colocou seus líderes numa situação crítica. Enquanto a Europa seguia inexoravelmente em direção a outra guerra mundial, os britânicos sabiam que esse conflito ocorreria, como o anterior, em parte em solo árabe. Era agora imperativo, em termos de seus interesses estratégicos, melhorar a imagem do império e neutralizar a fúria nos países árabes e no mundo islâmico contra a repressão violenta da Grande Revolta, particularmente quando essas áreas estavam sendo inundadas com propaganda do Eixo sobre as atrocidades britânicas na Palestina. Um relatório de janeiro de 1939 ao gabinete recomendando uma mudança de curso na Palestina destacava a importância de "ganhar a confiança do Egito e dos Estados árabes vizinhos".[69] O relatório incluía um comentário de um secretário de Estado na Índia, que afirmava que "o problema da Palestina não é apenas um problema árabe, mas está rapidamente se tornando um problema pan-islâmico"; ele alertava que se o "problema" não fosse enfrentado de maneira adequada, "devem ocorrer perturbações sérias na Índia".[70]

Depois do fracasso de uma conferência realizada na primavera de 1939 no Palácio de St. James, em Londres, envolvendo representantes dos palestinos, dos sionistas e dos Estados árabes, o governo de Neville Chamberlain emitiu um Livro Branco numa tentativa de apaziguar a indignada opinião palestina, árabe e muçulmana indiana. Esse documento pedia uma severa redução dos compromissos da Grã-Bretanha com o movimento sionista. Propunha limites rígidos à imigração judaica e à venda de terras (duas importantes exigências árabes) e prometia instituições representativas em cinco anos e autodeterminação em dez (as exigências mais relevantes). Embora a imigração de fato tenha sido restringida, nenhuma das outras disposições foi totalmente implementada.[71] Além disso, instituições representativas e autodeterminação dependiam da aprovação de todas as partes, algo que a Agência Judaica jamais daria para um acordo que impediria a criação de um Estado judeu. A ata da reunião do gabinete de 23 de fevereiro de 1939 deixa claro que a Grã-Bretanha pretendia recusar a parte essencial dessas duas concessões cruciais aos palestinos, pois o movimento sionista teria poder de veto efetivo, que obviamente usaria.[72]

Os palestinos podiam ter ganhado uma vantagem, ainda que pequena, se tivessem aceitado o Livro Branco de 1939, apesar das falhas que viam nele. Husayn al-Khalidi, por sua vez, não acreditava na sinceridade do governo britânico em nenhum de seus compromissos.[73] Ele declarou acidamente, ao participar da Conferência do Palácio de St. James, para a qual foi tirado do exílio nas Seicheles, que sabia que a Grã-Bretanha "nunca considerou seriamente, nem por um momento, ser leal a suas promessas". Desde as primeiras reuniões, estava claro para ele que a conferência era um meio "de ganhar tempo e entorpecer os árabes, nada mais nada menos [...] agradar aos árabes para que eles suspendessem sua revolução" e dessem aos britânicos "tempo para tomar fôlego enquanto a guerra eclodia".[74] No entanto, ele acabou por ser favorável a uma resposta flexível e positiva ao Livro Branco, assim como outros líderes palestinos, como Musa al-'Alami e Jamal al-Husayni, primo do mufti.[75] No final, porém, o mufti, depois de indicar que estava inclinado à aceitação, insistiu na recusa total e sua posição prevaleceu. Após a Conferência do Palácio de St. James, os britânicos mais uma vez enviaram Husayn al-Khalidi para o exílio, agora para o Líbano. Quando viu como a revolta havia degenerado diante da repressão britânica maciça e quão terrível era a situação na Palestina, ele defendeu a interrupção da resistência. Mas nesse caso também seu ponto de vista foi rejeitado.[76]

De qualquer forma, já era tarde demais. O governo Chamberlain tinha apenas alguns meses de mandato quando emitiu o Livro Branco, a Grã-Bretanha entrou em guerra logo depois e Winston Churchill, que sucedeu a Chamberlain como primeiro-ministro, foi talvez o mais ardoroso sionista na vida pública britânica. Mais importante, enquanto a Segunda Guerra Mundial se tornava um verdadeiro conflito global com a invasão nazista da União Soviética e a entrada dos Estados Unidos depois de Pearl Harbor, um novo mundo estava para nascer, no qual a Grã-Bretanha seria, no máximo, uma potência de segunda classe. O destino da Palestina não estaria mais em suas mãos. Mas, como notou amargamente o dr. Husayn, a essa altura a Grã-Bretanha havia feito o bastante por seu *protégé* sionista.

Relembrando passagens de suas memórias, escritas em três volumes em Beirute em 1949 (durante um dos muitos períodos de exílio que suportou), meu tio acreditava que o principal problema enfrentado pelos palestinos durante o Mandato eram os britânicos.[77] Ele deplorava a má-fé e a inépcia dos líderes dos Estados árabes, e dirigiu críticas equilibradas e sobretudo razoáveis aos fracassos da liderança palestina, e às vezes à sua própria atuação. Ele via claramente o impacto do foco obstinado do movimento sionista na dominação completa da Palestina e a competência e a audácia astuta de seus líderes, muitos dos quais conhecia pessoalmente. Mas, como a maioria das pessoas de sua geração e de sua classe, o dr. Husayn destinava sua verdadeira irritação para os britânicos e a hostilidade que eles demonstravam para com os palestinos.

Ele conhecia bem muitos de seus oficiais — havia servido como alto oficial médico sob a administração do Mandato antes de se tornar prefeito de Jerusalém. Mais tarde, lidou com eles como negociador na Conferência do Palácio de St. James em 1939 e depois em Jerusalém durante os combates de 1947-8, quando foi um dos poucos líderes palestinos a permanecerem na cidade santa (muitos ainda estavam no exílio determinado pela Grã-Bretanha). Aparentemente se dava bem com alguns oficiais britânicos, e o inglês que aprendera na Escola Anglicana St. George em Jerusalém e na Universidade Americana de Beirute lhe foi útil em suas relações com eles, mas seu ressentimento contra a hipocrisia, a arrogância e a falsidade do oficialismo britânico em geral era ilimitado.[78] Considerava T. E. Lawrence ("da Arábia") um exemplo perfeito da perfídia britânica (embora tivesse o cuidado de contrastar a descrição franca feita por Lawrence de como enganou e traiu os árabes em *Os sete pilares da sabedoria* com a honestidade e a retidão dos professores e missionários britânicos que ele conheceu em Jerusalém antes da guerra).[79]

O apoio consistente dos britânicos aos sionistas era o que mais irritava o dr. Husayn. Mesmo que as autoridades britânicas na Palestina se convencessem dos múltiplos e insustentáveis custos de manter o muro de ferro para proteger o projeto sionista (cujos líderes eram muitas vezes ingratos por tudo o que era feito por eles), suas recomendações eram quase invariavelmente revogadas em Londres. Pelo menos até 1939, os sionistas conseguiram colocar seus apoiadores, ou às vezes seus líderes, como o poderoso Chaim Weizmann, ao lado de importantes tomadores de decisão britânicos em Whitehall, alguns dos quais também eram sionistas fervorosos. O dr. Husayn observa causticamente que, quando as comissões oficiais britânicas foram à Palestina para investigar a situação nas décadas de 1920 e 1930, quaisquer conclusões a que chegassem favoráveis aos árabes eram combatidas pelo lobby sionista em Londres, onde prevalecia um grau extraordinário de intimidade entre líderes sionistas e figuras políticas britânicas de alto escalão.[80]

'Isa al-'Isa também escreveu suas memórias no exílio em Beirute logo depois da guerra de 1948. Sua visão do período entreguerras é, em muitos aspectos, diferente da visão de meu tio. Ao contrário do dr. Husayn, al-'Isa havia rompido amargamente com o mufti depois do relatório da Comissão Peel em 1937 e sofreu em pessoa com a subsequente separação da liderança palestina. Se na visão de al-'Isa essa divisão interna prejudicou gravemente os palestinos, o mesmo valia para as relações sociais arcaicas e a falta de educação entre os árabes, e acima de tudo o foco consistente dos sionistas, apoiados pelos britânicos, em ultrapassar a população nativa, um assunto sobre o qual ele vinha escrevendo de forma eloquente havia muitas décadas. Al-'Isa não tinha amor pelos britânicos, nem os britânicos tinham amor por ele, mas em sua análise o problema central era o sionismo, agravado pela fraqueza palestina e árabe. Apropriadamente, suas críticas em poesia e prosa dos governantes árabes depois de 1948 foram mordazes, e suas descrições deles, em especial Amir 'Abdullah, estão longe de ser elogiosas.

Para concluir, duas outras coisas devem ser ditas sobre a revolta e sobre a repressão da Grã-Bretanha a ela. A primeira é que isso serviu como prova da clarividência de Ze'ev Jabotinsky e da autoilusão de muitos funcionários britânicos. A empreitada colonialista dos sionistas, destinada a tomar o país, necessariamente tinha que produzir resistência. "Se deseja colonizar uma terra em que as pessoas já vivem", escreveu Jabotinsky em 1925, "você deve encontrar uma guarnição para a terra, ou encontrar um benfeitor que fornecerá uma guarnição em seu nome [...]. O sionismo é um empreendimento colonizador e, como tal, depende integralmente da questão das forças armadas."[81] Pelo menos de início, apenas as forças armadas cedidas pela Grã-Bretanha poderiam superar a resistência natural daqueles que estavam sendo colonizados.

Muito antes, a Comissão King-Crane, enviada pelo presidente Woodrow Wilson em 1919 para determinar os anseios dos povos da região, havia chegado a conclusões semelhantes às de Jabotinsky. Ao ser informados por representantes do movimento sionista de que "esperavam uma quase completa desapropriação dos atuais habitantes da Palestina" no processo de transformá-la num Estado judeu, os comissários relataram que nenhum dos especialistas militares que consultaram "acreditava que o programa sionista poderia ser posto em prática a não ser com o uso da força", e todos consideravam que uma força de "não menos que 50 mil soldados seria necessária" para executar esse projeto. No fim, a Grã-Bretanha precisou de mais do que o dobro de soldados para prevalecer sobre os palestinos de 1936 até 1939. Em uma apresentação para Wilson, os comissários, prescientes, o advertiram de que "se o governo americano decidisse apoiar o estabelecimento de um Estado judeu na Palestina, o povo americano estaria comprometido com o uso da força na área, uma vez que apenas com o uso da força um Estado judeu poderá se estabelecer na Palestina".[82] A comissão, portanto, previu com exatidão o curso do século seguinte.

O segundo ponto é que tanto a revolta quanto sua repressão e a subsequente e bem-sucedida implantação do projeto sionista foram resultado direto e inevitável das políticas determinadas pela Declaração Balfour e da implementação tardia da declaração de guerra que as palavras de Balfour encarnavam. Balfour "não achava que o sionismo prejudicaria os árabes" e inicialmente parecia acreditar que não haveria reação significativa ao fato de os sionistas assumirem o controle de seu país. Mas, nas palavras de George Orwell, "mais cedo ou mais tarde uma falsa crença esbarra na realidade sólida, em geral em um campo de batalha",[83] que é precisamente o que aconteceu no campo de batalha da Grande Revolta, trazendo prejuízos duradouros para os palestinos.

Depois de 1917, os palestinos se viram diante de um desafio triplo, que pode ter sido único na história de resistência aos movimentos colonialistas. Ao contrário da maioria dos outros povos que caíram sob o domínio colonial, eles não apenas tiveram que lidar com o poder colonial na metrópole, nesse caso Londres, mas também com um movimento de colonos que, embora vinculado à Grã-Bretanha, era independente dela, tinha sua própria missão nacional, uma justificativa bíblica sedutora e uma base e um financiamento internacionais estabelecidos. Segundo o funcionário britânico responsável por "Migração e Estatística", o governo britânico não era "a potência colonizadora aqui; o povo judeu é o poder colonizador".[84] Para piorar as coisas, a Grã-Bretanha não governava a Palestina diretamente; ela o fazia em função de um mandato da Liga das Nações. Esse governo estava, portanto, vinculado não apenas à Declaração Balfour, mas também ao compromisso internacional incorporado no Mandato para a Palestina de 1922.

Repetidas vezes, expressões de profunda insatisfação palestina, na forma de protestos e distúrbios, levaram os administradores britânicos no local e em Londres a recomendar modificações na política. No entanto, a Palestina não era uma colônia da Coroa ou qualquer outra forma de possessão colonial em que o governo britânico se via livre para agir como bem entendesse. Se parecia que a pressão palestina poderia forçar os britânicos a violar a letra ou o espírito do Mandato, houve intenso lobby na Comissão Permanente de Mandatos da Liga em Genebra para lembrá-los de suas obrigações abrangentes para com os sionistas.[85] Graças à fidelidade da Grã-Bretanha a essas obrigações, no final da década de 1930 era tarde demais para reverter a transformação do país ou mudar o desequilíbrio de forças que se desenvolveu entre os dois lados.

A grande desvantagem inicial sob a qual os palestinos trabalharam foi agravada pelos enormes investimentos de capital, trabalho árduo, manobras legais sofisticadas, lobby intensivo, propaganda eficaz e meios militares secretos e ostensivos da organização sionista. As unidades armadas dos colonos judeus se desenvolveram de forma semiclandestina, até que os britânicos permitiram que o movimento sionista operasse abertamente formações militares diante da revolta árabe. Nesse ponto, o conluio da Agência Judaica com as autoridades do Mandato atingiu seu pico. Há um consenso entre historiadores mais objetivos de que esse conluio, apoiado pela Liga das Nações, minou severamente qualquer possibilidade de sucesso da luta dos palestinos por instituições representativas, autodeterminação e independência que eles acreditavam ser seu direito.[86]

O que os palestinos poderiam ter feito para sair desse triplo vínculo é uma pergunta impossível de responder. Há quem tenha argumentado que eles deveriam ter abandonado a abordagem legalista, preferida por sua liderança conservadora, de organizar protestos vazios e enviar inutilmente delegações a Londres para apelar à boa vontade e à "integridade de consciência" do império. Em vez disso, sugere essa tese, eles deveriam ter rompido por completo com os britânicos, se recusado a cooperar com o Mandato (como ocorreu com o Partido do Congresso e o Raj na Índia ou o Sinn Féin e os britânicos na Irlanda) e, caso fossem malsucedidos, deveriam ter seguido o caminho de seus vizinhos árabes e pegado em armas muito antes do que o fizeram.[87] De qualquer forma, suas boas opções eram pouquíssimas diante da poderosa tríade formada por Grã-Bretanha, movimento sionista e Mandato da Liga das Nações. Além disso, eles não tinham aliados importantes, exceto uma opinião pública árabe amorfa e incipiente, que os apoiava maciçamente mesmo antes de 1914, e ainda mais à medida que o período entreguerras avançava. Nenhum país árabe (afora Arábia Saudita e Iêmen), no entanto, gozava de total independência; na verdade, todos eles ainda estavam em grande parte sob o domínio dos britânicos e dos franceses, e nenhum tinha instituições totalmente democráticas, de modo que essa opinião pró-palestina pudesse se expressar por completo.

Quando os britânicos deixaram a Palestina em 1948, não houve necessidade de criar o aparato de um Estado judeu *ab novo*. Esse aparato, na verdade, funcionava sob a égide britânica havia décadas. Tudo o que restava para tornar realidade o sonho presciente de Herzl era que esse Paraestado existente usasse sua força militar contra os enfraquecidos palestinos enquanto obtinha a soberania formal, o que aconteceu em maio de 1948. O destino da Palestina havia sido decidido trinta anos antes, muito embora o desfecho só tenha ocorrido no final do Mandato, quando sua maioria árabe foi por fim desapropriada à força.

2.
Segunda declaração de guerra
1947-8

> *A partilha, tanto em princípio quanto em substância, pode ser vista apenas como uma solução antiárabe.*
>
> Comitê Especial das Nações Unidas sobre a Palestina, Relatório de Minoria[1]

Alguns meses antes de morrer, em 1968, meu pai, sentindo que lhe restava pouco tempo, sentou comigo em nossa sala de jantar e me contou sobre uma mensagem que tinham lhe pedido para entregar duas décadas antes. Eu era um estudante universitário de dezenove anos nessa época; ele me pediu para ouvir com atenção.

Em 1947, meu pai, Ismail Raghib al-Khalidi, retornou à Palestina pela primeira vez em oito anos. Ele a havia deixado no outono de 1939 para estudos de pós-graduação na Universidade de Michigan e depois na Universidade Columbia, em Nova York, e permanecera nos Estados Unidos durante a Segunda Guerra Mundial, trabalhando no Escritório de Informações de Guerra como locutor de língua árabe para o Oriente Médio. Durante a guerra, minha avó em Jaffa ficava acordada até depois da meia-noite para ouvir no rádio seu filho mais novo, que não via fazia anos.[2] Na época de seu retorno para visitar a Palestina, ele era secretário do recém-fundado Instituto Árabe-Americano (minha mãe, libanesa, também trabalhava lá — foi onde meus pais se conheceram).[3] O instituto havia sido criado por um grupo de notáveis árabes-americanos sob a direção do professor Philip Hitti, de Princeton, para aumentar a conscientização americana sobre a situação na Palestina,[4] e uma viagem ao Oriente Médio para apresentar seu trabalho aos líderes dos Estados árabes recém-independentes levara meu pai a Jerusalém.[5]

Seu irmão, dr. Husayn Fakhri al-Khalidi, ex-prefeito de Jerusalém, era vinte anos mais velho. Em vista da idade avançada de seu pai e da eminência do dr. Husayn, Ismail e os outros três irmãos mais novos, Ghalib, Fatima e Ya'coub, tinham sido colocados sob a responsabilidade do dr. Husayn, que supervisionava a disciplina, o dinheiro e outros assuntos.[6] Outro irmão mais velho, Ahmad, educador e escritor amplamente reconhecido, e diretor do Colégio Árabe do Governo em Jerusalém, estava encarregado da educação deles. Apesar da diferença de idade de vinte anos e da fama de severo do dr. Husayn, ele e meu pai eram próximos, como evidencia a correspondência de ambos enquanto Husayn estava preso pelos britânicos nas ilhas Seicheles. Em diários escritos quando se encontrava no exílio, o dr. Husayn a certa altura se queixa do execrável inglês de uma carta que recebeu de meu pai ("sua escrita é horrível") e diz esperar que estudar na Universidade Americana de Beirute melhore isso. Melhorou.[7] Fotos mostram que o dr. Husayn era um homem distinto e de aparência imponente, mas no final da década de 1940 estava alquebrado e muito mais magro do que antes de seus quase sete anos de prisão e exílio (enquanto esteve nas Seicheles perdeu dez quilos). Como um dos poucos líderes árabes ainda em Jerusalém no fim de 1947, época de grande crise para os palestinos, ele estava intensamente ocupado. No entanto, chamou seu irmão mais novo, e meu pai respondeu com entusiasmo.

O dr. Husayn sabia que Ismail estava indo para Amã a mando do Instituto Árabe-Americano para ver o rei 'Abdullah, da Transjordânia, e quis lhe enviar uma mensagem pessoal, mas oficial.

Ismail al-Khalidi transmitindo para o Oriente Médio
pelas Nações Unidas.

Quando meu pai ouviu seu conteúdo, empalideceu. Em nome do dr. Husayn e do Comitê Superior Árabe, do qual era o secretário, Ismail deveria dizer ao rei que, embora os palestinos apreciassem sua oferta de "proteção" (ele havia usado o árabe *wisaya*, literalmente "tutela" ou "guarda"), eles não podiam aceitar. O significado implícito da mensagem era que, se conseguissem escapar do jugo britânico, os palestinos não queriam ficar sob o jugo da Jordânia (o que, dada a influência britânica generalizada em Amã, significava a mesma coisa). Eles desejavam controlar seu próprio destino.

Meu pai protestou com delicadeza que transmitir essa notícia tão desagradável arruinaria sua visita, cujo objetivo era obter o apoio do rei para o trabalho do Instituto Árabe-Americano.

O dr. Husayn o interrompeu. Outros enviados tinham levado a 'Abdullah a mesma mensagem repetidas vezes, mas este se recusara a ouvir. Dada a importância dos laços familiares, ele seria obrigado a acreditar nela uma vez que viera do próprio irmão do dr. Husayn. Ele disse secamente a Ismail que fizesse o que ele havia pedido e o conduziu para fora do escritório. Meu pai foi embora desanimado. O respeito pelo irmão mais velho o obrigou a transmitir a mensagem, mas ele sabia que sua visita a Amã não terminaria bem.

O rei 'Abdullah recebeu seu convidado e ouviu com atenção, mas sem grande interesse, o relatório entusiástico de Ismail sobre como o Instituto Árabe-Americano estava trabalhando para mudar a opinião americana sobre a Palestina, que, mesmo então, era esmagadoramente pró-sionista e em grande parte ignorante da causa palestina. Por décadas, o rei havia ligado sua sorte à da Grã-Bretanha, que subsidiou seu trono, pagou e equipou suas tropas e oficializou sua Legião Árabe. Em contraste, os Estados Unidos pareciam longínquos e insignificantes, e o rei parecia manifestamente não impressionado. Como a maioria dos governantes árabes da época, ele não conseguia perceber o papel dos Estados Unidos nos assuntos mundiais no pós-guerra.

Tendo realizado a maior parte de sua missão, meu pai então, hesitante, passou a mensagem que o dr. Husayn lhe havia confiado. O rosto do rei mostrou raiva e surpresa, e ele se levantou abruptamente, levando todos os demais na sala a se levantarem também. A audiência terminara. Exatamente naquele momento, um funcionário entrou, anunciando que a BBC havia acabado de transmitir a notícia da decisão da Assembleia Geral da ONU a favor da partilha da Palestina. A reunião de meu pai com o monarca coincidira com a votação histórica da assembleia em 29 de novembro de 1947, sobre a Resolução 181, que determinava a partilha. Antes de sair da sala, o rei se voltou para meu pai e disse friamente: "Vocês, palestinos, rejeitaram minha oferta. Merecem o que vier a lhes acontecer".

O que aconteceu, claro, agora é bastante conhecido. No verão de 1949, o governo palestino já havia sido devastado e a maior parte de sua sociedade, deslocada. Cerca de 80% da população árabe do território que ao final da guerra se tornou o novo Estado de Israel fora forçada a deixar suas casas e perdeu suas terras e propriedades. Pelo menos 720 mil do 1,3 milhão de palestinos se tornaram refugiados. Graças a essa violenta transformação, Israel controlava 78% do território da ex-Palestina do Mandato e agora governava os 160 mil árabes palestinos que haviam conseguido permanecer, apenas um quinto da população árabe do pré-guerra. Essa reviravolta sísmica — a Nakba, ou Catástrofe, como os palestinos a chamam —, fundamentada na derrota da Grande Revolta em 1939 e desejada pelo embrionário Estado sionista, também foi causada por fatores que estavam claros na história que meu pai me contou: interferência estrangeira e ferozes rivalidades entre árabes. Esses problemas eram agravados pelas intratáveis diferenças internas palestinas que perduraram após a derrota da revolta e pela ausência de instituições estatais palestinas modernas. A Nakba só foi finalmente possível, no entanto, devido a enormes mudanças globais durante a Segunda Guerra Mundial.

A eclosão da guerra em 1939 pôs fim à polêmica sobre o Livro Branco britânico e trouxe uma relativa calmaria após as convulsões da revolta. Ainda assim, por três anos, até as Batalhas de al-Alamein e Stalingrado no outono de 1942, o perigo de tanques nazistas chegando da Líbia ou através do Cáucaso esteve sempre presente. A imigração judaica diminuiu de maneira significativa como resultado das condições do Livro Branco e do tempo de guerra, enquanto líderes sionistas, enfurecidos com o que percebiam como um abandono por parte de Whitehall de seus compromissos com o sionismo, astutamente procuravam engendrar um realinhamento diplomático que envolvia se afastar da Grã-Bretanha e ir atrás de novos padrinhos. No entanto, durante essa calmaria, os sionistas foram capazes de continuar a aumentar suas capacidades militares. Sob pressão do movimento sionista e com o apoio do primeiro-ministro britânico Winston Churchill, um Grupo de Brigada Judaica do Exército britânico foi formado em 1944, proporcionando às já consideráveis forças militares sionistas treinamento e experiência de combate, oferecendo uma vantagem vital em um conflito futuro.

Em contrapartida, embora um boom econômico causado pela guerra na Palestina tenha permitido alguma recuperação dos danos causados à economia árabe pela revolta, os palestinos permaneceram politicamente fragmentados, com muitos de seus líderes ainda no exílio ou sob detenção britânica, e não fizeram preparativos suficientes para a tempestade que se formava. Mais de 12 mil árabes palestinos se ofereceram como voluntários para o Exército britânico durante a Segunda Guerra Mundial (enquanto muitos outros, como meu pai, trabalharam para os Aliados), mas, ao contrário dos soldados judeus da Palestina, eles nunca constituíram uma unidade única, e não havia um Paraestado palestino para tirar proveito da experiência que tinham adquirido.[8]

O fim da guerra global trouxe uma nova fase para o assalto colonialista à Palestina, lançado pela chegada ao Oriente Médio de duas grandes potências que antes haviam tido pouca participação regional: Estados Unidos e União Soviética. Um império que nunca havia reconhecido por completo sua natureza colonialista e cujo domínio ficara restrito às Américas e ao Pacífico, depois de Pearl Harbor os Estados Unidos, de repente, se tornaram não apenas um poder global, mas um poder proeminente. A partir de 1942, navios, tropas e bases americanos chegaram ao Norte da África, ao Irã e à Arábia Saudita. Desde então eles nunca deixaram o Oriente Médio. Enquanto isso, a União Soviética, que havia se voltado para dentro depois da revolução bolchevique, disseminando sua ideologia, mas evitando projetar sua força, tinha o maior exército em terra do mundo como resultado da guerra, iria libertar metade da Europa dos nazistas e se tornar cada vez mais assertiva no Irã, na Turquia e em outras áreas ao sul.

Liderado por David Ben-Gurion, o personagem político dominante no *yishuv*, o movimento sionista prescientemente antecipou a mudança no equilíbrio de poder global. O evento-chave nesse realinhamento foi a proclamação em 1942, numa grande conferência sionista realizada no Biltmore Hotel em Nova York, daquilo que foi chamado de Programa Biltmore.[9] Pela primeira vez, o movimento sionista falou abertamente em transformar toda a Palestina em um Estado judeu: a exigência exata era que "a Palestina fosse estabelecida como uma Comunidade Judaica". Assim como "lar nacional", isso era outro circunlóquio para total controle judeu em toda a Palestina, um país onde dois terços da população eram de árabes.[10] Não foi coincidência que esse programa ambicioso fosse proclamado nos Estados Unidos e em Nova York em particular, já na época e ainda hoje a cidade com a maior população judaica no mundo.

Em pouco tempo, o movimento sionista tinha mobilizado muitos políticos americanos e grande parte da opinião pública em torno desse objetivo. Isso foi resultado tanto de iniciativas incessantes e eficazes de relações públicas desse movimento, que os palestinos e os novos Estados árabes não conseguiram igualar, quanto do horror generalizado com a revelação do aniquilamento da maioria dos judeus europeus pelos nazistas no Holocausto.[11] Depois que o presidente Harry Truman endossou o objetivo de um Estado judeu em uma terra de maioria árabe nos anos do pós-guerra, o sionismo, outrora um projeto colonialista apoiado pelo enfraquecido Império Britânico, se tornou parte integrante da hegemonia americana emergente no Oriente Médio.

Após a guerra, dois eventos cruciais ocorridos em rápida sucessão foram emblemáticos dos obstáculos que os palestinos teriam à frente. As relações com muitos dos regimes árabes já eram tensas por causa do alinhamento dos governantes com a Grã-Bretanha, desde sua intervenção para acabar com a greve geral de 1936 e seu envolvimento na fracassada Conferência do Palácio de St. James em 1939. As coisas pioraram em março de 1945, quando, sob a égide da Grã-Bretanha, seis Estados árabes formaram a Liga Árabe. Em suas memórias, o dr. Husayn descreve a amarga decepção dos palestinos ao saber que os Estados membros decidiram remover as referências à Palestina do comunicado inaugural da liga e manter o controle sobre a escolha do representante da Palestina.[12]

O primeiro-ministro egípcio impediu Musa al-'Alami, o emissário palestino, de tomar parte na conferência de fundação da liga, mas mudou sua decisão imediatamente quando al--'Alami conseguiu uma carta do brigadeiro Clayton, um oficial da inteligência britânica no Cairo, que autorizou sua participação. Embora o Protocolo de Alexandria, de outubro de 1944, pelo qual Egito, Iraque, Síria, Líbano e Transjordânia concordaram originalmente em criar a liga, tivesse enfatizado a importância da "causa dos árabes da Palestina" enquanto lamentavam "as desgraças infligidas aos judeus da Europa", esses Estados mal eram independentes de seus antigos senhores coloniais.[13] A Grã-Bretanha, em particular, uma poderosa influência na política externa de todos eles, e a hostilidade britânica em relação a qualquer iniciativa palestina independente não haviam diminuído. Isso significava que os palestinos não podiam contar com nenhum apoio significativo desses regimes árabes fracos e dependentes.

Mais abrangente em suas consequências foi a formação da Comissão de Inquérito Anglo-Americana em 1946. Essa entidade foi estabelecida pelos governos britânico e americano para analisar a situação urgente e deplorável dos sobreviventes do Holocausto, dos quais 100 mil se encontravam confinados em campos de refugiados na Europa. A preferência americana e sionista era que esses desafortunados tivessem entrada imediata garantida na Palestina (nem os Estados Unidos nem a Grã-Bretanha estavam dispostos a aceitá-los), o que, na prática, negava a orientação do Livro Branco de 1939.

O caso palestino foi apresentado à comissão por Albert Hourani (que depois se tornou talvez o maior historiador do Oriente Médio moderno), que, com colegas no recém-criado Escritório Árabe Palestino, havia produzido uma grande quantidade de material que foi transmitido por escrito e oralmente.[14] A principal realização deles estava personificada no testemunho de Hourani,[15] que ofereceu uma descrição presciente da devastação e do caos que a criação de um Estado judeu causaria na sociedade palestina e semearia em todo o mundo árabe. Ele alertou a comissão de que, "nos últimos anos, encarregados sionistas falaram seriamente sobre a evacuação da população árabe, ou parte dela, para outras partes do mundo árabe".[16] A implementação do programa sionista, disse, "envolveria uma terrível injustiça e só poderia ser realizada à custa de terríveis atos repressivos e distúrbios, com o risco de arruinar toda a estrutura política do Oriente Médio".[17] Os múltiplos golpes militares de oficiais árabes que tinham lutado na Palestina e depois derrubaram regimes na Síria, no Egito e no Iraque de 1949 a 1958, a irrupção da União Soviética nos assuntos do Oriente Médio em meados da década de 1950 e a expulsão da Grã-Bretanha da região podem ser vistos como réplicas do terremoto que Hourani havia previsto. Na época, esses resultados podem ter parecido absurdos para os doze membros americanos e britânicos da comissão que ouviram o seu testemunho.

    Refletindo o novo equilíbrio de poder entre a Grã-Bretanha e os Estados Unidos, a comissão ignorou o argumento dos árabes e a preferência do governo britânico, que defendiam a continuidade das limitações da imigração judaica para a Palestina para evitar antagonizar a maioria árabe do país e as populações dos Estados árabes recém-independentes. A comissão chegou a conclusões que refletiam precisamente os desejos dos sionistas e do governo Truman, incluindo a recomendação de admitir 100 mil refugiados judeus na Palestina. Isso significava que o Livro Branco de 1939 era de fato letra morta, que a Grã-Bretanha não tinha mais a voz decisiva na Palestina e que seriam os Estados Unidos o ator externo predominante na região e, mais tarde, no resto do Oriente Médio.

Ambos os eventos mostram claramente que, nesse estágio avançado da luta para manter o controle de sua pátria, os palestinos não haviam criado alianças árabes eficazes ou o aparato de um Estado moderno, apesar de seu intenso sentimento patriótico e da formação de um movimento nacional forte o bastante para representar brevemente uma ameaça ao controle britânico da Palestina durante a revolta. Essa ausência significava que eles estavam enfrentando o bem desenvolvido Paraestado da Agência Judaica sem ter um sistema estatal central; o que provou ser uma fraqueza fatal nos âmbitos militar, financeiro e diplomático.

    Ao contrário da Agência Judaica, que recebera braços vitais de governança pelo Mandato da Liga das Nações, os palestinos não tinham Ministério das Relações Exteriores, nem diplomatas — como atesta a história de meu pai —, nem qualquer outro departamento de governo, muito menos uma força militar centralizada organizada. Tampouco tinham a capacidade de levantar o financiamento necessário, nem o consentimento internacional para a criação de instituições estatais. Quando os enviados palestinos conseguiam se encontrar com autoridades estrangeiras, seja em Londres, seja em Genebra, eram condescendentemente informados de que não tinham posição oficial e que, portanto, suas reuniões eram privadas e não oficiais.[18] Nesse sentido, é relevante a comparação com os irlandeses, o único povo a conseguir (parcialmente) se libertar do domínio colonial entre a Primeira e a Segunda Guerras Mundiais. Apesar das divisões em suas fileiras, seu parlamento clandestino, o Dáil Éireann, seus ramos nascentes de governo e suas forças militares centralizadas acabaram por superar e vencer os britânicos.[19]

Durante esses anos críticos que levaram à Nakba, o desalinhamento palestino no que diz respeito ao fortalecimento institucional foi profundo. A natureza rudimentar das estruturas organizacionais disponíveis para os palestinos fica clara nas lembranças de Yusif Sayigh, nomeado o primeiro diretor-geral do recém-criado Fundo Nacional Árabe em 1946.[20] O fundo havia sido estabelecido pelo Comitê Superior Árabe em 1944 para servir como um tesouro do Estado e um equivalente ao Fundo Nacional Judaico (FNJ), que já tinha quase meio século. Em meados da década de 1930, o FNJ arrecadava anualmente 3,5 milhões de dólares para a colonização da Palestina só nos Estados Unidos, apenas uma parcela das quantias muito maiores que canalizava regularmente de todo o mundo para apoiar o projeto sionista.[21]

O Fundo Nacional Árabe só começou sua tarefa de coletar recursos depois que Sayigh foi nomeado e desenvolveu uma estrutura para essa atividade. Ele relembrou os muitos problemas que enfrentou em seu trabalho, desde a criação de uma rede nacional a partir do zero para a aceitação de doações até as dificuldades de se deslocar à medida que a situação de segurança na Palestina se deteriorava. Em meados de 1947, em pouco mais de um ano, o fundo conseguiu arrecadar 176 mil libras palestinas (mais de 700 mil dólares na época), uma quantia impressionante dada a relativa pobreza da população. No entanto, era pouco em comparação com a força de arrecadação de fundos do movimento sionista. Quando, contra a orientação de Sayigh, um membro do conselho do fundo, 'Izzat Tannous, se gabou da quantia à imprensa, o diretor-geral e seus colegas souberam no dia seguinte de uma doação de 1 milhão de libras palestinas (4 milhões de dólares) ao FNJ por uma rica viúva judia da África do Sul.

O retrato feito por Sayigh do Comitê Superior Árabe — o órgão de liderança palestino formado em 1936, dissolvido pelos britânicos em 1937 e reconstituído depois da guerra — é igualmente duro, um quadro vivo de desorganização e luta interna. É necessário lembrar que o CSA fora banido e todos os seus líderes haviam sido presos ou exilados pelos britânicos durante a revolta ou forçados a fugir do país para escapar da prisão. Alguns, como o mufti, foram exilados em caráter permanente, enquanto outros, entre eles o dr. Husayn, o primo do mufti Jamal al-Husayni e Musa al-'Alami, só tiveram permissão de voltar para a Palestina muitos anos mais tarde, depois do exílio em diferentes países.[22] No entanto, o retorno deles não resolveu o problema. Sayigh descreve a situação quando o comitê, que não tinha nenhum aparato burocrático, foi subitamente confrontado com a difícil tarefa de documentar o caso palestino para a Comissão de Inquérito Anglo-Americana. Sayigh escreveu:

> O Comitê Superior Árabe então percebeu que não tinha habilidades intelectuais entre seus membros. Na verdade, não tinha estrutura alguma. Quando Jamal Husseini saiu do escritório à tarde, trancou a porta e colocou a chave no bolso. Não havia secretaria, absolutamente nenhuma

secretaria. Uma ou duas pessoas para fazer café. Nem mesmo uma secretária que tomasse notas ou datilografasse. A coisa toda era assim, esse vazio.[23]

A situação era de fato ainda pior, dadas as profundas diferenças políticas e pessoais que dividiam seus membros e as rivalidades interárabes em torno do CSA. Todos esses problemas prejudicaram o potencial de outra nova organização formada no pós-guerra imediato, o Escritório Árabe, que fora encarregado pelo CSA de apresentar a argumentação palestina à Comissão Anglo-Americana. Constituído como núcleo de uma chancelaria palestina e apoiado principalmente pelo governo iraquiano pró-britânico liderado por Nuri al-Sa'id, o Escritório Árabe tinha uma missão diplomática e informativa, com o objetivo de tornar mais conhecida a causa palestina.

Em contraste com a desordem dos outros órgãos, o Escritório Árabe abrigava um grupo extraordinário e altamente motivado de homens (não vi relato de uma única mulher envolvida com seu trabalho). Ele incluía Musa al-'Alami, seu fundador; o notável educador Darwish al-Miqdadi; o advogado Ahmad Shuqayri, que se tornou o primeiro chefe da Organização para a Libertação da Palestina (OLP); o futuro historiador Albert Hourani e seu irmão mais novo, Cecil; e homens mais jovens, como o economista Burhan Dajani; Wasfi al-Tal, mais tarde primeiro-ministro jordaniano; e meu primo, Walid Khalidi, que também se tornou um renomado acadêmico. Foi esse grupo que montou a apresentação notavelmente persuasiva, presciente (e ignorada) feita à Comissão de Inquérito por Albert Hourani.

Com seus recursos de talento, o Escritório Árabe prometia cumprir a função de um serviço diplomático profissional, de modo a evitar a necessidade, por exemplo, de o dr. Husayn usar seu irmão mais novo como enviado. Estados modernos avançados ocasionalmente se valem de enviados pessoais para transmitir mensagens ao lado de canais mais convencionais, mas os palestinos não tinham autorização do Mandato Britânico para utilizar tais canais. No entanto, essa condição também surgiu, em parte, devido à natureza fortemente patriarcal, hierárquica e fragmentada de sua política, sobretudo antes da era dos partidos políticos de massa. Mas o Escritório Árabe não conseguiu remediar essa condição: as lembranças de Yusuf Sayigh e Walid Khalidi atestam os desafios que paralisavam os palestinos a cada passo, acabando por prejudicar os esforços para o estabelecimento de órgãos competentes que os representassem no âmbito internacional. Além disso, em 1947 al-'Alami e o dr. Husayn, os dois líderes palestinos talvez mais adequados para lidar com questões de representação diplomática, não eram mais aliados. Walid Khalidi descreve como a arrogância de al-'Alami afastou os colegas,[24] algo de que há amplos indícios nas memórias do dr. Husayn. Mais importante, a proximidade de al-'Alami com o regime iraquiano, pró-britânico, alimentou a desconfiança de muitas personalidades palestinas.

Essas diferenças interpalestinas, exacerbadas pelas rivalidades entre os novos Estados árabes independentes, são descritas pelo dr. Husayn em detalhes dolorosos. Segundo ele, grande parte da polarização pré-guerra entre partidários e oponentes do mufti, Hajj Amin al-Husayni, que datava da revolta e antes dela, continuou a existir no pós-guerra. A polarização foi intensificada pela oposição incessante dos britânicos tanto ao mufti quanto a qualquer entidade política palestina independente, que, eles temiam — provavelmente com razão —, poderia ser hostil à Grã-Bretanha. Essa hostilidade a grande parte da liderança palestina foi ecoada pela maioria dos governos árabes, sobre os quais o Reino Unido ainda tinha grande influência. A hábil gestão dos bastidores da representação da

Palestina pela Grã-Bretanha na conferência de fundação da Liga Árabe em março de 1945 fornece um exemplo notável dessa influência. Musa al-'Alami, que afinal compareceu à conferência, era um advogado capaz, segundo o dr. Husayn, e falou bem em defesa da causa palestina, mas também contava com a confiança dos britânicos, que o enviaram em missões diplomáticas em seu nome a toda a região em 1945-6, a certa altura fornecendo-lhe um bombardeiro para viagens à Arábia Saudita, ao Iraque e a outros países árabes.[25]

Convencido de que a Grã-Bretanha, que não tinha em mente os interesses dos palestinos, exercia muita influência sobre al-'Alami por meio de seu apoio ao Escritório Árabe, o dr. Husayn criticou publicamente seu desempenho, criticando implicitamente o diretor da entidade. Um dia, em 1947, ele recebeu em seu escritório em Jerusalém a visita de um coronel da inteligência militar britânica, que após uma discussão geral elogiou al-'Alami e o trabalho do Escritório Árabe pela causa árabe e pela "maior compreensão e proximidade entre os povos árabes e britânico". O dr. Husayn, cuja hostilidade à Grã-Bretanha se intensificara após o esmagamento da Grande Revolta e seus anos de exílio, não disse nada, mas ficou intrigado com a visita. Quando ele continuou a desacreditar publicamente o Escritório Árabe por sua falta de coordenação com o CSA, seu visitante militar retornou.

Dessa vez, o coronel permaneceu de pé enquanto entregava sem rodeios sua mensagem: "Respeitamos o diretor dos Escritórios Árabes e temos total confiança nele, e queremos que o senhor coopere com ele". O dr. Husayn respondeu friamente: "Seu respeito por ele e sua confiança nele são da sua conta, não da minha. Minha cooperação ou não cooperação com ele é problema meu, não seu. Bom dia, coronel". A partir do momento em que al-'Alami foi admitido na Liga Árabe, observa o dr. Husayn amargamente, "ele se tornou um representante do governo britânico, e não dos árabes da Palestina".[26]

Musa al-'Alami também passou a ser alvo da desconfiança de Hajj Amin al-Husayni, o mufti ainda exilado, que, depois de se mudar da Alemanha para o Cairo em 1946, voltou de imediato a se envolver na política palestina. Do seu exílio, ele não podia mais controlar os acontecimentos na Palestina, mas ainda era considerado o líder supremo e por algum tempo continuou a exercer sua influência, apesar dos danos duradouros que sua presença na Alemanha nazista durante a guerra havia trazido à causa palestina. Al-'Alami fora inicialmente aceito por todos os envolvidos como chefe do Escritório Árabe porque não estava alinhado com nenhuma facção palestina (ajudou nisso o fato de sua irmã ser casada com o primo do mufti, Jamal al-Husayni). No entanto, em 1947, esse desalinhamento começou a irritar o mufti, que valorizava a lealdade acima de todas as outras virtudes. Yusif Sayigh, cujo trabalho com o Fundo Nacional Árabe envolvia vários encontros com o mufti, estava a seu favor, mas mesmo assim compreendia as profundas limitações do estilo tradicional de liderança do mufti.

> A fraqueza básica do mufti era achar que o mérito da causa pela qual estava trabalhando, ou seja, estabelecer uma Palestina independente, salvando a Palestina da tomada pelos sionistas, era suficiente por si só. Por ser uma causa justa, ele não construiu uma força de combate no sentido moderno [...]. Acho que parte disso vinha do temor de uma grande organização, ele sentia que não conseguia controlar uma grande organização. Conseguia controlar uma comitiva, pessoas para quem sussurrava e que sussurravam para ele. Uma grande organização precisaria ser descentralizada até certo ponto, e ele perderia o contato. E talvez tivesse que depender deles, e eles dependeriam menos dele.

Talvez estivesse com medo de que surgisse algum jovem líder combatente que fosse carismático e levasse parte da lealdade e do apoio que eram dele.[27]

Muito dessa análise aguda da natureza patriarcal da abordagem do mufti se aplicava a toda a geração de homens de sua classe nascidos durante o fim da era otomana que dominou a liderança palestina e, nesse sentido, a política na maior parte do mundo árabe. Havia partidos políticos nascentes com uma base social diversificada na Palestina e em outros lugares, como o Partido Nacional Sírio, ao qual Sayigh pertencia. Mas, exceto no Egito, onde o Wafd, um genuíno partido político de massa, tinha dominado a política do país desde 1919, em nenhum lugar essas formações se desenvolveram a ponto de eclipsar a "política dos notáveis", como Albert Hourani descreveu com maestria em um famoso ensaio em 1968.[28]

Tendo sido financiado principalmente por Nuri al-Sa'id, do Iraque, e por seu governo apoiado pelos britânicos, o Escritório Árabe acabou afastando outros Estados árabes, sobretudo Egito e Arábia Saudita, que aspiravam à liderança pan-árabe. Seus líderes, assim como os da Síria e do Líbano, suspeitavam — talvez com razão — que a criação do Escritório Árabe era um veículo para ambições regionais iraquianas. Outros veículos desse tipo incluíam um projeto de federação entre os países do Crescente Fértil — Iraque, Síria, Líbano, Jordânia e Palestina —, atrás do qual rivais de Nuri temiam que seu patrono, a Grã-Bretanha, estivesse à espreita.[29] A oposição dos Estados árabes, expressada através da Liga Árabe no Cairo, ela própria sob influência egípcia, minou gravemente a autoridade e a capacidade do Escritório Árabe, enfraquecendo ainda mais os palestinos.

Enquanto isso, o rei 'Abdullah, da Transjordânia, tinha suas próprias ambições de dominar tanto quanto possível a

Palestina, tendo feito o possível para chegar a um acordo com os sionistas e seus apoiadores britânicos sobre seus planos para o país. Como informa Avi Shlaim em *Collusion Across the Jordan* [Conivência pelo rio Jordão], seu relato dessa época, um extenso contato clandestino ocorreu entre o rei 'Abdullah e os líderes da Agência Judaica (mais tarde primeiros-ministros israelenses) Moshe Sharett e Golda Meir.[30] Enquanto a ONU se movimentava pela partilha da Palestina, o rei se reuniu com eles secretamente várias vezes, na esperança de chegar a um acordo pelo qual a Jordânia incorporaria a parte da Palestina a ser designada para sua maioria árabe. Confiante, ele lhes garantiu que os palestinos aceitariam seu governo.* Assim, 'Abdullah, ao contrário de Nuri do Iraque, não precisava de nenhuma forma de liderança palestina independente ou de um órgão como o Escritório Árabe que serviria como seu braço diplomático.

Além da força e do amplo apoio externo desfrutado pelos sionistas, em contraste com a fraqueza e a fragmentação do movimento nacional palestino, os Estados árabes recém-independentes — Iraque, Transjordânia, Egito, Síria e Líbano — eram frágeis e repletos de desunião rancorosa, e os palestinos tiveram que enfrentar suas ambições ambíguas. Em sua tentativa de impor sua tutela aos palestinos, o rei 'Abdullah estava competindo com o rei Farouq, do Egito, e o rei 'Abd al-'Aziz ibn Sa'ud, da Arábia Saudita. Outros líderes árabes ocasionalmente mantinham contatos complexos, ambíguos e sub-reptícios com o movimento sionista, muitas vezes em detrimento dos palestinos.

Ao mesmo tempo, muitos governantes árabes continuaram a se apoiar fortemente nas relações pessoais com conselheiros

---

* A confiança do rei desapareceu subitamente no fim de 1947. A história de meu pai explica o porquê.

britânicos não confiáveis, até quando o poder britânico estava diminuindo. O rei 'Abdullah, seu irmão, o rei Faisal do Iraque, e seus sucessores ali, e o rei 'Abd al-'Aziz ibn Sa'ud dependiam de oficiais britânicos, atuais ou antigos, cujas posições eram ambíguas (como o comandante do exército de 'Abdullah, general de divisão Sir John Bagot Glubb, conhecido como Glubb Pasha). Em alguns casos, esses governantes eram obrigados por tratados a ter tais conselheiros, todos os quais deviam sua lealdade primária à Grã-Bretanha, não aos líderes árabes que aconselhavam. Esse também foi o caso dos diplomatas estrangeiros de quem os líderes árabes aceitaram conselhos e às vezes ordens. A residência do embaixador britânico em Amã ficava ao lado do palácio real, o que permitia um curto passeio pelo jardim dos fundos para oferecer orientação ao rei.[31] Às vezes, esses conselhos eram bastante impositivos. Em 1942, o embaixador Sir Miles Lampson, insatisfeito com o governo egípcio da época, ordenou que tanques britânicos cercassem o Palácio Abdeen, no Cairo, ali entrou em seu Rolls-Royce, mandou abrir com um tiro as portas do palácio e ordenou que o rei Farouq nomeasse a pessoa que a Grã-Bretanha havia escolhido como primeiro-ministro. Esse mesmo primeiro-ministro, Mustafa Nahhas Pasha, foi quem se recusou a permitir que Musa al-'Alami representasse a Palestina na Liga Árabe. Mas a rápida reversão de sua decisão por um oficial de inteligência britânico mostrou onde o verdadeiro poder residia no Cairo. Por mais que os líderes árabes quisessem demonstrar sua independência no pós-guerra, os Estados pobres e atrasados que eles lideravam estavam enredados em uma densa teia de dependência, baseada em tratados desiguais, ocupação militar estrangeira contínua e controle externo de seus recursos, tanto naturais quanto de outros tipos.

Em relação aos Estados Unidos, com seu poder recém-adquirido, os líderes árabes — muitos deles escolhidos por seus senhores europeus em virtude de sua flexibilidade — demonstraram fraqueza somada a uma impressionante falta de experiência e consciência global. O rei 'Abd al-'Aziz, da Arábia Saudita, que havia assinado um acordo crucial com companhias petrolíferas americanas em 1933 em detrimento dos interesses petrolíferos britânicos, se encontrou com um adoentado Franklin D. Roosevelt a bordo de um navio de guerra dos Estados Unidos na primavera de 1945, semanas antes da morte do líder americano. Ele recebeu garantias tranquilizadoras diretamente do presidente de que os Estados Unidos não fariam nada para prejudicar os árabes da Palestina e que consultariam os árabes antes de tomar qualquer medida lá.[32] Essas garantias foram desconsideradas sem cerimônia pelo sucessor de Roosevelt, Harry Truman, mas, devido à dependência econômica e militar do regime saudita em relação aos Estados Unidos, o rei se absteve de protestar ou de exercer influência decisivamente em favor dos palestinos. O mesmo se deu com os seis filhos que lhe sucederam. Essa dependência e a ignorância de geração após geração de governantes árabes sobre o funcionamento do sistema político americano e da política internacional privariam consistentemente o mundo árabe de qualquer possibilidade de resistir à influência americana ou de moldar a política adotada pelos Estados Unidos.

Em contraste, o movimento sionista utilizou uma compreensão altamente desenvolvida da política global. Complementando suas origens na Europa entre judeus cultos e assimilados, como Theodor Herzl e Chaim Weizmann, o movimento também se baseou em raízes profundas e extensas conexões nos Estados Unidos — estabelecidas décadas antes do encontro de meu pai com o rei 'Abdullah. David Ben-Gurion e Yitzhak Ben-Zvi, mais tarde o segundo presidente de Israel, tinham passado vários anos no fim da Primeira Guerra Mundial trabalhando para a causa sionista em solo americano, onde

Golda Meir vivera desde a infância. Por outro lado, nenhum membro da liderança palestina jamais havia visitado os Estados Unidos. (Meu pai foi o primeiro de sua família a fazê-lo.) Em comparação com o sofisticado conhecimento da liderança sionista a respeito das sociedades europeias e de outras sociedades ocidentais, das quais a maioria era nativa ou cidadã, os líderes árabes tinham, na melhor das hipóteses, uma compreensão limitada da política, das sociedades e das culturas dos países da Europa, para não falar das superpotências nascentes. A desunião palestina e árabe transmitida pelos relatos de meu pai, pelo dr. Husayn, por Yusif Sayigh e por Walid Khalidi, as intrigas e as lutas internas que eles descrevem foram desastrosas, não apenas para o plano do Escritório Árabe de representar os palestinos internacionalmente, mas também para suas perspectivas no conflito decisivo de 1947-8. Eles entraram nessa fatídica disputa despreparados política e militarmente, e com uma liderança fragmentada e dispersa. Além disso, contavam com pouco apoio externo, exceto dos Estados árabes profundamente divididos e instáveis, ainda sob a influência das antigas potências colonialistas e com populações pobres e em grande parte analfabetas. Isso contrastava amplamente com a posição internacional e o forte e moderno Paraestado construído pelo movimento sionista ao longo de várias décadas.

Desde 1917, o movimento nacional palestino enfrentava o antagônico duo formado por Grã-Bretanha e seu *protégé*, o projeto sionista. Mas o *yishuv* tinha se tornado cada vez mais hostil a seu padrinho britânico após a aprovação do Livro Branco de 1939. Essa hostilidade irrompeu com o assassinato de oficiais britânicos, como Lord Moyne, o ministro residente no Egito, cometido em 1944 pela Gangue Stern, e seguido por uma campanha contínua de violência contra tropas e administradores britânicos na Palestina. Isso culminou na explosão, em 1946, do quartel-general britânico, o King David Hotel, com a perda de 91 vidas. Os britânicos logo se viram incapazes de dominar a oposição armada de praticamente todo o *yishuv*, cujas poderosas organizações militares e de inteligência eles próprios haviam reforçado durante a Grande Revolta e a Segunda Guerra Mundial. Abalada pelos profundos problemas econômicos e financeiros do pós-guerra e pelo desenrolar do secular Raj indiano, a Grã-Bretanha finalmente capitulou na Palestina.

Em 1947, o governo Clement Attlee jogou o problema da Palestina no colo da ONU, que formou um Comitê Especial das Nações Unidas sobre a Palestina (UN Special Committee on Palestine, Unscop) para fornecer recomendações para o futuro do país. Na ONU, as potências dominantes eram os Estados Unidos e a União Soviética, um desenvolvimento que o movimento sionista astutamente previra com suas iniciativas diplomáticas dirigidas a ambos, mas que pegou palestinos e árabes desprevenidos. O realinhamento do poder internacional no pós-guerra estava evidente nos trabalhos do Unscop e em seu relatório majoritário a favor da partilha do país de uma maneira extremamente favorável à minoria judaica, dando-lhes mais de 56% da Palestina, contra os muito inferiores 17% para o Estado judeu imaginado pelo Plano Peel de partilha, de 1937. Era visível também na pressão que se fez para elaborar a Resolução 181 da Assembleia Geral, que resultou do relatório majoritário do Unscop.

A aprovação da Resolução 181 da Assembleia Geral da ONU em 29 de novembro de 1947, que estabelecia a partilha da Palestina em um grande Estado judeu e um Estado árabe menor, com um *corpus separatum* internacional abrangendo Jerusalém, refletia o novo equilíbrio de poder global. Os Estados Unidos e a União Soviética, que votaram a favor da resolução, agora claramente desempenhavam o papel decisivo de sacrificar os palestinos para que um Estado judeu tomasse seu lugar e controlasse a maior parte de seu país. A resolução foi outra declaração de guerra, fornecendo a certidão de nascimento internacional para um Estado judeu na maior parte do que ainda era uma terra de maioria árabe, uma violação flagrante do princípio de autodeterminação consagrado na Carta da ONU. A expulsão de um número suficiente de árabes para tornar possível um Estado de maioria judaica se seguiu necessária e inevitavelmente. Assim como Balfour não achava que o sionismo prejudicaria os árabes, é duvidoso que, quando Truman e Stálin aprovaram a Resolução 181, eles ou seus conselheiros tenham prestado muita atenção ao que aconteceria aos palestinos como consequência de seu voto.

Enquanto isso, a criação de um Estado judeu não era mais o resultado almejado pela Grã-Bretanha. Enfurecida pela violenta campanha sionista que a expulsara da Palestina, e não desejando alienar ainda mais os súditos árabes de seu império remanescente do Oriente Médio, ela se absteve na votação da resolução. A partir do Livro Branco de 1939, os formuladores de políticas britânicos haviam reconhecido que os interesses predominantes de seu país no Oriente Médio estavam com os Estados árabes independentes e não com o projeto sionista que a Grã-Bretanha nutrira por mais de duas décadas.

Com a decisão de partilha da ONU, as estruturas militares e civis do movimento sionista foram apoiadas por ambas as superpotências nascentes da era do pós-guerra e poderiam se preparar para tomar o máximo possível do país. A catástrofe que se seguiu para os palestinos foi, portanto, produto não apenas de suas próprias fraquezas árabes e da força sionista, mas também de eventos tão alheios e distantes quanto Londres, Washington, DC, Moscou, Nova York e Amã.

Como um desastre de trem lento e aparentemente interminável, a Nakba se desenrolou por um período de muitos meses. Sua primeira etapa, de 30 de novembro de 1947 até a retirada final das forças britânicas e o estabelecimento de Israel em 15 de maio de 1948, testemunhou grupos paramilitares sionistas, como a Haganah e o Irgun, derrotando sucessivas vezes palestinos mal armados e desorganizados e os voluntários árabes que tinham chegado para ajudá-los. Essa primeira etapa presenciou uma campanha ferrenha que culminou em uma ofensiva sionista em todo o país apelidada de Plano Dalet, na primavera de 1948.[33] O Plano Dalet envolveu a conquista e o despovoamento, em abril e na primeira quinzena de maio, dos dois maiores centros urbanos árabes, Jaffa e Haifa, e dos bairros árabes de Jerusalém Ocidental, bem como de dezenas de cidades, vilas e aldeias árabes, como Tiberíades em 18 de abril, Haifa em 23 de abril, Safad em 10 de maio e Beisan em 11 de maio. Assim, a limpeza étnica da Palestina começou bem antes da proclamação do Estado de Israel, em 15 de maio de 1948.

Jaffa foi sitiada, tornando-se alvo de incessantes bombardeios com morteiros e perseguida por franco-atiradores. Uma vez invadida afinal por forças sionistas durante as primeiras semanas de maio, foi sistematicamente esvaziada da maioria de seus 60 mil habitantes árabes. Embora a cidade devesse ser parte do Estado árabe natimorto designado pelo Plano de Partilha de 1947, nenhum ator internacional tentou impedir essa grande violação da resolução da ONU. Sujeitos a semelhantes bombardeios e ataques a bairros civis mal defendidos, os 60 mil habitantes palestinos de Haifa, os 30 mil que viviam em Jerusalém Ocidental, os 12 mil em Safad, 6 mil em Beisan e 5500 em Tiberíades sofreram o mesmo destino. A maior parte da população urbana árabe da Palestina se tornou, assim, refugiada e perdeu suas casas e meios de subsistência.

Jaffa em 1948, esvaziada durante o Plano Dalet.

Em abril de 1948, quando a Haganah e outras unidades paramilitares sionistas invadiram os bairros árabes de Jerusalém Ocidental, a sede do Fundo Árabe no distrito de Qatamon foi tomada e seu diretor, Yusif Sayigh, feito prisioneiro. Semanas antes, ele viajara para Amã a fim de pedir ajuda ao rei 'Abdullah para evitar a queda iminente dos distritos árabes daquela parte da cidade. No entanto, o cônsul-geral da Jordânia em Jerusalém disse ao monarca por telefone, na presença de Sayigh, que esse era um perigo inexistente, declarando: "Vossa Majestade! Quem está lhe contando essas histórias de que Jerusalém está prestes a cair nas mãos dos sionistas? Bobagem!".[34] Em consequência, 'Abdullah não atendeu ao pedido de ajuda e os prósperos bairros árabes de Jerusalém Ocidental foram invadidos. Sayigh passou o resto da guerra em um campo de prisioneiros, embora não estivesse ligado aos militares.

Cenas de fuga aconteceram em cidades e vilarejos menores em muitas partes do país. As pessoas fugiram quando notícias de massacres se espalharam, como em 9 de abril de 1948, em Dayr Yasin, perto de Jerusalém, aldeia onde cem moradores, 67 deles mulheres, crianças e idosos, foram massacrados quando ela foi invadida por atacantes do Irgun e da Haganah.[35] Um dia antes, a aldeia estratégica próxima de al-Qastal havia caído nas mãos de forças sionistas durante uma batalha na qual o comandante palestino da área de Jerusalém, 'Abd al-Qadir al-Husayni, morreu liderando seus combatentes.[36] Ele também havia acabado de voltar de uma viagem infrutífera a uma capital árabe, nesse caso Damasco, para pedir armas a um comitê da Liga Árabe. 'Abd al-Qadir era o mais competente e respeitado dos líderes militares palestinos (especialmente depois que tantos tinham sido mortos, executados ou exilados pelos britânicos durante a Grande Revolta). Sua morte foi um golpe esmagador para o esforço palestino de manter o controle dos acessos a Jerusalém, áreas que deveriam pertencer ao Estado árabe sob o plano de partilha.

Nessa primeira fase da Nakba antes de 15 de maio de 1948, um padrão de limpeza étnica resultou na expulsão e na debandada em pânico de cerca de 300 mil palestinos e na devastação de muitos dos principais centros urbanos econômicos, políticos, cívicos e culturais da maioria árabe. Na segunda fase, após

Yusuf Sayigh, prisioneiro de guerra, à esquerda.

15 de maio, o novo Exército israelense derrotou os exércitos árabes que se juntaram à guerra. Ao decidir tardiamente por uma intervenção militar, os governos árabes estavam agindo sob intensa pressão do público árabe, profundamente angustiado com a queda de cidades e aldeias da Palestina uma após a outra e a chegada de ondas de refugiados indigentes a capitais vizinhas.[37] Depois da derrota dos exércitos árabes e de mais massacres de civis, palestinos em número ainda maior, outros 400 mil, foram expulsos de suas casas e fugiram para os vizinhos Jordânia, Síria, Líbano, Cisjordânia e Gaza (as duas últimas constituíam os 22% restantes da Palestina não conquistados por Israel). Nenhum deles foi autorizado a retornar, e a maioria de suas casas e aldeias foi destruída para impedir que o fizessem.[38] Outros ainda foram expulsos do novo Estado de Israel mesmo após a assinatura dos acordos de armistício de 1949, e muitos mais foram forçados a sair desde então. Nesse sentido, a Nakba pode ser entendida como um processo em andamento.

Entre os que foram deslocados em 1948 estavam meus avós, que tiveram que deixar sua casa em Tal al-Rish, onde meu pai e a maioria de seus irmãos haviam nascido. De início meu avô, então com 85 anos e frágil, teimosamente se recusou a ir embora. Depois que seus filhos levaram grande parte da família para abrigos em Jerusalém e Nablus, ele permaneceu ali sozinho por várias semanas. Temendo por sua segurança, um amigo da família que vivia em Jaffa foi até lá durante uma pausa na batalha para buscá-lo. Ele partiu contrariado, lamentando não poder levar seus livros. Nem ele nem os filhos voltaram a ver sua casa. As ruínas da grande casa de pedra de meus avós permanecem abandonadas nos limites de Tel Aviv.[39]

Ruínas da casa da família Khalidi em Tal al-Rish.

A Nakba representou um divisor de águas na história da Palestina e do Oriente Médio. Transformou a maior parte da Palestina daquilo que ela fora por bem mais de um milênio — um país de maioria árabe — em um novo Estado que tinha uma considerável maioria judaica.[40] Essa transformação foi resultado de dois processos: a limpeza étnica sistemática de áreas do país habitadas por árabes tomadas durante a guerra e o roubo de terras e propriedades palestinas deixadas pelos refugiados, bem como grande parte das propriedades e terras pertencentes aos árabes que permaneceram em Israel. Não haveria outra maneira de alcançar uma maioria judaica, o objetivo explícito do sionismo político desde o início. Nem teria sido possível dominar o país sem as apropriações de terras. Em um terceiro grande e duradouro impacto da Nakba, as vítimas, as centenas de milhares de palestinos expulsos de suas casas, serviram para desestabilizar ainda mais a Síria, o Líbano e a Jordânia — países pobres, fracos e recentemente independentes — e a região nos anos seguintes.

No momento imediatamente posterior, no entanto, o rei 'Abdullah, da Transjordânia, foi um beneficiário da guerra. Memoravelmente descrito como um "falcão na gaiola de um canário", 'Abdullah sempre quisera governar um domínio maior com mais súditos do que a pequena e pouco povoada Transjordânia, que tinha uma população de apenas 200 mil habitantes quando ele ali chegou, em 1921.[41] Logo depois ele procurou expandir seu território através de vários meios. A direção mais óbvia era para o oeste, para a Palestina, o que explica suas longas negociações secretas com os sionistas para chegar a um acordo que lhe daria o controle de parte do país. Para promover esse objetivo, 'Abdullah aprovou em particular a recomendação da Comissão Peel, de 1937, de dividir a Palestina (foi o único líder árabe a fazê-lo), o que teria anexado parte da seção árabe à Transjordânia.

Tanto o rei quanto os britânicos se opuseram à permissão de que os palestinos se beneficiassem da partilha em 1947 ou da guerra que se seguiu, e nenhum deles queria um Estado árabe independente na Palestina. Eles chegaram a um acordo secreto para evitar isso, enviando "a Legião Árabe através do rio Jordão assim que o Mandato terminou para ocupar a parte da Palestina atribuída aos árabes".[42] Esse objetivo se misturava ao do movimento sionista, que negociou com 'Abdullah para alcançar o mesmo fim. No entanto, quando a teimosa mas desorganizada resistência dos palestinos foi superada na primavera de 1948 no contexto da ofensiva sionista em todo o país e os exércitos árabes entraram na Palestina, a Legião Árabe, que era o instrumento das ambições expansionistas de 'Abdullah, assumiu a liderança na oposição aos avanços do novo

Exército israelense. Sob forte influência britânica, a legião foi armada e treinada pela Grã-Bretanha, comandada por oficiais britânicos e tinha mais experiência de combate do que qualquer outro exército do Oriente Médio; conseguiu impedir Israel de conquistar a Cisjordânia e Jerusalém Oriental, retendo a área para 'Abdullah enquanto a negava aos palestinos. Como observou o historiador Avi Shlaim, "não é exagero dizer que" o secretário das Relações Exteriores britânico, Ernest Bevin, "conspirou diretamente com os transjordanianos e indiretamente com os judeus para abortar o nascimento de um Estado árabe palestino".[43]

Os demais países árabes recém-independentes enfrentaram perspectivas sombrias após a guerra de 1948, não apenas por causa do influxo de refugiados palestinos. Eles haviam perdido a batalha pela partilha da Palestina na ONU em 1947, e depois perdido a guerra de 1948 quando seus exércitos foram derrotados, um a um, pelas forças superiores do novo Estado israelense. Apesar da afirmação amplamente aceita de que o Exército israelense era pequeno diante dos sete exércitos árabes invasores, sabemos que em 1948 Israel de fato superava em número e em armas seus oponentes. Havia apenas cinco forças militares árabes regulares em ação naquela ocasião, já que a Arábia Saudita e o Iêmen não tinham nada que pudessem chamar de exército moderno. Apenas quatro dessas forças entraram no território da Palestina do Mandato (o minúsculo Exército libanês jamais cruzou a fronteira); e duas delas — a Legião Árabe da Jordânia e as forças do Iraque — foram proibidas por seus aliados britânicos de romper as fronteiras das áreas alocadas ao Estado judeu pela partilha e, portanto, não realizaram nenhuma invasão de Israel.[44]

Ao enfrentar seu primeiro grande teste internacional, os Estados árabes tinham falhado com consequências desastrosas. Assim começou uma série de derrotas militares decisivas pelo que rapidamente se tornou uma potente máquina militar israelense, derrotas que continuaram até a Guerra do Líbano de 1982. Elas levaram a vários enfrentamentos regionais que confirmaram plenamente as previsões sombrias de Albert Hourani em 1946. Como resultado, os países árabes, que lutavam para se livrar dos grilhões da pobreza, da dependência, da ocupação estrangeira e do controle indireto, agora tinham que enfrentar novos e assustadores desafios internos e outros problemas causados por seu novo, poderoso e agressivo vizinho, Israel.

Por fim, a guerra na Palestina confirmou o eclipse da Grã-Bretanha no Oriente Médio e sua substituição pelas superpotências em conflito, os Estados Unidos e a União Soviética. Apesar de sua rivalidade já tensa no pós-guerra, os dois apoiaram a partilha da Palestina e a criação de um Estado judeu, embora por razões diferentes. Uma vez estabelecido o Estado de Israel, ambos o reconheceram e ofereceram apoio militar crucial, que foi fundamental para sua vitória. Nem tentaram fazer algo para ajudar na criação do Estado árabe previsto na resolução de partilha, nem agiram para impedir a eliminação desse Estado por meio da colaboração tácita de Israel, Jordânia e Grã-Bretanha.[45]

Apesar dessas semelhanças, o apoio das duas superpotências para Israel tinha diferenças de motivo, duração e natureza. Stálin e seus colegas na liderança soviética logo se aborreceram com um Estado que eles supunham ser um protegido socialista da União Soviética. Eles haviam esperado que Israel serviria como um contrapeso progressista àquilo que Moscou via como peões da Grã-Bretanha, as monarquias árabes reacionárias alinhadas aos britânicos na Jordânia, no Iraque e no Egito, e que ele se alinharia totalmente com a União Soviética. Em 1950, no entanto, quando Israel escolheu a neutralidade durante a Guerra da Coreia ao se aproximar dos Estados

Unidos, ficou claro que isso não aconteceria. Não demorou muito para que as relações entre os dois países esfriassem consideravelmente. Até 1955, a União Soviética desenvolvera laços estreitos com vários Estados árabes, enquanto Israel tinha se alinhado secretamente às antigas potências colonialistas, Grã-Bretanha e França, contra um dos novos aliados árabes da União Soviética, o Egito. Assim, a lua de mel soviética com o sionismo e Israel provou ser efêmera.

O relacionamento de Israel com os Estados Unidos seguiu linhas totalmente diferentes. Ao contrário dos domínios dos tsares russos, que foram um dos grandes caldeirões do virulento antissemitismo europeu que deu origem ao sionismo, os Estados Unidos sempre tinham sido vistos como um refúgio tolerante para judeus perseguidos em fuga do Leste Europeu, 90% dos quais migraram para lá. Entre 1880 e 1920, a população judaica americana cresceu de 250 mil para 4 milhões, com a maioria dos novos imigrantes vindo da Europa Oriental.[46] O sionismo político moderno desenvolveu raízes profundas nos Estados Unidos, tanto dentro da comunidade judaica quanto entre muitos cristãos. Com a ascensão de Hitler ao poder na Alemanha no início da década de 1930, o sionismo conquistou segmentos influentes da opinião pública americana. As revelações dos horrores do Holocausto foram decisivas para confirmar a validade do apelo dos sionistas por um Estado judeu e para desconcertar e silenciar seus oponentes, dentro e fora da comunidade judaica.

Essas mudanças de opinião durante e após a Segunda Guerra Mundial foram suficientes para alterar os cálculos de muitos políticos americanos. O presidente Harry Truman, simpático ao sionismo devido a amizades pessoais e à influência de seus conselheiros mais próximos, estava convencido de que o apoio direto aos objetivos do movimento era uma necessidade política interna.[47] Em novembro de 1945, apenas nove meses depois que Roosevelt havia se encontrado e prometido seu apoio a Ibn Saʻud, Truman revelou sem rodeios as motivações por trás dessa grande mudança quando um grupo de diplomatas americanos o advertiu com presciência de que uma política abertamente pró-sionista prejudicaria os interesses dos Estados Unidos no mundo árabe. "Sinto muito, cavalheiros", disse ele, "mas tenho que responder a centenas de milhares que estão ansiosos pelo sucesso do sionismo. Não tenho centenas de milhares de árabes entre meus eleitores."[48]

De início, o Departamento de Estado, o Pentágono e a CIA — o que se tornaria a base permanente da política externa do novo império global americano — se opuseram ao partidarismo determinado de Truman e de seus conselheiros pelo sionismo e pelo novo Estado de Israel. No entanto, Truman, que não era de origem nobre, não tinha ensino superior (ele foi o último presidente americano sem diploma universitário) e era inexperiente em relações exteriores, não se intimidava com o establishment da política externa que herdara. No início da era pós-guerra, figuras respeitadas, do secretário de Estado, George Marshall, a Dean Acheson, George Kennan e outros altos funcionários do Departamento de Estado e de outros departamentos, argumentaram que o apoio ao novo Estado judeu prejudicaria os interesses estratégicos, econômicos e petrolíferos dos Estados Unidos no Oriente Médio no contexto da emergente Guerra Fria. Mas no primeiro livro a examinar cuidadosamente documentos governamentais desse período recém-disponibilizados, a cientista política Irene Gendzier mostra que a perspectiva dos elementos-chave dentro da burocracia mudou em questão de meses. Após as impressionantes vitórias militares de Israel, muitos burocratas e oficiais militares, e com eles a indústria petrolífera americana, logo perceberam a possível utilidade do Estado judeu para os interesses dos Estados Unidos na região.[49]

As principais razões que levaram a essa mudança foram econômicas e estratégicas, relacionadas a considerações da Guerra Fria e aos vastos recursos energéticos do Oriente Médio. Em termos militares, o Pentágono passou a ver Israel como um aliado potencialmente poderoso. Além disso, nem os formuladores de políticas nem as companhias petrolíferas enxergavam Israel como uma ameaça aos interesses petrolíferos dos Estados Unidos, dada a complacência saudita com relação à Palestina (no auge da guerra de 1948, quando tropas israelenses invadiram a maior parte do país e expulsaram centenas de milhares de palestinos, Marshall descobriu motivo para agradecer ao rei Ibn Sa'ud por sua "abordagem conciliatória" na Palestina).[50] Desde então, a Arábia Saudita nunca criou problemas no que diz respeito à estreita relação americano-israelense. De fato, esse relacionamento era visto pela família real saudita como completamente compatível com a íntima conexão americano-saudita que remontava ao primeiro acordo de prospecção e exploração de petróleo, de 1933.[51]

Durante suas primeiras décadas, no entanto, Israel não recebeu os níveis maciços de apoio militar e econômico americano que se tornaram rotina a partir do início dos anos 1970.[52] Além disso, na ONU, os Estados Unidos frequentemente assumiam posições contrárias às de Israel, como a votação por repetidas condenações do Conselho de Segurança às ações militares israelenses.[53] Durante o governo Truman, e de fato até a guerra de 1967, embora em geral favoráveis e apoiadores do Estado judeu, os formuladores de políticas dos Estados Unidos deram relativamente pouca importância a Israel em si. Os líderes americanos, de Truman em diante, deram ainda menos importância aos palestinos.

Em choque, derrotados, dispersos e temporariamente sem liderança, os palestinos tinham apenas uma vaga noção das mudanças globais responsáveis por deixar sua terra natal em ruínas. A geração mais velha, que ao longo de décadas passara a ver a Grã-Bretanha como principal facilitador do sionismo, continuou com grande amargura a considerá-la a fonte determinante de seus infortúnios. Os palestinos também criticaram duramente as falhas de sua própria liderança e expressaram profundo desgosto com o desempenho dos Estados árabes e com a incapacidade de seus exércitos de preservar mais de 22% da Palestina árabe.[54] Isso se somou à raiva que sentiam dos governantes árabes por sua desunião, e, ainda pior, pela cumplicidade de alguns — notadamente o rei 'Abdullah, da Jordânia — com Israel e as grandes potências. Assim, 'Isa al-'Isa, escrevendo depois da Nakba de seu exílio em Beirute, atacou os governantes árabes:

> *Oh pequenos reis dos árabes, pela graça de Deus,*
> *Chega de fraqueza e disputas internas*
> *Um dia nossas esperanças repousaram em vocês,*
> *Mas todas as nossas esperanças foram frustradas.*[55]

Por essas muitas razões, na nova e sombria realidade após a Nakba, mais de 1 milhão de palestinos enfrentou um mundo totalmente virado de cabeça para baixo. Onde quer que estivessem, dentro da Palestina ou não, eles experimentaram uma grave ruptura social. Para a maioria, isso significou miséria — a perda de casas, empregos e comunidades profundamente enraizadas. Aldeões perderam suas terras e meios de subsistência e citadinos, suas propriedades e capital, com a Nakba destruindo o poder das elites do país junto com sua base econômica. O desacreditado mufti jamais recuperaria sua autoridade do pré-guerra, e o mesmo se daria com outros de sua classe. Convulsões sociais em grande parte do mundo árabe, muitas vezes desencadeadas por revoluções apoiadas por militares, substituiriam a classe de notáveis por líderes mais jovens oriundos de estratos sociais mais diversos. A Nakba produziu o mesmo resultado entre os palestinos.

Mesmo aqueles que conseguiram evitar o empobrecimento foram tirados de seu lugar no mundo. Foi o caso de meus avós, idosos, abruptamente arrancados de suas rotinas e de sua casa, perdendo a maior parte de seus bens. Eles foram afortunados em comparação com muitos outros. Até morrerem, no início da década de 1950, sempre tiveram um teto, embora fossem obrigados a se deslocar entre as casas de seus filhos, então espalhados de Nablus e Jerusalém, na Cisjordânia, a Beirute, Amã e Alexandria. Depois de sua visita em 1947, meus pais voltaram para Nova York, para que meu pai continuasse seus estudos, com a intenção de retornar à Palestina quando os concluísse. Eles jamais viram a Palestina de novo.

Para todos os palestinos, independentemente de suas diferentes circunstâncias, a Nakba formou uma referência duradoura de identidade, que perdura há várias gerações. Ela marcou uma ruptura coletiva abrupta, um trauma que todo palestino compartilha de uma forma ou de outra, pessoalmente ou por meio de seus pais ou avós. Ao mesmo tempo que a Nakba forneceu um novo foco para a identidade coletiva, desmembrou famílias e comunidades, dividindo e dispersando os palestinos entre vários países e soberanias distintas. Mesmo aqueles que ainda se encontravam dentro da Palestina, refugiados ou não, estavam sujeitos a três regimes políticos diferentes: Israel, Egito (para os da Faixa de Gaza) e Jordânia (para os da Cisjordânia e Jerusalém Oriental). Essa condição de dispersão, *shitat* em árabe, aflige o povo palestino desde então. Minha própria família é típica, no sentido de que tenho primos na Palestina e em meia dúzia de países árabes, e em número quase igual na Europa e nos Estados Unidos. Cada um desses coletivos palestinos separados enfrentava uma série de restrições de movimento, possuía vários documentos de identidade ou nenhum, e era obrigado a operar sob diferentes condições, leis e idiomas.

A pequena minoria de palestinos, cerca de 160 mil, que conseguira evitar a expulsão e permanecera na parte da Palestina que tinha se tornado Israel agora era cidadã daquele Estado. O governo de Israel, dedicado acima de tudo a servir à nova maioria judaica do país, via essa população remanescente com profunda suspeita como quinta-coluna em potencial. Até 1966, a maioria dos palestinos vivia sob estrita lei marcial e grande parte de suas terras foi confiscada (junto com as daqueles que haviam sido forçados a deixar o país e agora eram refugiados). Essa terra roubada, uma expropriação considerada legal pelo Estado de Israel, que incluía a maior parte das áreas cultiváveis do país, foi entregue a assentamentos judaicos ou à Autoridade de Terras de Israel, ou colocada sob o controle do FNJ, cujo estatuto discriminatório previa que tal propriedade poderia ser usada apenas para o benefício do povo judeu.[56]

Essa cláusula significava que proprietários árabes espoliados não podiam comprar de volta nem arrendar aquilo que já havia sido sua propriedade, e que o mesmo valia para qualquer outro não judeu. Tais movimentos foram cruciais para a transformação da Palestina de um país árabe em um Estado judeu, já que apenas cerca de 6% das terras palestinas eram de propriedade de judeus antes de 1948. A população árabe dentro de Israel, isolada por restrições militares que impediam viagens, também foi afastada de outros palestinos e do resto do mundo árabe. Acostumados a ser uma maioria substancial em seu próprio país e região, eles de repente tiveram que aprender a se virar como uma minoria desprezada em um ambiente hostil, como súditos de uma política judaica que nunca se definiu como um Estado de todos os seus cidadãos. Nas palavras de um estudioso, "por Israel ter se definido como um Estado judeu e em virtude das políticas e leis de exclusão dele, a cidadania conferida aos palestinos era, na verdade, de segunda classe". Mais significativamente, o regime marcial sob o qual os palestinos viviam concedeu aos militares israelenses autoridade quase ilimitada para controlar as minúcias de suas vidas.[57]

Palestinos deslocados que agora viviam fora das fronteiras do Estado de Israel — na verdade, a maior parte do povo palestino — eram refugiados (assim como alguns que permaneceram dentro de Israel). Aqueles que haviam fugido para a Síria, o Líbano e a Jordânia sobrecarregaram as limitadas capacidades de socorro desses países. Inicialmente, a maioria deles se encontrava em campos de refugiados administrados pela Agência das Nações Unidas de Assistência aos Refugiados da Palestina no Oriente Próximo (United Nations Relief and Works Agency for Palestine Refugees in the Near East, UNRWA). A maior parte dos refugiados com meios, habilidades empregáveis ou parentes em países árabes não se registrou na UNRWA ou encontrou outra moradia, e outros acabaram conseguindo sair dos campos e se integrar em cidades como Damasco, Beirute, Sidon e Amã. Os palestinos que nunca permaneceram nos campos ou que rapidamente saíram deles tendiam a estar em melhor situação, com acesso à educação e urbanizados. Com o tempo, outros seguiram esse caminho, e uma grande maioria dos refugiados e seus descendentes foi morar fora desses campos.

Na Jordânia, lar de 2,2 milhões de refugiados registrados na UNRWA — o maior grupo individual —, apenas 370 mil permanecem em campos, assim como apenas um quarto dos 830 mil refugiados registrados na Cisjordânia. Menos de um quarto dos 550 mil refugiados na Síria viviam em campos antes da guerra civil no país, assim como menos da metade dos 470 mil refugiados palestinos no Líbano. A proporção é aproximadamente a mesma entre o 1,4 milhão de refugiados registrados no exíguo território da Faixa de Gaza, que ficou sob controle egípcio até 1967. Assim, embora 5,5 milhões de refugiados palestinos e seus descendentes estejam registrados na UNRWA, a maioria deles, cerca de 4 milhões, e muitos outros que nunca se registraram na agência não vivem hoje em campos de refugiados.

Em 1950, o rei 'Abdullah concretizou sua aspiração de ampliar seu pequeno reino, agora chamado Jordânia em vez de Transjordânia, com a anexação da Cisjordânia, o que foi reconhecido apenas por seus aliados mais próximos, o Reino Unido e o Paquistão. Ao mesmo tempo, o rei estendeu a cidadania jordaniana a todos os palestinos dentro de seu domínio recém-expandido. Essa medida generosa, que vale para a esmagadora maioria dos refugiados palestinos que vivem no exílio no mundo árabe e na Cisjordânia, desmente a reiterada afirmação de Israel de que os Estados árabes impediram a integração dos refugiados, obrigando-os a permanecer em campos como uma arma política útil.

Embora a velha elite política e econômica palestina tivesse sido desacreditada, alguns de seus membros, sobretudo aqueles que tinham se oposto ao mufti — por exemplo, Raghib al--Nashashibi, outrora prefeito de Jerusalém —, se adaptaram rapidamente às novas circunstâncias sob a monarquia hachemita. Alguns chegaram a assumir cargos no governo jordaniano em Amã. Outros palestinos permaneceram inconciliáveis e amargurados por terem perdido sua chance de autodeterminação e, pior, serem submetidos a seu antigo antagonista, o rei 'Abdullah. Embora a Legião Árabe da Jordânia, apoiada pela Grã-Bretanha, tivesse sido o único exército a resistir às forças de Israel em 1948, impedindo que uma parte maior da Palestina caísse sob o controle israelense, o preço por ser salvo dessa maneira — o domínio hachemita sobre a Cisjordânia e Jerusalém Oriental — era alto. A fidelidade de 'Abdullah aos odiados senhores coloniais britânicos, sua oposição à independência palestina e seus contatos amplamente divulgados com os sionistas pesavam contra ele. Meu pai, que vira de perto a arrogância de 'Abdullah, se recusou a aceitar um passaporte jordaniano depois que seu passaporte do Mandato Britânico da Palestina expirou. Ele acabou obtendo um passaporte saudita, por intercessão de seu irmão, o dr. Husayn, que conhecera o ministro das Relações Exteriores saudita (e mais tarde rei), Faysal ibn 'Abd al-'Aziz, na Conferência do Palácio de St. James em Londres, em 1939.

Em última análise, o rei 'Abdullah pagou o preço mais alto por suas negociações com Israel.[58] Em julho de 1951, ele foi assassinado na ampla esplanada do Haram al-Sharif em Jerusalém, quando deixava a mesquita al-Aqsa após as orações de sexta-feira.[59] Seu assassino, capturado logo depois, rapidamente julgado e executado, era, dizia-se, ligado ao ex-mufti de Jerusalém — os escritórios do mufti havia muito se situavam no interior e ao redor da esplanada retangular, um local da mais alta importância para a identidade palestina. Em vez de enterrar o rei em uma câmara adjacente ao Haram, junto ao lugar de descanso de seu pai, Sharif Husayn de Meca, decidiu-se que fosse enterrado em sua capital, Amã.

O assassinato tornou ainda mais acrimoniosas as relações entre o regime jordaniano e os nacionalistas palestinos, vistos pelos governantes do reino recém-expandido como radicais irresponsáveis, perigosos elementos de instabilidade. Daí em diante a monarquia explorou as clivagens existentes entre muitos jordanianos e os novos cidadãos palestinos do país, que agora constituíam a maioria da população. Muitos jordanianos, no entanto, passaram a ver o regime hachemita como um bastião antidemocrático e repressivo dos interesses imperialistas, que servia como colchão aliado protegendo a fronteira oriental do Estado judeu. Embora houvesse um segmento considerável de palestinos que acabaram se tornando pilares prósperos e confiáveis da sociedade jordaniana, a tensão entre o regime e seus súditos palestinos durou décadas, levando a um conflito armado em 1970.

Os palestinos que se refugiaram no Líbano também se envolveram na política do país anfitrião, embora seu número e sua proporção na população total fossem muito menores do que na Jordânia. Majoritariamente muçulmanos, eles nunca foram considerados para a cidadania libanesa, porque isso teria perturbado o precário equilíbrio sectário do país, projetado pelas autoridades do Mandato Francês para permitir que os cristãos maronitas dominassem. Alguns libaneses sunitas, drusos, xiitas e políticos de esquerda que simpatizavam com sua causa passaram, com o tempo, a ver os palestinos como aliados úteis em suas iniciativas para remodelar o sistema político sectário do Líbano. No entanto, qualquer compromisso com a causa não se estendeu à integração dos palestinos, que, em todo caso, ainda se agarravam à esperança de retornar à sua pátria. A oposição ao *tawtin*, ou reassentamento permanente no Líbano, era, portanto, um artigo de fé tanto para libaneses quanto para palestinos.

Os moradores dos campos de refugiados palestinos eram mantidos sob vigilância do Deuxième Bureau, o serviço de inteligência do Exército libanês, com duras restrições nas áreas de emprego e propriedade. Ao mesmo tempo, a prestação de serviços da UNRWA no Líbano e em outros lugares, notadamente educação universal e treinamento vocacional, permitiu que os palestinos se tornassem um dos povos mais instruídos do mundo árabe. As proficiências assim adquiridas facilitaram sua emigração, sobretudo para os países árabes ricos em petróleo, que precisavam muito de mão de obra qualificada e experiência profissional. Ainda assim, apesar da válvula de segurança fornecida pelos serviços da UNRWA, que canalizou muitos jovens palestinos para longe dos campos de refugiados, o nacionalismo e o irredentismo foram disseminados entre todas as classes e comunidades. À medida que os palestinos começaram a emergir do choque da Nakba e a se organizar politicamente, suas atividades levaram a uma maior polarização entre os libaneses em linhas sectárias e políticas e, mais à frente, a confrontos com as autoridades no fim dos anos 1960.

Um número menor de refugiados palestinos acabou na Síria, alguns em campos e outros em Damasco e outras cidades, um pouco menos no Iraque e menos ainda no Egito. Nesses países maiores e mais homogêneos, os grupos limitados de refugiados palestinos não tiveram efeito desestabilizador. Campos de refugiados foram estabelecidos na Síria, mas os palestinos também tiveram certas vantagens. Eles receberam muitos benefícios da cidadania síria, como o direito de possuir terras e o acesso à educação estatal e a empregos no governo, mas lhes foram negados o direito à nacionalidade, a um passaporte (como no Líbano, eles obtiveram documentos de viagem de refugiados) e o direito de votar. Os palestinos na Síria alcançaram, assim, um alto grau de integração social e econômica, mantendo seu status legal de refugiados.

Com o tempo, à medida que as nações do golfo Pérsico, Líbia e Argélia desenvolveram sua indústria petrolífera e conseguiram manter uma proporção maior de suas receitas de petróleo e gás, muitos palestinos ali se estabeleceram e desempenharam papel importante na construção da economia, dos serviços governamentais e dos sistemas educacionais desses países. Da mesma forma que os personagens da novela *Homens ao sol*, do escritor palestino Ghassan Kanafani, porém, eles nem sempre encontravam esse caminho facilmente, pois muitas vezes isso envolvia alienação, isolamento e, como quando os palestinos tentavam cruzar fronteiras com seus documentos de refugiados, até tragédias.[60] Viver nos países do Golfo não trouxe consigo cidadania ou residência fixa: a capacidade dos palestinos de permanecer nesses lugares dependia de empregabilidade, mesmo que tivessem estado lá a maior parte de sua vida.

Independentemente do grau de integração dos palestinos, as populações de todos os Estados árabes sentiram grande e contínua preocupação com a questão da Palestina, tanto por ampla simpatia pelo povo quanto porque a derrota humilhante de 1948 os lembrara de sua fraqueza, vulnerabilidade e instabilidade. De fato, em seu livro de memórias *Philosophy of the Revolution* [Filosofia da revolução], Gamal Abdel Nasser, líder do levante egípcio de 1952, reflete sobre como a ideia de derrubar o antigo regime estava na vanguarda das mentes dos oficiais que lutaram na guerra de 1948 na Palestina: "Nós lutávamos na Palestina, mas nossos sonhos estavam no Egito".[61]

Além de ajudar a provocar tais revoltas, a derrota militar em 1948 deixou seus vizinhos árabes profundamente temerosos de Israel, cujo poderoso exército continuou a lançar ataques devastadores como parte de uma estratégia de represálias desproporcionais a incursões de refugiados, com o objetivo de forçar os governos árabes a reprimir o irredentismo palestino.[62] Esses ataques israelenses eram mencionados com regularidade em reuniões do Conselho de Segurança da ONU (das quais meu pai participou nas décadas de 1950 e 1960, na qualidade de membro da Divisão de Assuntos Políticos), onde as ações de Israel eram frequentemente condenadas.[63] Os relatórios que o conselho recebeu dos observadores da trégua da ONU foram totalmente diferentes, não apenas das declarações do governo israelense, mas também da cobertura distorcida da mídia americana.[64]

Essa dinâmica volátil ao longo de suas fronteiras resultou na situação peculiar em que líderes árabes muitas vezes levantavam a questão da Palestina por causa da pressão popular, mas se abstinham de fazer qualquer coisa a respeito disso por medo do poderio de Israel e da desaprovação das grandes potências. A questão da Palestina se tornou, assim, um futebol político explorado à vontade por oportunistas, pois cada político procurava superar o outro ao proclamar sua devoção a ela. Palestinos que testemunharam esse jogo cínico acabaram percebendo que eles mesmos teriam de fazer algo em relação à sua causa.

No momento que se seguiu à guerra de 1948, os palestinos, virtualmente invisíveis, foram mal cobertos pela mídia ocidental e raramente autorizados a se representar no âmbito internacional. Embora invocados, bem como a sua causa sagrada, por governos árabes, eles próprios quase não desempenharam nenhum papel independente. Os Estados árabes presumiam falar em seu nome em fóruns interárabes, mas, dada a divisão, a desorganização entre eles e as muitas distrações que enfrentaram, não o fizeram com uma voz unificada. Nas Nações Unidas e em outros lugares, a questão palestina foi em geral incorporada sob a rubrica do "conflito árabe-israelense", e os Estados árabes assumiram a liderança, representando com pouco empenho os interesses palestinos. Imediatamente após a Nakba, vários ex-membros do CSA, sob Ahmad Hilmi Pasha, entre os quais meu tio Husayn, tentaram montar um governo no exílio para o Estado árabe que estava especificado na resolução de partilha. Eles estabeleceram em Gaza um Governo de Toda a Palestina, mas este não conseguiu conquistar o apoio dos principais Estados árabes, sobretudo a Jordânia, que mais uma vez não quis que os palestinos tivessem representação independente, e não obteve reconhecimento internacional.[65] O esforço deu em nada.

O mufti e poucos dos notáveis subsistiram, alguns no exílio, outros aposentados e outros ainda servindo a monarquia em Amã. Vários dos antigos líderes estiveram envolvidos na breve abertura democrática de seis meses na Jordânia em 1956-7, representada pelo governo nacionalista de Sulayman al-Nabulsi. Esses líderes incluíam o dr. Husayn, meu tio, que serviu como ministro das Relações Exteriores no governo nacionalista e a seguir como primeiro-ministro por dez dias depois que al--Nabulsi foi destituído e antes de o rei Hussein nomear um governo dócil, que impôs a lei marcial. As eleições de 1956 que levaram al-Nabulsi ao poder foram, como admitiu um inamistoso diplomata britânico, "as primeiras mais ou menos livres na história da Jordânia" (e podem ter sido as últimas), mas seu governo enfrentou a hostilidade incessante da Grã-Bretanha e da monarquia hachemita.[66] Com exceção desse breve episódio, nenhum membro da velha guarda palestina voltou a desempenhar papel importante na política. É impressionante, além disso, que, depois que a liderança foi assumida por uma nova geração de palestinos e para uma nova classe, quase nenhuma das figuras proeminentes foi trazida das famílias notáveis que haviam dominado a política palestina antes da Nakba.*

As poucas formações políticas, como sindicatos e outros grupos não pertencentes à elite, como o Partido Istiqlal, que tinham se desenvolvido na Palestina do Mandato, foram

---

* A única exceção nesse período foi o falecido Faysal Husayni, cuja distinção era resultado de sua coragem, perspicácia política, ativismo militante com o Fatah e de suas repetidas prisões por Israel. Faysal, com quem trabalhei durante as negociações palestino-israelenses de Madri e Washington em 1991-3, confrontou colonos armados e as forças de segurança israelenses que os protegiam quando tomaram casas de palestinos em Jerusalém. Sua proeminência na cidade se devia a essas qualidades e não a ligações familiares, apesar de seu pai ter sido o amado líder militar 'Abd al-Qadir al-Husayni, morto em batalha em abril de 1948. Ele também tinha ligações familiares com o mufti e com Jamal al-Husayni e era neto de Musa Kazim Pasha al--Husayni, um prefeito de Jerusalém tirado do cargo pelos britânicos. Seu avô havia liderado o movimento nacional palestino até sua morte, aos 84 anos, em 1934, meses depois de ser espancado com cassetetes por policiais britânicos durante um protesto em Jaffa.

irrevogavelmente destruídas pela Nakba. A única exceção foi o remanescente do Partido Comunista Palestino, que antes de 1948 tinha uma maioria de membros árabes e uma liderança sobretudo judaica. Esse se tornou o núcleo do Partido Comunista de Israel, que a partir da década de 1950 se tornou um veículo judaico-árabe para as aspirações políticas de muitos cidadãos palestinos no país, já que as formações puramente árabes foram proibidas pelo regime militar vigente até 1966. As atividades foram confinadas ao sistema israelense, no entanto, e por várias décadas o partido teve pouco impacto sobre os palestinos em outros lugares. Houve, assim, uma espécie de tábula rasa política entre os palestinos depois de 1948.

Nesse vácuo político pós-Nakba entraram os Estados árabes, muitos dos quais, como na Jordânia sob o rei 'Abdullah, já haviam tentado colocar os palestinos sob seu controle. No entanto, eles estavam muito mais preocupados com suas próprias agendas, procurando evitar conflitos com seu poderoso e agressivo vizinho israelense e em agradar os grandes patronos de Israel. Em vez de serem aliados dos palestinos em sua resistência à guerra de baixo nível que estava sendo travada contra eles, os governos árabes dificultaram suas iniciativas e, às vezes, foram cúmplices de seus inimigos. O principal exemplo foi a Jordânia, que, após a anexação da Cisjordânia pelo rei 'Abdullah, reprimiu firmemente as expressões de nacionalismo palestino, mas outros Estados árabes também impediram os palestinos de organizar ou lançar ataques contra Israel.

Estimulado pela falta de vontade ou incapacidade dos Estados árabes e da comunidade internacional para reverter as consequências desastrosas de 1948, o ativismo palestino ressurgiu em várias formas no sombrio ambiente pós-Nakba. Pequenos grupos envolvidos em atividades militantes visavam sobretudo mobilizar os palestinos para recuperar a responsabilidade primária por sua própria causa, pegando em armas contra Israel.

Isso começou espontaneamente e consistiu sobretudo em ataques descoordenados às comunidades fronteiriças israelenses. Passaram-se vários anos até que formas tão incipientes de ação armada clandestina se transformassem numa tendência visível e emergissem da obscuridade com a formação de organizações como o Fatah, em 1959.

Além de lidar com a oposição de Israel a qualquer tentativa sua de corrigir o status quo, os palestinos tiveram que enfrentar os governos árabes anfitriões, sobretudo os da Jordânia, do Líbano e do Egito. Esses Estados estavam profundamente relutantes em tolerar ataques ao vizinho, dada sua profunda fraqueza militar em comparação com o Estado judeu. Mesmo quando conseguiram se estabelecer, os novos movimentos palestinos tiveram que rechaçar as investidas de alguns Estados árabes de dobrá-los a seus propósitos. A formação da OLP pela Liga Árabe em 1964, a mando do Egito, foi uma resposta a esse ativismo palestino independente em expansão e constituiu a tentativa mais significativa dos Estados árabes de controlá-lo.

O governo egípcio estava, em certo sentido, reagindo à sua amarga experiência no período anterior à Guerra de Suez em 1956. Na esteira da revolução de 1952, o regime militar deixara de lado um caro programa de rearmamento, embora a derrota na Palestina tivesse se dado em parte devido ao armamento inadequado e antiquado de seu Exército. Em vez disso, o regime se concentrou no desenvolvimento econômico e social doméstico, com a eletrificação e irrigação em larga escala asseguradas pela construção da barragem de Assuã, investimento na industrialização, ampliação e expansão do ensino fundamental, médio e superior e planejamento econômico liderado pelo Estado. Para esses empreendimentos, o Egito buscou ajuda financeira estrangeira de todas as fontes possíveis, enquanto tentava permanecer não alinhado à medida que a Guerra Fria avançava.[67]

No início de seu regime, Gamal Abdel Nasser foi particularmente cuidadoso em evitar provocar Israel, o poderoso vizinho do Egito. Esse empenho foi prejudicado pelas políticas agressivas dos líderes israelenses, em especial o primeiro-ministro, David Ben-Gurion,[68] e pela crescente militância palestina na Faixa de Gaza. A grande e concentrada população de refugiados ali proporcionava um ambiente ideal para o crescimento dessa militância, como confirmam relatos de fundadores do movimento Fatah que estavam sediados em Gaza, entre eles Yasser 'Arafat (Abu 'Ammar), Salah Khalaf (Abu Iyad) e Khalil al-Wazir (Abu Jihad). Anos depois, eles falaram sobre os obstáculos — como prisão, tortura e assédio — que a inteligência egípcia pós-golpe colocou no caminho de suas iniciativas de organização contra Israel.[69]

Assim, uma campanha palestina de ataques esporádicos, mas muitas vezes letais, contra Israel foi lançada, apesar da repressão pesada dos militares egípcios e de seus serviços de inteligência, que controlavam rigidamente a Faixa de Gaza. A retaliação de Israel pelas baixas infligidas por infiltrados palestinos na fronteira, conhecidos como *feda'iyin* ("aqueles que se sacrificam"), foi enorme e desproporcional, e a Faixa de Gaza sofreu o impacto desses ataques. Nenhum país vizinho estava imune a eles, no entanto. Em outubro de 1953, forças israelenses na aldeia de Qibya, na Cisjordânia, realizaram um massacre após um ataque de *feda'iyin* que matou três civis israelenses, uma mulher e seus dois filhos, na cidade de Yehud. A Unidade 101 das forças especiais israelenses, sob o comando de Ariel Sharon, explodiu 45 casas com seus moradores dentro, matando 69 civis palestinos.[70] O ataque, condenado pelo Conselho de Segurança da ONU,[71] foi feito a despeito de esforços incessantes da Jordânia (então no controle da Cisjordânia) para impedir a atividade armada palestina, que incluiu a prisão e até a morte de aspirantes a infiltrados. Tropas jordanianas eram frequentemente mobilizadas em emboscadas contra militantes palestinos e recebiam ordens de atirar em qualquer um que tentasse entrar em Israel.[72]

A liderança israelense discutia a política de força desproporcional em 1954 e 1955, com o então ministro da Defesa, Ben-Gurion, assumindo uma postura belicosa contra a orientação mais pragmática e matizada do primeiro-ministro, Moshe Sharett. Ben-Gurion acreditava que apenas a aplicação incessante da força obrigaria os Estados árabes a aceitarem a paz nos termos de Israel. Na visão de Sharett, essa abordagem agressiva provocava desnecessariamente os árabes e acabava com qualquer chance de negociação.[73] (Assim como Ben-Gurion, no entanto, ele estava relutante em abrir mão de qualquer território que Israel havia ganhado em 1948 ou em permitir qualquer retorno significativo de refugiados palestinos para suas casas.) Em março de 1955, Ben-Gurion propôs um grande ataque ao Egito e a ocupação da Faixa de Gaza.[74] O gabinete israelense rejeitou a proposta, mas aquiesceu em outubro de 1956, depois que o ministro da Defesa substituiu Sharett no cargo de primeiro-ministro e seu éthos militante prevaleceu. Transmitidas por acólitos como Moshe Dayan, Yitzhak Rabin e Ariel Sharon, as políticas beligerantes de Ben-Gurion permearam as relações do governo israelense com seus vizinhos desde então.

Na preparação para esse ataque de 1956, Israel realizou uma série de operações militares em larga escala contra o Exército egípcio e contra postos policiais na Faixa de Gaza.[75] Elas culminaram com investidas nas quais 39 soldados egípcios foram mortos em Rafah em fevereiro de 1955 e outros 72 em Khan Yunis seis meses depois, com mais soldados mortos em outras operações, junto com muitos civis palestinos.[76] A fraqueza manifesta de seu Exército por fim forçou o Egito a abandonar o não alinhamento e a tentar comprar armas primeiro do Reino Unido e dos Estados Unidos. Quando essa medida deu em nada, o país concordou, em setembro de 1955, com um enorme acordo de armas com um Estado cliente soviético, a Tchecoslováquia. Incapaz de responder aos ataques israelenses e envergonhado perante a opinião pública egípcia e árabe, o governo ordenou que seus serviços de inteligência militar ajudassem os militantes palestinos que eles haviam reprimido anteriormente a lançar operações contra Israel. A resposta a esse novo desdobramento não demorou a chegar e foi devastadora. Assim, alguns ataques sangrentos feitos no início da década de 1950 por pequenos grupos militantes palestinos, ações tomadas contra a vontade da maioria dos governos árabes, afinal levaram Israel a iniciar a Guerra de Suez, em outubro de 1956. Israel não o fez sozinho, e seus parceiros tinham suas próprias razões para atacar o Egito.

Imperialistas da velha guarda no poder na Grã-Bretanha e na França ficaram furiosos com a nacionalização do canal de Suez, no Egito, de propriedade franco-britânica, realizada em retaliação ao cancelamento, pelo secretário de Estado americano, de um empréstimo planejado pelo Banco Mundial para construir a represa de Assuã. Além disso, a França procurava acabar com o apoio do Egito a rebeldes argelinos, aos quais foram oferecidos treinamento militar e uma plataforma diplomática e de radiodifusão no Cairo.[77] Enquanto isso, o governo conservador de Anthony Eden em Londres se irritou com a exigência do novo regime egípcio de que a Grã-Bretanha encerrasse sua presença militar no país (que havia durado 72 anos). Os britânicos também ficaram furiosos com o apoio do Egito à oposição nacionalista no Iraque, no Golfo, em Áden e outras partes do mundo árabe. Esses enfrentamentos levaram os dois países a se juntarem a Israel em sua invasão em grande escala do Egito em outubro de 1956.[78]

Essa segunda grande guerra árabe-israelense teve várias peculiaridades. Ao contrário das outras guerras convencionais de Israel, em 1948, 1967, 1973 e 1982, que tiveram múltiplos protagonistas árabes, a de Suez foi travada contra apenas um país árabe. Ela foi precedida pelo Protocolo de Sèvres, um acordo secreto entre Israel e as antigas potências colonialistas, França e Grã-Bretanha, elaborado poucos dias antes do início dos combates. Sèvres marcou o fim do distanciamento entre a Grã-Bretanha e o movimento sionista que remontava ao Livro Branco de 1939. O conflito envolveu mais uma reversão de alianças: padrinhos de Israel em 1947-8, Estados Unidos e União Soviética, em última análise, ficaram do lado do Egito.

Uma vez negociado o acordo secreto de Sèvres, a ofensiva tripartite foi lançada sob o pretexto de que as forças anglo-francesas estavam intervindo apenas para separar os combatentes. O Exército egípcio foi decisiva e rapidamente derrotado. Apesar da conclusão precipitada de uma disputa militar entre um poderoso Israel apoiado por duas potências europeias contra um país fraco do Terceiro Mundo que mal havia absorvido suas novas armas soviéticas, os resultados políticos não foram favoráveis aos agressores. O presidente Dwight Eisenhower ficou furioso com a Grã-Bretanha e a França por não consultarem Washington e por lançarem o que parecia (e era) uma intervenção neocolonialista justamente no momento em que tanques soviéticos estavam esmagando o levante húngaro de 1956. Os soviéticos ficaram furiosos com esse ataque imperialista a seu novo aliado egípcio, mas aliviados com a distração que ele proporcionou de sua repressão da revolta em Budapeste.

Operando em conjunto no Oriente Médio como em 1948, e apesar de sua intensa rivalidade na Guerra Fria, Estados Unidos e União Soviética tomaram uma posição dura contra a aliança tripartite. Os soviéticos ameaçaram usar armas nucleares, os americanos alertaram que cortariam a ajuda econômica a seus aliados e ambos rapidamente aprovaram uma resolução da Assembleia Geral da ONU exigindo a retirada imediata. (Uma resolução no Conselho de Segurança era impossível devido à certeza de um veto anglo-francês.) Essa intensa pressão das superpotências forçou Israel, França e Grã-Bretanha a encerrar a ocupação do território egípcio e da Faixa de Gaza. Israel tentou adiar a saída, retirando suas últimas forças da península do Sinai e da Faixa de Gaza apenas no início de 1957. Os agressores tinham sido reprimidos; Estados Unidos e União Soviética, mostrado quem mandava no Oriente Médio; e Nasser se tornou um herói pan-árabe, mas os palestinos residentes na Faixa de Gaza, a maioria refugiados, sofreram muito.

Enquanto as tropas israelenses ocupantes varriam as cidades de Gaza e os campos de refugiados de Khan Yunis e Rafah em novembro de 1956, mais de 450 pessoas, civis do sexo masculino, foram mortas, a maioria delas sumariamente executada.[79] De acordo com um relatório especial do diretor-geral da UNRWA, no primeiro massacre, ocorrido em Khan Yunis e no campo de refugiados vizinho, em 3 de novembro, 275 homens foram fuzilados. Uma semana depois, em 12 de novembro, no campo de Rafah, 111 foram mortos. Outros 66 foram fuzilados entre 1º e 21 de novembro.[80] Eu estava presente quando Muhammad El-Farra, que representou a Jordânia na ONU, lembrou como vários de seus primos que moravam em Khan Yunis foram presos e executados.[81] A alegação de Israel, de que as mortes palestinas foram o resultado de confrontos com tropas em busca de *feda'iyin*, foi decisivamente desmascarada pelo relatório da UNRWA. Os civis foram mortos depois que toda a resistência cessara na Faixa de Gaza, aparentemente como vingança pelos ataques a Israel antes da Guerra de Suez. Dado o precedente de 1948 e os massacres de civis em Dayr Yasin e pelo menos vinte outros locais,[82] bem como as numerosas baixas civis nos ataques do início da década de

1950, como o de Qibya, os horríveis eventos na Faixa de Gaza não foram incidentes isolados. Eles faziam parte de um padrão de comportamento dos militares israelenses. As notícias dos massacres foram suprimidas em Israel e veladas por uma mídia americana complacente.

Os eventos de 1956 foram uma parcela antecipada do alto preço que o povo de Gaza pagou e ainda paga na guerra contínua contra os palestinos. O historiador francês Jean-Pierre Filiu registra um total de doze grandes campanhas militares israelenses contra Gaza, desde 1948, sendo algumas ocupações plenas e outras constituindo guerra total.[83] As principais guerras entre Israel e os Estados árabes muitas vezes obscureceram Gaza como alvo, pois os conflitos interestatais envolvendo diretamente as grandes potências sempre recebiam mais atenção. Não surpreende que a Faixa de Gaza tenha sido o alvo dessa forma: a região foi o caldeirão da resistência dos palestinos à sua expropriação após 1948. A maioria dos líderes fundadores do Fatah e da OLP emergiu dos bairros apertados da estreita costa; a militante Frente Popular para a Libertação da Palestina (FPLP) obteve ali seu apoio mais fervoroso; e mais tarde Gaza foi o berço e baluarte do Jihad Islâmico e do Hamas, os mais ardorosos grupos defensores da luta armada contra Israel.

Apenas alguns anos após a Nakba, o choque e a humilhação que ela havia causado aos palestinos deram lugar ao desejo de resistir aos poderes que se opunham a eles, apesar das gigantescas disparidades entre os dois lados. Isso levou à sequência de incursões armadas letais que constituíram tanto uma resposta direta à Nakba quanto uma continuação de uma linha de militância pré-1948. As incursões desencadearam ataques de retaliação israelenses desproporcionais aos Estados árabes vizinhos, o que acabou levando à Guerra de Suez. Sua gênese, desencadeada pela resistência palestina em ser suplantada em sua terra natal, estava diretamente enraizada na questão palestina. O mesmo aconteceu com a guerra de 1948.

Ambos os confrontos são pensados quase exclusivamente em termos de uma disputa entre o Exército de Israel e os de seus vizinhos árabes. No entanto, a recusa dos palestinos em concordar com sua expropriação arrastou os Estados árabes que estavam preocupados com a possibilidade de uma guerra com Israel, que não queriam e para a qual não estavam prontos, a confrontos que rapidamente saíram do controle. Em outubro de 1956, esses confrontos crescentes forneceram a oportunidade para um primeiro ataque israelense devastador e havia muito planejado. Apesar de sua fraqueza manifesta, os palestinos dispersos e derrotados, eliminados da história pelos vencedores de 1948, amplamente ignorados ou amordaçados pelos governos árabes e sacrificados no altar das ambições globais das grandes potências, repetidas vezes conseguiram perturbar o status quo regional que era tão desfavorável a eles. As consequências de fazê-lo em 1956, em Gaza e em outros lugares, foram graves. E seriam ainda mais graves na próxima vez.

3.
Terceira declaração de guerra
1967

> *Estava tentando ver como um acontecimento é construído e desconstruído, uma vez que, no fim das contas, ele apenas existe através do que se diz a seu respeito, já que, para ser preciso, ele é fabricado por aqueles que espalham sua fama.*
>
> Georges Duby[1]

Em uma manhã clara e ensolarada no início de junho de 1967, saí da Grand Central Station em Manhattan, em meu trajeto desde a casa de nossa família em Mount Vernon até o escritório de meu pai no prédio das Nações Unidas. A Guerra dos Seis Dias estava em andamento no Oriente Médio, e as notícias indicavam que forças aéreas egípcias, sírias e jordanianas haviam sido exterminadas em um primeiro ataque de Israel. Eu temia a perspectiva de outra vitória esmagadora de Israel, mas, mesmo com minha limitada exposição à estratégia militar, sabia que um exército no deserto sem cobertura aérea seria alvo fácil para qualquer força aérea, especialmente para uma força militar tão poderosa quanto a israelense.

Na rua 42, notei uma comoção. Várias pessoas na calçada seguravam as pontas de um grande lençol, que estava carregado com um monte de moedas e notas. Outros vinham de todas as direções para aportar mais dinheiro. Parei por um momento para observar e percebi que as pessoas estavam solicitando contribuições para o esforço de guerra de Israel. Ocorreu-me que, enquanto minha família e muitos outros estavam preocupados com o destino da Palestina, muitos nova-iorquinos estavam igualmente preocupados com o resultado para Israel. Eles, assim como muitos israelenses, alarmados com as ameaças vazias de certos líderes árabes, acreditavam sinceramente que o Estado judeu estava em perigo de extinção.

O presidente Lyndon B. Johnson sabia que não era esse o caso. Quando Abba Eban, ministro das Relações Exteriores de Israel, lhe disse em uma reunião em Washington, DC, em 26 de maio, que o Egito estava prestes a lançar um ataque, Johnson pediu que seu secretário de Defesa, Robert McNamara, esclarecesse as coisas. Três grupos separados de inteligência analisaram cuidadosamente o assunto, informou McNamara, "e ficou claro que um ataque não era iminente". "Todos de nossa inteligência concordam", acrescentou Johnson, em considerar que, se o Egito atacar, "vocês vão acabar com eles".[2] Como Washington sabia, o Exército de Israel em 1967 era muito superior aos exércitos de todos os Estados árabes somados, como em todas as outras disputas entre eles.

Documentos governamentais publicados desde então confirmaram esses julgamentos. Fontes militares e de inteligência dos Estados Unidos previram uma vitória esmagadora de Israel em toda e qualquer circunstância, dado o domínio de suas Forças Armadas.[3] Cinco anos após a guerra de 1967, cinco generais israelenses repetiram a avaliação americana, afirmando em diferentes foros que Israel não estava ameaçado de aniquilação.[4] Pelo contrário: suas forças eram muito mais poderosas do que os exércitos árabes em 1967, e o país nunca correra o risco de perder uma guerra, mesmo que os árabes tivessem atacado primeiro.[5] Mas o mito prevalece: em 1967, um país pequeno, vulnerável, enfrentou perigo existencial constante, e continua a enfrentar.[6] Essa ficção serviu para justificar o apoio generalizado às políticas israelenses, não importa quão extremas sejam, e apesar de sua refutação repetida até por vozes israelenses autorizadas.[7]

A guerra aconteceu como a CIA e o Pentágono haviam previsto. Um primeiro ataque relâmpago da Força Aérea israelense destruiu a maioria dos aviões de guerra egípcios, sírios e jordanianos no solo. Isso deu a Israel total superioridade aérea, o que, naquela região desértica, naquela época, proporcionou uma vantagem absoluta às suas forças terrestres. Colunas blindadas israelenses foram capazes de conquistar a península do Sinai e a Faixa de Gaza, a Cisjordânia, incluindo a Jerusalém Oriental árabe, e as Colinas de Golã em seis dias.

Se as razões para a vitória decisiva de Israel em junho de 1967 são claras, os fatores que levaram à guerra são menos evidentes. Uma das principais causas foi o surgimento de grupos de comandos palestinos militantes. O governo israelense havia começado recentemente a desviar as águas do rio Jordão para o centro do país, apesar da grande angústia popular árabe e da impotência ainda maior por parte dos regimes árabes. Em 1º de janeiro de 1965, o Fatah lançou um ataque para sabotar uma estação de bombeamento de água no centro de Israel. Isso foi planejado como um ataque de significado simbólico, o primeiro de muitos, projetado para mostrar que os palestinos poderiam agir mais efetivamente do que os governos árabes, e constranger esses governos e forçá-los a agir. O Fatah foi visto com suspeita pelas autoridades egípcias, algo como um canhão descontrolado, provocando Israel de maneira imprudente em um momento em que o Egito estava fortemente envolvido numa intervenção militar em uma guerra civil no Iêmen e na construção de sua economia.

Isso ocorreu no auge do que o acadêmico Malcolm Kerr chamou de "Guerra Fria Árabe", quando o Egito liderou uma coalizão de regimes nacionalistas árabes radicais em oposição ao bloco conservador liderado pela Arábia Saudita. O ponto crítico de sua rivalidade foi o Iêmen, onde uma revolução contra a monarquia em 1962 levou a uma guerra civil na qual se envolveu grande parte das Forças Armadas egípcias.

Dada a esmagadora superioridade militar de Israel e o fato de que mais de 60 mil soldados egípcios e grande parte de sua Força Aérea estavam presos na guerra civil iemenita, uma provocação a Israel feita pelo Egito em maio de 1967 — pela movimentação de tropas para a península do Sinai e pela solicitação de remoção das forças de paz da ONU — parece ilógica. Mas o Egito estava respondendo a um aumento de ataques de guerrilha palestina a Israel a partir de bases fornecidas pelo novo regime radical sírio que havia chegado ao poder em 1966, ao qual Israel reagira com ataques e ameaças à Síria. A liderança egípcia se sentiu obrigada a responder a esse desafio para manter seu prestígio no mundo árabe.[8] Quaisquer que fossem seus motivos, os movimentos do Egito no Sinai constituíram uma incitação aberta a Israel. Além disso, eles forneceram o casus belli que permitiu que os militares israelenses lançassem um primeiro ataque havia muito planejado, que destruiu três exércitos árabes e mudou a face do Oriente Médio.[9]

Todas as manhãs durante a guerra, eu me dirigia à ONU — mudando meu caminho, de modo a evitar os lençóis de arrecadações —, para o escritório do meu pai no 35º andar, com vista panorâmica do East River e do Queens. Ele trabalhava na divisão de Assuntos Políticos do Conselho de Segurança e uma de suas funções era relatar as deliberações deste sobre o Oriente Médio. Assim, participava das reuniões do Conselho de Segurança sempre que o conflito árabe-israelense era discutido, o que significava cerca de metade de suas sessões durante a década e meia em que trabalhou lá, até sua morte, em 1968. Em seu escritório, eu ouvia rádio, lia as notícias e geralmente tentava me tornar útil até que o conselho fosse convocado. Ali podia me sentar na tribuna dos visitantes enquanto meu pai ocupava seu lugar na última fila, atrás do secretário-geral adjunto encarregado de sua divisão. Esse oficial em particular, por algum acordo misterioso do início da Guerra Fria que talvez remontasse a Yalta, sempre era russo, bielorrusso ou ucraniano.[10]

O conselho havia se reunido formal e informalmente repetidas vezes desde que a crise se tornara séria no mês anterior. Durante os seis dias da guerra, o conselho realizou onze sessões, muitas delas até as primeiras horas da manhã. O ritmo e a carga de trabalho eram extenuantes, e meu pai, que com seus colegas tinha que passar muitas horas preparando material para o conselho e para o secretário-geral e depois redigindo relatórios sobre cada sessão, parece abatido e cansado nas fotos tiradas na época.[11]

Na sexta-feira, 9 de junho, quinto dia da guerra, forças israelenses tinham derrotado decisivamente os exércitos egípcio e jordaniano e ocuparam a Faixa de Gaza, a península do Sinai, a Cisjordânia e a Jerusalém Oriental árabe. Naquela manhã, Israel começara a invadir as Colinas de Golã, derrotando as tropas sírias e avançando com rapidez pela estrada principal em direção a Damasco. O conselho havia ordenado um cessar-fogo abrangente em 6 e 7 de junho, mas forças israelenses que entraram na Síria ignoraram essas resoluções, mesmo com seu governo tendo afirmado sua adesão a elas. Naquela noite, no Oriente Médio (ainda à tarde em Nova York), forças de Israel se aproximavam da capital provincial de Quneitra, depois da qual haveria somente a planície de Hauran entre suas colunas blindadas e a capital síria, a apenas sessenta quilômetros de distância.

Conselho de Segurança da ONU, 1967. Ismail al-Khalidi, com seu cachimbo, é o segundo a partir da direita, na fileira de trás.

No início da sessão do conselho, que começou às 12h30, a União Soviética propôs um rascunho de uma terceira e mais urgente resolução de cessar-fogo. Nesse ponto, após a humilhante derrota do Exército egípcio equipado pela União Soviética e a tomada das Colinas de Golã, os soviéticos estavam desesperados para proteger seus aliados sírios contra novos reveses, especialmente contra uma marcha israelense sobre Damasco. A urgência se refletiu nas intervenções cada vez mais irritadas no debate pelo embaixador Nikolai Fedorenko, o representante soviético. A resolução, SC 235, aprovada por unanimidade por volta das 13h30, exigia de todas as partes do conflito "que as hostilidades cessassem imediatamente". Em caráter excepcional, o conselho também convocou o secretário-geral da ONU a "organizar o cumprimento imediato" do cessar-fogo e apresentar um relatório ao órgão "no máximo dentro de duas horas a partir de agora".[12]

Enquanto a sessão invadia a tarde, eu me mexia nervosamente, aguardando a confirmação do cumprimento do cessar-fogo pelo secretário-geral. Isso sinalizaria que a luta havia terminado e que o avanço israelense fora interrompido. Mas à medida que os minutos passavam, novos relatórios continuavam chegando, segundo os quais tropas israelenses se aproximavam cada vez mais de Damasco. Parecia que o conselho poderia estar a ponto de tomar alguma medida para impor sua exigência de um cessar-fogo imediato quando o embaixador Arthur Goldberg, o representante dos Estados Unidos, pediu um adiamento. Após uma discussão desconexa, o conselho concordou em interromper os trabalhos por duas horas, e as delegações lentamente saíram da sala.

Corri ao encontro de meu pai, esperando que ele explicasse por que o conselho concordara em permitir mais duas horas de adiamento. Goldberg queria consultar seu governo, disse meu pai sem rodeios. Eu estava incrédulo. Quanta consulta era necessária para impor uma resolução de cessar-fogo? Com um sorriso estranho e amargo, meu pai respondeu calmamente em árabe: "Você não entendeu? Os americanos estão dando aos israelenses um pouco mais de tempo".

Graças à manobra do embaixador Goldberg de atrasar por mais algumas horas a implementação da resolução de cessar-fogo de 9 de junho, o avanço israelense na Síria não cessou e prosseguiu até a tarde seguinte. A essa altura, o Conselho de Segurança havia passado mais nove horas em um debate acirrado, que se estendeu por mais três sessões e até as primeiras horas de 10 de junho. Durante todo o tempo, Goldberg repetiu suas táticas de retardamento.

Por mais insignificante que tenha sido o incidente, o desempenho do embaixador indicou uma grande mudança nas políticas dos Estados Unidos em relação a Israel. O que havíamos testemunhado naquele dia era a evidência de um novo eixo do Oriente Médio em ação — as pontas de lança blindadas no solo eram israelenses, enquanto a cobertura diplomática era americana. É um eixo que ainda está em vigor hoje, mais de meio século depois. A mudança, em andamento havia algum tempo, se deveu sobretudo a fatores globais, notadamente o impacto da Guerra Fria e da Guerra do Vietnã na região e na política dos Estados Unidos, mas também a importantes considerações pessoais e políticas em Washington, DC. Evoluindo em paralelo estavam as alianças externas de Israel, pelas quais este se afastou decisivamente de seus patronos dos anos 1950 e início dos anos 1960, França e Grã-Bretanha (com cujas armas lutou nas guerras de 1956 e 1967), para um alinhamento completo com os Estados Unidos. Todos esses fatores se uniram em junho de 1967, antes do início da guerra, quando o governo israelense buscou e recebeu sinal verde de Washington para lançar um ataque preventivo às forças aéreas de Egito, Síria e Jordânia.

Se a Declaração Balfour e o Mandato constituíram a primeira declaração de guerra ao povo palestino por uma grande potência, e se a resolução da ONU de 1947 sobre a partilha da Palestina representou a segunda, o momento imediatamente posterior à guerra de 1967 produziu a terceira declaração desse tipo. Ela veio na forma da SC 242, uma resolução elaborada pelos Estados Unidos e aprovada em 22 de novembro de 1967. A política americana em relação a Israel e à Palestina não seguira uma linha reta nos vinte anos entre a aprovação dessas duas resoluções. Nos anos que se seguiram à guerra de 1948, os governos Truman e Eisenhower tinham tentado de forma bastante morna e sem sucesso persuadir Israel a oferecer algumas concessões a seus adversários derrotados. Seus esforços se concentraram no retorno dos cerca de 750 mil refugiados palestinos, cujas propriedades haviam sido confiscadas por Israel, e na redução das novas fronteiras que este havia alcançado através de suas vitórias na guerra de 1948. Essas fracas tentativas americanas se esgotaram diante da obstinação de David Ben-Gurion, que rejeitou concessões em ambos os pontos.[13]

Os governos Truman, Eisenhower e Kennedy mantiveram relações estreitas com Israel, estendendo ajuda econômica ao novo Estado, embora não o vissem como elemento principal em suas políticas regionais e não aprovassem todas as suas ações. Eisenhower forçara a retirada de Israel do Sinai e da Faixa de Gaza após a Guerra de Suez em 1956, e mais tarde Kennedy tentou impedir Israel de desenvolver armas nucleares, embora sem sucesso.[14] No início dos anos 1960, Kennedy começou a ver o nacionalismo árabe e o Egito de Nasser como baluartes contra o comunismo, a principal preocupação americana no Oriente Médio. Isso ocorreu em parte por causa de eventos no Iraque, onde o regime de 'Abd al-Karim Qasim foi apoiado pelo Partido Comunista Iraquiano e pela União Soviética, mas vigorosamente combatido pelo Egito e seus aliados nacionalistas.

Com o assassinato de Kennedy e o advento do governo Johnson em dezembro de 1963, novos elementos intervieram. À medida que a guerra no Sudeste Asiático se intensificava, o governo de Johnson estava cada vez mais inclinado a ver outras partes do mundo nos termos rígidos da Guerra Fria. Em parte, como consequência, as relações Estados Unidos-Egito se deterioraram de forma acentuada à medida que a guerra civil iemenita que havia começado em 1962 se transformava em um grande conflito regional. A União Soviética e seus aliados apoiaram o regime republicano iemenita, que contava com uma grande força expedicionária egípcia, enquanto Estados Unidos, Grã-Bretanha, Israel e seus aliados deram suporte aos monarquistas, que tinham apoio dos sauditas. Em 1967, as relações dos Estados Unidos com o Egito eram muito mais frias do que haviam sido sob Kennedy, e o Oriente Médio estava polarizado ao longo das linhas da Guerra Fria Árabe, com Egito e Arábia Saudita como seus polos antagônicos. Esse conflito ocorreu progressivamente em paralelo com a mais extensa Guerra Fria global, mas tinha suas próprias especificidades regionais. Entre elas estava uma luta ideológica não entre comunismo e capitalismo, mas sim entre o nacionalismo árabe autoritário promovido pelo Egito e o islamismo político, centrado no wahhabismo e na monarquia absoluta, promovido pela Arábia Saudita sob o rei Faysal.

O realinhamento das prioridades americanas no Oriente Médio também foi afetado pela antiga e explícita simpatia do presidente Johnson por Israel: como líder da maioria no Senado em 1956, ele se opusera à pressão de Eisenhower sobre Israel para se retirar do Sinai e da Faixa de Gaza. Johnson também não estava familiarizado com o Oriente Médio e com outras realidades globais. Em contraste, Kennedy, o mundano e rico filho de embaixador, tinha visitado a Palestina aos 22 anos, no início do verão de 1939, quando era aluno de Harvard, e enviado ao pai uma carta na qual demonstrava uma boa compreensão dos fatos e uma avaliação cética dos principais argumentos de ambos os lados do conflito. Esse ceticismo o tornou menos suscetível do que a maioria dos políticos americanos às pressões exercidas pelos partidários de Israel.[15]

Lyndon Johnson, por outro lado, vinha de uma família muito mais modesta e seus interesses primários giravam em torno da política doméstica. Sua forte afinidade com o sionismo e Israel se refletia em seu círculo de amigos e conselheiros próximos, que incluía apoiadores de Israel como Abe Fortas, que ele nomeou juiz da Suprema Corte,[16] Arthur Goldberg, McGeorge Bundy, Clark Clifford e os irmãos Eugene e Walter Rostow. Todos eram defensores dedicados do Estado judeu, cujas simpatias tinham sido até certo ponto contidas por Kennedy.[17] Outros ardorosos apoiadores de Israel pessoalmente próximos de Johnson também eram grandes doadores do Partido Democrata, como Abraham Feinberg e Arthur Krim,[18] e a esposa deste, dra. Mathilde Krim, uma renomada cientista que já havia contrabandeado armas e explosivos para o Irgun, o grupo terrorista do sionismo revisionista.[19] Embora Johnson tivesse herdado a maioria dos conselheiros de política externa de Kennedy, eles tinham consideravelmente mais destaque em uma administração liderada por um presidente com menos experiência e segurança em assuntos mundiais do que seu antecessor. Esses fatores políticos e pessoais se combinaram nos três anos que precederam a guerra de 1967 para preparar o caminho para a mudança que se seguiu na política dos Estados Unidos.

Israel, por sua vez, havia sido atingido pela forte oposição americana à sua aventura em Suez em 1956. Enquanto se preparava em 1967 para um primeiro ataque contra as forças aéreas árabes, seus líderes estavam determinados a obter aprovação americana prévia para sua ação, o que de fato conseguiram. Uma conversa crucial ocorreu em uma reunião em Washington em 1º de junho de 1967, durante a qual o general de divisão Meir Amit, chefe do Mossad, a agência de inteligência externa israelense, informou a McNamara, o secretário de Defesa, sua intenção de recomendar ao governo de Israel o lançamento de um ataque. Ele pediu ao secretário garantias de que os Estados Unidos não reagiriam negativamente. De acordo com Amit, McNamara respondeu: "Tudo bem", disse que passaria a informação ao presidente e perguntou apenas quanto tempo a guerra iria durar e quais as possíveis baixas israelenses.[20] Johnson e McNamara já tinham ouvido de seus assessores militares e de inteligência que os árabes não iriam atacar, e que, de qualquer forma, Israel provavelmente obteria uma vitória esmagadora. As Forças Armadas israelenses agora tinham o sinal verde de que precisavam para lançar um ataque preventivo havia muito planejado.[21]

Os Estados Unidos facilitaram o primeiro ataque de Israel de outras maneiras. Em uma pequena reunião de funcionários e diplomatas árabes da ONU após a guerra, Muhammad El-Farra, embaixador da Jordânia, declarou ao grupo que sentira ter sido vítima da duplicidade americana no período que antecedeu a guerra.[22] O embaixador Goldberg, disse ele, havia comunicado aos embaixadores árabes que os Estados Unidos estavam mediando com Israel para desarmar a crise e impedir um ataque, e por isso ele os exortava a aconselhar moderação a seus governos. O governo Johnson deu a Israel o sinal verde para seu ataque-surpresa, disse El-Farra, pouco antes de o vice-presidente do Egito chegar a Washington para negociações destinadas a resolver a crise. Os embaixadores árabes tinham sido usados para enganar seus governos, era a impressão dele, enquanto Israel preparava seu primeiro ataque com a aprovação dos Estados Unidos.

Não menos importante foi o fato de que, dada essa mudança na política dos Estados Unidos, Israel podia contar com que o presidente Johnson e seus assessores não deixariam que se repetisse a pressão que forçara a retirada de suas conquistas de 1956. Essa foi uma transformação completa da posição americana em 1956 sobre o controle israelense do território árabe conquistado e suas ramificações foram desastrosas para os palestinos. O resultado dessa nova tolerância para com os ganhos territoriais israelenses foi a Resolução 242 do Conselho de Segurança. A minuta de seu texto foi em grande parte redigida pelo representante permanente britânico, Lord Caradon, mas, em essência, destilava os pontos de vista dos Estados Unidos e de Israel e refletia a posição enfraquecida dos Estados árabes e de seu padrinho soviético após a derrota esmagadora de junho. Embora tenha enfatizado a "inadmissibilidade da aquisição de território pela guerra", a SC 242 vinculou qualquer retirada israelense aos tratados de paz com os Estados árabes e ao estabelecimento de fronteiras seguras. Na prática, isso significava que qualquer retirada seria condicional e atrasada, dada a relutância dos Estados árabes em se envolver em negociações diretas com Israel. De fato, no caso da Cisjordânia, de Jerusalém Oriental e das Colinas de Golã, as retiradas completas não ocorrem há mais de meio século, apesar de décadas de negociações esporádicas indiretas e diretas.

Além disso, ao vincular a retirada de Israel dos Territórios Ocupados à criação de fronteiras seguras e reconhecidas, a SC 242 permitiu a possibilidade de ampliação das fronteiras israelenses para atender ao critério de segurança, conforme determinado por Israel. Essa superpotência regional com armas nucleares implantou mais tarde uma interpretação extraordinariamente abrangente e flexível do termo. Por fim, a linguagem ambígua da resolução deixou aberta outra brecha para Israel manter os territórios que acabara de ocupar: seu texto em inglês especifica "retirada de territórios ocupados" na guerra de 1967, em vez de retirada "*dos* territórios ocupados". Abba Eban enfatizou ao Conselho de Segurança que seu governo consideraria o texto original em inglês como obrigatório, em vez da versão francesa, igualmente oficial, cuja redação ("*des territoires occupés*") não permite essa ambiguidade.[23] No meio século desde então, com ajuda americana, Israel fez o que quis com essa brecha linguística, que lhe permitiu colonizar os territórios palestinos e sírios ocupados, alguns dos quais — Jerusalém Oriental e as Colinas de Golã — foram formalmente anexados, e manter seu controle militar interminável sobre eles. Repetidas condenações das Nações Unidas a esses movimentos, sem apoio nem mesmo de uma sugestão de sanções ou qualquer pressão genuína sobre Israel, ao longo do tempo equivaleram a uma aceitação internacional tácita deles.

Os Estados Unidos estavam agora mais diretamente ao lado de Israel do que antes, o que significava o abandono da aparência de equilíbrio mostrada às vezes pelos governos Truman, Eisenhower e Kennedy. Esse foi o início do que se tornou o período clássico do conflito árabe-israelense, que durou até o fim da Guerra Fria, durante o qual Estados Unidos e Israel desenvolveram uma aliança única em grande escala (embora informal), baseada essencialmente no fato de Israel ter se mostrado em 1967 como um parceiro confiável contra países percebidos como aliados soviéticos no Oriente Médio.

Para os palestinos, esse alinhamento quase total trouxe outra intervenção contundente de uma grande potência em detrimento de seus direitos e interesses, e deu um renovado *imprimátur* internacional a mais uma etapa de sua expropriação. Como em 1947, uma nova fórmula legal internacional lesiva a eles veio por meio de uma resolução da ONU, e assim como na Declaração Balfour, de 1917, o documento-chave não contém uma única menção à Palestina ou aos palestinos.

A Resolução 242 do Conselho de Segurança tratou toda a questão como um problema entre Estados, envolvendo os países árabes e Israel, e eliminou a presença de palestinos. O texto não se refere a estes ou à maioria dos elementos da questão palestina original; ao contrário, contém uma amena referência a "uma solução justa para o problema dos refugiados". Se os palestinos não fossem mencionados e não fossem parte reconhecida do conflito, poderiam ser tratados como nada mais do que um incômodo ou, na melhor das hipóteses, como uma questão humanitária. De fato, depois de 1967, sua existência foi reconhecida principalmente sob a rubrica de terrorismo fornecida por Israel e mais tarde adotada pelos Estados Unidos.

Por suas omissões, a Resolução 242 consagrou um elemento crucial da narrativa negacionista israelense: como palestinos não existiam, a única questão genuína era que os Estados árabes se recusavam a reconhecer Israel e usavam um "problema fantasma palestino" como pretexto para essa recusa.

Na batalha discursiva sobre a Palestina, que o sionismo dominava desde 1897, a SC 242 deu validade a essa brilhante invenção, desferindo um golpe poderoso nos palestinos deslocados e ocupados. Apenas dois anos depois, em 1969, a primeira--ministra israelense, Golda Meir, fez a famosa declaração de que "não havia esses tais de palestinos. [...] Eles não existiam" e nunca tinham existido.[24] Com isso, ela levava ao mais alto nível possível a negação característica de um projeto colonizador--colonialista: os nativos não passavam de uma mentira.

Talvez o mais importante, a Resolução 242 efetivamente legitimou as linhas do armistício de 1949 (já conhecidas como fronteiras de 1967 ou Linha Verde) como fronteiras de fato de Israel, consentindo, assim, de maneira indireta com sua conquista da maior parte da Palestina na guerra de 1948. A falta de referência a questões centrais que remontam a 1948 se estendeu a ignorar o direito dos refugiados palestinos de retornar às suas casas e ser indenizados, outro golpe em suas aspirações. Com a Resolução 242, a ONU estava se afastando de seu próprio compromisso com esses direitos, consagrados pela Assembleia Geral na Resolução 194, de dezembro de 1948. Mais uma vez, os palestinos estavam sendo tratados pelas grandes potências de forma negligente, com seus direitos ignorados, considerados não dignos de menção nominal na importante decisão internacional destinada a resolver o conflito e determinar seu destino. Essa desfeita motivou ainda mais o revitalizado movimento nacional palestino a apresentar seu caso e sua causa perante a comunidade internacional.

Graças em grande parte à SC 242, toda uma nova camada de esquecimento, de apagamento e criação de mitos foi adicionada à amnésia induzida que obscureceu as origens coloniais do conflito entre palestinos e colonos sionistas. O foco exclusivo da resolução nos resultados da guerra de 1967 permitiu ignorar o fato de que nenhuma das questões subjacentes resultantes da guerra de 1948 havia sido resolvida nos dezenove anos transcorridos desde então. Juntamente com a expulsão dos refugiados palestinos, a recusa em permitir que eles retornassem, o roubo de suas propriedades e a negação da autodeterminação palestina, isso incluía o status legal de Jerusalém e a expansão de Israel para além das fronteiras da partilha de 1947. Quanto aos problemas centrais decorrentes da usurpação original da Palestina, a SC 242 nem sequer se referia a eles, muito menos oferecia soluções. No entanto, ela passou a ser a referência para a solução de todo o conflito, nominalmente aceita por todas as partes, mesmo que omitisse os aspectos básicos dele. Tendo em vista sua gênese perversa, não é de surpreender que, mais de cinquenta anos após sua adoção, ela permaneça não implementada e a essência da luta pela Palestina continue sem solução.

Na realidade, a SC 242 exacerbou o problema. Limitar o conflito às suas dimensões entre nações pós-1948 tornou possível dividir os desafios enfrentados por Israel em compartimentos bilaterais separados, cada um dos quais poderia ser tratado isoladamente, como Israel e os Estados Unidos prefeririam, ignorando as perguntas mais difíceis e desconfortáveis. Em vez de ser obrigado a confrontar uma posição árabe (nominalmente) unificada e se engajar nas questões difíceis relacionadas aos palestinos, Israel agora tinha a tarefa muito mais fácil de lidar bilateralmente com as queixas de Estados árabes individuais cujo território havia ocupado, enquanto marginalizava os palestinos.

No empenho de Israel para dividir seus inimigos e lidar com eles separadamente, os Estados Unidos foram de enorme ajuda, usando seu poder e influência para jogar com as fraquezas e rivalidades dos Estados árabes. Isso foi visto como sendo do interesse dos americanos também. Como era de esperar, Henry Kissinger colocou isso de forma concisa, falando de outra crise no Oriente Médio: "O resultado final seria exatamente o que trabalhamos todos esses anos para evitar: criaria a unidade árabe".[25] Os Estados Unidos tinham inúmeras razões para evitar essa união, sobretudo para afastar ameaças ao seu domínio regional e, em particular, às frágeis autocracias petrolíferas do Golfo com as quais estavam estreitamente alinhados. Seguindo a pressão de americanos e israelenses por acordos bilaterais, o Egito na década de 1970 e depois a Jordânia na década de 1990 negociaram tratados de paz separados com Israel. Esses países foram, assim, removidos do conflito, deixando Israel em uma posição ainda mais forte para lidar com seus inimigos mais intratáveis, os sírios, os libaneses e, é claro, os palestinos. Para a maioria das pessoas no mundo árabe, no entanto, o flagrante contraste entre a normalização árabe com Israel e o infortúnio que sua colonização e ocupação infligiram aos palestinos inevitavelmente minou qualquer fé em um processo de paz patrocinado pelos americanos.[26]

Por si só, a SC 242 não forçou os Estados árabes a aceitar a bilateralização e fragmentação do conflito. Outros fatores estavam em ação, entre eles o impacto da derrota do Egito em 1967 e sua posterior retirada do Iêmen, ambos marcando o fim de sua tentativa de afirmar a hegemonia regional. O apequenamento do Egito deixou sua rival Arábia Saudita como o ator dominante no mundo árabe, situação que perdura até os dias atuais. O fracasso do modelo socialista árabe adotado pelos regimes nacionalistas autoritários e a pronunciada fraqueza regional da União Soviética também desempenharam um papel na capitulação deles. Em diferentes momentos, incentivados pelos Estados Unidos, os países árabes caíram na armadilha de acordos separados, acabando por abandonar qualquer aparência de unidade ou mesmo de uma coordenação mínima. Até os palestinos, representados pela OLP, acabaram trilhando o caminho estabelecido na SC 242. Apenas alguns anos depois de os Estados árabes aceitarem a resolução e a abordagem bilateral como base para a solução do conflito, a liderança da OLP fez o mesmo.[27]

Há um outro lado da história do que aconteceu em 1967, no entanto. Apesar de todos os danos que a guerra e a SC 242 causaram aos palestinos, elas acabaram servindo como a faísca para o ressurgimento do movimento nacional, que vinha declinando desde a derrota da revolta de 1936-9. O processo de revitalização começara bem antes da guerra de 1967, é claro, desempenhando papel crucial em levar a ela, assim como já havia ocorrido na guerra de 1956. Ainda assim, 1967 marcou um extraordinário ressurgimento da consciência nacional palestina e da resistência à negação da identidade palestina por parte de Israel, uma negação possibilitada pela cumplicidade de grande parte da comunidade mundial. Nas palavras de um observador experiente: "Um paradoxo central de 1967 é que, ao derrotar os árabes, Israel ressuscitou os palestinos".[28]

A ressurreição da ideia da Palestina enfrentou uma batalha difícil no pós-guerra de 1967 na maior parte do mundo. No ano seguinte ao conflito, juntei-me a uma pequena manifestação para protestar contra a presença de Golda Meir, que havia sido convidada para falar na Faculdade de Direito de Yale. Ela foi recebida com entusiasmo por um grande e agradecido público, enquanto, se bem me lembro, nosso protesto reuniu um total de quatro manifestantes: eu, um amigo libanês-americano, um estudante de pós-graduação sudanês e um americano que havia morado no Oriente Médio. Essa cena representou com precisão o equilíbrio entre Israel e Palestina na opinião americana. A narrativa sionista desfrutava de um domínio completo, enquanto a própria palavra "Palestina" era quase um tabu.

Em Beirute, por outro lado, onde agora eu passava os verões com minha mãe e meus irmãos, fui testemunha de um importante ressurgimento da ação política palestina. Escritores e poetas tanto de toda a diáspora como vivendo dentro da Palestina — Ghassan Kanafani, Mahmoud Darwish, Emile Habibi, Fadwa

Touqan e Tawfiq Zayyad, junto com outros artistas e intelectuais talentosos e engajados — desempenharam, cultural e politicamente, um papel vital nesse renascimento. As obras deles ajudaram a remodelar um senso de identidade e propósito palestinos que havia sido testado pela Nakba e pelos anos estéreis que se seguiram. Em romances, contos, peças de teatro e poesia, eles deram voz a uma experiência nacional compartilhada de perda, exílio e alienação. Ao mesmo tempo, evidenciaram uma teimosa insistência na continuidade da identidade palestina e na firmeza diante de adversidades assustadoras.

Essas diferentes facetas são evidentes em uma das mais conhecidas dessas obras, *The Pessoptimist* [O pessotimista], de Emile Habibi, um romance brilhante que traça a tragicômica história de seu protagonista, Sa'id, usando seu destino para retratar a situação dos palestinos e sua resiliência. O título completo do livro, *The Strange Incidents around the Disappearance of Sa'id Father of Nahs, the Pessoptimist* [Os estranhos incidentes em torno do desaparecimento de Sa'id, pai de Nahs, o Pessotimista], transmite o paradoxo essencial da situação palestina: felicidade, expressa no nome Sa'id, que significa "feliz", e "calamidade", ou *Nahs*. Ambas estão contidos na palavra-valise *"pessoptimist"*.[29]

Entre as personalidades literárias cujas ideias e imagens tiveram um papel fundamental na retomada da identidade palestina, Kanafani foi, talvez, o mais proeminente escritor de prosa e o mais amplamente traduzido.[30] Seus cinco romances, em especial *Homens ao sol* (1963) e *Retorno a Haifa* (1969), são bastante populares, provavelmente por retratarem de maneira tão vívida os dilemas enfrentados pelos palestinos: as dificuldades do exílio e a dor da vida na Palestina pós-1967, agora toda sob controle israelense. Os romances encorajaram os palestinos a enfrentar sua terrível situação e resistir com força aos poderes que os oprimiam. *Retorno a Haifa* enfatizou a importância da luta armada ao mesmo tempo que retratava de forma pungente um israelense sobrevivente do Holocausto vivendo na casa de uma família palestina que retorna em visita depois de 1967.

Kanafani também era um jornalista prolífico, mergulhado na literatura de resistência palestina — na verdade, ele pode ter cunhado o termo em uma coleção que publicou sob esse título[31] —, e estivera profundamente envolvido na política desde o final da adolescência. Nascido na cidade de Acre em 1936, ele e sua família tinham sido forçados a fugir de casa durante a ofensiva sionista de maio de 1948, estabelecendo-se primeiro em Damasco. Quando o conheci, em Beirute, ele tinha 33 anos e editava o *al-Hadaf*, o periódico semanal da radical FPLP, da qual era também porta-voz. Ele conquistou outros não apenas com seu talento literário, mas também com a inteligência notória, o senso de humor autodepreciativo e sardônico, o comportamento agradável e acessível e o sorriso fácil. À luz de sua fama literária e de seu ativismo militante, foi uma figura significativa no movimento nacional palestino renascido. Pela mesma razão, foi alvo dos inimigos da FPLP, sendo o principal deles o governo israelense e seus serviços de inteligência.

Funeral de Ghassan Kanafani, que foi assassinado por um carro-bomba lançado pelo Mossad, em Beirute, em julho de 1972.

Em julho de 1972, Kanafani foi assassinado por um carro-bomba lançado pelo Mossad, junto com sua sobrinha de dezessete anos, Lamis Najm.³² Seu funeral, ao qual assisti, atraiu o que pareceram ser centenas de milhares de pessoas em luto. Foi o primeiro de muitos funerais de líderes e militantes palestinos em que eu estaria presente durante meus quinze anos em Beirute.*

A reorganização e o renascimento da identidade palestina que Kanafani, Darwish, Zayyad, Touqan, Habibi e outros ajudaram a estimular com sua produção literária acompanharam o surgimento de novos movimentos políticos e grupos armados. Depois de 1948, a Palestina deixara de existir no mapa, com a maior parte do país absorvida por Israel e o restante sob o controle da Jordânia e do Egito. Os palestinos quase não tinham voz, nem endereço central e nenhum defensor além dos conflituosos e interesseiros Estados árabes. O desejo mais profundo do movimento sionista tinha sido transformar a Palestina em Israel e substituir os habitantes nativos do país por imigrantes judeus. Depois de 1948, parecia que os palestinos haviam praticamente desaparecido, tanto fisicamente quanto como ideia.

Os palestinos, é claro, não desapareceram nos anos posteriores a 1948. O trauma coletivo da Nakba havia cimentado e reforçado perversamente sua identidade, e os pequenos grupos militantes irredentistas que surgiram na década de 1950 já tinham exercido um impacto significativo no Oriente Médio, tendo desempenhado um papel na deflagração das guerras de 1956 e 1967. Esses grupos foram fundados por jovens radicais de classe média e de classe média baixa, muitos dos quais se

---

* Kanafani foi perseguido mesmo depois de morto. Uma adaptação para teatro de *Retorno a Haifa* foi contratada pelo Public Theater, de Nova York, mas nunca produzida. Membros do conselho da organização se opuseram à encenação da obra de Kanafani, que foi tachado de terrorista.

consideravam descendentes de Shaykh 'Iz al-Din al-Qassam, cuja morte em batalha contra os britânicos fora uma das faíscas da revolta de 1936 e que permaneceu um símbolo reverenciado da heroica militância armada. Eles continuaram, depois de 1956, a trabalhar para restabelecer os palestinos como força regional e para representar seus direitos e interesses. Na década de 1960, essas ações culminaram em duas correntes principais. Uma delas era liderada pelo Movimento dos Nacionalistas Árabes (MNA), uma organização pan-árabe fundada em grande parte por palestinos, que deu origem, em 1967, à FPLP, de orientação marxista. A outra era chefiada por um grupo formalmente estabelecido no Kuwait em 1959, e que em 1965 se anunciou publicamente como Fatah. As origens de ambos os grupos remontam ao final dos anos 1940 e início dos anos 1950, quando seus primeiros líderes eram estudantes universitários ou recém-formados.

O MNA foi fundado por George Habash, médico formado pela Universidade Americana de Beirute que vivera a Nakba quando jovem em Lydd, uma cidade despovoada após 1948, reassentada com imigrantes judeus e renomeada Lod. Habash montou o MNA junto com um grupo de outros jovens palestinos e árabes, a maioria deles profissionais de classe média como ele e seu colaborador mais próximo, Wadi' Haddad, outro médico formado pela UAB. Habash e seus colegas defendiam a unidade árabe em torno da questão da Palestina como o único meio de reverter os resultados da Nakba. Depois que o Egito de Nasser se tornou o baluarte do nacionalismo árabe em meados da década de 1950, desenvolveu-se um estreito alinhamento entre o MNA e o regime egípcio. O grupo se beneficiou muito dessa aliança, tornando-se uma força política pan-árabe, implantada em países que iam de Líbia e Iêmen a Kuwait, Iraque, Síria e Líbano. A política externa egípcia também se beneficiava de sua ligação com a ampla rede de jovens militantes do MNA.[33]

A visão de Habash, Haddad e de seus camaradas sobre a Palestina como a questão central para o mundo árabe foi em grande parte transmitida a eles na UAB pelo historiador e intelectual Constantin Zureiq por meio de uma organização estudantil, Al-'Urwa al-Wuthqa, da qual ele era mentor e à qual meu pai pertencia.[34] Esse influente professor de história nascido na Síria e formado em Princeton fez muito para difundir as ideias do nacionalismo árabe e a centralidade da questão palestina em palestras para seus alunos em Beirute e para pessoas em todo o mundo árabe através de seus escritos. *Ma'na al-nakba* [O significado da catástrofe], seu pequeno livro de 86 páginas, foi um dos primeiros post-mortems da derrota de 1948, escrito enquanto a guerra estava em andamento, e apresentou talvez o primeiro uso da palavra *nakba* nesse contexto.[35] Zureiq defendia nele uma autocrítica rigorosa e introspectiva das fraquezas e dos fracassos árabes, e a coordenação e a unidade árabes como o único meio de superar os efeitos do desastre de 1948. Meu pai foi seu aluno na UAB no final da década de 1930, e fortemente influenciado por ele; vários livros históricos e políticos do professor, alguns autografados, faziam parte de sua biblioteca. Quando o conheci no início dos anos 1970 em Beirute, no Institute for Palestine Studies (IPS), do qual foi cofundador, Zureiq pediu a mim e a outros jovens historiadores associados ao IPS que nos concentrássemos no futuro. Pareceu insinuar que isso era mais importante do que a história, que já havia sido escrita por ele e sua geração.

Diante de um surto de sentimento ativista e nacionalista, estimulado pela primeira operação militar do Fatah (realizada em janeiro de 1965), e percebendo a necessidade de acompanhar um de seus principais constituintes, o MNA foi forçado a se afastar de sua abrangente postura nacionalista árabe e a se concentrar mais na Palestina. A derrota do Egito e da Síria em 1967 destruiu a confiança do movimento nos regimes árabes para a solução da questão.[36] O resultado foi a formação da FPLP por Habash e seus colegas naquele mesmo ano. Embora não tenha sido o maior grupo palestino, rapidamente se tornou o mais dinâmico, uma estatura que manteve por vários anos. Realizou vários sequestros de aviões nesse curto espaço de tempo; estes foram planejados por Wadi' Haddad, assim como a maior parte do que o grupo chamou de "operações externas", vistas como ataques terroristas por grande parte do mundo.

Grande parte do prestígio de que a FPLP desfrutava entre os palestinos se devia à imagem e à integridade de Habash, que era respeitado até por seus rivais políticos. Ele era conhecido como "al-Hakim", o médico, o que de fato era, mas o termo também se refere a alguém sábio, e lhe foi aplicado em ambos os sentidos. Era um orador fascinante, sobretudo em pequenos grupos, nos quais sua abordagem articulada e intelectual e seu afeto acessível e agradável causavam o maior impacto. Falava suavemente, mas com firmeza, sem nenhum traço de demagogia. Como testemunhei no sul do Líbano no início da década de 1970, Habash conseguia manter uma plateia extasiada por horas, apesar da complexidade de suas ideias. Com sua afinidade com o marxismo-leninismo, a FPLP era popular entre os estudantes, os instruídos, a classe média e particularmente aqueles atraídos pela política de esquerda. Também tinha seguidores dedicados nos campos de refugiados, onde sua mensagem radical ressoava fortemente entre os palestinos que mais haviam sofrido.

O Fatah, em contraste, era não ideológico em sua abordagem política quando comparado à FPLP e a outros grupos palestinos declaradamente de esquerda. Na época de sua fundação, representou uma reação tanto à orientação nacionalista árabe de grupos como o MNA e o Partido Baath quanto a grupos comunistas, esquerdistas e islâmicos como a Irmandade Muçulmana, que defendiam mudanças sociais antes que outros problemas, notadamente o da Palestina, pudessem ser abordados. O apelo do Fatah para uma ação direta e imediata dos palestinos, bem como sua postura não ideológica de tendência abrangente, foi um dos fatores que rapidamente permitiram que ele se tornasse a maior facção política. Alguns detalhes são nebulosos, mas sabemos que o Fatah foi fundado no Kuwait em 1959 por um grupo de engenheiros, professores e outros profissionais palestinos, liderados por Yasser 'Arafat. O núcleo do grupo havia se unido anteriormente na Faixa de Gaza e nas universidades do Cairo, onde competia com o MNA pela liderança da União dos Estudantes Palestinos.

Salah Khalaf (Abu Iyad) certa vez me contou uma história emblemática sobre 'Arafat e a política universitária no Cairo. Correndo o risco de perder uma eleição estudantil para o MNA no dia seguinte, 'Arafat disse que teve uma ideia e levou Khalaf para visitar alguém que ele conhecia no Ministério do Interior. Ficaram sentados no escritório tomando chá e café e conversando até que o homem teve que deixar a sala por um momento, durante o qual 'Arafat deu um pulo, foi para trás da mesa do funcionário, fez um gesto furtivo e voltou a seu lugar. Quando o homem voltou, os dois se despediram e foram embora. Khalaf objetou que eles nem uma vez tinham trazido à tona a eleição iminente. 'Arafat lhe disse que fosse para casa: o problema estava resolvido. No dia seguinte, Khalaf, de mau humor, foi ao escritório do sindicato para esperar a eleição, mas encontrou afixado na porta um aviso de aspecto oficial, com carimbo do Ministério do Interior, ordenando que a votação fosse adiada. Isso foi obra de 'Arafat, e ele aproveitou o adiamento, segundo Khalaf, para recrutar estudantes palestinos da Universidade al-Azhar, muitos dos quais eram cegos e cujos votos as facções concorrentes não haviam tentado angariar. Quando a eleição afinal foi realizada, eles votaram em bloco na lista do Fatah, garantindo sua vitória.

O foco principal, na verdade único, do Fatah era a causa palestina. Para promover esse fim, o grupo convocou uma campanha de ação armada direta, que lançou em 1º de janeiro de 1965, com seu ataque de sabotagem à estação de bombeamento de água no centro de Israel. Como grande parte do que ele fez nessa época, o ato foi mais simbólico do que efetivo. No entanto, autoridades egípcias consideravam o Fatah perigosamente aventureiro num momento em que o Egito mal podia permitir tais provocações através de suas fronteiras. Enquanto o MNA e outros grupos deram desculpas para a inação dos regimes nacionalistas aos quais estavam associados, o Fatah deliberadamente tentou mostrar aos Estados árabes sua falta de compromisso verdadeiro com a Palestina. Essa postura enfureceu os regimes (especialmente porque a retórica fervorosa do Fatah não foi acompanhada por muita ação armada efetiva), mas foi bem recebida pela maioria dos palestinos, frustrados pela falta de engajamento deles. Também foi atraente para muitos cidadãos árabes, que apoiavam os palestinos e compartilhavam suas frustrações.

Esse apelo à opinião pública sem que fosse necessário passar pelos chefes dos regimes árabes por meio de uma ação direta contra Israel foi um dos grandes segredos do sucesso inicial dos grupos de resistência palestinos, especialmente o Fatah. Eles falavam com o sentimento generalizado entre os árabes de que uma injustiça havia sido cometida na Palestina e que seus governos não estavam fazendo nada de significativo a respeito disso. Nos anos em que esse apelo foi efetivo, ao longo das décadas de 1960 e 1970, o apoio à resistência palestina por um amplo setor da opinião pública serviu para conter até governos árabes antidemocráticos. No entanto, essa restrição teve limites severos, que foram alcançados quando a militância palestina ameaçou o status quo doméstico dos Estados árabes ou provocou Israel a agir.

Nesse meio-tempo, os pequenos grupos militantes foram ganhando força e ficou claro que um renascimento em grande escala do movimento nacional palestino estava em andamento. Em meados da década de 1960, esse movimento coalescente ameaçou tomar a iniciativa dos Estados árabes no conflito com Israel e, de fato, ajudou a precipitar os eventos que levaram à guerra de 1967. Apesar de toda a sua retórica, a maioria dos Estados árabes (sendo a Síria a exceção sob o regime ultrarradical no poder entre 1966 a 1970) estava preocupada com outras questões e relutava profundamente em desafiar um status quo que favorecia bastante Israel, cujo poderio militar demonstrado era encarado com apreensão. Enquanto no Ocidente Israel ainda mantinha sua imagem de vítima sitiada da hostilidade árabe, isso estava longe do que era visto no mundo árabe, que considerava suas vitórias militares decisivas e a posse potencial de armas nucleares como evidência de uma força imponente.

Para cooptar e controlar a crescente onda de fervor nacionalista palestino, a Liga Árabe, sob a liderança do Egito, fundou a OLP em 1964. A entidade deveria ser uma subsidiária rigidamente controlada da política externa egípcia que canalizaria e administraria o entusiasmo palestino por atacar Israel, mas essa tentativa de manter os palestinos sob tutela árabe logo se desfez. Imediatamente após a guerra de 1967, os grupos militantes da resistência palestina assumiram o controle da OLP, deixando de lado sua liderança orientada para o Egito. 'Arafat, como chefe do Fatah, o maior desses grupos, logo se tornou presidente do Comitê Executivo da OLP, cargo que manteve, entre outros, até sua morte, em 2004.

A partir de então, os Estados árabes foram obrigados a levar em conta um ator político palestino independente, baseado sobretudo nos países limítrofes de Israel, situação que já se mostrara problemática para esses Estados e que acabaria se tornando uma fonte de grande vulnerabilidade para o movimento palestino. A ascensão desse ator independente complicou ainda mais a situação estratégica dos Estados fronteiriços, notadamente Egito e Síria, enquanto constituía um grave problema doméstico para a Jordânia e o Líbano, ambos com grandes e inquietas populações de refugiados palestinos.

Para Israel, o ressurgimento do movimento nacional palestino como uma força no Oriente Médio e cada vez mais no cenário global foi uma grande ironia: sua vitória em 1967 ajudara a precipitar uma resistência palestina ainda mais intransigente. Isso representou uma reversão acentuada de um dos grandes êxitos de Israel no período 1948-67, no qual a própria questão da nacionalidade palestina fora quase totalmente eclipsada em ambas as arenas. O retorno dos palestinos, cujo desaparecimento significaria uma vitória final para o projeto sionista, foi uma aparição muito indesejável para os líderes de Israel, tão indesejável quanto o retorno de qualquer população nativa seria para um empreendimento colonialista que acreditava ter se livrado dela. A ideia reconfortante de que "os velhos morrerão e os jovens esquecerão" — observação atribuída a David Ben-Gurion, provavelmente de modo equivocado — expressa uma das mais profundas aspirações dos líderes israelenses após 1948. Não seria assim.

Embora o ressurgimento palestino representasse pouca ou nenhuma ameaça a Israel em termos estratégicos (ainda que os ataques de grupos militantes criassem sérios problemas de segurança), isso constituiu um tipo de desafio totalmente diferente no nível discursivo, um nível existencial. O sucesso final do projeto sionista, como definido pelos sionistas linha-dura, dependia em grande parte da substituição da Palestina por Israel. Para eles, se a Palestina existisse, Israel não poderia existir. Consequentemente, Israel foi obrigado a concentrar sua poderosa máquina de propaganda em um novo alvo, enquanto ainda tinha que combater os esforços dos Estados árabes. Uma vez que, do ponto de vista sionista, o nome Palestina e a própria existência dos palestinos constituíam uma ameaça mortal para Israel, a tarefa era conectar esses termos de forma indelével, quando mencionados, a terrorismo e ódio, e não a uma causa esquecida, mas justa. Por muitos anos, esse tema foi o cerne de uma ofensiva de relações públicas notavelmente bem-sucedida, sobretudo nos Estados Unidos.

Por fim, o ressurgimento da questão palestina colocou um problema para a diplomacia americana, que com a SC 242 tinha optado por ignorá-la e agir como se os palestinos não existissem. Por uma década depois disso, os Estados Unidos se esforçaram para se negar a encarar os fatos, mesmo quando grande parte da comunidade internacional começou a estender ao movimento palestino algum grau de reconhecimento. Essa postura estava de acordo com as preferências pronunciadas de Israel, e foi possibilitada pela representação inadequada, pelos palestinos, de sua própria causa na arena dos Estados Unidos e pela fraqueza do sentimento pró-palestino na opinião pública americana. Ao mesmo tempo, os governos a partir de Nixon também deram várias formas de apoio secreto e explícito à ação militar dirigida contra a OLP por Israel, Jordânia, facções libanesas e Síria.

Ao conseguir se impor no mapa do Oriente Médio, apesar dos esforços de Israel, dos Estados Unidos e de muitos governos árabes, os palestinos conseguiram readquirir algo havia muito negado a eles, o que Edward Said chamou de "permissão para narrar". Isso significava o direito de contar sua própria história, retomando o controle não apenas da narrativa onipresente de Israel no Ocidente, na qual os palestinos mal apareciam, exceto como vilões (como em *Exodus*, por exemplo), mas também dos governos árabes. Por muitos anos, os Estados árabes tinham se apropriado do lado palestino da história, relacionando-o debilmente a um conflito entre Israel e eles mesmos a respeito de fronteiras e refugiados.[37]

Um aspecto da rápida ascensão nos destinos de seu movimento nacional que tem sido negligenciado é a eficácia da estratégia de comunicação dos palestinos nos países árabes, no mundo em desenvolvimento e, em menor grau, na Europa e no Ocidente. Na ONU, onde países do Terceiro Mundo na década de 1960 tinham uma presença muito maior, isso se traduziu num ambiente mais favorável à causa palestina. Em consequência, a distância histórica entre o sucesso dos sionistas em moldar a opinião pública mundial e a inépcia palestina nessa esfera começou a diminuir, em parte devido ao aumento do número de palestinos mergulhados na cultura ocidental ou com experiência em outras partes do globo.

No mundo árabe, o movimento recebeu um enorme impulso em março de 1968, nove meses após a guerra, em Karameh, uma pequena cidade jordaniana (cujo nome, por coincidência, significa "dignidade"). Na maior operação militar de Israel desde a guerra, cerca de 15 mil soldados com blindados, artilharia e apoio aéreo cruzaram o rio Jordão para eliminar uma concentração de combatentes palestinos baseados em Karameh e seus arredores. Os agressores inesperadamente encontraram resistência feroz do Exército jordaniano e da OLP, que infligiu entre cem e duzentas baixas ao aparentemente invencível Exército israelense e o forçou a abandonar vários tanques danificados, veículos blindados e outros equipamentos.

Na esteira da guerra desastrosa apenas um ano antes, esse combate relativamente pequeno, no qual os israelenses pareceram deixar o campo de batalha em debandada, eletrizou o mundo árabe e revolucionou a imagem dos palestinos. Embora tenham sido a artilharia e os blindados jordanianos, posicionados nas colinas com vista para o vale do rio Jordão, que sem dúvida infligiram o maior dano às forças de Israel, os palestinos lutando no interior da pequena cidade colheram a maior parte da glória desse episódio. A Batalha de Karameh provou ser uma dádiva de Deus para a propaganda do movimento de resistência palestino, que efetivamente divulgou o confronto como uma defesa da dignidade árabe, pisoteada pelos fracassos dos regimes árabes. Como resultado, a resistência palestina foi idolatrada em todo o mundo árabe.

A ironia dessa autoapresentação foi que, em seu auge, a OLP nunca apresentou nenhum tipo de desafio militar às tropas israelenses, que derrotaram todos os exércitos árabes em campo em todas as suas guerras convencionais. Mesmo quando as forças da organização lutavam bem no aspecto defensivo, como em Karameh, raramente conseguiam enfrentar por muito tempo uma das forças militares mais experientes, bem treinadas e mais bem equipadas do mundo. Além disso, desde o início da luta armada palestina na década de 1960 até a renúncia a essa abordagem pela OLP, mais tarde, eles nunca foram capazes de desenvolver uma estratégia de guerra de guerrilha bem-sucedida que pudesse se contrapor à superioridade dos exércitos convencionais de Israel ou às limitações de ter suas bases em países árabes vulneráveis à pressão militar israelense.

De fato, o maior sucesso da OLP em seu apogeu durante o final dos anos 1960 e nos anos 1970 veio no campo da diplomacia, apesar da recusa dos Estados Unidos em se envolver com os palestinos. Isso foi visível não apenas no mundo árabe e no Bloco Oriental, que estendeu apoio limitado à OLP a partir do final da década de 1960, mas também em grande parte do Terceiro Mundo, em muitos países da Europa Ocidental e mesmo na ONU, apesar da Resolução 242. Na Assembleia Geral, a OLP agora podia formar maiorias imunes ao veto que os Estados Unidos exerciam no Conselho de Segurança. Lá e em outras arenas, a OLP alcançou um alto nível de reconhecimento diplomático, obtendo até certo sucesso em isolar Israel. A OLP foi reconhecida pela Liga Árabe em 1974 como o único representante legítimo do povo palestino, ao mesmo tempo que abria missões em mais de cem países. O convite a Yasser 'Arafat para falar perante a Assembleia Geral da ONU naquele mesmo ano foi o maior êxito diplomático da história palestina, depois de tantas décadas de não reconhecimento pela Liga das Nações, pela ONU e pelas grandes potências.

Havia diferentes razões para esses triunfos limitados. Essa foi uma época em que movimentos de libertação nacional bem-sucedidos na Argélia, no sul da África e no Sudeste Asiático conquistaram apoio, inclusive entre os jovens, no Ocidente. O apelo anticolonialista e revolucionário terceiro-mundista da OLP também ressoou na China, na União Soviética e em seus satélites, nos países do Terceiro Mundo e entre os representantes desses países na ONU.[38] Na maioria dos países recém-independentes da Ásia e da África, os palestinos eram vistos como mais um povo lutando contra um projeto de colonização apoiado pelas potências ocidentais; mereciam, portanto, a simpatia daqueles que acabavam de se livrar do jugo colonial. No auge da Guerra do Vietnã, esses temas tinham grande apelo para jovens insatisfeitos na Europa e nos Estados Unidos. Finalmente, a OLP conseguiu até certo ponto galvanizar a diáspora palestina e árabe nas Américas, que se tornaram defensoras da causa nacional.

No entanto, todos esses esforços tiveram sérias limitações. Entre elas estava o fracasso da OLP em dedicar energia, talento e recursos suficientes à diplomacia e à informação, apesar dos ganhos obtidos nessas áreas. Ela também não trabalhou o suficiente para entender seus públicos-alvo, sendo os mais importantes os Estados Unidos e Israel. Lá, a organização acabou falhando em superar uma narrativa competitiva mais eficaz gerada por israelenses e seus apoiadores que igualava "palestino" a "terrorista".[39] Sua incapacidade de compreender a importância dessas duas arenas vitais começava com sua mais alta liderança. Respeitados acadêmicos palestino-americanos nos Estados Unidos, notadamente Edward Said, Ibrahim Abu-Lughod, Walid Khalidi, Hisham Sharabi, Fouad Moughrabi e Samih Farsoun, tentaram em várias ocasiões convencer os líderes palestinos de que eles precisavam levar em conta a opinião pública americana e lhe dedicar recursos e energia suficientes, mas em vão.

Em uma reunião em Amã do Conselho Nacional da Palestina (CNP), o órgão de governo da OLP, em 1984, um grupo sediado nos Estados Unidos do qual participei se esforçou para mostrar isso a Yasser 'Arafat. Ele concordou em se encontrar conosco e nos ouviu cordialmente até que, depois de apenas alguns minutos, um assessor entrou no recinto e sussurrou algo em seu ouvido. Fomos conduzidos para fora às pressas enquanto 'Arafat recebeu um Abu al-'Abbas, o líder da Frente de Libertação da Palestina, uma pequena e insignificante facção que causou grandes danos à causa palestina (mas que estava na folha de pagamento do governo do Iraque). Nossa audiência acabou, e a oportunidade para nós, palestino-americanos, de defendermos a importância de apelar à opinião pública dos Estados Unidos evaporou. Nas prioridades equivocadas da liderança da OLP, os exercícios de equilibrismo entre os Estados árabes nos quais 'Arafat se destacou eram mais prementes do que promover a causa palestina entre a opinião pública da superpotência mais forte do planeta.

Apesar desse revés, a causa palestina fez algum progresso nos Estados Unidos depois de 1967. Isso, em grande parte, graças às iniciativas do mesmo grupo de acadêmicos palestino-americanos, os quais foram eficazes em colocar a narrativa palestina diante dos campi universitários, da mídia alternativa e de outros setores da opinião pública. Edward Said, em particular, teve impacto descomunal, defendendo articuladamente os palestinos de maneiras que seu público nunca tinha ouvido antes. Embora Said e seus colegas palestino-americanos não tenham conseguido um avanço com a grande mídia, que em geral continuou a repetir a linha israelense, eles lançaram as bases para uma maior compreensão da perspectiva palestina nos anos seguintes.

Como a OLP parecia estar obtendo seguidas vitórias diplomáticas e de propaganda depois de 1967, esses êxitos não deixaram de ser contestados, cada um provocando uma feroz oposição de seus muitos inimigos. O ataque a Karameh foi uma das primeiras ações israelenses para combater o crescente status da organização; um ataque devastador no aeroporto de Beirute em 1968 foi outra. Em 1970, os sequestros de aeronaves pela FPLP e excessos palestinos na Jordânia precipitaram um confronto desastroso com o regime hachemita que o movimento de resistência não estava em condições de vencer. Enfrentando uma força superior e tendo perdido parte da simpatia popular, ele foi posto para fora de Amã naquele ano, no episódio que ficou conhecido como Setembro Negro, e depois completamente expulso da Jordânia, na primavera de 1971. Uma das vítimas desse desastre foi a aura de dinamismo triunfante que alguns componentes do movimento, notadamente a FPLP, tinham mantido até aquele momento. O padrão da resistência de provocar seus inimigos de forma imprudente, se indispor com seus anfitriões e, por fim, acabar sendo expulso seria repetido em Beirute onze anos depois.

Enquanto isso, Israel realizou novos ataques punitivos na Síria e no Líbano, países a partir dos quais os palestinos continuaram a lançar operações militares. Entre eles, uma grande incursão terrestre no sul do Líbano em 1972, um bombardeio aéreo do campo de refugiados palestinos na cidade libanesa de Nabatiya em 1974, que foi completamente destruído e nunca reconstruído, e uma invasão que resultou na ocupação de longo prazo de partes do sul do país, em 1978. Todos esses movimentos contra a OLP se beneficiaram do forte apoio dos Estados Unidos: tanto os militares israelenses quanto os jordanianos receberam armas americanas, e ambos os países puderam contar com total apoio diplomático de Washington.

Os Estados Unidos reagiram de outra forma ao aumento da visibilidade da OLP e ao que parecia ser um bloco árabe unificado. Dado o apoio da União Soviética à organização e ao bloco árabe, o presidente Nixon e seu conselheiro de segurança nacional e mais tarde secretário de Estado, Henry Kissinger, se empenharam bastante para enfraquecer os vínculos de Moscou com aquilo que eles viam como seus clientes árabes no Oriente Médio. A peça central dessa estratégia da Guerra Fria foi a tentativa americana de afastar o Egito dos soviéticos, alinhá-lo com os Estados Unidos e induzi-lo a aceitar um acordo de paz separado com Israel. Quando essa iniciativa liderada pelos americanos afinal foi bem-sucedida no fim da década de 1970, sob o governo Carter, teve o efeito de dividir a frente árabe unificada (nominalmente) e deixar os palestinos e outros atores árabes para enfrentar Israel em uma posição muito mais fraca. Em tudo isso, os Estados Unidos mantiveram as linhas estabelecidas na SC 242, que excluía os palestinos de qualquer participação nas negociações para um acordo. Os formuladores de políticas americanos foram guiados por sua hostilidade à OLP por causa de sua militância e seu alinhamento com a União Soviética, mas também pela intensa oposição de Israel à discussão de qualquer aspecto da questão palestina.

A partir daí, a OLP ficou presa a um dilema: como alcançar as aspirações nacionais palestinas por meio da participação em um acordo de paz no Oriente Médio quando os termos internacionalmente reconhecidos para tal acordo, a SC 242, negavam essas aspirações? Era um dilema notavelmente semelhante ao da Declaração Balfour e do Mandato da Palestina: para serem reconhecidos, os palestinos eram obrigados a aceitar uma fórmula internacional destinada a negar sua existência.

Os pequenos grupos militantes que relançaram o movimento nacional palestino nos anos 1950 e início dos anos 1960 propuseram objetivos simples para sua luta. Para eles, a Palestina havia muito era uma terra árabe de maioria árabe. Seu povo fora injustamente privado de suas casas, suas posses, sua pátria e seu direito de autodeterminação. O principal objetivo desses grupos era devolver o povo palestino à sua terra natal, restaurar seus direitos e expulsar aqueles que eles viam como usurpadores. O termo "retorno" era central, como tem sido para os palestinos desde então. A maioria não sentia que havia agora dois povos na Palestina, cada um com direitos nacionais; para eles, os israelenses não passavam de colonos, imigrantes estrangeiros em seu país. Essa posição espelhava exatamente a da maioria dos israelenses, para quem havia apenas um povo com direitos nacionais em Eretz Yisrael, a Terra de Israel, e esse era o povo judeu, enquanto os árabes não passavam de intrusos transitórios. Na leitura palestina da época, Israel era um projeto de colonização que o Ocidente ajudara a criar e apoiar (o que era em grande parte verdade), e os judeus israelenses faziam parte apenas de um grupo religioso, não de um povo ou nação (algo que a criação bem-sucedida de um poderoso Estado-nação com uma forte identidade nacional já havia demonstrado ser falso). Àquela altura, os palestinos não tinham chegado a um acordo com a realidade de uma nova entidade nacional na Palestina, em parte porque isso acontecera às suas custas e a um preço ruinoso para eles.

A culminação desse pensamento sobre os objetivos da luta palestina foi articulada na Carta Nacional (*al-mithaq al-watani*), adotada pela OLP em 1964. A carta afirmava que a Palestina era um país árabe onde os direitos nacionais pertenciam apenas àqueles ali residindo antes de 1917 e a seus descendentes. Esse grupo incluía judeus então residentes na Palestina, mas não aqueles que haviam emigrado após a Declaração Balfour, que, portanto, seriam obrigados a sair. Nessa perspectiva, a libertação envolvia a reversão de tudo o que havia ocorrido na Palestina desde a Declaração Balfour, o Mandato Britânico, a partilha do país e a Nakba. Significava voltar no tempo e remodelar a Palestina como um país árabe mais uma vez. Embora as ideias que a carta incorporava refletissem muito, talvez a maioria, do sentimento palestino da época, ela foi adotada por um órgão criado pela Liga Árabe, não por um órgão eleito ou representado pelos palestinos.

Esses objetivos mudariam rapidamente com as novas circunstâncias e as transformações da política palestina após 1964. Com a tomada da OLP pelo Fatah e por outros grupos de resistência em 1968, o movimento nacional formulou um novo objetivo, defendendo a ideia da Palestina como um único Estado para todos os seus cidadãos, judeus e árabes (algumas versões se referiam a um Estado democrático secular). Isso pretendia substituir os objetivos estabelecidos na Carta Nacional, reconhecendo que os judeus israelenses haviam adquirido o direito de viver na Palestina e não podiam ser obrigados a sair. A mudança também pretendia remodelar a imagem da OLP e atrair israelenses, que foram tratados pela Carta Nacional de 1964 como se não existissem. A afirmação de que judeus e árabes que viviam na Palestina tinham o direito de ser cidadãos iguais do país representou uma grande evolução no pensamento do movimento. No entanto, a proposta de Estado democrático único não reconhecia os israelenses como um povo com direitos nacionais, nem aceitava a legitimidade do Estado de Israel ou do sionismo.

Com o tempo, esse novo objetivo passou a ser amplamente aceito entre os palestinos e foi incorporado em sucessivos pronunciamentos oficiais da política da OLP por meio de resoluções do CNP. No final, ele substituiu a carta e a tornou obsoleta, mas essas mudanças fundamentais foram resolutamente ignoradas pelos oponentes da OLP, que continuaram a insistir nas disposições originais do documento ao longo das décadas seguintes. A mudança também teve pouco impacto na maioria dos israelenses e não conseguiu convencer muita gente no Ocidente. Mais uma vez, a incapacidade da liderança da OLP de entender a importância desses públicos e sua relutância em dedicar recursos suficientes para explicar o significado dessa evolução para conquistá-los condenou qualquer medida para convencer outros da validade desses objetivos.

Mais importante, alcançar um objetivo dessa magnitude exigiria a dissolução de Israel com um novo Estado da Palestina em seu lugar. Isso significaria derrubar o que desde 1947 havia se tornado um consenso internacional em torno da existência de Israel como um Estado judeu, conforme especificado pela redação da Resolução 181 da Assembleia Geral da ONU. Somente uma mudança revolucionária no equilíbrio de forças tanto dentro de Israel quanto em termos globais poderia alcançar esse fim, algo que os palestinos dificilmente poderiam conseguir ou mesmo cogitar por conta própria. E eles não podiam contar com seus irmãos nos regimes árabes. Estados árabes radicais como Síria, Iraque e Líbia continuaram a usar uma retórica grandiosa no que dizia respeito à causa palestina, mas a retórica era vazia. O que esses Estados fizeram na verdade foi sabotar a OLP, patrocinando grupos terroristas niilistas, como a facção Abu Nidal, que assassinou vários líderes da organização e matou israelenses e judeus indiscriminadamente. Quanto aos outros Estados árabes principais, Egito e Jordânia, com o apoio da Arábia Saudita, em 1970 tinham aceitado a SC 242, e a Síria seguira o mesmo caminho em 1973. Esse grande avanço (não reconhecido por Israel) equivalia ao reconhecimento deste por tais Estados, pelo menos dentro das linhas do armistício de 1949. A dissonância entre essa mudança crucial de vários grandes Estados árabes e a posição da OLP teria graves consequências para os palestinos.

Mudanças nas circunstâncias regionais levaram muitos líderes da OLP a considerar uma modificação adicional de seus objetivos. Vários fatores exerceram influência: a incapacidade da organização de sustentar uma campanha de guerrilha eficaz contra Israel após a perda de suas bases na Jordânia; a crescente aceitação por parte dos Estados árabes do conflito com Israel não como existencial, mas como um confronto entre Estados que tinha relação com suas fronteiras; e a pressão árabe e internacional sobre o grupo para se adequar a objetivos mais limitados. Na cúpula da Liga Árabe em Cartum, em 1967, esta havia declarado que não haveria paz, nem reconhecimento, nem negociações com Israel (os "três nãos" que foram muito repetidos na propaganda israelense). Na realidade, Egito e Jordânia acolheram a mediação com Israel por meio do enviado especial da ONU, Gunnar Jarring, e mais tarde por meio do secretário de Estado americano, William Rogers. Apesar da cúpula de Cartum, o país árabe mais poderoso na fronteira com Israel, ao aceitar a SC 242, havia concedido em princípio que seu vizinho tinha direito a fronteiras seguras e reconhecidas. Restava apenas aos Estados árabes e a Israel negociar essas fronteiras e os outros termos de um acordo. A reação repressiva da Jordânia no episódio do Setembro Negro, em 1970, embora provocada pelos sequestros de aeronaves pela FPLP, pretendia, entre outras coisas, punir os palestinos por não aceitarem as novas limitações dos objetivos dos principais Estados árabes.

A partir do início da década de 1970, membros da OLP responderam a essas pressões, em particular à insistência da

União Soviética, cogitando a ideia de um Estado palestino ao lado de Israel, na verdade uma solução de dois Estados. Essa abordagem foi promovida sobretudo pela Frente Democrática para a Libertação da Palestina (que tinha se separado da FPLP em 1969), junto com grupos apoiados pela Síria, discretamente encorajados pela liderança do Fatah. Embora tenha havido resistência inicial à solução de dois Estados por parte da FPLP e de alguns quadros do Fatah, com o tempo ficou claro que 'Arafat, entre outros líderes, a apoiava. Isso marcou o início de um longo e lento processo de mudança do objetivo maximalista do Estado democrático, com suas implicações revolucionárias, para um objetivo ostensivamente mais pragmático de um Estado palestino ao lado de Israel, a ser alcançado por meio de negociações com base na SC 242.

O caminho para essas modificações radicais não foi fácil para a OLP. Somente após alguns dos golpes mais severos infligidos ao movimento nacional palestino desde a Nakba, a organização passou a aceitar uma abordagem de dois Estados baseada na SC 242. Esses golpes vieram em rápida sucessão durante a guerra civil libanesa, que começou formalmente em abril de 1975. No entanto, para os palestinos a guerra começou dois anos antes, em 10 de abril de 1973, com o assassinato de três líderes da OLP em suas casas em Beirute Ocidental por comandos israelenses liderados por Ehud Barak (mais tarde primeiro-ministro de Israel).[40] As multidões de palestinos e libaneses que compareceram aos funerais de Kamal Nasser, poeta e porta-voz da OLP, e de Kamal 'Adwan e Abu Yusuf Najjar, líderes do Fatah, foram imensas. Enquanto caminhava com as levas de enlutados, não fiquei surpreso ao ver que elas eram ainda maiores do que a que acompanhara o cortejo fúnebre de Ghassan Kanafani.

Esses quatro homens estavam entre as dezenas de líderes e quadros palestinos que foram vítimas dos esquadrões de assassinato do Mossad. É verdade que grupos nominalmente palestinos assassinaram outras figuras palestinas, entre as quais três membros do Comitê Central do Fatah e os embaixadores da OLP em Londres e na Internacional Socialista. Esses grupos serviram como agentes dos três regimes árabes ditatoriais — os de Hafez al-Assad na Síria, Saddam Hussein no Iraque e Mu'ammar al-Qaddhafi na Líbia —, que eram ruidosos em sua proclamação de apoio à causa palestina, mas duros no tratamento dispensado à OLP. Esses regimes foram patrocinadores, em diferentes momentos, dos assassinos profissionais da organização Abu Nidal, responsável pela maior parte dessa matança, e de outros pequenos grupos dissidentes.

Embora o impacto desses assassinatos cometidos por Israel e pelas potências árabes hostis seja uma marca do caminho extraordinariamente difícil trilhado pelo movimento nacional palestino, há uma distinção importante entre eles. Os Estados árabes que usaram tais meios queriam dobrar a OLP à sua vontade, mesmo recorrendo à força bruta, como quando o regime de al-Assad enviou tropas para enfrentar a organização no Líbano em 1976. No entanto, eles operaram com base na razão de Estado fria e calculista. Eles não queriam destruir a OLP ou extinguir a causa palestina. O caso de Israel foi bem diferente, pois esse sempre foi seu objetivo. Sua antiga política de liquidar líderes palestinos, herdada do movimento sionista durante o período final do Mandato, visava eliminar a realidade palestina, demográfica, ideal e politicamente. Assassinatos eram, portanto, um elemento central na ambição de Israel de transformar todo o país, do rio ao mar, de árabe em judeu. Para usar o termo de Baruch Kimmerling mais uma vez, tratava-se de um exemplo de politicídio em sua forma mais literal.

Como prova da extensão da campanha de eliminações, temos a respeito dela dois novos relatos, um dos quais baseado em informações secretas israelenses e em material militar.

Entre muitas outras novidades, ele contém estrondosas revelações sobre repetidas tentativas de assassinato de Yasser 'Arafat.[41] O pretexto de que tais assassinatos eram um golpe contra o "terrorismo" simplesmente não se aplica quando o alvo é o líder de um movimento nacional, a menos que o objetivo seja destruir esse movimento. Líderes de outros movimentos anticolonialistas foram invariavelmente vilipendiados por seus senhores coloniais em termos semelhantes — terroristas, bandidos e assassinos —, fossem eles irlandeses, indianos, quenianos ou argelinos. Da mesma forma, a demonização da OLP como "terrorista" por Israel serviu como justificativa para sua erradicação. As declarações privadas do ministro da Defesa israelense Ariel Sharon em 1982 sobre "terroristas" palestinos em Beirute não poderiam ser mais claras nesse ponto.[42]

A justificativa de assassinatos como proteção necessária contra terroristas, que matariam se não fossem mortos antes, também soa vazia quando muitos dos mortos — Ghassan Kanafani e Kamal Nasser, por exemplo, ou representantes da OLP no exterior, como Mahmoud Hamshari e Wael Zu'aytir — eram intelectuais e defensores da causa palestina, e não militares. Seus empreendimentos artísticos eram complementares e ligados às suas atividades políticas: Kanafani era um talentoso romancista e pintor, Nasser era poeta, Zu'aytir, um escritor e tradutor iniciante. Não eram "terroristas", e sim as vozes mais proeminentes de um movimento nacional, vozes que Israel estava determinado a abafar.

No Líbano, os assassinatos de Nasser, 'Adwan e Najjar em abril de 1973 foram seguidos, um mês depois, por um confronto armado com o Exército libanês durante o qual a Força Aérea metralhou os campos de refugiados palestinos de Sabra e Chatila na periferia ao sul de Beirute. Durante o período restante da guerra civil libanesa, que se arrastou até 1990, campos de refugiados e centros populacionais palestinos foram alvos frequentes: sitiados, devastados, palcos de massacres e expulsões. Tal al-Za'tar, Karantina, Dbaye, Jisr al-Basha, 'Ain al-Hilwa, Sabra e Chatila — palestinos em todos esses lugares sofreram tais atrocidades. A guerra também trouxe horríveis massacres de cristãos libaneses perpetrados por facções da OLP e seus aliados libaneses, principalmente em Damour em janeiro de 1976, onde centenas deles foram mortos, e a cidade foi saqueada e destruída.

Tal al-Za'tar era o maior, o mais precário e o mais isolado dos campos de refugiados palestinos na área de Beirute, com uma população de cerca de 20 mil palestinos e talvez 10 mil libaneses pobres, principalmente xiitas do sul. Localizava-se no subúrbio de Dikwaneh, em Beirute Oriental, habitado em grande parte por libaneses maronitas simpatizantes do Partido Falangista, antipalestino e de direita. Eu morava na cidade com minha esposa, Mona, nos anos que antecederam a guerra civil, primeiro trabalhando em minha tese de doutorado e depois lecionando na Universidade Libanesa e na UAB. Com um grupo de amigos — estudantes de pós-graduação palestinos e moradores de Tal al-Za'tar —, abrimos a primeira pré-escola no campo, apoiada pela Jamiyat In'ash al-Mukhayam, uma organização filantrópica líbano-palestina.

As relações entre o campo e seus arredores se tornaram cada vez mais tensas à medida que a situação no Líbano se deteriorava e, em maio de 1973, ficou claro que Tal al-Za'tar e os campos de refugiados próximos de Dbaye e Jisr al-Basha, bem como a comunidade palestina na área de Karantina, se encontravam em território decididamente hostil. Seus vizinhos se ressentiam da presença de milicianos palestinos fortemente armados nos campos. Nessas circunstâncias perigosas, estávamos todos preocupados com a segurança das crianças pequenas na pré-escola, e por isso cavamos um abrigo embaixo do centro. Vários outros grupos, e mais tarde a OLP, também construíram abrigos, o que salvou muitas vidas quando a guerra estourou para valer em 1975.

Num domingo de abril daquele ano, Mona e eu estávamos almoçando em Tal al-Zaʻtar, na casa dos pais de nosso amigo Qasim, quando soubemos que havia ocorrido um incidente na estrada que levava ao acampamento, que percorria o subúrbio predominantemente maronita de ʻAin al-Rummaneh. Fomos aconselhados a ir embora na mesma hora. Voltando para Beirute Ocidental em nosso velho fusca, avistamos um pequeno ônibus parado em um ângulo estranho no meio da estrada. Ele acabara de ser emboscado no caminho de volta para Tal al-Zaʻtar por milicianos falangistas, que mataram todos os seus 27 passageiros. Era um ato de vingança por um tiroteio em uma igreja maronita próxima, onde o líder do partido, Pierre Gemayel, estivera presente.[43] Assim começou a guerra civil libanesa, que duraria quinze anos.

Nunca pudemos retornar a Tal al-Zaʻtar. Assediado pelo que veio a ser chamado de Forças Libanesas (FL), chefiadas pelo filho de Pierre Gemayel, Bashir, o campo foi invadido em agosto de 1976 e toda a sua população foi expulsa. Talvez 2 mil pessoas tenham sido mortas naquele que provavelmente foi o maior massacre individual durante toda a guerra. Algumas pereceram durante o cerco, outras quando fugiam do campo e outras ainda em postos de controle das FL, onde os palestinos foram apanhados e levados para serem assassinados. Dois dos professores de nossa pré-escola foram abatidos dessa maneira, assim como Jihad, sobrinha de onze anos de Qasim, sequestrada e assassinada em um bloqueio de estrada junto com sua mãe.

As FL perpetraram o massacre de Tal al-Zaʻtar com o apoio secreto de Israel. Anos depois, em 1982, enfrentando ataques parlamentares de líderes do Partido Trabalhista, Ariel Sharon defendeu sua conduta durante os notórios massacres de Sabra e Chatila em setembro daquele ano (nos quais mais de mil civis foram mortos) ao apontar o apoio do governo israelense aos falangistas na época dos assassinatos de 1976 em Tal al--Za'tar.[44] Em uma reunião secreta do Comitê de Defesa e Relações Exteriores do Knesset, Sharon revelou que os oficiais da inteligência militar de Israel, que se encontravam no local no momento do massacre de Tal al-Za'tar, relataram que os falangistas estavam matando pessoas "com as armas que fornecemos e as forças que os ajudamos a construir".[45] Sharon prosseguiu, dizendo para Shimon Peres, líder do Partido Trabalhista, de oposição, que estivera no poder em 1976:

> Vocês e nós estamos agindo de acordo com os mesmos princípios morais [...]. Os falangistas assassinados em Chatila e os falangistas assassinados em Tal Za'atar [sic]. A ligação é moral: devemos nos envolver com os falangistas ou não. Vocês os apoiaram e continuaram a fazê-lo depois de Tal Za'atar.[46]

Embora militares israelenses e oficiais de inteligência possam não ter estado dentro dos campos, como Sharon apontou para o comitê do Knesset, eles estavam presentes nos postos de comando de onde ambas as operações foram dirigidas. De acordo com Hassan Sabri al-Kholi, o horrorizado mediador da Liga Árabe no Líbano, que se encontrava na sala de operações das FL e tentou deter o massacre de 1976 enquanto ele ocorria, oficiais israelenses e dois mediadores sírios, os coronéis 'Ali Madani e Muhammad Kholi, estavam lá na ocasião.[47] Poucas imagens são mais simbólicas das dificuldades enfrentadas pelos palestinos durante a Guerra do Líbano do que a de oficiais israelenses e sírios — cuja coexistência no Líbano havia sido intermediada por Henry Kissinger para "quebrar as pernas" da OLP[48] — observando como comandantes das FL dirigiam um massacre num campo de refugiados palestinos. Mas, como Kissinger disse em outro contexto, "ação encoberta não deve ser confundida com trabalho missionário".[49]

A guerra no Líbano teve múltiplos protagonistas, libaneses e não libaneses, cada um com diferentes objetivos, mas para muitos deles a OLP era um alvo principal. Para os libaneses que se opunham à organização, a maioria deles cristãos maronitas, sua resistência à presença armada palestina foi realizada em nome do nacionalismo e da independência libanesa. Como a maior parte dos refugiados palestinos no Líbano era de muçulmanos sunitas, e como a secular OLP era aliada de grupos esquerdistas e de muçulmanos libaneses, os maronitas temiam uma ruptura do sistema político sectário do país, que o Mandato Francês havia manipulado em seu favor no início dos anos 1920.

Para a Síria, o Líbano era uma arena estratégica vital a ser dominada, um potencial ponto de vulnerabilidade no conflito com Israel e o local de sua luta com a OLP pela liderança da frente árabe contra Israel. Essas se tornaram questões cruciais para Damasco quando o Egito se moveu inexoravelmente em direção a uma paz separada com Israel e, de fato, se tornou o Estado aliado dos americanos que tem sido desde então. Ao perder seu aliado egípcio, a Síria precisava encontrar outro contrapeso para Israel, e a dominação do Líbano, dos palestinos e da Jordânia pode ter parecido a única opção viável. A desconfiança ilimitada entre o presidente sírio, Hafez al-Assad, e 'Arafat, da OLP, exacerbou a situação, assim como o apoio da OLP às formações de esquerda libanesas, que desse modo puderam assumir uma posição mais independente em relação a Damasco.

Para o governo israelense, o envolvimento direto e indireto na Guerra do Líbano ofereceu uma bem-vinda oportunidade para conquistar aliados libaneses, desenvolver uma nova esfera de influência e enfraquecer a Síria e seus aliados. Mais importante, a guerra forneceu uma abertura para retaliar os ataques esporádicos da OLP contra israelenses, minando a organização e talvez paralisando-a. Isso também neutralizaria a ameaça que o nacionalismo palestino representava para o controle permanente de Israel dos Territórios Ocupados, onde milhões de palestinos inquietos tinham ficado sob seu domínio depois de 1967. Os ataques da OLP lançados do Líbano, que muitas vezes visavam civis, deram a diferentes governos israelenses todas as provocações de que precisavam para justificar intervenções contra seu vizinho do norte. Os métodos israelenses iam desde o apoio direto na forma de armas e treinamento para os inimigos da OLP, notadamente as FL (que receberam equipamentos no valor de 118,5 milhões de dólares e treinamento para 1300 milicianos, segundo uma fonte oficial israelense),[50] até os assassinatos e carros-bomba que mataram líderes palestinos e incontáveis civis. Vários membros de alto escalão do Exército e da inteligência de Israel relataram detalhes de algumas dessas operações em um livro em que o capítulo sobre o Líbano é intitulado "A Pack of Wild Dogs" [Um bando de cães selvagens].[51] Era uma referência ao modo como operadores israelenses descreviam seus aliados nas FL, usados em muitas das mais horríveis dessas operações letais.

Os Estados Unidos apoiaram os objetivos de Israel no Líbano sob Nixon, Ford e Kissinger, e mais tarde sob Carter, Vance e Brzezinski, bem como durante o governo Reagan. Os dois objetivos essenciais da política americana para o Oriente Médio eram atrair o Estado árabe mais importante, o Egito, para longe da União Soviética, sem permitir que o conflito na região complicasse a détente. Isso exigia direcionar o Egito rumo à aceitação de Israel. O alinhamento completo do Egito com os Estados Unidos permitiria que líderes americanos afirmassem ter vencido a Guerra Fria no Oriente Médio ao estabelecer uma Pax Americana. Dada a magnitude e a importância desses objetivos estratégicos para Washington, a oposição da OLP era um obstáculo relativamente menor, e havia muitos atores do Oriente Médio que estavam felizes em ajudar os Estados Unidos agindo contra ela.

Com a aprovação explícita dos Estados Unidos, um desses atores, a Síria, lançou um ataque militar direto à OLP no Líbano em 1976, quando a guerra civil já estava em andamento. Enquanto Washington e a Síria trabalhavam para um entendimento sobre essa intervenção, Kissinger esclareceu os objetivos dos Estados Unidos: "Poderíamos deixar os sírios se moverem e quebrar as pernas da OLP". Essa era, disse ele, "uma oportunidade estratégica que vamos perder".[52] No final, os americanos não deixaram a oportunidade escapar, e tropas sírias se envolveram em batalhas campais com comandos palestinos em Sidon e nas montanhas Shouf e em outros lugares. Essa intervenção síria só foi possível depois que Kissinger persuadiu Israel a não se opor a ela, por meio de um acordo tácito sobre "linhas vermelhas" que estabeleciam limites geográficos ao avanço sírio.[53]

O envolvimento dos Estados Unidos nas hostilidades contra os palestinos vinha de muito antes do seu sinal verde para a Síria em 1976. Henry Kissinger não tinha lugar para a OLP ou para a resolução do problema palestino em sua visão para o Oriente Médio, ditada pela Guerra Fria. Para ele, os palestinos — aliados aos soviéticos e aos regimes árabes "radicais" — eram, na pior das hipóteses, um obstáculo a ser removido e, na melhor, um problema a ser ignorado. Em prol dos objetivos da Guerra Fria americana e em sua busca obstinada desses objetivos, Kissinger foi fundamental na negociação de três importantes acordos de diminuição das tensões entre Israel e Egito e Síria após a guerra de 1973, que foram precursores de um tratado de paz egípcio-israelense separado. Para conseguir isso,

Kissinger procurou apenas conter a questão da Palestina, impedindo-a de interferir em sua diplomacia e fazendo com que ela se tornasse administrável, se necessário, pelo uso da força exercida por uma série de aliados.

Foi o caso na Jordânia do final dos anos 1960 até 1971, e mais tarde no Líbano no início até meados dos anos 1970, quando a OLP se opôs à tendência do Egito, incentivada pelos Estados Unidos, a fazer um acordo direto com Israel. Em ambos os casos, Kissinger conspirou com os aliados locais dos americanos para esmagar o movimento palestino. Por trás de todos eles, nas sombras, muitas vezes indiretamente responsáveis, estavam os Estados Unidos.

Ainda assim, Kissinger admitiu em suas memórias que "o destino dos palestinos foi, afinal, a origem da crise", e, como qualquer um que acompanhou sua longa carreira pode atestar, ele era acima de tudo pragmático.[54] Mesmo enquanto negociava os termos da intervenção militar da Síria contra os palestinos em 1975, Kissinger também autorizou conversas sigilosas e indiretas com a OLP. Esses contatos eram necessariamente clandestinos por causa de uma promessa que o secretário de Estado havia feito em um Memorando de Acordo Secreto Estados Unidos-Israel em setembro daquele ano. De acordo com esse documento, os Estados Unidos se comprometiam a não "reconhecer ou negociar com a Organização para a Libertação da Palestina" até que esta reconhecesse o "direito de existir" de Israel, renunciasse ao uso da força (codificada como terrorismo) e aceitasse as Resoluções SC 242 e 338 (esta última, aprovada em 1973, reafirmou a SC 242 e pedia "negociações [...] entre as partes envolvidas sob os auspícios apropriados", significando uma conferência de paz multilateral, posteriormente convocada em Genebra).[55]

Não obstante essa promessa clandestina a Israel, logo após Kissinger pediu ao presidente Gerald Ford que aprovasse o contato dos Estados Unidos com a OLP. Ele argumentou que "não haveria mudança em nossa posição em relação à OLP na questão do Oriente Médio, mas não temos compromisso com Israel de não falar com a organização exclusivamente sobre a situação no Líbano".[56] Aparentemente, o propósito desses contatos era garantir a segurança da embaixada dos Estados Unidos em Beirute e dos cidadãos americanos durante a guerra civil libanesa, algo que a OLP se comprometeu a fazer. Ao longo de vários anos subsequentes, houve ampla coordenação entre o pessoal de inteligência dos dois lados sobre essa segurança, fornecida pela organização. Quando essas negociações se tornaram conhecidas, a resposta de Israel foi duramente crítica, mas o governo americano afirmou sua natureza limitada. No entanto, os contatos Estados Unidos-OLP se expandiram rapidamente muito além desses objetivos originais limitados para incluir a situação política geral do Líbano. Em 1977, o embaixador americano em Beirute, Richard Parker, recebeu a tarefa de manter conversas sobre vários problemas políticos através de intermediários afiliados à OLP, entre eles um professor na UAB e um proeminente homem de negócios palestino.

Há poucas dúvidas de que, apesar da justificativa de Kissinger, as discussões dos Estados Unidos com a OLP violaram os termos do Memorando de Acordo com Israel de 1975.[57] Quando descobriu o que estava acontecendo, o governo israelense reagiu com força àquilo que via como uma traição. Em janeiro de 1979, agentes israelenses em Beirute assassinaram Abu Hassan Salameh, a principal figura da OLP envolvida nesses contatos, bombardeando seu carro e causando uma "enorme explosão" que resultou em uma "bola de fogo". Salameh tinha sido o chefe do serviço de segurança pessoal de Yasser 'Arafat, a Força 17, e Israel alegou que ele estivera envolvido no ataque de 1972 contra atletas israelenses na Olimpíada de Munique. No entanto, um relato baseado em entrevistas com oficiais de inteligência israelenses envolvidos na operação afirma que "o Mossad finalmente chegou à conclusão de que 'cortar esse canal era importante [...] para dar aos americanos uma indicação de que isso não era maneira de se comportar com amigos'".⁵⁸ O assassinato não encerrou os contatos, embora eles tenham se tornado ainda mais profundamente envoltos em sigilo, já que tanto os Estados Unidos quanto a OLP entenderam a nada sutil insinuação israelense.

Em 1978, John Gunther Dean, sucessor de Parker como embaixador no Líbano, recebeu ordens de prosseguir com os canais de comunicação, que se ampliaram para incluir as primeiras interações diretas entre funcionários americanos e da OLP e passaram a abordar uma gama ainda maior de tópicos políticos. Entre eles estavam os termos para a aceitação da SC 242 pela organização e para o reconhecimento desta pelos Estados Unidos; sua inclusão nas negociações de paz; a revolução islâmica iraniana; e a libertação de reféns americanos mantidos em Teerã. Por pelo menos quatro anos, os Estados Unidos estiveram negociando clandestinamente com a OLP, apesar de sua promessa a Israel.

Dean foi alvo de uma tentativa de assassinato em 1980. A Frente para a Libertação do Líbano de Estrangeiros reivindicou a responsabilidade pelo atentado, mas esse grupo foi posteriormente identificado, em entrevistas com fontes da inteligência israelense, como uma operação controlada por Israel.⁵⁹ Dean sempre sustentou que este estava por trás da tentativa de matá-lo, e tal indício, somado ao assassinato por Israel de vários palestinos envolvidos em contatos com os Estados Unidos, parece confirmar sua afirmação.⁶⁰

A correspondência com o Departamento de Estado durante 1979, à qual Dean me providenciou o acesso, ilustra a extensão desses contatos Estados Unidos-OLP de maneiras que não estão totalmente refletidas na série documental oficial do

Departamento de Estado *Foreign Relations of the United States* [Relações Exteriores dos Estados Unidos].[61] Eles incluem, por exemplo, extensas conversas sobre esforços da OLP para libertar reféns americanos mantidos na embaixada em Teerã (alguns dos quais aparentemente foram libertados, pelo menos em parte, por causa da intercessão palestina junto ao regime revolucionário iraniano). Embora tenham começado por meio de intermediários, os contatos levaram a reuniões diretas de Dean com, entre outros, o brigadeiro Sa'd Sayel (Abu al-Walid) — um ex-oficial do Exército jordaniano, chefe de gabinete da OLP e seu oficial militar sênior.[62] Ele também foi assassinado mais tarde, talvez por agentes sírios ou possivelmente de Israel.

Tão importante quanto a extensão e o alcance das conversas era seu teor. Os intermediários palestinos envolvidos conversaram longamente com Dean e um de seus colegas sobre os termos para a aceitação da SC 242 pela OLP (a organização estava disposta a fazê-lo, com algumas reservas) e sobre como isso poderia levar a contatos oficiais e abertos entre Estados Unidos e Palestina. O acordo a respeito desse assunto nunca foi alcançado. Os palestinos envolvidos repetidamente transmitiram o desejo da OLP de reconhecimento, por parte de Washington, de seus esforços em nome dos interesses americanos, mas Dean foi autorizado apenas a expressar a gratidão de seu governo pela garantia de segurança às instituições de seu país. Os Estados Unidos nunca ofereceram a recompensa política por esses serviços que a liderança palestina aparentemente esperava.

Enquanto os contatos americanos estavam em andamento com a OLP em Beirute, o governo do presidente Jimmy Carter, trabalhando para realizar uma conferência multilateral de paz no Oriente Médio em Genebra, emitiu um comunicado oficial conjunto com a União Soviética em outubro de 1977. O comunicado fez um avanço, referindo-se à participação de todas as partes ao conflito, incluindo "as do povo palestino". Uma declaração feita por Carter meses antes, pedindo uma pátria para os palestinos, sinalizava um tom diferente em Washington. No entanto, por insistência do recém-eleito partido Likud em Israel, liderado por Menachem Begin, e do egípcio Anwar Sadat, o governo logo abandonou sua pressão por um acordo abrangente e pela inclusão dos palestinos nas negociações.[63] Em vez disso, adotou o processo bilateral de Camp David, que resultou no tratado de paz egípcio-israelense separado de 1979.

Esse processo foi especificamente projetado por Begin para congelar a OLP, permitir a colonização dos Territórios Ocupados em 1967 e tirar da mesa a questão da Palestina, o que levou a uma década sem que esse tema fosse discutido. Embora Sadat e as autoridades americanas tenham protestado debilmente contra esse desvio da questão palestina, cuja importância Carter havia enfatizado no início de sua presidência, no final eles concordaram. Para Sadat, o tratado devolveu a península do Sinai ao Egito. Para Begin, a paz unilateral egípcia fortaleceu o controle de Israel sobre o resto dos Territórios Ocupados e removeu permanentemente o Egito do conflito árabe-israelense. Para os Estados Unidos, o tratado completou a passagem do Egito do campo soviético para o americano, neutralizando os aspectos mais perigosos do conflito de superpotências no Oriente Médio.

Dada a importância vital desses objetivos nacionais para as três partes implicadas, Begin foi autorizado a ditar os termos no que dizia respeito à Palestina em Camp David e no tratado de paz de 1979.[64] Tudo isso era evidente para as lideranças da OLP, e as fases posteriores de sua interação indireta com o governo dos Estados Unidos refletiram seu crescente rancor. Elas perceberam que sua cooperação no Líbano, longe de ser recíproca, foi na verdade recompensada com um maior isolamento da organização pelos Estados Unidos e seu aliado israelense.

Embora sob Carter os Estados Unidos tivessem chegado perto de endossar os direitos nacionais dos palestinos e seu envolvimento nas negociações, os dois lados se viram mais distantes do que nunca. Camp David e o tratado de paz israelo-egípcio sinalizaram o alinhamento dos Estados Unidos com a expressão mais extrema da negação dos direitos palestinos por parte de Israel, um alinhamento que foi consolidado pelo governo de Ronald Reagan. Begin e seus sucessores no Likud, Yitzhak Shamir, Ariel Sharon e depois Benjamin Netanyahu, se opuseram implacavelmente ao Estado palestino, à soberania ou ao controle da Cisjordânia ocupada e de Jerusalém Oriental. Herdeiros ideológicos de Ze'ev Jabotinsky, eles acreditavam que a totalidade da Palestina pertencia exclusivamente ao povo judeu e que não existia um povo palestino com direitos nacionais. No máximo, a autonomia poderia ser possível para os "árabes locais", mas essa autonomia se aplicaria apenas a pessoas, não à terra. Seu objetivo explícito era transformar toda a Palestina na Terra de Israel.

Por meio do tratado com o Egito, Begin garantiu que nada interferiria na implementação da visão do Likud. A fundação que ele habilmente estabeleceu, adotada pelos Estados Unidos, formou a base de tudo o que se seguiria.[65] As negociações futuras ficariam restritas aos termos do autogoverno por um período interino infinitamente extensível e excluiriam qualquer discussão sobre soberania, Estado, Jerusalém, o destino dos refugiados e jurisdição sobre a terra, a água e o ar da Palestina. Enquanto isso, Israel começou a reforçar sua colonização dos Territórios Ocupados. Apesar de ocasionais e dóceis protestos de americanos e egípcios, as condições impostas por Begin estabeleceram o teto do que os palestinos podiam negociar.

Na esteira do tratado de paz de 1979, as condições se tornaram ainda piores para os palestinos. A Guerra do Líbano prosseguiu, destruindo grande parte do país, exaurindo seu povo e debilitando a OLP. Em diferentes estágios, a organização se viu enfrentando tropas israelenses, sírias e libanesas, bem como milícias libanesas apoiadas secretamente por uma série de Estados, entre os quais Israel, Estados Unidos, Irã e Arábia Saudita. No entanto, depois de tudo isso e apesar de uma incursão israelense em 1978 — a Operação Litani — que deixou uma faixa do sul do Líbano sob controle de seu representante, o Exército do Sul do Líbano, a OLP ainda estava de pé. De fato, a organização continuou sendo a força mais poderosa em grandes áreas do país, as únicas que não se encontravam nas mãos de exércitos estrangeiros ou seus representantes, entre elas Beirute Ocidental, Trípoli, Sidon, as montanhas Shouf e boa parte do sul. Seria necessária mais uma campanha militar para desalojar a OLP e, em 1982, o secretário de Estado americano, general Alexander Haig, concordou com os planos de Ariel Sharon para Israel acabar com a organização e, junto com ela, eliminar o nacionalismo palestino.

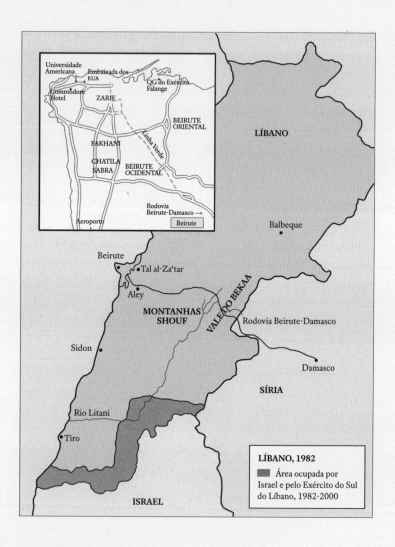

4.
Quarta declaração de guerra
1982

> *É proibido o ataque ou o bombardeio de cidades, aldeias, residências ou habitações indefesas.*
>
> Artigo 25, Anexo à Convenção de Haia, 29 de julho de 1899[1]

> *Vocês têm medo de dizer aos nossos leitores e àqueles que possam reclamar que os israelenses são capazes de bombardear indiscriminadamente uma cidade inteira.*
>
> Thomas Friedman, chefe do escritório do *New York Times* em Beirute, para seus editores[2]

Em 1982, Beirute havia vivido muitos anos de guerra. Os libaneses estavam acostumados ao som de explosões e aprenderam com a experiência a distinguir entre elas. Em 4 de junho daquele ano, uma sexta-feira, eu participava de uma reunião do comitê de admissão da Universidade Americana de Beirute (UAB), onde lecionava havia seis anos. Parecia um fim de semana rotineiro. De repente, ouvimos o som estrondoso do que devem ter sido várias bombas de novecentos quilos explodindo à distância. Logo reconhecemos a gravidade do que estava acontecendo, e a reunião terminou de imediato. Esse bombardeio aéreo foi a salva de abertura da invasão do Líbano por Israel contra a OLP em 1982. Todos no país esperavam por isso havia muito tempo, e a maioria temia o que se seguiria.

Nossas duas filhas, Lamya, que tinha cinco anos e meio, e Dima, então com quase três, estavam respectivamente no jardim de infância e na creche em lugares diferentes. Com o rugido estridente de aviões de guerra supersônicos mergulhando para atacar ao fundo (um dos sons mais aterrorizantes do mundo), corri em direção a meu carro para pegar as meninas em suas escolas. Todos na estrada naquele dia dirigiram com o despreocupado abandono que sempre exibiam quando os combates recomeçavam em Beirute — ou seja, dirigiram de um jeito só um pouco mais imprudente do que o habitual.

Minha esposa, Mona, então em seu quarto mês de gravidez, trabalhava na Wafa, a agência de notícias da OLP, onde era editora-chefe do boletim em inglês. Pelo que pude perceber, as colossais explosões que abalaram a capital libanesa pareciam vir do fervilhante bairro de Fakhani, em Beirute Ocidental, a alguns quilômetros de distância. Adjacente aos campos de refugiados de Sabra e Chatila, o escritório da Wafa estava localizado lá, assim como a maioria dos escritórios de informação e de atividades políticas da OLP. O local das explosões foi logo confirmado pelas notícias na rádio.

O sistema telefônico beirutense, nunca muito confiável e menos ainda depois de sete anos de guerra, estava tão sobrecarregado que não consegui falar com Mona. Eu não tinha como chegar até ela e não fazia ideia do que estava acontecendo. Torci que ela tivesse se abrigado no porão do decadente prédio da Wafa. Por sorte, a UAB ficava perto das escolas das meninas. Mona e eu vivíamos ansiosos para poder chegar até lá rápido sempre que a luta intermitente recomeçava. Durante os primeiros anos da guerra no Líbano, nunca tivemos medo por nós mesmos, mas a apreensão se tornou constante quando as meninas começaram a frequentar a escola.

Nossas filhas e mais tarde nosso filho nasceram em Beirute em plena guerra e, pelo fato de terem pais politicamente ativos (como a imensa maioria dos cerca de 300 mil palestinos no Líbano), eram vistos como terroristas, assim como Mona e eu, pelo governo israelense e alguns outros. Para minha angústia, os que mais provavelmente nos rotulariam dessa maneira estavam agora se preparando para invadir a cidade. Embora aquele quase pudesse ser um fim de dia normal de escola de sexta-feira em Beirute, mesmo com as explosões trêmulas à distância, eu sabia que nossas vidas não seriam normais por um bom tempo. Logo as meninas estavam em segurança em casa, e minha mãe e eu as acalmamos o melhor que pudemos contra o barulho implacável do lado de fora.

Quando Mona finalmente chegou em casa, eu soube que, apesar do pesado bombardeio aéreo, ela tinha decidido não seguir o conselho de descer para um abrigo no porão. Pela sua experiência ao longo de muitos anos de guerra, ela sabia que um ataque prolongado (como aquele) significaria que poderia ficar presa lá e separada das meninas por muitas horas. Então, em vez disso, saiu do escritório e foi para casa. Com todos na rua fugindo do bombardeio e sem carros ou táxis à vista, ela também correu. Ofegante, a cerca de um quilômetro e meio de distância, perto dos escritórios da Unesco, ela encontrou um táxi disposto a parar e levá-la pelo resto do caminho com segurança. Essa experiência não teve efeito aparente no bebê que ela carregava, nosso filho, Ismail, que nasceu alguns meses depois, embora por muito tempo ele tenha permanecido extremamente sensível a sons altos.

Naquela sexta-feira, aviões de guerra israelenses bombardearam e arrasaram dezenas de prédios, entre eles um estádio próximo ao bairro de Fakhani, sob o pretexto de que abrigavam escritórios e instalações da OLP. O intenso bombardeio de alvos em Beirute e no sul do Líbano, que continuou no dia seguinte, foi o prelúdio de um ataque terrestre maciço a partir de 6 de junho, que acabou levando à ocupação de grande parte do país por Israel. A ofensiva culminou em um cerco de sete semanas a Beirute que finalmente terminou com um cessar-fogo em 12 de agosto. Durante o cerco, prédios de apartamentos inteiros foram destruídos e grandes áreas foram devastadas na metade ocidental da cidade, já bastante danificada. Quase 50 mil pessoas foram mortas ou feridas em Beirute e no resto do país, no cerco que constituiu o ataque mais sério de um exército regular a uma capital árabe desde a Segunda Guerra Mundial. Não haveria nada igual até a ocupação de Bagdá pelos Estados Unidos em 2003.

A invasão do Líbano em 1982 foi um divisor de águas no conflito entre Israel e os palestinos. Foi a primeira grande guerra desde 15 de maio de 1948 a envolver principalmente os palestinos, e não os exércitos dos Estados árabes. *Feda'iyin* palestinos haviam enfrentado tropas israelenses em combate a partir de meados da década de 1960, em Karameh, na Jordânia, no sul do Líbano no final da década de 1960 e na década de 1970, sobretudo na Operação Litani em 1978, e em uma furiosa troca de tiros através do território da fronteira líbano-israelense no verão de 1981. Apesar das repetidas tentativas de erradicação da OLP, no entanto, ela construíra tal posição de força no Líbano, no âmbito tanto político quanto militar, que operações relativamente limitadas dessa natureza haviam tido apenas um impacto mínimo.

A invasão em 1982 foi de uma ordem totalmente diferente em termos de objetivos, escala e duração, das pesadas perdas envolvidas e de seu impacto de longo alcance. A guerra de Israel no Líbano teve múltiplas finalidades, mas o que a distinguiu foi seu foco principal nos palestinos e seu propósito maior de mudar a situação dentro da Palestina. Embora o esquema geral para a guerra tivesse sido aprovado pelo primeiro-ministro, Menachem Begin, e pelo gabinete israelense, eles muitas vezes foram mantidos no escuro pelo arquiteto da invasão, o ministro da Defesa, Ariel Sharon, tanto em relação a seus objetivos reais quanto a seus planos operacionais. Embora Sharon quisesse expulsar a OLP e as forças sírias do Líbano e criar um governo aliado flexível em Beirute para transformar as circunstâncias naquele país, sua principal meta era a própria Palestina. Do ponto de vista dos proponentes do Grande Israel, como Sharon, Begin e Yitzhak Shamir, destruir militarmente a OLP e eliminar seu poder no Líbano também poriam fim à força do nacionalismo palestino na Cisjordânia ocupada, na Faixa de Gaza e em Jerusalém Oriental. Passaria a ser muito mais fácil para Israel controlar e anexar essas áreas. O ex-chefe de gabinete israelense Mordechai Gur, falando em uma sessão secreta de um comitê do Knesset no início da guerra, resumiu com aprovação seu propósito: "Nos Territórios Ocupados, em última análise, a ideia era limitar a influência das lideranças [da OLP] para nos dar maior liberdade de ação".[3]

Em termos de escala, a invasão israelense do Líbano envolveu o equivalente a oito divisões (bem mais de 120 mil soldados, grande parte deles reservistas), a maior mobilização do país desde a guerra de 1973.[4] Durante as primeiras semanas do conflito, essa força massiva se engajou em batalhas intermitentes, mas acirradas, com alguns milhares de combatentes palestinos e libaneses no sul do Líbano, e em combate feroz com duas divisões de blindados e infantaria sírios no vale do Bekaa e nas montanhas dos distritos de Shouf e Metn, a leste de Beirute. Em 26 de junho, a Síria aceitou um cessar-fogo (que excluía explicitamente a OLP) e ficou à margem pelo tempo restante da guerra. O cerco subsequente de Beirute envolveu bombardeios aéreos e de artilharia da cidade e combates terrestres esporádicos apenas com as forças da OLP e de seus aliados libaneses.

Durante as dez semanas de combates desde o início de junho até meados de agosto de 1982, de acordo com estatísticas oficiais libanesas, mais de 19 mil palestinos e libaneses, a maioria civis, foram mortos e mais de 30 mil foram feridos.[5] O campo de refugiados palestinos de 'Ain al-Hilwa, estrategicamente perto de Sidon, o maior do Líbano, com mais de 40 mil habitantes, foi quase todo destruído depois que sua população ofereceu resistência feroz ao avanço israelense. Em setembro, destino semelhante se abateu sobre os campos gêmeos de Sabra e Chatila, na periferia de Beirute, cenário de um infame e terrível massacre depois que os combates supostamente terminaram. A cidade e muitas outras áreas no sul e nas montanhas Shouf sofreram graves danos, enquanto forças israelenses periodicamente cortavam água, eletricidade, comida e combustível para a parte ocidental sitiada da capital libanesa enquanto bombardeavam de modo intermitente, mas às vezes muito intenso, a partir do ar, da terra e do mar. O número oficial israelense de baixas militares durante as dez semanas de guerra e de cerco totalizou mais de 2700, com 364 soldados mortos e quase 2400 feridos.[6] A invasão do Líbano e a longa ocupação que se seguiu — e que terminou apenas em 2000 — envolveu o terceiro maior número de baixas militares de Israel entre as seis maiores guerras em seus pouco mais de setenta anos de história.[7]

Ao longo das dez semanas de bombardeio e do cerco de Beirute Ocidental, minha família — Mona, nossas duas filhas, minha mãe, Selwa, meu irmão mais novo, Raja, e eu — ficou em nosso apartamento no bairro Zarif, naquela área. As linhas de frente tinham chegado desconfortavelmente perto da casa de minha mãe no subúrbio sulista de Haret Hreik, de modo que ela e meu irmão se viram forçados a ir morar conosco. Quando pudemos visitar o apartamento deles após o término da guerra, descobrimos que a cozinha tinha sido diretamente atingida por um projétil de artilharia israelense.

Estar juntos significava que cada membro da família sabia onde os demais estavam o tempo todo, e assim podíamos ajudar a manter nosso ânimo geral, apesar das muitas privações do cerco — cuidar de duas crianças pequenas enfiadas em casa, lidar com a escassez aguda de água, eletricidade e alimentos frescos e com o fedor de lixo queimado, que suportamos tal como centenas de milhares de outros habitantes de Beirute Ocidental. Tínhamos sofrido anos de guerra civil, resistindo a bombardeios pesados e até a ataques aéreos israelenses, mas esse cerco, com seu volume de fogo de artilharia por terra e mar e o bombardeio aéreo implacável, foi muito mais intenso e violento.

Durante essa crise existencial da causa palestina, que parecia para muitos de nós uma questão de vida ou morte, atuei como fonte não oficial para jornalistas ocidentais, alguns dos quais se tornaram amigos ao longo dos anos. Livre da obrigação de apresentar a linha oficial da OLP, mas ainda em contato próximo com colegas da Wafa, onde outrora trabalhara, pude fornecer minha própria avaliação franca dos eventos. Enquanto isso, Mona continuou a editar o boletim de notícias da Wafa em inglês, embora, devido à gravidez, fosse muito perigoso para ela ir ao antigo escritório no bairro de Fakhani, e ela tivesse que trabalhar remotamente.[8]

Foi uma feliz coincidência para a apresentação do ponto de vista palestino o fato de Beirute sempre ter sido o centro nevrálgico jornalístico de grande parte do Oriente Médio (assim como um centro de espionagem), com a maioria dos jornalistas localizados na parte ocidental da cidade. Entre eles estavam correspondentes de guerra veteranos que já tinham coberto os conflitos árabe-israelenses e libaneses por muitos anos e eram em sua maioria imunes à propaganda óbvia, fosse ela a mensagem nada sutil da OLP, a retórica dura da maronita Frente Libanesa, a fanfarronice estereotipada do regime sírio ou o habilidoso e desonesto *hasbara*, em que Israel havia se tornado mestre. Por causa da presença desses jornalistas em Beirute, o curso da guerra foi bem coberto pela mídia internacional.

O autor, à direita, ajudando numa entrevista coletiva
no Commodore Hotel, em Beirute.

Em julho, Israel e a OLP tinham se engajado em uma intensa troca de tiros de duas semanas através da fronteira, com a aviação e a artilharia israelense atacando o sul do Líbano e unidades de foguetes e artilharia da organização atingindo alvos em todo o norte de Israel.[9] Civis libaneses e palestinos haviam sido forçados a fugir de suas casas, enquanto israelenses na Galileia foram confinados em abrigos ou fugiram. Essa luta feroz culminou em um cessar-fogo em 25 de julho de 1981, negociado pelo enviado presidencial dos Estados Unidos, o embaixador Philip Habib, paralisação que, de maneira notável, durou pelos dez meses seguintes com bem poucas violações.[10] No entanto, ficou claro que o governo de Begin e Ariel Sharon não estavam satisfeitos com esse resultado.

Alertas de que os israelenses estavam se preparando para a guerra haviam chegado a líderes libaneses e palestinos, assim como à imprensa e a outros setores. Um desses alertas foi feito em um briefing para pesquisadores na primavera de 1982, de que participei no IPS. O aviso foi feito pelo dr. Yevgeny Primakov, diretor do Instituto Oriental Soviético e reputado como uma autoridade graduada da KGB. Primakov foi direto: Israel logo atacaria o Líbano, os Estados Unidos apoiariam totalmente o ataque e a União Soviética não tinha capacidade para impedi-lo ou proteger seus aliados libaneses e palestinos. Moscou, disse ele, seria duramente pressionada para impedir que a guerra se estendesse à Síria e para preservar seu principal aliado regional, o regime sírio. Fomos informados de que ele havia dito a mesma coisa à liderança da OLP.[11]

Portanto, nenhum de nós deveria ter ficado surpreso quando a guerra começou, com o bombardeio de Beirute em 4 de junho de 1982, embora o escopo e a escala daquilo que se seguiu fossem muito maiores do que eu e outros esperávamos. Em contraste, Yasser 'Arafat e outros líderes da OLP havia muito entendiam que, quando a guerra chegasse, Sharon empurraria seu Exército até Beirute. Eles claramente vinham se preparando para essa eventualidade, estocando munição e suprimentos, deslocando escritórios e arquivos e preparando abrigos e centros de comando de apoio.[12] A partir de 6 de junho, imensas colunas armadas de Israel, muitas vezes precedidas por soldados em veículos anfíbios e desembarcando em pousos de helicópteros, rapidamente seguiram para além de Sidon ao longo da costa em direção a Beirute. Outras unidades blindadas israelenses avançaram simultaneamente pelas montanhas Shouf no centro do país, enquanto outras ainda lutavam no vale do Bekaa a leste. A força invasora de oito divisões gozava de absoluta superioridade em número e equipamento em todas as frentes, além de controle total do ar e do mar. Embora terrenos difíceis ou áreas densamente construídas combinadas com resistência determinada pudessem obstruir por pouco tempo uma ofensiva tão forte, só uma quantidade muito grande de baixas israelenses teria potencialmente desacelerado a ofensiva, ainda que não a impedisse.

Assim, em 13 de junho, tropas israelenses chegaram ao cruzamento estratégico de Khaldeh na estrada costeira ao sul de Beirute, onde combatentes palestinos, libaneses e sírios acabaram sendo subjugados.[13] Tanques e artilharia israelenses apareceram logo depois perto do palácio presidencial em Baʻabda e em outros subúrbios da zona leste da capital. Beirute Ocidental se achava agora cercada e o sítio estava prestes a começar. Após a ofensiva israelense que expulsou forças sírias das cidades montanhosas com vista para Beirute e em um cessar-fogo separado, a OLP estava sozinha em campo com seus aliados no Movimento Nacional Libanês (MNL). O cerco estava se intensificando, forças israelenses bombardearam Beirute Ocidental aparentemente à vontade e não havia perspectiva de alívio ou apoio significativo de qualquer parte.

Em certas ocasiões, os tiroteios e bombardeios israelenses foram cuidadosamente direcionados, às vezes com base em boa inteligência. Com demasiada frequência, no entanto, não era esse o caso. Dezenas de prédios de oito a doze andares foram destruídos em ataques aéreos em toda a parte oeste da cidade, especialmente no distrito da Universidade Fakhani--Arab, atingindo muitos escritórios vazios da OLP, bem como apartamentos. Muitos dos edifícios que foram arrasados ali e em outros lugares — ao longo da costa no bairro de Raouché, por exemplo, onde o apartamento de meu primo Walid foi destruído por um projétil de artilharia — não tinham utilidade militar plausível.

Embora seus editores no *New York Times* tenham removido a palavra ofensiva de seu artigo, o repórter Thomas Friedman em determinado momento descreveu o bombardeio israelense como "indiscriminado".[14] Ele se referia especificamente a ataques esporádicos de bairros como a área em torno do

Commodore Hotel, onde ele e a maioria dos jornalistas estavam hospedados, e que sem dúvida não continha nada de interesse militar.[15] O único objetivo possível desse bombardeio geral era aterrorizar a população de Beirute e colocá-la contra a OLP.

Apesar dessa tempestade de fogo, e mesmo com a extensa capacidade de vigilância aérea de Israel e suas muitas centenas de agentes e espiões plantados no Líbano[16] (a guerra ocorreu antes da era dos drones de reconhecimento), nenhum dos vários centros de comando e controle subterrâneos da OLP nem seus múltiplos centros de comunicação chegaram a ser atingidos. Nem um único líder da organização foi abatido nos ataques, embora muitos civis tenham morrido quando a Força Aérea israelense errou seus alvos. Isso é surpreendente, dado o empenho de Israel em liquidá-los.[17] Os líderes israelenses claramente não se preocupavam com a possibilidade de matar civis no processo: depois que um ataque aéreo em julho de 1981 destruiu um prédio em Beirute com pesadas baixas civis, o governo de Begin tinha declarado que "Israel não estava mais se abstendo de atacar alvos de guerrilha em áreas civis".[18] O próprio 'Arafat era um alvo principal. Em uma carta de 5 de agosto para Ronald Reagan, Begin escreveu que "por estes dias" tinha a impressão de que ele e seu "valoroso exército" estavam "enfrentando 'Berlim', onde, entre civis inocentes, Hitler e seus capangas se escondem num bunker muito abaixo da superfície".[19] Begin com frequência fazia esse paralelo entre 'Arafat e Hitler: se 'Arafat era outro Hitler, então matá-lo era sem dúvida permitido e justificado, qualquer que fosse o custo em vidas civis.[20]

Um dos supostos espiões mais notórios de Israel, conhecido pelos beirutenses como Abu Rish ("pai da pena": às vezes ele usava uma pena no chapéu), com frequência ficava de campana em frente ao prédio onde morava minha sogra, no distrito de Manara, em Beirute Ocidental, e ocasionalmente até no seu hall de entrada. Sua aparência excêntrica era familiar aos transeuntes e a minhas filhas, que o observavam da sacada acima e que se lembram dele mais de 35 anos depois.[21] Alguns moradores de Beirute relataram tê-lo visto mais tarde guiando tropas israelenses, embora isso pudesse ser uma lenda urbana.

Em uma conversa comigo em Túnis, dois anos após a guerra, o chefe da inteligência da OLP, Abu Iyad (Salah Khalaf), ajudou a explicar por que Israel pode ter falhado em atingir alguns de seus alvos pretendidos, apesar de todo o seu alardeado serviço de informações. Durante o cerco, a organização conseguira obter um fluxo contínuo de combustível, víveres e munição, transferindo-os através de linhas controladas por uma seção da Frente Libanesa, majoritariamente maronita, aliada de Israel. Era uma simples questão de dinheiro, contou ele em sua voz retumbante e grave de fumante — e o uso sistemático de agentes duplos, cujo emprego pode também ter tido algo a ver com a alta taxa de sobrevivência dos líderes da OLP. "Mas nunca se deve confiar em um agente duplo", acrescentou. "Qualquer pessoa que você pode comprar pode ser comprada de novo." Em uma ironia cruel, foi um agente duplo reconvertido quem assassinou Abu Iyad, em Túnis, em 1991.[22]

Quase no fim do cerco, em 6 de agosto, eu estava perto de um prédio de apartamentos de oito andares semiacabado, a algumas quadras de onde morávamos, quando um ataque de precisão o demoliu.[23] Eu havia parado para deixar um amigo em seu carro estacionado não muito longe dali. Tinha quase chegado em casa quando aviões voaram baixo e ouvi atrás de mim uma enorme explosão. Mais tarde, vi que todo o prédio estava achatado, reduzido a um único monte de escombros fumegantes. A construção, repleta de refugiados palestinos de Sabra e Chatila, segundo relatos, acabara de ser visitada por 'Arafat. Pelo menos cem pessoas, provavelmente mais, foram mortas — a maioria mulheres e crianças.[24] Dias depois, meu amigo me contou que logo após o ataque aéreo, assim que ele entrou em seu carro, abalado, mas ileso, um carro-bomba explodiu nas proximidades, presumivelmente tendo sido preparado para matar os socorristas que ajudavam as famílias a encontrar seus entes queridos nos escombros. Esses carros-bomba — uma das armas prediletas das forças israelenses que cercaram Beirute, e um de seus mais terríveis instrumentos de morte e destruição — foram descritos por um oficial do Mossad como destinados a "matar por matar".[25]

Essa guerra suja continuou até que a OLP foi forçada a concordar em evacuar Beirute, sob intensa pressão de Israel, Estados Unidos e seus aliados libaneses, e na ausência de apoio significativo de qualquer governo árabe.[26] As negociações de saída aconteceram sobretudo através de conversas do embaixador Habib com intermediários libaneses, mas também envolveram a França e alguns governos árabes, notadamente Arábia Saudita e Síria. Até o final, e apesar de algumas mudanças no elenco americano de personagens e na atitude em relação a Israel, os Estados Unidos permaneceram comprometidos em alcançar o objetivo central de Israel na guerra: a derrota da OLP e sua expulsão de Beirute.

Israel exigiu a retirada completa e praticamente incondicional da OLP da cidade, um objetivo que os Estados Unidos endossaram por completo. Empregando termos da Guerra Fria que, eles sabiam, causariam impressão em Washington, Begin e Sharon convenceram o presidente Reagan e seu governo de que a OLP era um grupo terrorista alinhado com o perverso império soviético e que sua eliminação seria um serviço para Estados Unidos e Israel. Toda a diplomacia americana durante a guerra decorreu dessa convicção compartilhada. A OLP, portanto, enfrentou não apenas uma feroz pressão militar israelense, mas também uma coerção diplomática incessante dos Estados Unidos, aliados de Israel. Essa coerção foi intensa e constante, e acompanhada por campanhas israelenses e americanas de desinformação e mentira sobre o curso das negociações, destinadas a minar o moral palestino e libanês e a precipitar uma rendição rápida.

Enquanto isso, os Estados Unidos também forneceram apoio material indispensável a seu aliado, no valor de 1,4 bilhão de dólares anuais em ajuda militar em 1981 e 1982. Isso pagou pela miríade de sistemas de armas e munição americanos implantados no Líbano por Israel, de F-16 caças-bombardeiros a veículos blindados M-113, artilharia de 155 milímetros e 175 milímetros, mísseis ar-terra e munição cluster.

Além da relação próxima de Israel e dos Estados Unidos, um dos aspectos secundários mais tristes e vergonhosos da guerra foi a capitulação dos principais regimes árabes à pressão americana. Seus governos proclamavam apoio à causa palestina, mas nada fizeram para apoiar a OLP, quando esta teve de se defender sozinha, com ajuda apenas de seus aliados libaneses, do ataque militar de Israel, e quando uma capital árabe foi sitiada, bombardeada e ocupada. Eles não fizeram mais do que emitir objeções formais enquanto os Estados Unidos defendiam as exigências israelenses de expulsar a OLP de Beirute. Os ministros das Relações Exteriores da Liga Árabe, reunidos em 13 de julho em preparação para a cúpula árabe no final daquele ano, não propuseram nenhuma ação em resposta à guerra, que já estava em andamento fazia mais de cinco semanas. Ao contrário, os Estados árabes consentiram docilmente.

Isso foi particularmente verdadeiro para a Síria e a Arábia Saudita, que haviam sido escolhidas pela Liga Árabe para representar a posição árabe em uma missão a Washington durante o verão de 1982. Essa oposição governamental árabe à guerra saiu barato, com uma inconsistente promessa americana de lançar uma nova iniciativa diplomática Estados Unidos--Oriente Médio, afinal revelada em 1º de setembro e mais tarde denominada Plano Reagan. A iniciativa teria colocado um limite nos assentamentos israelenses e criado uma autoridade palestina autônoma na Cisjordânia e na Faixa de Gaza, mas descartava um Estado palestino soberano nesses territórios. O Plano Reagan, que os Estados Unidos nunca promoveram com firmeza e que foi torpedeado sem esforço pelo governo Begin, acabou não dando em nada.

Na opinião pública árabe, no entanto, a invasão do Líbano e o cerco de Beirute, cujas emocionantes imagens televisivas foram amplamente divulgadas, provocaram grande choque e raiva. No entanto, em nenhum lugar houve pressão popular suficiente sobre qualquer um dos repressivos e antidemocráticos governos árabes para forçar o fim do cerco de Israel a uma capital árabe ou para garantir melhores condições para a retirada da OLP. Houve poucas manifestações em massa e pouca agitação aberta na maioria das cidades árabes fortemente policiadas. Ironicamente, talvez a maior manifestação no Oriente Médio provocada pela guerra tenha ocorrido em Tel Aviv, em protesto contra os massacres de Sabra e Chatila.

Os israelenses podem ter lutado na guerra e sofrido baixas, porém mais uma vez os palestinos descobriram que o inimigo no campo de batalha era apoiado por uma grande potência desde o início. A decisão de invadir o Líbano foi tomada pelo governo de Israel, mas não poderia ter sido implementada sem o consentimento explícito do secretário de Estado Alexander Haig ou sem o apoio diplomático e militar americano, combinado com a total passividade dos governos árabes. O sinal verde que Haig deu a Israel, para aquilo que era supostamente "uma operação limitada", não poderia ser mais claro. Em 25 de maio, dez dias antes do início da ofensiva, Sharon se encontrou com Haig em Washington e expôs seu ambicioso plano de guerra em detalhes explícitos. Na realidade, deu-lhe um quadro muito mais completo do que o que apresentou mais tarde ao gabinete israelense. A única resposta de

Haig foi que "deve haver uma provocação reconhecível", que seja "compreendida internacionalmente".[27] Logo depois, a tentativa de assassinato do embaixador de Israel em Londres, Shlomo Argov (pelo grupo anti-OLP Abu Nidal), forneceu essa justificativa.[28]

Sharon explicou a Haig que as forças de Israel erradicariam a presença da OLP no Líbano, incluindo todas as "organizações terroristas", as estruturas militares e os quartéis-generais políticos, localizados em Beirute. (Esse elemento do plano por si só desmentia a descrição de Sharon de uma "operação limitada".) Israel também deveria expulsar a Síria do Líbano "como consequência" — apesar de Sharon insistir piamente que "não queria uma guerra com a Síria" — e implantar um governo libanês fantoche. A exposição foi clara, assim como o "sinal verde de Haig para uma operação limitada", observada pelo diplomata americano que registrou esse como sendo o resultado da reunião.[29]

Embora a OLP soubesse que não poderia esperar muito apoio dos regimes árabes no poder em 1982, a organização contou com uma resposta solidária do povo libanês. No entanto, seu comportamento mão pesada e muitas vezes arrogante na década e meia anterior havia corroído seriamente o apoio popular à causa palestina em geral e sobretudo à presença palestina no país. Em um incidente típico que ocorreu certa noite perto do IPS, localizado no bairro nobre de Verdun, em Beirute, os seguranças de um alto líder da organização, o coronel Abu Zaʻim, que não era um modelo de conduta, mataram a tiros um jovem casal libanês, quando este não conseguiu parar o carro num posto de controle construído às pressas perto do apartamento do palestino.[30] Dada a indisciplina que reinava na OLP, ninguém foi punido por essas mortes. Atos imperdoáveis como esse eram muito comuns.

As operações palestinas locais eram em tese limitadas por um documento — o Acordo do Cairo, adotado em 1969 — que dava à OLP o controle dos campos de refugiados palestinos e liberdade de ação em grande parte do sul do Líbano. Mas a fortemente armada organização se tornou uma força cada vez mais dominante e dominadora em muitas regiões do país. Os libaneses comuns se ressentiam por essa presença palestina opressiva se intensificar ainda mais à medida que a longa guerra civil se arrastava. A criação, em seu país, daquilo que equivalia a um Estado mirim da OLP era, em última análise, insustentável, já que para muitos deles aquilo era intolerável. Também houve profunda indignação com os devastadores ataques israelenses contra civis libaneses provocados por ações militares palestinas. Os ataques da OLP em Israel foram com frequência direcionados a alvos civis e visivelmente pouco fizeram para avançar a causa nacional palestina, se é que não a prejudicaram. Inevitavelmente, todos esses fatores levaram importantes setores da população libanesa a se voltarem contra a organização. A incapacidade de perceber quão intensa era a hostilidade provocada por seu próprio mau comportamento e por sua estratégia falha estava entre as deficiências mais graves da OLP nesse período.

Assim, quando o momento da verdade chegou em 1982, a OLP de repente se viu sem apoio de muitos de seus aliados tradicionais, entre os quais três grupos-chave. Estes eram o movimento Amal, alinhado à Síria, liderado por Nabih Berri, que contava com seu grande eleitorado xiita no sul do Líbano e no vale do Bekaa (embora jovens milicianos da Amal tenham lutado bravamente ao lado da OLP em muitas áreas); o feudo druso estrategicamente localizado de Walid Jumblatt nas montanhas Shouf, a sudeste de Beirute; e as populações urbanas sunitas de Beirute, Trípoli e Sidon. O apoio dos líderes políticos sunitas fora essencial para defender a presença política e militar palestina no Líbano desde a década de 1960.[31]

Não é difícil entender o raciocínio desses líderes e das comunidades que eles representavam. Os sulistas, na maioria xiitas, haviam sofrido mais do que os demais libaneses com as ações da OLP. Além de suas próprias violações e transgressões contra a população do sul, a mera presença da organização os tinha exposto a ataques israelenses, forçando muitos a fugir repetidas vezes de suas aldeias e cidades. Todos entendiam que Israel estava punindo civis intencionalmente para afastá-los dos palestinos, mas o resultado foi um grande rancor contra a OLP.

Walid Jumblatt, cujo raciocínio ia pela mesma linha, mais tarde relatou que não tivera escolha a não ser se curvar diante da força esmagadora do avanço de Israel na região drusa do Shouf. Ele pode ter sentido que as garantias dadas por oficiais drusos no Exército israelense dariam certa proteção para sua comunidade. Arrependeu-se de sua decisão quando, a partir do final de junho de 1982, os serviços militares e de segurança israelenses apoiaram a penetração de indisciplinadas e vingativas milícias maronitas em regiões dominadas pelos drusos, como 'Aley e Beit al-Din, onde cometeram um número ainda maior das atrocidades pelas quais eram famosos.[32]

Para os sunitas, em particular os de Beirute Ocidental, o bombardeio e o cerco à capital libanesa puseram fim a seu firme apoio à OLP, que eles viam como um aliado vital contra a dominação do Estado libanês pelos maronitas e contra o poder armado de suas milícias. Alguns podem ter sido estimulados pelos apelos palestinos para transformar Beirute em uma nova Stalingrado ou uma nova Verdun, mas a maioria ficou horrorizada com a perspectiva de a cidade ser devastada pela artilharia e pelos ataques aéreos israelenses. Tudo bem provocar Israel, mas não à custa da destruição evitável de suas casas e propriedades. Essa foi uma mudança crucial: sem o apoio da população majoritariamente sunita de Beirute, junto com seus muitos moradores xiitas, a resistência prolongada da OLP à ofensiva israelense em última instância foi inútil.

Esses cálculos levaram a uma severa erosão do já enfraquecido apoio à OLP, que diminuiu ainda mais durante os primeiros dias dos combates, quando o sul e o Shouf foram invadidos, Beirute foi bombardeada e cercada, a Síria saiu da guerra e Philip Habib transmitiu as duras exigências de Israel para a evacuação imediata e incondicional da organização. Depois de mais algumas semanas de guerra, no entanto, os líderes das três comunidades muçulmanas libanesas mudaram seu posicionamento e se tornaram mais favoráveis à OLP. Essa mudança ocorreu depois que a OLP consentiu em se retirar de Beirute em troca de garantias firmes para a proteção dos civis que seriam deixados para trás.

Em 8 de julho, a OLP apresentou seu Plano de Onze Pontos para a retirada de suas forças de Beirute. O plano exigia o estabelecimento de uma zona tampão entre as forças israelenses e Beirute Ocidental, junto com uma retirada limitada do Exército israelense, a implantação duradoura de forças internacionais e salvaguardas internacionais para as populações palestinas (e libanesas), que seriam deixadas para trás praticamente sem defesas depois que os combatentes da OLP tivessem partido.[33] Com base nesse plano, os líderes muçulmanos libaneses estavam convencidos de que a OLP era sincera em sua disposição de partir como um movimento para salvar a cidade. Além disso, eles ficaram profundamente desconcertados com a crescente evidência do apoio aberto de Israel às FL, de maioria maronita, uma vez que sublinhava a vulnerabilidade de suas comunidades em um Líbano pós-OLP dominado por Israel e por seus aliados militantes.

Essas preocupações foram reforçadas pela chegada das milícias das FL no Shouf no final de junho, e pelos massacres, sequestros e assassinatos generalizados que elas realizaram lá e nas áreas do sul sob controle israelense.³⁴ Nessa fase, após sete anos de guerra civil, esse tipo de matança sectária era comum, e as forças da OLP serviam como principais defensoras dos muçulmanos e esquerdistas do país. Os líderes sunitas, xiitas e drusos, portanto, redobraram seu apoio às demandas da OLP em seu Plano de Onze Pontos.

Há um fio fundamental que mostra a responsabilidade dos Estados Unidos e que deve ser seguido para entender o que aconteceu em seguida. As consequências não foram apenas o resultado de decisões de Sharon, Begin e outros líderes israelenses, ou das ações de milícias libanesas que eram aliadas de Israel. Elas também eram de responsabilidade direta do governo Reagan, que, sob pressão de Israel, obstinadamente se recusou a aceitar a necessidade de quaisquer salvaguardas formais para os civis, rejeitou a disponibilização de garantias internacionais e bloqueou o envio a longo prazo de forças internacionais que poderiam proteger os não combatentes. Ao contrário, para garantir a evacuação da OLP, Philip Habib, operando por meio de intermediários libaneses, forneceu aos palestinos promessas escritas solenes e categóricas de proteger os civis nos campos de refugiados e bairros de Beirute Ocidental. Datilografados em papel comum, sem timbre, assinaturas ou identificação, esses memorandos foram transmitidos à OLP pelo primeiro-ministro libanês, Shafiq al-Wazzan, e posteriormente consagrados nos registros do governo libanês. O primeiro desses memorandos, datado de 4 de agosto, citava "garantias dos Estados Unidos sobre a segurança [...] [d]os acampamentos". O segundo, dois dias depois, dizia: "Reafirmamos também as garantias dos Estados Unidos em relação à segurança e proteção [...] para os campos em Beirute".³⁵ Uma nota americana de 18 de agosto ao ministro das Relações Exteriores libanês consagrando essas promessas afirmava que não combatentes palestinos cumpridores da lei que permanecerem em Beirute, incluindo as famílias daqueles que partiram, serão autorizados a viver em paz e segurança. Os governos libanês e norte-americano fornecerão garantias de segurança apropriadas [...] com base nas garantias recebidas do governo de Israel e dos líderes de certos grupos libaneses com os quais mantêm contato.[36]

Essas afirmações foram recebidas pela OLP como compromissos e foram a base para que a organização concordasse em deixar Beirute.

Em 12 de agosto, após negociações épicas, chegaram os termos finais para a saída da OLP. As conversações foram conduzidas enquanto Israel realizava o segundo dia do mais intenso bombardeio e dos maiores ataques terrestres de todo o cerco. Somente o ataque aéreo e de artilharia nesse dia — mais de um mês depois que a OLP concordou em princípio em deixar Beirute — causou mais de quinhentas baixas. Foi tão implacável que até Ronald Reagan foi levado a exigir que Begin interrompesse a carnificina.[37] O diário de Reagan relata que ele ligou para o primeiro-ministro israelense durante a feroz ofensiva, acrescentando: "Eu estava com raiva — disse a ele que tinha que parar ou todo o nosso relacionamento futuro estaria em perigo. Usei a palavra holocausto deliberadamente e afirmei que o símbolo de sua guerra estava se tornando a imagem de um bebê de sete meses com os braços arrancados".[38] Esse telefonema duro impeliu o governo de Begin a interromper sua tempestade de fogo quase imediatamente, mas Israel se recusou a ceder na questão crucial da proteção internacional para a população civil palestina como uma compensação pela evacuação da OLP.

A saída de Beirute de milhares de militantes e de forças de combate da OLP entre 21 de agosto e 1º de setembro foi acompanhada por uma ampla onda de emoção em Beirute

Ocidental. Multidões chorando, cantando e ululando se alinharam nas rotas enquanto comboios de caminhões levavam os militantes palestinos ao porto. Elas assistiram à evacuação forçada da OLP da capital libanesa, com seus líderes, quadros e combatentes a caminho de um destino desconhecido. Estes acabaram espalhados por terra e mar por mais de meia dúzia de países árabes.

Os homens e as mulheres destinados a um exílio incerto, alguns pela segunda ou terceira vez em suas vidas, foram vistos como heróis por muitos beirutenses por terem resistido por dez semanas — sem nenhum apoio externo visível — ao Exército mais poderoso do Oriente Médio. Enquanto seus comboios passavam pela cidade, ninguém sabia que uma decisão americana repentina e unilateral, tomada sob pressão israelense, significava que as forças internacionais que supervisionavam a evacuação — tropas americanas, francesas e italianas — seriam retiradas tão logo o último navio desatracasse. A obstinação israelense e a aquiescência dos Estados Unidos tinham deixado a população civil desprotegida.

No bairro de Zarif, onde morávamos, apenas alguns prédios haviam sofrido danos mais graves, por isso conseguimos sobreviver ao cerco de Beirute fisicamente ilesos (embora eu me preocupasse com o efeito duradouro que a guerra poderia ter em nossas duas filhas).[39] Uma vez que as forças da OLP se foram e o cerco foi levantado, a vida aos poucos começou a voltar ao normal, embora as tropas israelenses ainda cercassem Beirute Ocidental e a tensão continuasse muito alta. Essa aparente normalidade terminou em breve, e ficaríamos sabendo que as garantias entregues à OLP não valiam o papel branco em que foram escritas.

Em 14 de setembro, o presidente eleito, Bashir Gemayel, comandante das FL e líder dos falangistas, foi assassinado numa enorme explosão à bomba que destruiu um quartel-general do partido. Esse foi o gatilho para as forças de Israel entrarem e ocuparem de imediato a parte ocidental da cidade — apesar das promessas aos Estados Unidos de que não o fariam — onde a OLP estivera sediada anteriormente e onde seus aliados do MNL ainda estavam localizados. No dia seguinte, quando tropas israelenses invadiram Beirute Ocidental, dominando com rapidez a resistência dispersa e irregular dos combatentes do MNL, minha família e eu tememos por nossa segurança, assim como outros palestinos com conexões com a OLP — ou seja, quase todos os palestinos no Líbano. Isso incluiu não apenas refugiados registrados e nascidos ali, mas também pessoas com cidadania estrangeira, permissão de trabalho e residência legal como nós.

O que veio à cabeça de todos nós foi o massacre perpetrado pelos falangistas no campo de refugiados de Tal al-Zaʻtar em 1976, onde 2 mil civis palestinos haviam sido dizimados. À luz da aliança Israel-FL, a OLP citara especificamente Tal al-Zaʻtar em seu Plano de Onze Pontos e durante as negociações sobre sua evacuação. Nossos temores, é claro, eram intensificados pelos assassinatos cometidos pelas forças das FL em áreas recentemente ocupadas por israelenses e pela descrição da OLP como terrorista, sem distinção entre militantes e civis, feita por Israel.

Na manhã seguinte ao assassinato de Gemayel, em meio ao som de tiros pesados, ouvimos, através das janelas abertas de nosso apartamento, o ronco de motores a diesel se aproximando e o tinido de esteiras de tanques. O barulho era produzido pelas colunas blindadas israelenses avançando para Beirute Ocidental. Sabíamos que precisávamos chegar a um lugar seguro rapidamente. Tive a sorte de entrar em contato com Malcolm Kerr, reitor da UAB e um bom amigo, que de imediato permitiu que nos refugiássemos em um apartamento para professores vago.[40] Mona, minha mãe, meu irmão e eu carregamos nossas meninas e algumas coisas às pressas em dois carros e corremos para a universidade pouco antes de tropas israelenses chegarem aos seus portões.

No dia seguinte, 16 de setembro, eu estava sentado com Kerr e vários de meus colegas da UAB na varanda de sua residência quando um esbaforido guarda universitário veio lhe dizer que oficiais israelenses à frente de uma coluna de veículos blindados exigiam entrar no campus para procurar terroristas. Kerr correu para a entrada da universidade, onde, conforme nos contou mais tarde, rejeitou as exigências dos oficiais. "Não há terroristas no campus da UAB", disse ele. "Se vocês estão no encalço de terroristas, busquem em seu próprio Exército aqueles que destruíram Beirute."

Graças à coragem de Malcolm Kerr, estávamos temporariamente seguros no apartamento para professores da UAB, mas logo soubemos que outros estavam naquele momento em perigo mortal. Na mesma noite, 16 de setembro, Raja e eu assistimos, perplexos, a uma cena surreal: sinalizadores israelenses flutuando na escuridão em completo silêncio, um após o outro, sobre o extremo sul de Beirute, pelo que pareceu uma eternidade. Quando vimos os sinalizadores descerem, ficamos confusos: exércitos normalmente usam sinalizadores para iluminar um campo de batalha, mas o cessar-fogo tinha sido assinado fazia um mês, todos os combatentes palestinos haviam partido semanas antes e a escassa resistência libanesa à chegada das tropas israelenses a Beirute Ocidental terminara no dia anterior. Não ouvíamos explosões nem tiros. A cidade estava quieta e amedrontada.

Na noite seguinte, dois abalados jornalistas americanos, Loren Jenkins e Jonathan Randal, do *Washington Post*, entre os primeiros ocidentais a entrar nos campos de refugiados de Sabra e Chatila, vieram nos contar o que tinham visto.[41] Eles haviam estado com Ryan Crocker, o primeiro diplomata americano a apresentar um relatório sobre o que os três testemunharam: a hedionda evidência de um massacre. Durante toda a noite anterior, soubemos, os sinalizadores disparados pelo Exército israelense iluminaram os campos para que as milícias das FL — enviadas para "fazer uma limpeza" — massacrassem civis indefesos. Entre 16 de setembro e a manhã de 18 de setembro, os milicianos assassinaram mais de 1300 homens, mulheres e crianças palestinos e libaneses.[42]

Os clarões que tanto intrigaram meu irmão e eu são descritos de uma perspectiva muito diferente em *Valsa com Bashir*, um filme e livro de coautoria de Ari Folman. Soldado israelense durante o cerco de Beirute, Folman estava posicionado em um telhado no momento do massacre com uma unidade que lançou os sinalizadores.[43] Em *Valsa com Bashir*, ele se refere a círculos concêntricos de responsabilidade pelo assassinato em massa que foi facilitado por esse ato, sugerindo que aqueles nos círculos externos também estavam implicados. Em sua mente, "os assassinos e os círculos ao redor deles eram um e o mesmo".[44]

A afirmação vale tanto para a guerra como um todo quanto para os massacres em Sabra e Chatila. Uma comissão de inquérito criada após os eventos, presidida pelo juiz da Suprema Corte israelense Yitzhak Kahan, estabeleceu a responsabilidade

Esta tirinha de Doonesbury capturava a definição ampla do governo de Israel do que poderia ser um terrorista. A referência a "7000 bebês terroristas" sempre me fez pensar em minhas duas filhas pequenas.

direta e indireta de Begin, Sharon e altos comandantes militares israelenses pelas chacinas.[45] A maioria dos nomeados perdeu seus cargos como resultado tanto do inquérito como da repulsa geral em Israel pelos massacres. No entanto, documentos divulgados pelos Arquivos do Estado de Israel em 2012[46] e os apêndices secretos não publicados da Comissão Kahan[47] revelam evidências ainda mais contundentes da culpa desses indivíduos, que foi muito maior do que a apresentada no relatório original de 1983. Os documentos expõem decisões deliberadas havia muito por Sharon e outros de enviar os assassinos falangistas experientes para os campos de refugiados palestinos, com o objetivo de exterminar e expulsar suas populações. Eles também mostram como diplomatas americanos foram repetidamente intimidados por seus interlocutores israelenses e não conseguiram impedir o massacre que o governo dos Estados Unidos havia prometido evitar.

De acordo com esses documentos, depois que todo o contingente militar da OLP deixou Beirute no final de agosto de 1982, Begin, Shamir, Sharon e outras autoridades israelenses afirmaram falsamente que cerca de 2 mil combatentes palestinos e armamento pesado permaneciam na cidade, violando os acordos de evacuação.[48] Shamir fez a afirmação em uma reunião com um diplomata americano em 17 de setembro,[49] embora o governo dos Estados Unidos tivesse certeza de que não era esse o caso — o próprio Sharon disse ao gabinete israelense um dia antes que "15 mil terroristas armados haviam sido retirados de Beirute".[50] Além disso, a inteligência militar israelense sem dúvida sabia que esse número incluía todas as unidades militares regulares da OLP em Beirute.

Infelizmente, os diplomatas americanos não contestaram os líderes israelenses nem seus números espúrios. Na verdade, os documentos mostram que as autoridades dos Estados Unidos tiveram dificuldade em enfrentar os israelenses sobre qualquer coisa relacionada à ocupação de Beirute Ocidental. Quando Moshe Arens, o embaixador de Israel em Washington, foi obrigado a ouvir a leitura de uma série de pontos de discussão elaborada pelo secretário de Estado, George Shultz (que a essa altura tinha substituído Haig) — acusando seu país de agir de maneira "enganosa" e exigindo a retirada imediata de suas tropas de Beirute Ocidental —, sua reação foi de escárnio. "Não sei bem se vocês têm noção do que estão fazendo", disse ele a Lawrence Eagleburger, o vice-secretário de Estado, qualificando as observações americanas de "invencionice" e "completamente falsas". Eagleburger sugeriu que o Departamento de Estado podia emitir uma declaração afirmando que a ocupação de Beirute Ocidental por Israel era "contrária às garantias", momento em que o assessor de Arens, Benjamin Netanyahu, então com 33 anos, opinou: "Sugiro que o senhor exclua isso. Caso contrário, não nos dá escolha a não ser defender nossa credibilidade, esclarecendo as coisas. Nós vamos acabar em um tiroteio um com o outro". Depois de ouvir um aparte de Netanyahu em hebraico, Arens acrescentou: "Acho que é isso mesmo".[51] Raramente na história um diplomata subalterno de um país pequeno falou dessa forma com um representante graduado de uma superpotência e foi apoiado por isso.

Em 17 de setembro, enquanto os massacres que Loren Jenkins e Jon Randal nos descreveram continuavam, o assistente de Philip Habib, o embaixador Morris Draper, foi instruído por Washington a pressionar Shamir e Sharon por um compromisso de deixar Beirute Ocidental. Sharon, como era do seu feitio, exagerou as coisas. "Existem milhares de terroristas em Beirute", disse ele a Draper. "É do seu interesse que eles fiquem lá?" Draper não objetou a essa afirmação falsa. Mas quando o exasperado enviado americano afirmou às autoridades israelenses reunidas "Não achamos que vocês deveriam ter vindo [para Beirute Ocidental]. Deveriam ter ficado de fora", Sharon lhe disse sem rodeios: "Vocês não pensaram, ou pensaram. Quando se trata de nossa segurança, nós nunca pedimos. Nunca vamos pedir. Quando se trata de existência e segurança, é nossa responsabilidade e nunca daremos a ninguém o poder de decidir por nós". Depois que Draper fez um moderado desafio a Sharon em outra alegação envolvendo "terroristas", o ministro da Defesa de Israel disse, categórico: "Então vamos matá-los. Não vamos deixar que eles fiquem lá. Vocês não vão salvá-los. Vocês não vão salvar esses grupos do terrorismo internacional".[52]

Sharon não poderia ter sido mais assustadoramente explícito. Sem o conhecimento de Draper ou do governo dos Estados Unidos, naquele exato momento as milícias das FL que as forças de Sharon tinham enviado para os campos de refugiados estavam realizando a matança por ele mencionada — mas uma matança de idosos desarmados, mulheres e crianças, não de supostos terroristas. Se não foram as próprias forças de Sharon que perpetraram o massacre, foram elas que armaram as FL com um total de 118,5 milhões de dólares, lhes deram treinamento, as enviaram para fazer o trabalho e iluminaram o terreno com sinalizadores, facilitando sua sangrenta tarefa.

A intenção de Sharon de usar as FL dessa maneira foi premeditada, o que fica claro em dezenas de páginas dos apêndices secretos do relatório da comissão. Sharon; o comandante do Estado-Maior do Exército, general de divisão Rafael Eitan; o chefe da inteligência militar, general de divisão Yehoshua Saguy; o chefe do Mossad, Yitzhak Yofi; e o assessor e sucessor de Yofi, Nahum Admoni — todos sabiam muito bem das atrocidades perpetradas pelas FL no início da guerra libanesa.[53] Eles também sabiam das intenções letais de Bashir Gemayel e seus seguidores em relação aos palestinos.[54] Embora essas pessoas tenham negado vigorosamente ter esse conhecimento quando questionadas pela Comissão Kahan, os indícios que esta coletou, que foram mantidos em segredo, são incriminadores, e serviram de base para suas decisões. No entanto, os assassinatos em Sabra e Chatila não foram apenas o resultado da sede de vingança das milícias das FL ou mesmo da premeditação desses comandantes israelenses. Assim como no caso da própria guerra, essas mortes também foram de responsabilidade direta do governo dos Estados Unidos.

Ao planejar a invasão do Líbano, os líderes israelenses estavam temerosos em repetir o fiasco de 1956, quando seu país atacara o Egito sem a aprovação dos Estados Unidos e fora forçado a recuar. Tendo aprendido com essa amarga experiência, Israel só entrou em guerra em 1967, depois de receber o apoio de seu aliado americano. Agora, em 1982, o lançamento dessa "guerra desejada", como muitos comentaristas israelenses a chamavam, dependia por inteiro do sinal verde dado por Alexander Haig, um ponto confirmado logo após a guerra por jornalistas israelenses bem informados.[55] Os detalhes mais completos revelados em documentos antes indisponíveis tornam o caso claro: Sharon especificou exatamente o que estava prestes a fazer e Haig deu seu endosso, o que equivale a outra declaração de guerra dos Estados Unidos aos palestinos. Mesmo depois do clamor público causado pela morte de tantos civis libaneses e palestinos, das imagens televisionadas do bombardeio de Beirute, dos massacres de Sabra e Chatila, o apoio americano continuou inalterado.

Em termos daquilo que Ari Folman chamou de círculos externos de responsabilidade, a culpa americana pela invasão de Israel vai ainda mais longe do que o sinal verde de Haig: os Estados Unidos forneceram os sistemas de armas letais que mataram milhares de civis e que manifestamente não foram usados de acordo com os fins apenas defensivos exigidos pela lei americana. Sharon avisou explicitamente as autoridades do país que isso aconteceria. De acordo com lembranças posteriores de Draper, depois que ele e Habib se encontraram com Sharon em dezembro de 1981, ele relatou a Washington que no ataque planejado por Israel "nós veríamos munição feita nos Estados Unidos sendo lançada de aeronaves feitas nos Estados Unidos sobre o Líbano, e civis iriam ser mortos".[56] Além disso, o alto-comando e os serviços de inteligência israelenses não eram os únicos que estavam cientes da propensão assassina das FL em relação aos civis palestinos. Seus colegas americanos tinham o mesmo conhecimento sobre o histórico sangrento da organização.

Devido a esse conhecimento, ao apoio americano a Israel e à tolerância com suas ações, aos suprimentos de armas e munição para uso contra civis, à coerção feita à OLP para deixar Beirute e à recusa em lidar diretamente com ela, e a suas garantias inúteis de proteção, a invasão de 1982 deve ser vista como um esforço militar conjunto israelo-americano — sua primeira guerra direcionada especificamente contra os palestinos. Os Estados Unidos, assim, entraram em uma posição semelhante à desempenhada pela Grã-Bretanha na década de 1930, ajudando a reprimir os palestinos pela força a serviço dos fins sionistas. No entanto, os britânicos estavam na liderança do processo na década de 1930, enquanto em 1982 foi Israel quem deu o tom, investiu seu poder e fez a matança, enquanto os Estados Unidos desempenharam um papel indispensável, mas de apoio.

Depois que fomos informados dos massacres em Sabra e Chatila, sabíamos que não era seguro permanecer em Beirute, especialmente com nossas duas filhas pequenas e com um terceiro a caminho. Nossos amigos jornalistas nos puseram em contato com o americano Ryan Crocker, alto oficial político e o único diplomata de seu país ainda na embaixada em Beirute

Ocidental.[57] Crocker se ofereceu não apenas para providenciar nossa evacuação como cidadãos americanos como também para nos escoltar pela Beirute ocupada por Israel num veículo blindado pertencente à embaixada. Mas ele só pôde nos levar até as linhas israelo-sírias entre Bhamdoun e Sofar nas montanhas libanesas, por causa de relatos da presença de tropas da Guarda Revolucionária Iraniana em território controlado pela Síria. Quando lhe disse que precisávamos ir mais longe, até a vizinha Shtaura, no vale do Bekaa, de onde poderíamos pegar um táxi para Damasco, ele concordou. Crocker cumpriu sua palavra. Em 21 de setembro, dia em que Amin Gemayel foi eleito presidente do Líbano no lugar de seu irmão assassinado, saímos de Beirute com ele e um motorista, cruzamos as linhas israelenses e das FL, chegamos a Shtaura e seguimos de táxi para Damasco.

Uma vez lá, no entanto, em lugar de nos levar ao nosso hotel, o motorista nos deixou em um dos muitos escritórios dos serviços de inteligência sírios. Lá, Mona, agora grávida de sete meses, meu irmão e eu fomos tratados com várias horas de detenção, pontuadas por interrogatórios separados de cada um de nós que apresentavam perguntas perspicazes como "Você viu algum soldado israelense em Beirute?". Felizmente, o aparato de segurança sírio não interrogou minha mãe, então com 67 anos, nem nossas duas filhinhas, e por fim fomos libertados, depois nos dirigimos para nosso hotel e deixamos Damasco o mais rápido que pudemos.[58] Voamos para Túnis, onde nos reunimos com alguns de nossos amigos palestinos de Beirute que haviam sido evacuados para lá. Em Túnis, desenvolvi as ideias que acabaram se tornando *Under Siege* [Sitiada], meu livro sobre as decisões tomadas pela OLP durante a guerra de 1982, e iniciei discussões com alguns dos líderes da organização que mais tarde entrevistei para o livro. Seguimos então para o Cairo, onde Mona e eu tínhamos família, e percebemos o quanto a guerra havia afetado as meninas: elas entraram em pânico ao ouvir o estrondo de bondes em uma rua adjacente, pensando ser tanques israelenses.

Assim que o Exército israelense se retirou de Beirute Ocidental e o aeroporto abriu, voltamos para a cidade. Mona insistiu em dar à luz nosso terceiro filho com assistência do mesmo obstetra que fizera o parto de nossas duas filhas (e cujo pai fizera o parto da própria Mona, mais de trinta anos antes). Ismail nasceu em novembro de 1982,[59] e voltei a dar aulas na UAB e a trabalhar no IPS. Depois de alguns meses tensos marcados pelo atentado suicida contra a embaixada dos Estados Unidos na primavera de 1983, deixamos Beirute, imaginando voltar dali a um ano. Mas a guerra civil libanesa estourou com força mais uma vez, e nunca mais retornamos para nossa casa em Beirute.[60]

O impacto político da guerra de 1982 foi enorme. O conflito trouxe grandes mudanças regionais que afetam o Oriente Médio até hoje. Entre seus resultados duradouros mais significativos estão a ascensão do Hezbollah no Líbano e a intensificação e o prolongamento da guerra civil libanesa, que se tornou um conflito regional ainda mais complexo. A invasão de 1982 foi ocasião de muitas novidades: a primeira intervenção militar americana direta no Oriente Médio desde que tropas dos Estados Unidos haviam sido enviadas ao Líbano e ali tinham permanecido por um breve período em 1958, e a primeira e única tentativa de Israel de mudança forçada de regime no mundo árabe. Esses acontecimentos, por sua vez, geraram uma antipatia ainda mais feroz contra Israel e os Estados Unidos entre muitos libaneses, palestinos e outros árabes, exacerbando ainda mais o conflito árabe-israelense. Todas essas foram consequências que fluíram diretamente das escolhas feitas pelos formuladores de políticas israelenses e norte-americanos no lançamento da guerra de 1982.

A guerra também provocou reações intensas, entre as quais uma repulsa generalizada contra seus resultados entre importantes segmentos da sociedade israelense, levando ao rápido crescimento do movimento Paz Agora, fundado em 1978. Também gerou a primeira percepção negativa significativa e sustentada por parte de americanos e europeus com relação a Israel desde 1948.[61] Por muitas semanas, a mídia internacional divulgou amplamente imagens perturbadoras de intenso sofrimento civil na Beirute sitiada e bombardeada, a primeira e única capital árabe a ser atacada e depois ocupada por Israel dessa maneira. Nenhuma quantidade de propaganda sofisticada de Israel e de seus apoiadores foi suficiente para apagar essas imagens indeléveis e, como resultado, a posição desse país no mundo foi bastante manchada. A imagem inteiramente positiva que Israel cultivara com assiduidade no Ocidente fora muito prejudicada, pelo menos naquele momento.

Os palestinos conquistaram considerável simpatia internacional como resultado do cerco. Também pela primeira vez, o rótulo de terrorista que a propaganda israelense havia colado neles foi em parte deixado de lado, e para muitos esse povo parecia um Davi enfrentando um Golias, o gigante militar de Israel. Mas, apesar dessa melhora limitada em sua imagem no exterior, os palestinos não conseguiram obter apoio suficiente, seja dos Estados árabes, seja da União Soviética, ou ainda de outros, para contrabalançar o apoio obstinadamente determinado do governo Reagan ao objetivo principal de guerra israelense de expulsar a OLP do Líbano.

Com a evacuação da OLP de Beirute, a causa palestina parecia ter sido gravemente enfraquecida e Sharon parecia ter alcançado todos os seus objetivos centrais. No entanto, o resultado paradoxal desses eventos foi deslocar gradualmente o centro de gravidade do movimento nacional palestino para longe dos países árabes vizinhos, onde havia sido relançado nas décadas de 1950 e 1960, trazendo-o de volta para dentro da Palestina. Foi ali que estourou a Primeira Intifada cinco anos depois, em dezembro de 1987, com resultados que abalaram a opinião pública tanto israelense quanto mundial. Assim como a Nakba fizera décadas antes, essa derrota pungente produziu uma nova e diferente forma de resistência dos palestinos à guerra multifacetada que estava sendo travada contra eles. Sharon e Begin haviam lançado a invasão para derrotar a OLP e desmoralizar os palestinos, liberando assim Israel para absorver os Territórios Ocupados, mas o resultado final foi estimular sua resistência e realocá-los dentro da Palestina.

Quanto àqueles que desempenharam um papel fundamental nos acontecimentos do verão de 1982, para muitos a apreensão e o arrependimento pareciam dominar suas lembranças. Em entrevistas a mim concedidas em 1983 e 1984, Morris Draper e Robert Dillon, o embaixador dos Estados Unidos no Líbano na época, expressaram profundo remorso por seu papel nas negociações com a OLP. Ambos se sentiram enganados por Sharon e Begin, que, segundo eles, tinham se comprometido explicitamente com os Estados Unidos a não entrar com forças israelenses em Beirute Ocidental. Philip Habib afirmou, sem rodeios, que seu governo havia sido ludibriado não apenas por Israel, mas também por seu próprio secretário de Estado: "Haig estava mentindo. Sharon estava mentindo", disse.[62] Os documentos israelenses recentemente divulgados confirmam que uma grande dose de engano, e talvez ainda maior de autoengano, estava acontecendo em Beirute, Washington e Jerusalém na primavera e no verão de 1982.

Os diplomatas franceses graduados que entrevistei e que estiveram envolvidos nas negociações sobre a evacuação da

OLP do Líbano expressaram arrependimento por não terem conseguido um acordo melhor; estavam revoltados com sua incapacidade de obter garantias de segurança internacional para a população civil palestina e para a alocação de longo prazo de forças multinacionais destinadas a proteger a população civil palestina. Lamentaram o tratamento unilateral dos Estados Unidos nas negociações e seus esforços para restringir o envolvimento de representantes internacionais. Na época, eles haviam advertido várias vezes e com presciência que o curso seguido por Washington levaria a um resultado trágico, mas no final o governo francês nada fez para impedi-lo.

Dentro da OLP, seus líderes estavam furiosos com a traição dos Estados Unidos, que não haviam conseguido proteger os campos. Eles expressaram tristeza e até um sentimento de culpa por não terem garantido a segurança daqueles que deixaram para trás. Abu Iyad, que havia defendido durante todo o cerco uma posição de negociação mais dura, acusou explicitamente a liderança da organização de falhar com seu próprio povo, um julgamento compartilhado por muitos palestinos. Outros tinham a mesma opinião. Embora expressasse profundo pesar pelo resultado, Abu Jihad (Khalil al-Wazir) foi taciturno e pouco revelador. Como era esperado, 'Arafat foi o menos autocrítico.[63]

Quanto aos Estados Unidos, a insistência em monopolizar a diplomacia do Oriente Médio e a promoção das ambições de Israel não serviram bem a seus interesses. Isso foi claramente atestado por eventos subsequentes, que incluíram os atentados suicidas na embaixada americana em Beirute, no quartel dos fuzileiros navais dos Estados Unidos e contra as tropas francesas, que haviam retornado para uma missão mal definida na cidade logo após os massacres de Sabra e Chatila. Em poucos meses, o encouraçado USS *New Jersey* estava disparando projéteis do tamanho de fuscas nas montanhas Shouf, onde milícias drusas (apoiadas pela Síria) estavam lutando contra as FL (apoiadas por Israel),[64] e os Estados Unidos se envolveram numa guerra que poucos americanos, entre os quais muitos dos diretamente envolvidos, compreenderam por completo.

O Hezbollah, que surgiu do turbilhão libanês, se tornou um inimigo mortal dos Estados Unidos e de Israel. Ao ponderar sobre sua ascensão, poucos perceberam que muitos dos jovens que fundaram o movimento e realizaram seus ataques letais a alvos americanos e israelenses tinham lutado ao lado da OLP em 1982. Eles haviam permanecido ali depois que os combatentes da organização partiram, e viram centenas de seus companheiros xiitas massacrados ao lado dos palestinos em Sabra e Chatila. As pessoas mortas no bombardeio da embaixada dos Estados Unidos, os fuzileiros navais que morreram em seus quartéis e os muitos outros americanos sequestrados ou assassinados em Beirute — entre eles Malcolm Kerr e vários de meus colegas e amigos da UAB —, em grande parte vítimas de ataques dos grupos que se tornaram o Hezbollah, pagaram o preço pela conivência de seu país com o ocupante israelense.

Dentro dos círculos de responsabilidade de Folman, os libaneses direta e indiretamente causadores dos massacres pagaram talvez o preço mais alto. Bashir Gemayel e seu principal auxiliar, Elie Hobeika, foram assassinados, assim como vários outros, e o líder sênior das FL (e mais tarde presidente do partido político que o grupo se tornou), Samir Geagea, passou onze anos na prisão por crimes cometidos durante a guerra libanesa, embora não por qualquer um dos crimes relacionados à invasão de 1982. Dos dirigentes da OLP que tomaram as fatídicas decisões que levaram à tragédia em Sabra e Chatila, Abu Jihad e Abu Iyad foram ambos assassinados, o primeiro por Israel e o segundo provavelmente por um agente iraquiano. 'Arafat morreu após ser cercado por tropas israelenses em seu quartel-general em Ramallah.⁶⁵ Nenhum deles jamais foi responsabilizado pelos resultados da guerra de 1982.

A maioria dos tomadores de decisão israelenses envolvidos, entre os quais Begin, Sharon e vários generais de alto escalão, sofreu humilhação ou perda do cargo como resultado do relatório da Comissão Kahan e da condenação dentro de Israel após os massacres. No entanto, nenhum deles foi objeto de sanções penais ou qualquer outra punição pesada. De fato, o chefe do Comando Norte de Israel, general de divisão Amir Drori, que liderava as forças de invasão, cumpriu seu mandato e depois partiu para uma licença de estudos de um ano em Washington, DC. Tanto Shamir quanto Sharon, assim como Netanyahu, chegaram mais tarde ao posto de primeiro-ministro de Israel.

Por outro lado, nenhuma das autoridades americanas envolvidas jamais foi responsabilizada por qualquer um de seus atos, seja por seu conluio com Israel no início e na condução da guerra de 1982, seja pelo fracasso dos Estados Unidos em honrar suas promessas em relação à segurança dos civis palestinos. Muitos deles — entre os quais Reagan, Haig e Habib — já morreram. Até o momento, todos escaparam do julgamento.

5.
Quinta declaração de guerra
1987-95

Fazem um deserto e chamam isso de paz.
Tácito[1]

A revolta palestina, ou intifada, que eclodiu em dezembro de 1987 foi um exemplo perfeito da lei das consequências não intencionais.[2] Ariel Sharon e Menachem Begin lançaram a invasão do Líbano para anular o poder da OLP e, assim, acabar com a oposição nacionalista palestina na Cisjordânia ocupada e em Gaza, permitindo a absorção desses territórios por Israel. Isso completaria a tarefa colonialista do sionismo histórico, que era a criação de um Estado judeu em toda a Palestina. A guerra de 1982 conseguiu enfraquecer a OLP, mas seu efeito paradoxal foi fortalecer o movimento nacional palestino na própria Palestina, deslocando o foco da ação de fora para dentro do país. Após duas décadas de ocupação relativamente administrável, Begin e Sharon, dois fervorosos partidários do ideal do Grande Israel, inadvertidamente provocaram um novo nível de resistência ao processo de colonização. A oposição à apropriação de terras e ao governo militar israelense irrompeu na Palestina repetidas vezes e de diferentes formas desde então.

A Primeira Intifada, como ficou conhecida, irrompeu espontaneamente em todos os Territórios Ocupados, deflagrada quando um veículo do Exército israelense atingiu um caminhão no campo de refugiados de Jabalya, na Faixa de Gaza, matando quatro palestinos. A revolta se espalhou com muita rapidez, embora Gaza fosse o caldeirão e continuasse sendo a área de mais difícil controle para Israel. Ela gerou extensa organização local nas aldeias, vilas, cidades e nos campos de refugiados, e passou a ser comandada por uma secreta Liderança Nacional Unificada. As redes de base flexíveis e clandestinas formadas naquele período provaram ser de impossível supressão para as autoridades militares de ocupação.

Após um mês de agitação crescente, em janeiro de 1988 o ministro da Defesa, Yitzhak Rabin, ordenou que as forças de segurança usassem "força, poder e espancamentos".[3] Sua política de "mão de ferro" foi realizada por meio da prática explícita de quebrar braços, pernas e crânios dos manifestantes, além de surras em outros que despertassem a ira dos soldados. Em pouco tempo, imagens amplamente televisionadas de soldados armados a brutalizar adolescentes palestinos criaram uma grande reação da mídia nos Estados Unidos e em outros lugares, mostrando Israel com sua verdadeira face, como uma potência ocupante insensível. Apenas cinco anos após a cobertura do cerco e do bombardeio de Beirute pela mídia, essa exposição foi outro golpe na imagem de um país bastante dependente da complacente opinião pública americana.

Apesar do impacto prejudicial que a guerra de 1982 teve para a imagem de Israel, o sagaz trabalho de relações públicas do país tinha conseguido anestesiar grande parte da opinião pública dos Estados Unidos.[4] Mas, diferentemente dos bombardeios por ar e artilharia televisionados no Líbano, que acabaram depois de dez semanas, a violência da intifada continuou, ano após ano brutal, de dezembro de 1987 a 1993, diminuindo um pouco durante a Guerra do Golfo e a conferência de paz organizada pelos Estados Unidos em Madri em outubro de 1991. Ao longo desse período, o levante produziu cenas emocionantes de batalhas de rua entre jovens manifestantes palestinos e tropas israelenses, apoiadas por veículos blindados e tanques. A imagem icônica da época era de um menino palestino atirando uma pedra em um enorme tanque do inimigo.

"Se tem sangue, chama a atenção", diz o ditado, e telespectadores foram fisgados por repetidos quadros de absurda violência, que inverteram a imagem de Israel como uma vítima perpétua, colocando-o no papel de Golias contra o palestino Davi. Isso representaria um constante prejuízo para o país, não apenas em termos de pressão sobre suas forças de segurança, mas também, e talvez de maneira mais significativa, em termos de sua reputação no exterior, de certa forma seu trunfo mais vital. Até Rabin, o homem no comando, percebeu a importância desse fator político. Uma entrevista lisonjeira do *New York Times* com ele começava afirmando que

> os desordeiros palestinos estão vencendo a batalha de relações públicas contra Israel na imprensa mundial, admitiu hoje o ministro da Defesa, Yitzhak Rabin, enfatizando que o Exército está enfrentando algo novo e complexo: uma revolta generalizada nascida de décadas de frustrações palestinas.[5]

Na época em que a Primeira Intifada eclodiu, a ocupação da Cisjordânia e da Faixa de Gaza estava em vigor havia duas décadas. Aproveitando-se de uma situação de relativa calma, Israel iniciou a colonização dos Territórios Ocupados logo após a guerra de 1967, criando mais de duzentos assentamentos, de cidades de 50 mil habitantes a frágeis aglomerados pré-fabricados que abrigavam algumas dezenas de colonos. Durante anos, especialistas israelenses tinham garantido a seus líderes e ao público que os palestinos que viviam sob aquilo que chamavam de "uma ocupação esclarecida" estavam satisfeitos e totalmente sob controle. A erupção da resistência massiva das bases desmentiu essa noção. É verdade que alguns palestinos, intimidados pelo poderio israelense e por uma rodada de expulsões em massa de mais de 250 mil pessoas após a guerra de

1967,[6] tinham a princípio dado a impressão de concordar com a nova ordem imposta a eles. Também era verdade que os rendimentos na Cisjordânia e na Faixa de Gaza aumentaram significativamente à medida que dezenas de milhares de palestinos foram autorizados a trabalhar em Israel.

Em 1976, no entanto, a hostilidade havia se intensificado. Qualquer expressão de nacionalismo — hastear a bandeira palestina, exibir as cores palestinas, organizar sindicatos, manifestar apoio à OLP ou a qualquer outra organização de resistência — era severamente reprimida, com multas, espancamentos e prisão. Detenções e prisões em geral incluíam a tortura de detidos. Protestar contra a ocupação publicamente ou na imprensa podia levar ao mesmo resultado ou até à deportação. A resistência mais ativa, especialmente a que envolvia violência, convidava a punições coletivas, demolições de casas, prisões sem julgamento sob a rubrica de "detenção administrativa" que poderiam durar anos, e até assassinato extrajudicial. Naquele ano, candidatos a prefeito apoiados pela OLP venceram as eleições municipais em Nablus, Ramallah, Hebron e al-Bireh, bem como em outras cidades. Alguns dos prefeitos foram deportados em 1980, acusados de provocação, e outros foram destituídos do cargo pelas autoridades militares de ocupação na primavera de 1982, suscitando agitação generalizada. Isso aconteceu no período que antecedeu a invasão do Líbano como parte da campanha abrangente de Ariel Sharon para erradicar a OLP.

Um aspecto dessa campanha foi a tentativa de criar grupos colaboracionistas locais, as "ligas das aldeias", um projeto que nunca decolou devido à recusa generalizada dos palestinos em cooperar com a ocupação após a remoção dos prefeitos. O instrumento escolhido por Sharon para essa política foi um pretenso arabista israelense, Menachem Milson, professor de árabe e coronel da reserva do Exército israelense.[7] Não era incomum alguém exercer dois papéis tão diferentes: acadêmicos mais graduados entre os especialistas em Israel no Oriente Médio tinham, na sua maior parte, um segundo emprego como oficiais da reserva na inteligência militar ou em outros ramos dos serviços de segurança, e se dedicavam a espionar e oprimir as pessoas que eles investigavam no resto do tempo.[8]

Enquanto isso, uma nova geração de palestinos atingiu a maioridade sem conhecer outra situação que não fosse a ocupação militar, e essa geração estava longe de ser cordata. Esses jovens saíram em manifestações públicas de apoio à OLP em Jerusalém Oriental, Cisjordânia e Faixa de Gaza, apesar do risco de fazê-lo. Os anos que antecederam a intifada foram marcados por protestos em massa de jovens palestinos mais destemidos do que os mais velhos e também pela intensificação da repressão por parte das forças de segurança israelenses, cujos superiores pareciam indiferentes ao efeito cumulativo da brutalidade que estavam ordenando.

Dados todos os sinais de crescente agitação, a revolta não deveria ter sido uma surpresa para as autoridades israelenses. No entanto, sua resposta rápida foi mal concebida, pesada e desproporcional. A brutalidade sistemática dos soldados, em sua maioria jovens recrutas, em relação à população que estavam encarregados de controlar não era apenas resultado de frustração ou medo. As ordens de Rabin para "quebrar ossos" deram o tom, mas a violência excessiva também estava enraizada na constante doutrinação antipalestina da sociedade, fundamentada na ideia dogmática de que Israel seria subjugado pelos árabes se suas forças de segurança não os detivessem pela força, já que a hostilidade supostamente irracional destes contra os judeus era incontrolável.[9]

A intifada estava em andamento havia quase um ano e meio quando fiz minha primeira viagem à Palestina desde 1966, época em que a Cisjordânia estava sob domínio jordaniano.[10] Durante uma visita a Nablus com alguns colegas da Universidade de

Chicago, depois de deixar a casa de meu primo Ziyad uma noite, deparamos nas ruas sinuosas da Cidade Velha com um confronto entre jovens manifestantes e os soldados israelenses que os perseguiam, disparando balas de borracha e gás lacrimogêneo. Eles não pegaram nenhum dos rapazes, mas acabaram conseguindo dispersá-los. Ficou claro naquele momento que não poderia haver vitória duradoura para as forças de Israel nesse tipo de agitação urbana de gato e rato. Os jovens manifestantes poderiam reaparecer a qualquer momento em algum outro lugar do labirinto de vielas estreitas. Claro, as patrulhas poderiam simplesmente matá-los, e isso acontecia com muita frequência. Desde o início da Primeira Intifada até o final de 1996 — nove anos, incluindo seis durante os quais a intifada estava em andamento —, tropas israelenses e colonos armados mataram 1422 palestinos, quase um a cada dois dias. Destes, 294, ou mais de 20%, tinham menos de dezesseis anos. Cento e setenta e cinco israelenses, 86 deles agentes de segurança, foram mortos por palestinos durante o mesmo período.[11] Essa proporção de oito para um era típica, algo que grande parte da cobertura da mídia americana jamais informaria.

Em outra ocasião, eu estava dirigindo pela Cidade de Gaza a caminho de visitar minha prima Huda, esposa do dr. Haydar 'Abd al-Shafi, chefe do Crescente Vermelho Palestino em Gaza. No lento rastejar de um engarrafamento, nosso carro passou por uma patrulha israelense fortemente armada, os soldados no jipe segurando suas armas em riste. Estavam inquietos e nervosos, e em seus rostos vi uma expressão que notei nas tropas israelenses na Beirute ocupada em 1982: eles estavam com medo. Seus veículos se moviam a passo de caracol por áreas construídas densamente povoadas, onde toda a comunidade detestava a ocupação que os soldados encarnavam e impunham. Soldados de um exército regular, não importa quão fortemente armados, nunca se sentirão seguros em tais circunstâncias.

Cidade Velha de Nablus, Primeira Intifada, 1988. Não haveria vitória permanente para as forças de Israel nesse tipo de disputa urbana de gato e rato.

Rabin e outros reconheceram os problemas inerentes que vi nas ruas de Nablus e Gaza. De acordo com Itamar Rabinovich, biógrafo, colaborador próximo e parceiro de tênis de Rabin, a Primeira Intifada levou o veterano general à percepção de que uma solução política era necessária.[12] No entanto, ele se apegou ao efeito dissuasivo da brutalidade. "O uso da força", afirmou, "incluindo espancamentos, sem dúvida trouxe o impacto que queríamos — fortalecendo o medo da população em relação às Forças de Defesa de Israel."[13] Talvez sim, mas essa brutalidade não pôs fim ao levante.

A intifada foi uma campanha de resistência espontânea, de baixo para cima, nascida de um acúmulo de frustração e inicialmente sem conexão com a liderança política formal palestina. Assim como na revolta de 1936-9, sua extensão e o grande apoio que conquistou serviram como prova da ampla aprovação popular. A revolta também foi um acontecimento flexível e inovador, possibilitando o surgimento de uma liderança coordenada, sem deixar de ser conduzida e controlada em escala local. Entre seus ativistas estavam homens e mulheres, profissionais de elite e empresários, agricultores, aldeões, citadinos pobres, estudantes, pequenos lojistas e membros de praticamente todos os outros setores da sociedade. As mulheres desempenharam papel central, assumindo cada vez mais posições de liderança, pois muitos dos homens estavam presos, e mobilizaram pessoas que com frequência eram deixadas de fora da política convencional com predominância masculina.[14]

Além das manifestações, a intifada envolvia táticas que iam de greves, boicotes e sonegação de impostos a outras formas engenhosas de desobediência civil. Os protestos às vezes se tornavam violentos, muitas vezes desencadeados por soldados que causavam pesadas baixas com munição real e balas de borracha usadas contra manifestantes desarmados ou contra jovens atirando pedras. No entanto, o levante foi predominantemente não violento e desarmado, um fator de crucial importância que ajudou a mobilizar setores da sociedade, além dos jovens que protestavam nas ruas, ao mesmo tempo que mostrava que toda a sociedade palestina ocupada se opunha ao status quo e apoiava a intifada.

A Primeira Intifada foi um exemplo notável de resistência popular contra a opressão e pode ser considerada a primeira vitória absoluta dos palestinos na longa guerra colonial que começou em 1917. Ao contrário da revolta de 1936-9, ela foi impulsionada por uma abrangente visão estratégica e por uma liderança unificada, e não exacerbou as divisões palestinas internas.[15] Seu efeito unificador e a amplamente bem-sucedida tática de evitar armas e explosivos — em contraste com o movimento de resistência palestina dos anos 1960 e 1970 — ajudaram a fazer seu apelo ser ouvido internacionalmente, levando a um impacto positivo profundo e duradouro na opinião pública israelense e mundial.

Isso não foi um acidente: a intifada visava explicitamente não apenas mobilizar palestinos e árabes, mas também moldar as percepções israelense e mundial. Muitas das táticas usadas deixavam claro que esse era um objetivo central, assim como as sofisticadas e eficazes estratégias de comunicação daqueles que foram capazes de explicar ao público internacional o que significava a intifada. Entre eles estavam ativistas e intelectuais articulados e sofisticados dentro da Palestina, como Hanan 'Ashrawi, Haydar 'Abd al-Shafi, Raja Shehadeh, Iyad al--Sarraj, Ghassan al-Khatib, Zahira Kamal, Mustafa Barghouti, Rita Giacaman, Raji Sourani e muitos outros. Intelectuais fora da Palestina, entre eles Edward Said e Ibrahim Abu-Lughod, tiveram impacto semelhante. No início dos anos 1990, a posição unificada palestina tinha conseguido deixar claro que a ocupação era insustentável, pelo menos do modo como funcionara em suas duas primeiras décadas.

Apesar de todas as conquistas da Primeira Intifada, havia um perigo interno oculto em seu sucesso e no surgimento de uma liderança local eficaz com porta-vozes articulados e cativantes. Um movimento de base que suplanta as elites políticas estabelecidas constitui um desafio a seu poder. Após sua derrota no Líbano em 1982, a OLP ficou presa a um exílio estéril e debilitante em Túnis e outras capitais árabes, com sua energia voltada para uma tentativa inicialmente infrutífera de conquistar a aceitação dos Estados Unidos como interlocutor e a aceitação de Israel como parceiro de um acordo. Foi pega de surpresa pela eclosão de um levante popular e não perdeu tempo em tentar cooptá-lo e tirar proveito disso.

Uma vez que a maioria dos que se revoltaram nos Territórios Ocupados via a OLP como sua representante legítima e seus líderes como a personificação do nacionalismo palestino, isso trouxe poucos problemas no início. A população dos Territórios Ocupados, que assistira à distância aos sacrifícios dos militantes da organização na Jordânia durante o Setembro Negro e no Líbano durante a guerra civil e a invasão israelense, sentia que agora carregava parte do fardo nacional. Estava orgulhosa dos palestinos sob ocupação que estavam assumindo a liderança na luta pela libertação.

O problema com esse desdobramento foram a miopia e a visão estratégica limitada dos líderes da OLP em Túnis. Muitos deles não entenderam completamente a natureza do regime de ocupação ou a complexa situação social e política dos palestinos na Cisjordânia e na Faixa de Gaza após duas décadas de controle israelense. De fato, a maioria desses líderes tinha saído da Palestina em 1967, ou antes. Sua compreensão da sociedade e da política israelenses era muito mais limitada do que a dos palestinos que tinham vivido e observado o domínio israelense, muitos dos quais haviam aprendido hebraico em seus empregos dentro de Israel ou enquanto cumpriam pena na prisão (um quinto da população palestina sob ocupação passou por essas prisões). A consequência foi uma gestão cada vez mais intrusiva da intifada por controle remoto a partir de Túnis, à medida que a OLP passou a dominar aquilo que fora um movimento de resistência popular. A organização emitia diretivas e dirigia as coisas à distância, muitas vezes ignorando as opiniões e preferências daqueles que tinham iniciado a revolta e a haviam conduzido com bons resultados.

Esse problema se tornou consideravelmente mais agudo após o assassinato de Abu Jihad por Israel em abril de 1988, cerca de quatro meses após o início da intifada. Abu Jihad, o auxiliar mais próximo de 'Arafat, tinha sido uma figura de liderança no Fatah desde o início e havia muito estava encarregado de lidar com os Territórios Ocupados ou, como seu departamento era chamado, al-Qita' al-Gharbi, o Setor Ocidental (presumivelmente para ocultar seu verdadeiro propósito). Abu Jihad tinha suas falhas, mas era um observador atento da situação dentro da Palestina e tinha profundo conhecimento sobre os palestinos e os israelenses que ali moravam. Seu assassinato, resultado da crescente frustração da liderança israelense por sua incapacidade de dominar a intifada, privou a OLP de uma de suas figuras-chave, cujo papel não poderia ser facilmente desempenhado por outra pessoa.[16] Fez parte da política de décadas de Israel de liquidação sistemática dos principais organizadores palestinos, particularmente os mais efetivos entre eles.[17]

A perda de Abu Jihad e a falta de experiência em Túnis não foram a única razão dos problemas da OLP em lidar com a intifada. Após a guerra de 1982, o Fatah havia resistido a um grande motim patrocinado pela Síria entre seus quadros remanescentes no norte e no leste do Líbano (do qual não haviam sido evacuados em 1982) e na Síria, liderado por dois comandantes militares graduados, os coronéis Abu Musa e Abu Khalid al-'Amleh. Esse foi o desafio interno mais sério para a liderança do Fatah desde sua fundação e constituiu outro elemento na ofensiva — em grande parte encoberta — contra o movimento nacional palestino realizada por regimes árabes, nesse caso a Síria.[18]

O motim do Fatah foi amargo e caro e intensificou a preocupação de 'Arafat e seus colegas sobre o surgimento de rivais, em especial aqueles sob a influência de regimes hostis. A preocupação tinha fundamento, dado o esforço dos adversários do movimento em criar alternativas, como as ligas de aldeias nos Territórios Ocupados. Sobretudo, o Hamas, fundado em 1987 (e de início apoiado discretamente por Israel com o objetivo de enfraquecer a OLP),[19] já estava começando a se tornar um concorrente de peso. Esse alarme com a possibilidade de ser substituído estava na raiz do ciúme que a liderança da OLP sentia em relação aos líderes locais da intifada, especialmente porque seus seguidores cresceram na Palestina e a mídia global passou a vê-los de maneira positiva. O ressentimento de ʿArafat se tornou um problema crescente à medida que a intifada progredia e o prêmio havia muito tempo desejado pela OLP — um lugar nas negociações internacionais como representante legítimo do povo palestino — parecia estar a seu alcance.

Além de ter uma compreensão deficiente da realidade no interior dos Territórios Ocupados e de Israel, os líderes da OLP nunca tinham entendido por completo os Estados Unidos. Mesmo depois de 1982, continuaram mal informados sobre o país e sua política, com exceção de algumas figuras de segundo escalão, como Nabil Shaʿath e Elias Shoufani, que haviam sido educados lá, mas não conseguiram influenciar ʿArafat e seus parceiros.[20] Alguns líderes graduados da OLP, como Faruq al--Qaddumi (Abu Lutf), chefe do Departamento Político (efetivamente ministro das Relações Exteriores), participavam de sessões da Assembleia Geral da ONU em Nova York todo outono, mas tinham seus movimentos legalmente restringidos a um raio de quarenta quilômetros em torno de Columbus Circle. De qualquer forma, permaneciam em hotéis de luxo durante suas visitas. Eles se aventuravam de vez em quando a ter encontros com diplomatas árabes ou a falar com grupos da comunidade palestina, mas faziam poucas aparições públicas e não se relacionavam com grupos americanos nem com a imprensa nova-iorquina. Certamente nunca empreenderam as mesmas campanhas diplomáticas e de relações públicas que eram conduzidas por funcionários israelenses, onipresentes na TV e em reuniões regionais em todos os momentos e sobretudo por ocasião das reuniões anuais da Assembleia Geral.

O fato de não tirar vantagem da presença palestina na ONU equivalia a ignorar deliberadamente o povo, as elites e a mídia da maior potência do mundo, que era o esteio de Israel, uma abordagem que remontava no mínimo a 1948. Como vi em 1984, 'Arafat deu mais importância ao encontro com o líder de uma pequena facção da OLP ligada ao Iraque do que a ouvir conselhos de especialistas sobre como influenciar a opinião pública nos Estados Unidos. A situação não havia melhorado desde então. Uma visão simplista das estruturas de governo e de tomada de decisão em Washington levou a organização a depositar todas as suas esperanças em ganhar o reconhecimento como legítimo interlocutor palestino por parte do governo americano; a intervenção deste para a obtenção de um acordo justo com os israelenses certamente se seguiria. Essa atitude carregava um traço da fé ingênua das gerações anteriores de líderes palestinos (compartilhada por muitos governantes árabes até hoje) de que um apelo pessoal a um secretário colonial ou um primeiro-ministro britânicos, um secretário de Estado ou presidente dos Estados Unidos poderia resolver o problema. Essa visão ilusória do elemento pessoal nas relações de poder talvez tenha se fundamentado na experiência do tratamento com ditadores temperamentais e todo-poderosos e com monarcas absolutos no mundo árabe.

Ela também foi parcialmente moldada pela experiência dos monarcas árabes, que viam o secretário de Estado americano George Shultz (que havia chefiado a Bechtel, uma grande empreiteira no Golfo), e mais tarde o presidente George H. W. Bush e seu secretário de Estado, James Baker (texanos com vínculos anteriores com a indústria do petróleo), como "pró-árabes". Na verdade, como acontece com a maioria dos outros formuladores de políticas dos Estados Unidos desde Roosevelt, esses homens estavam intimamente ligados às petromonarquias árabes, mas isso não se traduzia em simpatia pelos árabes em geral ou pelos palestinos em particular, muito menos em uma atitude crítica em relação a Israel.

Esses problemas de compreensão estavam na raiz do fato de a OLP não se envolver seriamente com a opinião pública dos Estados Unidos e em se empenhar em negociações de paz até o final da década de 1980. No entanto, em 1988, impulsionada pelo impacto internacional da intifada, a organização redobrou seus esforços, culminando na Declaração de Independência da Palestina, adotada em uma reunião do Conselho Nacional da Palestina em Argel, em 15 de novembro. Esboçado em grande parte por Mahmoud Darwish, com o auxílio de Edward Said e do respeitado intelectual Shafiq al-Hout, o documento abandonou formalmente a reivindicação da OLP sobre a totalidade da Palestina, aceitando os princípios de partilha, uma solução de dois Estados e uma resolução pacífica para o conflito. Um comunicado político anexo aceitava a SC 242 e a SC 338 como base para uma conferência de paz.

Essas foram grandes mudanças políticas para a OLP, o ápice de uma evolução rumo à aceitação de Israel e à defesa de um Estado palestino a seu lado que havia começado no início da década de 1970, embora essas mudanças não fossem reconhecidas por seus adversários israelenses. Uma mudança mais significativa ainda estava por vir. Em 14 de dezembro daquele ano, 'Arafat aceitou as condições dos Estados Unidos para entrar em um diálogo bilateral. Em sua declaração, ele aceitou explicitamente as Resoluções 242 e 338, reconheceu o direito de Israel de existir em paz e segurança e renunciou ao terrorismo.[21] Essa capitulação às condições dos americanos finalmente conquistou para a OLP a tão desejada abertura em Washington, mas não levou os israelenses a aceitar negociar com a organização nem levou a negociações de paz, pelo menos não nos primeiros três anos.

As razões para isso eram simples. Além de outras suposições errôneas sobre os Estados Unidos, os líderes da OLP não conseguiram compreender sua ausência de preocupação, e até o desdém, com relação aos interesses e objetivos dos palestinos (incompreensão difícil de imaginar à luz da dolorosa traição das promessas americanas de salvaguardar os campos de refugiados em Beirute em 1982). Mais importante, porém, foi a incapacidade de entender quão intimamente as políticas dos Estados Unidos e de Israel estavam ligadas. Compromissos secretos de Kissinger em 1975 atavam pés e mãos dos formuladores de políticas americanos no que dizia respeito à questão da Palestina. A OLP podia não saber que Israel havia assegurado seu poder de veto sobre as posições dos Estados Unidos em quaisquer negociações de paz,[22] mas houvera vazamentos críveis suficientes na imprensa e em outros lugares sobre esses acordos secretos (sobretudo da parte de israelenses, que estavam compreensivelmente ansiosos para divulgá-los).[23] Incidentes embaraçosos também tinham acontecido, como quando Andrew Young, embaixador na ONU, foi forçado a renunciar após se encontrar com um representante da OLP.

Os termos gerais dos compromissos dos Estados Unidos com Israel deveriam estar claros para um observador informado. Algo que 'Arafat e seus colegas definitivamente não eram. A intifada havia entregado a eles um presente de valor inestimável, uma reserva de capital moral e político. A revolta popular tinha revelado os limites da ocupação militar, prejudicado a posição internacional de Israel e melhorado a dos palestinos. Apesar de toda a eficácia da OLP, em suas primeiras décadas, em colocar a Palestina de volta no mapa global, pode-se argumentar que a intifada teve impacto mais positivo na opinião mundial do que os esforços geralmente ineficazes da organização na luta armada. O diretor do Mossad na época, Nahum Admoni, confirmou tal fato: "A intifada nos causou muito mais danos políticos, danos à nossa imagem, do que tudo o que a OLP conseguiu fazer ao longo de sua existência".[24] A posse dessa nova e significativa conquista permitiu à liderança da organização abandonar formalmente sua estratégia de luta armada a partir de bases fora da Palestina, algo que de qualquer forma era cada vez mais impossível depois de 1982, e em suas mãos nunca tivera grandes chances de sucesso, se é que não acabava sendo na verdade prejudicial para a causa palestina.

Mesmo antes de 1982, muitos na OLP entendiam que havia chegado a hora de acabar com a luta armada. Quando ainda estavam no Líbano, seus líderes haviam encarregado o ilustre intelectual paquistanês Eqbal Ahmad, amigo íntimo de Edward Said e amigo meu, de avaliar sua estratégia militar. Ahmad trabalhara com a Frente de Libertação Nacional (FLN) na Argélia no início dos anos 1960, onde conhecera Frantz Fanon, e era um renomado cientista político anticolonialista do Terceiro Mundo. Depois de visitar as bases da OLP no sul do Líbano, ele voltou com uma crítica que desconcertou aqueles que haviam pedido sua orientação. Embora em princípio um defensor comprometido da luta armada contra regimes coloniais como o da Argélia, Ahmad tinha fortes reparos à forma ineficaz e muitas vezes contraproducente como a organização estava empregando essa estratégia.

O que era mais grave, por motivos políticos, e não morais ou legais, Ahmad questionou se a luta armada era o curso de ação correto contra o adversário específico da OLP, Israel. Ele argumentou que, dada a história judaica, especialmente no século XX, o uso da força só fortaleceu um sentimento preexistente e generalizado de vitimização entre os israelenses, ao mesmo tempo que unificou a sociedade israelense, reforçou as tendências mais militantes do sionismo e o apoio de atores externos.[25] Era uma situação diferente da que ocorria na Argélia, onde o emprego da violência pela FLN (como mulheres usando "cestos para carregar bombas, que ceifaram tantas vidas inocentes", nas palavras acusatórias de um interrogador francês no filme *A batalha de Argel*, de Gillo Pontecorvo, de 1966) acabou conseguindo dividir a sociedade francesa e corroer seu apoio ao projeto colonialista. A crítica de Ahmad foi profunda e devastadora, e não foi bem recebida pelos líderes da OLP, que ainda proclamavam publicamente uma devoção à luta armada mesmo num momento em que se afastavam dela na prática. Além de sua aguda compreensão da profunda conexão que existia entre o sionismo e a longa história de perseguição aos judeus na Europa, a análise de Ahmad percebeu com perspicácia a natureza única do projeto colonialista israelense.[26]

A intifada na Palestina, um movimento majoritariamente não violento, permitiu a 'Arafat reconhecer, ainda que com atraso, o ponto de vista de Ahmad, e ao mesmo tempo responder de maneira positiva a uma condição primordial de Washington para o diálogo: renunciar à resistência armada, considerada terrorismo pelos Estados Unidos e por Israel. No entanto, os resultados da ingenuidade da OLP em relação aos americanos logo se tornaram aparentes. Por si só, o reconhecimento pelos Estados Unidos e um assento na mesa de negociações eram objetivos inquestionáveis. Todo movimento anticolonialista, fosse na Argélia, no Vietnã ou na África do Sul, desejava que seus inimigos aceitassem sua legitimidade e negociassem com ele um fim honroso do conflito. Em todos esses casos, no entanto, um resultado honroso significou o fim da ocupação e da colonização e, idealmente, a conquista de uma reconciliação pacífica baseada na justiça. Esse foi o principal objetivo das negociações buscadas por outros movimentos de libertação. Mas em vez de usar o sucesso da intifada para defender um fórum nos termos desses fins libertadores, a OLP se deixou envolver em um processo explicitamente desenhado por Israel, com a aquiescência dos Estados Unidos, para prolongar sua ocupação e a colonização, não para acabar com elas.

A OLP buscou desesperadamente a admissão em supostas negociações de paz cujos parâmetros estreitos foram desde o início restringidos pela SC 242 de maneiras enormemente desvantajosas para os palestinos. A SC 242 não inclui nenhuma menção à questão da Palestina, ou ao Estado árabe especificado na Resolução 181 da Assembleia Geral da ONU, de 1947, ou ao retorno de refugiados exigido pela Resolução 194 da Assembleia Geral da ONU, de 1948. Com seu palavreado cuidadosamente escolhido sobre a retirada "de territórios ocupados" em 1967 (e não "*dos* territórios ocupados"), a SC 242 efetivamente deu a Israel a chance de expandir ainda mais suas fronteiras pré-1967. Percebessem ou não, ao aceitá-la como base para qualquer negociação, 'Arafat e seus colegas tinham se proposto uma tarefa impossível.

Eles também não entenderam a necessidade de continuar pressionando adversários: com o fim da luta armada e o declínio da intifada no princípio da década de 1990, isso se tornou cada vez menos possível. Assim que as negociações finalmente começaram, em Madri, no outono de 1991, a OLP tentou deter a intifada (ela não deixou de atuar, mas se extinguiu alguns anos depois), como se a abertura das negociações fosse o fim do processo e não o início. Além do fato de que os Estados Unidos nunca poderiam ser um negociador honesto, dados os compromissos assumidos, Israel também tinha suas próprias posições independentes. Assim, quaisquer concessões feitas pela OLP a Washington não necessariamente vinculavam Israel ou o tornavam mais disposto a lidar com ela. Na verdade, quando, ao final do governo Reagan, os americanos afinal iniciaram um diálogo com a organização após a declaração desta em 1988, Israel se tornou ainda mais intransigente.

Além disso, a OLP não parecia compreender toda a importância dos Acordos de Camp David, de 1978, e do subsequente tratado de paz egípcio-israelense assinado em 1979, no qual

Menachem Begin havia fechado uma negociação ruinosa sobre a Palestina com Anwar Sadat e Jimmy Carter. Além disso, o declínio da União Soviética significava que a organização perdera um padrinho intermitente e inconsistente que havia fornecido apoio militar e diplomático e defendido sua inclusão nas negociações sob termos muito menos onerosos do que os exigidos por Estados Unidos e Israel.[27] No fim de 1991, no entanto, a União Soviética tinha desaparecido, e os Estados Unidos foram deixados como o único fiador e patrocinador internacional de qualquer processo palestino-israelense.

Outro golpe grave na posição da OLP foi o profundo erro de cálculo de Yasser 'Arafat e da maioria de seus colegas em relação à Guerra do Golfo, em 1990-1. Quase em seguida à invasão e ocupação do Kuwait pelo Iraque em agosto de 1990, os Estados do Golfo, junto com praticamente todas as outras grandes potências árabes, entre as quais Egito e Síria, se uniram à coalizão internacional liderada pelos Estados Unidos para reverter à força a inaceitável violação, por Saddam Hussein, da soberania de um Estado membro da Liga Árabe. Isso estava de acordo com a preferência consistente dos Estados pós-coloniais na Ásia, África e no Oriente Médio pela preservação das fronteiras coloniais e dos Estados que haviam crescido dentro delas. Em vez de apoiar com firmeza o Kuwait contra o Iraque, 'Arafat tentou seguir um curso "neutro", oferecendo-se como mediador entre os dois lados. Sua sugestão foi ignorada por todos os envolvidos, assim como os esforços de mediação de atores mais poderosos, como a União Soviética, que inutilmente enviou a Bagdá seu representante sênior no Oriente Médio.[28]

Havia várias razões para a bizarra decisão da OLP de apoiar essencialmente o Iraque, um movimento que a tornou uma pária entre os Estados do Golfo dos quais dependia para apoio financeiro e a prejudicou de inúmeras outras maneiras. A primeira entre essas razões foi a antiga e feroz antipatia de 'Arafat em relação ao autoritário regime sírio de Hafez al-Assad (antipatia que era correspondida à altura) e sua busca reflexiva por um contrapeso. Um dos slogans de 'Arafat, "*al-qarar al-Filastini al-mustaqill*" — "a decisão palestina independente" —, era muitas vezes brandido como resposta aos esforços sírios para coagir, constranger e dominar a OLP. Embora o Egito tivesse outrora servido para equilibrar as pressões exercidas pelo regime de al-Assad, esse papel não era mais possível após a paz separada de Sadat com Israel. O único outro contrapeso plausível tinha sido necessariamente o rival da Síria, o Iraque. Na esteira da apostasia de Sadat, a OLP se tornara cada vez mais dependente do patrocínio político, militar e financeiro iraquiano, especialmente depois que o regime sírio procurou minar a liderança de 'Arafat ao planejar a rebelião fratricida contra ele em 1982.

Essa dependência submeteu 'Arafat e a OLP a uma intensa pressão para se conformarem às políticas iraquianas, ditadas pelos caprichos do impiedoso déspota Saddam Hussein, um homem ignorante, temperamental e brutal. Para manter a organização na linha, o regime iraquiano com frequência a punia. Entre as muitas ferramentas usadas para esse fim, Bagdá tinha à sua disposição vários grupos dissidentes nominalmente palestinos, como a rede terrorista Abu Nidal, a Frente de Libertação Árabe Baathista e a Frente de Libertação da Palestina, liderada por Abu al-'Abbas. Todos esses pequenos grupos careciam de uma base popular e eram em essência extensões dos temíveis serviços de inteligência iraquianos (embora, como vimos, os pistoleiros de Abu Nidal também fossem às vezes empregadas de maneira clandestina pelos regimes líbio e sírio, e profundamente infiltradas por outros serviços de inteligência). Qualquer um deles poderia realizar operações destinadas a minar a OLP ou a atacar seus líderes para forçá-la a voltar a se alinhar com o regime iraquiano. De fato, por algum tempo, homens armados do Abu Nidal assassinaram quase tantos enviados e líderes da OLP na Europa quanto o Mossad. Essas frentes para vários regimes árabes também se especializaram em operações terroristas espetaculares contra civis israelenses e judeus, como os massacres de aeroportos de Roma e Viena cometidos pelo Abu Nidal em 1985 e o ataque sangrento deste em 1986 a uma sinagoga de Istambul, ou o ataque da Frente de Libertação da Palestina em 1985 ao navio de cruzeiro *Achille Lauro*.

À parte sua dependência do Iraque, 'Arafat e outros superestimaram de forma descontrolada as capacidades militares iraquianas em 1990-1. Eles tinham uma ideia exagerada da capacidade do país de resistir ao ataque da coalizão liderada pelos Estados Unidos que estava claramente vindo após a invasão do Kuwait. Essa visão delirante (o Iraque não conseguiu derrotar o Irã em oito anos de guerra) foi difundida em várias partes do mundo árabe. Nos meses anteriores ao início da inevitável contraofensiva liderada pelos Estados Unidos, pessoas inteligentes e bem informadas na Palestina, no Líbano e na Jordânia declararam em alto e bom som sua certeza de que a guerra não viria, mas que, se viesse, o Iraque prevaleceria. 'Arafat foi, em certa medida, levado por uma maré popular, pois grandes segmentos da opinião pública árabe compartilhavam essa fantasia. Muitos apoiaram a apropriação de terras feita por Saddam Hussein como um golpe nacionalista contra as "fronteiras impostas colonialmente" (como se a maioria das fronteiras e os Estados do Oriente árabe também não tivesse sido imposta colonialmente). Ele era visto por aqueles assim iludidos como um grande herói árabe, um novo Saladino (o Saladino original tinha vindo de Tikrit, terra natal de Hussein), que sem dúvida poderia derrotar os Estados Unidos e seus aliados.

A única exceção ao consenso estúpido da OLP foi seu chefe de inteligência, Abu Iyad, um dos mais brilhantes e fundamentados de seus líderes graduados. Ele entendeu que o curso escolhido levaria ao desastre e lutou ferozmente contra a decisão de apoiar o Iraque, provocando discussões tempestuosas com 'Arafat. Além das razões óbvias para sua posição, ele estava preocupado em salvaguardar a próspera comunidade palestina no Kuwait, que tinha várias centenas de milhares de pessoas. Tanto ele quanto 'Arafat haviam vivido e trabalhado ali por anos e ele tinha laços estreitos com a comunidade, que fornecia uma das bases populares e financeiras mais sólidas da OLP em qualquer lugar do mundo. Além disso, o próprio Kuwait apoiava a organização e era o único país árabe onde os palestinos tinham relativa liberdade de expressão. Eles administravam suas próprias escolas e podiam se organizar para ajudar a OLP, desde que tomassem o cuidado de não interferir na política kuwaitiana. Abu Iyad argumentou que o fracasso de 'Arafat em se opor à invasão suicida do Kuwait por Saddam enfraqueceria a OLP e condenaria os palestinos à destruição de sua comunidade e a outro deslocamento forçado.

Tudo aconteceu exatamente como Abu Iyad havia previsto, mas ele pagou por sua temeridade (ele teria até criticado Saddam Hussein pessoalmente).[29] Foi assassinado em Túnis em 14 de janeiro de 1991, três dias antes do início da ofensiva liderada pelos Estados Unidos. O atirador estava agindo para a rede Abu Nidal (e, por extensão, sem dúvida, para o Iraque), que os serviços de inteligência da OLP sob Abu Iyad caçavam havia anos. Essa perda, ocorrida três anos após o assassinato de Abu Jihad, não deixou ninguém nos altos escalões do Fatah com estatura ou disposição para enfrentar 'Arafat — uma situação que só aumentou sua inclinação para o arbítrio.

As consequências da decisão impensada de 'Arafat não tardaram a chegar, começando com o trágico desenraizamento de centenas de milhares de palestinos do Kuwait após a libertação do país. Os Estados do Golfo suspenderam todo apoio financeiro à OLP, que foi condenada ao ostracismo em muitos países árabes, entre os quais alguns dos que haviam concordado em acolher seus quadros após a evacuação de Beirute em 1982. Assim, após a Guerra do Golfo, em 1990-1, a OLP talvez tenha se visto mais sem amigos e isolada do que em qualquer outro estágio de sua história. Os icebergs em que 'Arafat e seus companheiros flutuavam derretiam com rapidez, e eles estavam desesperadamente ansiosos para pular para terra firme.

Aconteceu que essa crise coincidiu com um momento de triunfalismo americano, com a vitória no Iraque e o fim da União Soviética. Em seu discurso do Estado da União em janeiro de 1991, George H. W. Bush saudou a "nova ordem mundial" e o "próximo século americano". O governo Bush estava determinado a aproveitar a oportunidade que a loucura de Saddam lhe dera para moldar e definir essa nova ordem mundial, que, em sua opinião, exigia uma resolução do conflito árabe-israelense. Diplomatas israelenses e americanos sabiam que a posição de negociação da OLP estava severamente enfraquecida. Foi nesse contexto que o secretário de Estado, James Baker, começou a planejar uma conferência de paz a ser realizada em Madri em outubro de 1991, na esperança de dar início a conversações diretas entre israelenses e árabes e de determinar o futuro da Palestina. Quando 'Arafat e seus colegas acabaram sendo convidados a ter um assento na mesa de negociações, estavam sob tanta pressão e tão ansiosos para deixar seus precários pedestais em Túnis e em outros lugares que não conseguiram avaliar sua vasta desvantagem. Os contratempos que se seguiram, nas negociações em Madri, Washington, Oslo e depois disso, estavam, em grande parte, enraizados no épico erro de cálculo da OLP sobre o Kuwait.

No verão de 1991, durante minhas pesquisas em Jerusalém, fiz uma visita informal a Faysal Husayni, um parente meu por afinidade que, até sua morte prematura no Kuwait, foi o principal líder palestino em Jerusalém e figura importante no Fatah. Eu fora me consultar com ele sobre um pequeno problema entre alguns de meus primos (tenho uma família grande e por vezes conflituosa em Jerusalém). Faysal perguntou inesperadamente se eu concordaria em servir como conselheiro da delegação palestina para uma conferência de paz a ser convocada pelos Estados Unidos. Eu sabia que, a mando da OLP, Husayni, Hanan 'Ashrawi, Haydar 'Abd al-Shafi e outros estavam discutindo com James Baker sobre as regras básicas para a conferência e a formação da delegação. Também sabia que Yitzhak Shamir, o primeiro-ministro de Israel, se opunha implacavelmente à participação da OLP em qualquer negociação e à criação de um Estado palestino, e por isso estava confiante em que a conferência nunca aconteceria. Aceitei o pedido de Faysal sem pensar muito, agradeci seu conselho sobre nosso problema familiar e me despedi.

Alguns meses depois, no final de outubro de 1991, encontrava-me em Madri, sem dar conta da tenacidade de Baker ou do desespero da liderança da OLP em Túnis. No início da conferência, o digno discurso do chefe da delegação palestina, 'Abd al-Shafi, e as aparições efetivas de 'Ashrawi na mídia deram a muitos palestinos a impressão de que sua causa estava finalmente ganhando força e que não eram inúteis os sacrifícios da intifada. No entanto, várias nuvens pairaram sobre a conferência e sobre todas as negociações bilaterais subsequentes com os israelenses em Madri e depois em Washington. A OLP, por intermédio de Baker, concordou com a condição de Shamir de que não haveria representação palestina independente em uma conferência que visasse determinar o destino da Palestina. Assim, fui contratado como conselheiro de uma delegação conjunta jordano-palestina.

É claro que a exclusão dos palestinos de um papel independente nas decisões sobre suas vidas não era novidade (a delegação palestina acabou sendo autorizada a se separar da delegação da Jordânia). Mas o veto de Israel se estendia à escolha de representantes palestinos e bloqueava a participação de qualquer pessoa ligada à OLP, ou que viesse de Jerusalém, ou da diáspora (o que reduziu drasticamente o campo de delegados disponíveis). Graças à intervenção de Baker, líderes excluídos desse modo, como Husayni, 'Ashrawi e Sari Nuseibeh, bem como assessores e especialistas jurídicos e diplomáticos, como Raja Shehadeh, Camille Mansour e eu, foram autorizados a fazer parte da delegação, mas barrados das conversações formais com os israelenses. A humilhação de um procedimento em que Israel decretava com quem negociaria e em qual configuração não dissuadiu a OLP. Havia mais humilhação por vir.

Além de ditar quem poderia falar, o governo Shamir determinou o que poderia ser falado. As limitações em relação à Palestina que Begin havia insistido em implantar nos Acordos de Camp David e no tratado de paz de 1979 com o Egito eram agora aplicadas à conferência de três dias de Madri e aos muitos meses subsequentes de discussões em Washington: para os palestinos, apenas o autogoverno estava em discussão, fosse sob a rubrica de "autonomia" ou de "autogoverno provisório". Todos os itens essenciais — autodeterminação palestina, soberania, retorno dos refugiados, fim da ocupação e colonização, disposição de Jerusalém, futuro dos assentamentos judaicos e controle do direito à terra e à água — foram proibidos. Ao contrário, essas questões foram adiadas, em tese por quatro anos, mas, na verdade, até um futuro que nunca chegou: as lendárias negociações de "status final" que deveriam ser concluídas em 1997 (prazo posteriormente estendido para 1999 nos Acordos de Oslo) nunca foram concluídas. Enquanto isso, durante uma fase provisória destinada a durar apenas até que houvesse as novas resoluções, Israel foi autorizado a fazer exatamente o que quisesse em todos esses campos. Assim, ao longo da década de 1990, os negociadores palestinos em Madri e em outros lugares operaram sob regras impostas por Israel que restringiam a discussão aos termos de sua colonização e da ocupação existente. A perspectiva de alívio futuro dessa fase provisória foi exibida diante dos negociadores pelos patrocinadores da conferência de Madri, mas os palestinos nos Territórios Ocupados ainda vivem nesse Estado provisório temporário mais de um quarto de século depois.

Em tese, os Estados Unidos estavam copatrocinando a conferência junto com a União Soviética, que estava prestes a deixar de existir e cujo apoio era nominal: na verdade, Baker e Bush tomaram todas as decisões. As regras básicas de Washington foram incorporadas em uma carta convite cuidadosamente redigida para todas as partes, que incluía delegações da Síria, do Líbano e da Jordânia.[30] Em um compromisso solene na carta-convite, os Estados Unidos se dispunham a "agir como um mediador honesto em tentar resolver o conflito árabe-israelense" de forma "abrangente".[31] Cartas de garantias detalhadas também foram entregues a cada uma das delegações. No discurso dirigido aos palestinos, os Estados Unidos se comprometeram a "incentivar todos os lados a evitar atos unilaterais que exacerbariam as tensões locais ou tornariam as negociações mais difíceis ou impediriam seu resultado final" e enfatizaram que "nenhuma parte deve tomar ações unilaterais que busquem predeterminar questões que só podem ser resolvidas por meio de negociações".[32] Os Estados Unidos nunca cumpriram esses compromissos, deixando de impedir uma série interminável de ações unilaterais israelenses, desde a expansão de assentamentos e o fechamento de Jerusalém para moradores da Cisjordânia e de Gaza até a construção de uma nova rede maciça de muros, barreiras de segurança e postos de controle.

Quando chegamos a Madri, nem eu nem os outros membros da delegação palestina sabíamos do compromisso explícito de Gerald Ford em 1975 com Rabin para evitar apresentar quaisquer propostas de paz que Israel desaprovasse.[33] Estávamos todos cientes dos Acordos de Camp David, de 1978, do viés dos Estados Unidos em favor de Israel e da parcialidade de muitos diplomatas americanos, mas não sabíamos até que ponto Kissinger havia amarrado seus sucessores a uma plataforma israelense. Se tivesse entendido quão pesadamente as coisas estavam ajeitadas para isso e que os Estados Unidos estavam vinculados dessa maneira por um compromisso formal — o que significava que Israel efetivamente determinava tanto sua própria posição quanto a de seu patrocinador —, talvez eu não tivesse ido a Madri nem gastado grande parte dos próximos dois anos envolvido nas conversações de Washington. Mesmo que pudesse compartilhar esse entendimento com a delegação (cujos membros eram todos dos Territórios Ocupados, sem experiência diplomática, mas que acabaram se revelando negociadores formidáveis), teria feito pouca diferença.

Todas as decisões importantes do lado palestino foram tomadas pelos líderes da OLP em Túnis. Eles estavam tão desesperados para serem trazidos para o processo de negociação e escapar de seu isolamento que mesmo que soubessem quão firmemente os Estados Unidos estavam comprometidos a seguir a linha israelense, acredito que talvez ainda tivessem cometido os erros que acabaram cometendo nas conversações. Com escassos aliados regionais ou globais, pouca capacidade de pressionar Israel e uma compreensão limitada da natureza da ocupação ou das misteriosas questões legais envolvidas, eles basicamente escolheram colocar todos os ovos na cesta de um governo dos Estados Unidos obrigado a expressar apenas pontos de vista pré-aprovados por Israel. Mais importante, tinham pouca paciência para com os detalhes legais que as negociações com diplomatas israelenses experientes exigiam, ou para uma estratégia de longo prazo que poderia ter desgastado a teimosia de Israel em questões-chave envolvendo controle de território, expansão de assentamentos e Jerusalém.

Ao reunir todas as partes, a conferência de Madri cumpriu sua função de iniciar um processo de negociação abrangente. A isso se seguiram vários caminhos diferentes: os três Estados árabes, Síria, Líbano e Jordânia, procederam a conversações bilaterais com Israel sobre tratados finais de paz. Enquanto isso, a negociação sobre a Palestina, dissociada da Jordânia, envolveu dez rodadas de discussões ao longo de um ano e meio com representantes israelenses no Departamento de Estado em Washington. Estes permaneceram rigidamente restritos ao assunto do autogoverno limitado na Cisjordânia e em Gaza. Entre os muitos obstáculos que impediram o progresso em Washington — a direção falha da liderança da OLP nas negociações, o papel enganoso dos Estados Unidos e a obstinação de Israel em relação aos direitos palestinos — estava o fato de que, embora os negociadores palestinos e seus assessores tenham gradualmente desenvolvido conhecimentos jurídicos e diplomáticos, os líderes em Túnis não compreendiam a importância crucial disso no processo.

A importância disso foi ainda maior devido ao papel distorcido desempenhado por muitos dos americanos envolvidos. Vários deles relutavam em pressionar os israelenses em qualquer questão substancial — como a expansão dos assentamentos e o status de Jerusalém durante o período interino, ou o escopo da jurisdição que os palestinos teriam sobre as áreas e populações que se tornariam nominalmente autônomas. Qualquer que fosse o assunto em pauta, os representantes dos Estados Unidos consideravam a posição israelense, da maneira como a liam, como o teto daquilo que era viável ou do que poderia ser discutido. Sabíamos que eles se coordenavam estreitamente com seus pares israelenses, e alguns deles levaram ao extremo o compromisso formal (mas secreto) dos Estados Unidos com Israel. Mais tarde, o negociador americano Aaron David Miller lamentavelmente usou o termo "advogado de Israel" para descrever sua posição e a de muitos de seus colegas.[34] Apropriadamente, o termo ao que parece foi cunhado por Henry Kissinger, que sabia bastante sobre a defesa da política israelense pelos americanos.[35]

Muito diferente de qualquer um de seus subordinados nesse aspecto era James Baker, um homem com instinto político extraordinariamente refinado e um senso apurado do modo de distribuir poder. Ele e Bush entenderam o benefício que seu país teria, no momento pós-Guerra Fria, com uma resolução abrangente do conflito árabe-israelense e intuíram que chegar a um acordo duradouro exigiria pressionar Israel. Baker também tinha fibra suficiente e um relacionamento próximo com o presidente para ignorar as limitações à liberdade de ação dos Estados Unidos negociadas em 1975 por Kissinger, ou pelo menos para interpretar essas limitações livremente à luz do que eles viam como o interesse nacional americano. Era o que tinham feito para iniciar as negociações: quando Shamir obstruiu o esforço inicial do governo de patrocinar uma conferência, Baker não teve medo de confrontá-lo publicamente, dizendo: "Quando estiver falando sério sobre negociar a paz, ligue para nós" e oferecendo o número de telefone da Casa Branca.[36] Baker pressionou incansavelmente pela participação palestina em Madri, enfrentando a oposição obstinada de Shamir. Aqueles de nós que o conheceram notaram que ele compreendia a situação dos palestinos sob ocupação e nossa frustração com as restrições absurdas impostas pelo governo Shamir. Essa compreensão era em parte resultado de suas interações prolongadas com Husayni, 'Ashrawi, 'Abd al-Shafi e seus colegas durante as reuniões de preparação para a conferência.

Mas a capacidade, ou a disposição, de Baker tinha limites. Uma das coisas mais importantes que ele não fez foi restringir as ações israelenses que mudaram sistematicamente o status quo na Palestina enquanto as negociações estavam em andamento. Isso incluía a construção contínua de assentamentos e a proibição a moradores do restante dos Territórios Ocupados de entrar em Jerusalém. Ambas eram graves violações dos compromissos dos Estados Unidos incorporados na carta de garantia de Baker. Na visão palestina, com essas ações Israel estava comendo preventivamente o bolo que os dois lados deveriam estar dividindo, ao mesmo tempo que explorava a proibição que impedia os delegados palestinos de falar sobre questões de status final. Embora a impaciência do governo Bush com a obstrução de Shamir e com o ritmo incessante de colonização da Cisjordânia tenha levado a Casa Branca a reter 10 bilhões de dólares em garantias de empréstimos que Israel buscava para o reassentamento de judeus russos, isso teve pouco ou nenhum efeito sobre o governo israelense.[37] Washington não iria além disso.

De qualquer forma, Baker deixou o Departamento de Estado dez meses depois de Madri, convocado em agosto de 1992 para dirigir a fracassada campanha para a reeleição de Bush. Daquele ponto em diante, os funcionários subalternos que tinham estado sob seu controle firme enquanto ele era secretário de Estado assumiram os negócios, e não tinham sua estatura, sua fria determinação ao lidar com Israel, sua imparcialidade nem sua perspicácia. Essa situação se estendeu pelos poucos meses restantes do governo Bush e depois piorou com Bill Clinton, que venceu a eleição em novembro daquele ano, e seus dois secretários de Estado, Warren Christopher e Madeleine Albright. Ninguém no topo do novo governo tinha a mesma visão do processo, de Israel ou da questão da Palestina que Bush e Baker, e todos estavam sob a forte influência dos funcionários que herdaram do governo Bush, sobretudo Dennis Ross.

Muitos membros desse grupo de especialistas tinham uma grande afinidade pessoal com o sionismo trabalhista e uma profunda admiração por Rabin (o que também era verdade no caso de Bill Clinton), que se tornou primeiro-ministro em junho de 1992. Eles tinham criado suas reputações e carreiras trabalhando no chamado processo de paz, que vinha se arrastando desde a cúpula de Camp David em 1978. A ascensão desses profissionais do processo de paz marcou o fim de uma geração dos chamados arabistas no Departamento de Estado e em outros ramos do governo. Estes últimos eram principalmente veteranos de extensos serviços governamentais no Oriente Médio com ampla capacidade linguística, que trouxeram para seu trabalho uma profunda compreensão da região e da posição dos Estados Unidos nela. Eles foram muitas vezes vilipendiados por lobbies como o American Israel Public Affairs Committee (Aipac) como sendo anti-israelenses, o que era uma ficção — na verdade, simplesmente não representavam uma visão centrada em Israel, ao contrário da maioria daqueles que acabaram por lhes suceder.[38]

Seus sucessores eram homens — todos homens — que tinham estado envolvidos nessa questão e que haviam feito pouco mais do que isso: a frase "O Oriente é uma carreira", de Disraeli, se tornou "O processo de paz é uma carreira". Eles geralmente tinham experiência acadêmica — Dennis Ross, Martin Indyk, Daniel Kurtzer e Miller tinham doutorado[39] —, mas não haviam passado anos servindo no Oriente Médio, nem tinham qualquer simpatia especial pela região ou seus povos, exceto por Israel. Vários deles serviram mais tarde como embaixadores dos Estados Unidos, Kurtzer no Egito e Israel e Indyk em Israel, outros como secretários de Estado adjuntos para o Oriente Médio e chefes de planejamento de políticas no Departamento de Estado e no Conselho de Segurança Nacional.

O decano desses profissionais do processo de paz e de longe o mais sectário era Dennis Ross. Como disse um alto funcionário do Departamento de Estado a seu respeito: "Seu mau hábito é a pré-consulta com os israelenses".[40] Outro foi ainda mais mordaz: Ross, afirmou, "tinha a tendência de capitular preventivamente diante de limites impostos", numa alusão aos limites impostos pelos israelenses.[41] Ao longo das décadas em que lidou com essa pasta, o compromisso profundo e permanente de Ross com Israel só se tornou mais aparente, especialmente depois que deixou o serviço governamental em 2011 (ele vinha entrando e saindo de cargos públicos desde meados da década de 1970). A partir de então, tornou-se, na prática, lobista de Israel, como chefe do Jewish People Policy Planning Institute, órgão fundado e financiado pela Agência Judaica, e como um ilustre membro do Washington Institute for Near East Policy, apoiado pelo Aipac, que ele cofundou com Martin Indyk. Indyk também trabalhara anteriormente para o Aipac e se tornou uma figura-chave nas negociações durante o governo Clinton (que providenciou a rápida aprovação da cidadania americana para esse cidadão australiano para que ele pudesse assumir um cargo no governo em 1993).[42]

A aberta parcialidade de Dennis Ross e de alguns de seus colegas era óbvia em todas as nossas interações. Sua característica principal era a aceitação das posições públicas declaradas dos israelenses como o limite do que era admissível em termos de política americana. Para Ross e outros, essa perspectiva estava enraizada em suas crenças básicas. Na verdade, Ross levou sua parcialidade pró-Israel ainda mais longe, fazendo suas próprias avaliações sobre o que o país não aceitaria e, portanto, sobre aquilo que os Estados Unidos não poderiam aprovar. Essas avaliações muitas vezes estavam equivocadas. Ele considerou inaceitáveis para Israel o reconhecimento da OLP e seu envolvimento nas negociações, embora Rabin de fato concordasse com esses termos. Durante um impasse em Washington, o lado norte-americano, que se recusara com firmeza a apresentar suas próprias ideias, consentiu em oferecer o que chamou de "proposta de transição". Orgulhosamente apresentada por Ross, essa ponte para lugar nenhum trazia ainda menos avanços do que a última posição apresentada em caráter informal pelos próprios israelenses.[43] A parcialidade de Ross ficou evidente em outro ponto das negociações, quando em minha audiência ele ameaçou que, se a delegação palestina não aceitasse um ponto contencioso que Israel estava forçando os Estados Unidos a impor, Washington faria com que seus "amigos no Golfo" o apoiassem.

Os obstáculos colocados por Israel eram de natureza completamente diferente. Enquanto Shamir foi primeiro-ministro, houve disputas constantes sobre procedimentos e um doloroso diálogo de surdos no que dizia respeito à substância. Em particular, Israel estava apegado à visão de Begin, enunciada em Camp David em 1978, de autonomia para o povo, mas não para a terra. Isso se coadunava com a visão da direita israelense — na verdade, o núcleo da doutrina sionista — de que apenas um povo, o povo judeu, tinha um direito legítimo à existência e à soberania em toda a terra, que era chamada de Eretz Yisrael, a terra de Israel, não da Palestina. Os palestinos eram, na melhor das hipóteses, intrusos. Na prática, isso significava que, quando estes defenderam uma ampla jurisdição legal e territorial para a futura autoridade autônoma, encontraram uma firme recusa dos negociadores israelenses. Da mesma forma, houve uma recusa em limitar a colonização de qualquer forma, o que não foi uma surpresa. Era famoso o relato segundo o qual Shamir dissera que ele teria arrastado as negociações por mais dez anos enquanto "aumentava enormemente o número de colonos judeus em território ocupado por Israel".[44]

Depois que uma coalizão liderada pelo Partido Trabalhista substituiu o governo de Shamir, Rabin, agora primeiro-ministro, oscilou entre priorizar a via síria ou a palestina. Eterno estrategista, ele percebeu que uma das vantagens de chegar a um acordo com a Síria era que isso colocaria os palestinos em uma posição mais fraca, tornando mais fácil a negociação. Também sentiu que um acordo na frente síria era mais significativo em termos estratégicos, relativamente direto e alcançável. Rabin provavelmente estava certo sobre o último ponto, e ele e Hafez al-Assad quase conseguiram chegar a um acordo.[45]

Como prova de sua seriedade em relação à Síria, Rabin indicou Itamar Rabinovich como negociador-chefe naquele país (e simultaneamente como embaixador de Israel nos Estados Unidos). Coronel da reserva do Exército israelense, no qual fora oficial graduado de inteligência, e acadêmico proeminente com profundos conhecimentos sobre a Síria, Rabinovich era a escolha ideal para esse cargo. Sua nomeação levou ao que ele mesmo descreveu como "algum progresso" com os sírios, embora no final os dois lados não conseguissem chegar a um acordo, separados sobretudo por divergências quanto à disposição de alguns quilômetros quadrados estratégicos da costa leste do mar da Galileia. Esse problema razoavelmente descomplicado, mas significativo, foi bastante ampliado pela intensa oposição de vários setores de Israel (e entre seus mais fervorosos apoiadores nos Estados Unidos) a qualquer retirada das Colinas de Golã, um passo que Rabin estava preparado para considerar. No meio das negociações, assisti por acaso a uma palestra em Chicago na qual Rabinovich não conseguiu convencer partidários da linha dura israelense ali presentes de que um acordo com a Síria era viável e desejável. Essa oposição irracional, apontei-lhe, era algo que Israel havia criado para si mesmo ao demonizar anteriormente uma Síria com a qual ele, Rabinovich, e Rabin estavam agora convencidos de que seu país poderia chegar a um acordo.

Em contraste com sua atitude relativamente flexível para com a Síria e sua nomeação de um enviado superadequado, Rabin mudou pouco a abordagem central de Israel em relação aos palestinos na mesa de negociações. Manteve no cargo o chefe da delegação israelense, Elyakim Rubinstein, diplomata experiente e mais tarde juiz da Suprema Corte, que foi duríssimo em suas relações conosco. Houve algumas mudanças nas posições de Israel — sobre as eleições palestinas, a contiguidade da Cisjordânia e da Faixa de Gaza e alguns outros assuntos —, mas o elemento central nos objetivos de Rubinstein permaneceu restrito à forma mais rigidamente limitada de autogoverno e nada mais. A decepção era palpável dentro da delegação palestina e em Túnis quando percebemos que a mudança de governo de Israel não anunciava uma mudança substancial de pontos de vista. Não deveríamos ter ficado surpresos. Em um discurso proferido em 1989, Rabin deixara claro seu compromisso com a abordagem de Begin em Camp David, incluindo autonomia, mas nenhum Estado independente para os palestinos.[46] Seis anos depois, em outubro de 1995, menos de um mês antes de ser assassinado, Rabin declarou ao Knesset que qualquer "entidade" palestina a ser criada seria "menos que um Estado".[47]

Apesar dos sinais desencorajadores em Washington em janeiro de 1992, enquanto Shamir ainda estava no cargo, a delegação palestina apresentou o esboço de uma proposta para uma Autoridade Autônoma Interina Palestina (Palestinian Interim Self-Governing Authority, Pisga), que prevíamos como o trampolim para um Estado. Uma versão aprimorada e mais substantiva foi apresentada em março. Sua ideia central era a criação de uma entidade governamental palestina, cuja autoridade deveria ser derivada de sua eleição pelo povo, incluindo moradores palestinos da Cisjordânia, Jerusalém, Faixa de Gaza, os deslocados dessas áreas em 1967, bem como os deportados desde então por Israel. Após a eleição, o governo militar israelense e sua burocracia de ocupação, a eufemisticamente chamada Administração Civil, transfeririam todos os poderes para essa nova autoridade, após o que esses órgãos se retirariam. A autoridade teria jurisdição completa (mas nem soberania nem controle de segurança total) sobre ar, terra e água de todos os Territórios Ocupados, incluindo assentamentos (mas não colonos) e sobre todos os seus habitantes palestinos. Israel teria sido obrigado a congelar a atividade de assentamentos e retirar suas tropas "para pontos de redistribuição ao longo das fronteiras dos territórios palestinos ocupados" quando essa autoridade fosse implantada.[48]

Apesar de a proposta da Pisga constituir um esforço genuíno de vislumbrar uma transição de ocupação para independência, foi em última análise uma vã tentativa de acabar com as limitações que restringiam as negociações e as formas de autogoverno que Israel estava preparado para tolerar. Essas formas essencialmente reservavam todos os poderes sobre segurança, terra, água, espaço aéreo, registros populacionais, movimento, assentamentos e a maioria dos outros assuntos de importância para Israel. Muitos foram os motivos para o fracasso da proposta da Pisga, sendo o principal deles a doutrina que estava na raiz do deslocamento dos palestinos: a doutrina sionista do direito exclusivo dos judeus sobre toda a Palestina. A jurisdição, tal como amplamente prevista na proposta, contradizia aquela doutrina central da qual tudo fluía; chegou muito perto do não-não da soberania para ser aceitável para Rubinstein e seus chefes políticos, fossem eles Yitzhak Shamir ou Yitzhak Rabin.

Túnis criou outro obstáculo. Embora os líderes da OLP tivessem aprovado a proposta, senti uma clara falta de entusiasmo pelos conceitos que ela incorporava. Eles não a promoveram internacionalmente, no mundo árabe ou em Israel, embora isso pudesse ter dado algum impulso a ela. Talvez soubessem que o governo israelense nunca a aceitaria e estivessem ansiosos demais por um acordo aceitável, qualquer acordo. Ou sua resposta morna pode ter se devido ao ciúme de uma delegação que na verdade produziu um plano complexo e cuidadosamente elaborado em vez de apenas reagir ao que quer que fosse apresentado por seus adversários, como a OLP tinha feito desde o início do processo e ainda faz hoje.

Esse problema foi agravado pela profunda tensão existente entre a OLP em Túnis e os palestinos dos Territórios Ocupados, muitos deles líderes veteranos da intifada, que eram os membros oficiais da delegação. Todos estávamos cientes dessa tensão e de vez em quando a víamos explodir abertamente. Muitos de nós estiveram presentes na suíte de hotel de Faysal Husayni em Washington durante furiosas conversas telefônicas entre ele e 'Arafat. Os israelenses também estavam cientes da tensão e felizes em explorá-la. Em 1993, eles mudaram repentinamente as regras básicas das conversações e permitiram a participação direta de Husayni, 'Ashrawi e outros (entre os quais conselheiros americanos) que haviam sido excluídos das negociações formais. Isso pode ter parecido uma concessão generosa, mas, como Rabin disse a Clinton durante uma reunião, seu objetivo ao fazê-lo era semear divisões entre os palestinos na esperança de que "um líder local pudesse enfrentar 'Arafat".[49] Essas táticas de dividir para governar, que Rabin havia empregado quando era ministro da Defesa, são procedimentos habituais para qualquer governante colonialista, mas no final não importaram. Depois de rejeitar nossa proposta da Pisga, a delegação em Washington não recebeu nenhuma contraproposta séria dos israelenses que alterasse significativamente o status quo colonialista dentro da Palestina. Em consequência, as conversações de Washington provaram ser infrutíferas.

Algo fundamental acabou mudando na posição israelense, embora tivéssemos tido apenas um vislumbre dessa mudança durante o tempo que passamos em Washington. Após mais de um ano e meio de impasse e frustração, soubemos que uma importante conversa secreta havia ocorrido entre a OLP e Israel. Na última rodada de conversações com os israelenses em Washington em junho de 1993, 'Ashrawi e eu fomos encarregados de, durante a noite, redigir um documento para servir de base para um briefing sobre essa conversa, que deveríamos entregar no dia seguinte aos diplomatas que representavam os moderadores americanos. Quando ouvi o que deveríamos dizer a eles, fiquei surpreso. A OLP e Israel, soubemos, tinham chegado a um entendimento confidencial segundo o qual os quadros e as forças da organização, "possivelmente incluindo oficiais do Exército de Libertação da Palestina", deveriam ser autorizados a entrar nos Territórios Ocupados e assumir funções como forças de segurança. Isso foi uma revelação para aqueles de nós que deveriam entregar o briefing. Se fosse verdade, significava que a OLP e Israel tinham estado envolvidos em negociações secretas e diretas (houvera rumores nesse sentido) e que eles já haviam chegado a um entendimento provisório sobre a questão primordial para Rabin e 'Arafat: segurança.

Mais tarde, soubemos que esse avanço foi o resultado da abertura de um canal de negociação não revelado que era completamente separado das conversações secretas de Oslo e que nunca teve a mesma notoriedade. Esse foi apenas um dos vários canais que Rabin autorizou, mantendo a existência de cada um oculta dos envolvidos nos demais.[50] Os protagonistas das negociações paralelas de Oslo, o ministro das Relações

Exteriores israelense, Shimon Peres, e Ahmad Quray' (Abu al-'Ala'), tinham uma grande e merecida fama como autopromotores implacáveis, e era de esperar que garantissem que sua história obliterasse qualquer outra, e foi exatamente o que aconteceu.[51] Em contraste, Rabin e 'Arafat usaram intermediários de confiança para chegar a um entendimento silencioso sobre a questão-chave da segurança, que era uma condição prévia essencial e a base para o sucesso do processo de Oslo, mais conhecido e mais exaustivo, que estava simultaneamente em andamento.

Essas conversações sobre segurança aconteceram totalmente fora dos holofotes, em um local ainda hoje ignorado, por meio de enviados discretos, e pouco se sabe sobre elas até hoje. Eram lideradas, do lado de Israel, por um ex-chefe de inteligência militar que também servira como o primeiro coordenador a lidar com os palestinos sob ocupação, o general de divisão (aposentado) Shlomo Gazit. Rabin parecia depositar total confiança apenas em oficiais veteranos em serviço, reservas e aposentados, como Gazit e Rabinovich.[52] 'Arafat tinha a mesma inclinação, e dessa forma o homólogo de Gazit era Nizar 'Ammar, um oficial veterano do serviço de inteligência de Abu Iyad, que mais tarde serviu como comandante das forças de segurança da Autoridade Palestina (AP).[53] 'Arafat havia claramente autorizado o briefing que Hanan, meus colegas e eu estávamos prestes a apresentar. Eu sabia disso porque, céticos acerca do fato de os israelenses terem pensado em aceitar termos tão amplos, enviamos para Túnis um rascunho do documento, que atenuava um pouco o que tínhamos sido orientados a dizer. Imediatamente recebemos correções na caligrafia inconfundível de 'Arafat, devolvendo ao rascunho sua força total.

Em 23 de junho de 1993, informamos Dan Kurtzer e Aaron David Miller dos fatos, e eles também ficaram incrédulos, embora não tivéssemos sido autorizados a dizer explicitamente que existia um acordo formal (o que era verdade: na melhor das hipóteses, era um acordo informal, embora significativo e abrangente). Hanan 'Ashrawi disse que, para garantir a segurança, os palestinos dependeriam "de recursos externos", por exemplo, "oficiais do Exército de Libertação da Palestina" com experiência relevante. Acrescentei que "gestores de segurança israelenses" entendiam que tais indivíduos eram uma necessidade. Um dos diplomatas americanos rapidamente compreendeu que algo "pode estar acontecendo nas comunicações entre israelenses e palestinos", mas duvidou que tal arranjo fosse funcionar, "a menos que vocês tenham um entendimento com os israelenses". Tentei tranquilizá-los, dizendo que "não achamos que teremos problemas em concordar sobre isso" com Israel. "Bem, pela primeira vez estamos sem palavras", disse Kurtzer, enquanto Miller acrescentou que "esta apresentação de segurança é de outro mundo".[54]

Esses experientes diplomatas americanos sabiam, sem dúvida, que canais secretos haviam sido estabelecidos entre os dois lados, mas achavam difícil imaginar que a OLP e Israel pudessem concordar em algo tão abrangente. Eles também podem ter ficado desapontados, pois essa informação ia contra tudo em que eles e Dennis Ross acreditavam e sempre tinham dito a seus superiores no Departamento de Estado e na Casa Branca: os israelenses nunca lidariam diretamente com a OLP, muito menos permitiriam que forças do Exército de Libertação da Palestina nos Territórios Ocupados se encarregassem da segurança. Qualquer que fosse a reação deles, porém, a coisa não dependia mais dos americanos.

Essa importante mudança resultou da lição que Rabin aprendera com a intifada: que Israel não podia mais controlar os Territórios Ocupados apenas com o uso da força. Por consequência, ele estava disposto a fazer algumas coisas de maneira diferente de Begin e Shamir enquanto continuava a ocupação militar e a colonização do que restava da Palestina (de fato, os gastos com os assentamentos foram reduzidos sob o governo de Rabin, mas a atividade geral dos assentamentos aumentou). Para esse fim, autorizou o contato direto com a OLP, mas se apegou à estreita opção de autogoverno limitado. Com o tempo, esses contatos clandestinos o levaram a aceitar o retorno da maioria dos líderes e quadros da organização à Palestina no contexto do reconhecimento mútuo entre os dois lados, o que serviu como base para a Declaração de Princípios entre Israel e a OLP assinada no jardim da Casa Branca em setembro de 1993. Por meio desse acordo, Israel reconheceu a OLP como representante do povo palestino e a OLP reconheceu o Estado de Israel.

Embora Rabin tivesse feito algo que nenhum outro líder israelense jamais fizera ao admitir formalmente a existência de um povo palestino, aceitando a OLP como seu representante e abrindo negociações com ela, obtendo em contrapartida o reconhecimento do Estado de Israel, essa troca não era nem simétrica nem recíproca. Israel não havia reconhecido um Estado palestino e nem mesmo se comprometido a permitir a criação de algo nesses termos. Essa foi uma transação peculiar, pela qual um movimento de libertação nacional obtivera reconhecimento nominal de seus opressores, sem alcançar a libertação, negociando seu próprio reconhecimento do Estado que havia colonizado sua pátria e continuava a ocupá-la. Esse foi um erro retumbante e histórico, com graves consequências para o povo palestino.

Em junho de 1993, três meses antes da cerimônia de assinatura no jardim da Casa Branca, as negociações de Washington não eram mais o principal local para conversas entre a OLP e Israel. A mais importante das várias linhas de comunicação secretas e diretas que haviam se aberto entre as duas partes estava em

Oslo. Os dois lados queriam escapar da atenção de nossos anfitriões americanos e da mídia, embora essa fosse uma razão secundária para a mudança. Assim que Rabin e 'Arafat descobriram que um acordo direto era possível, designaram vários emissários para explorar mais as possibilidades. As conversações em Oslo foram autorizadas pelos dois líderes, mas supervisionadas no lado israelense por Shimon Peres e no palestino por Mahmud 'Abbas (Abu Mazin).

Lá a Declaração de Princípios, que veio a se chamar Oslo I, foi elaborada, e nela foram amarradas as especificações do acordo entre os dois lados. O problema com o acordo era que o diabo está nos detalhes, e o pessoal que a OLP enviou a Oslo não era forte neles. Na verdade, faltava-lhes perícia linguística ou legal, entre outras necessárias para compreender exatamente o que os israelenses estavam fazendo. Após rodadas iniciais de discussões exploratórias lideradas pelo lado israelense por dois acadêmicos, os palestinos se viram diante de uma tremenda equipe de negociação, que incluía indivíduos com vasta experiência jurídica internacional, como Joel Singer (outro ex-coronel das Forças Armadas de Israel).

Essa equipe foi montada por Shimon Peres, que não estava mais disposto a ver os palestinos como iguais ou a apoiar o Estado e a soberania palestinos do que Rabin ou Shamir. Os enviados palestinos em Oslo estavam simplesmente despreparados, careciam de recursos e treinamento, nenhum deles estivera na Palestina ocupada havia décadas e não tinham estudado nem absorvido os resultados de nossas dez rodadas de negociações com Israel. O agravamento da situação da população palestina nos Territórios Ocupados depois de Oslo, desde meados da década de 1990, em grande parte resultou da escolha de enviados cujo desempenho em Oslo foi inepto, e da vontade de 'Arafat e seus colegas de assinarem os acordos falhos que elaboraram.[55]

Quando vimos pela primeira vez o texto do que fora acordado em Oslo, aqueles entre nós que tinham 21 meses de experiência em Madri e Washington perceberam de imediato que os negociadores palestinos não haviam entendido o que Israel queria dizer com autonomia. O que eles tinham assinado era uma forma altamente restrita de autogoverno em um fragmento dos Territórios Ocupados, e sem controle de terra, água, fronteiras ou muito mais. Nesses e nos acordos subsequentes neles baseados, em vigor até os dias atuais com pequenas modificações, Israel manteve todas essas prerrogativas, o que de fato equivale ao controle praticamente completo sobre a terra e o povo, junto com a maioria dos atributos de soberania. Era exatamente isso que nossa proposta da Pisga tinha procurado evitar, pela atribuição de uma jurisdição robusta sobre pessoas e terras a uma autoridade palestina eleita e autônoma. Como resultado de sua incapacidade de perceber a importância desses ativos vitais, os negociadores palestinos em Oslo tinham caído em armadilhas e mais armadilhas que havíamos conseguido evitar. Com efeito, acabaram aceitando uma versão pouco modificada do plano de autonomia Begin, ao qual os governos Shamir e Rabin se mantiveram firmes.

Após a rejeição de Israel à proposta da Pisga, nossa delegação se recusou a aceitar o autogoverno à maneira de Begin. Os delegados dos Territórios Ocupados sabiam o que o estilo de autogoverno israelense significaria na prática, assim como os conselheiros da delegação, que moravam ou haviam passado muito tempo na Palestina. Dada a recusa dos governos Shamir e Rabin em aprovar um congelamento permanente de assentamentos ou acabar com o regime militar, sabíamos que eles estavam oferecendo mudanças cosméticas apenas enquanto pretendiam manter o status quo da ocupação por um futuro indefinido. É por isso que não arredamos pé em Washington e que a OLP deveria ter ordenado a seus enviados em Oslo que se mantivessem firmes contra um acordo no estilo Begin, que Edward Said corretamente qualificou como "um instrumento de rendição palestina, uma Versalhes palestina".[56]

Estou convencido de que rejeitar a oferta básica de Israel em Washington e em Oslo teria sido o caminho certo. Se a OLP tivesse adotado uma postura firme, o resultado não teria sido pior do que a perda de terras, recursos e liberdade de movimento sofridos pelos palestinos desde 1993. No fim das contas, sair sem um acordo teria sido melhor do que o que emergiu de Oslo. A ocupação teria continuado, como continuou de qualquer maneira, mas sem o véu do autogoverno palestino, sem aliviar Israel do fardo financeiro de governar e administrar uma população de milhões, e sem a "coordenação de segurança" — o pior resultado de Oslo — pelo qual a Autoridade Palestina ajuda Israel a policiar os inquietos palestinos que vivem sob seu regime militar à medida que suas terras são gradualmente apropriadas por colonizadores israelenses.

Existe também a pequena chance de que Rabin pudesse ter sido forçado a conceder termos melhores. Se tais termos hipotéticos poderiam ter levado a um Estado palestino verdadeiramente soberano, é impossível dizer. No entanto, assim como a OLP se sentiu compelida a garantir um acordo, Rabin também sentiu a necessidade de produzir um entendimento, sobretudo depois que o progresso na via Síria parou. Segundo Itamar Rabinovich, em agosto de 1993 Rabin "se sentiu pressionado" a fazer um movimento drástico, dado o impasse após um ano de negociações com a Síria e os palestinos, e a instabilidade do governo de coalizão que ele chefiava.[57] Esse movimento poderia ter sido feito na direção de um melhor acordo para os palestinos.

Tal resultado não parece provável, no entanto, uma vez que Rabin mostrou estar restrito por suas limitações e preconceitos: uma preocupação arraigada com a segurança, o que no léxico israelense tem um significado abrangente de completo domínio e controle do adversário; e um profundo desdém pelo nacionalismo palestino e pela OLP em particular, contra a qual lutara durante grande parte de sua carreira. Esse desdém ficou evidente no rosto de Rabin quando apertou a mão de 'Arafat em Washington em setembro de 1993. Ele também teve que levar em conta a feroz oposição a qualquer acordo genuíno com os palestinos por parte dos fervorosos partidários nacionalistas-religiosos da Grande Terra de Israel. Estava certo em temer esse poderoso grupo. Um de seus adeptos, Yigal Amir, o matou em 1995 e desde então eles dominam a política israelense.

Yasser 'Arafat retornou à Palestina em julho de 1994 e eu o visitei logo depois em seu novo escritório central com vista para o mar em Gaza. Sentia-se em êxtase por estar de volta à sua terra natal depois de quase trinta anos e por ter escapado da gaiola dourada que tinha sido seu destino em Túnis. Não parecia perceber que havia se mudado de uma gaiola para outra. Fui expressar minha profunda preocupação com o agravamento da situação na Jerusalém Oriental árabe, onde eu morava. Israel havia fechado a cidade para palestinos do restante dos Territórios Ocupados e começara a erguer uma série de muros e enormes postos de controle de fronteira fortificados para regular a entrada.

Havia muitos sinais preocupantes de que as coisas estavam piorando para a população palestina de Jerusalém, com restrições draconianas à entrada de moradores da Cisjordânia e de Gaza a estrangular a economia da parte árabe da cidade, e uma aceleração da tomada de terras, de demolições de casas e do exílio de habitantes de Jerusalém que Israel arbitrariamente considerava terem perdido sua residência. 'Arafat ignorou minhas inquietações. Logo percebi que minha visita era perda de tempo. Ele ainda flutuava em uma onda de euforia, desfrutando das homenagens de delegações devotas vindas de toda a Palestina. Não estava com disposição para ouvir más notícias e, de qualquer forma, indicou com ar despreocupado, qualquer problema logo seria resolvido. Fui alvo precisamente da mesma rejeição mais tarde naquele dia, quando expressei preocupações semelhantes a Abu Mazin, também recém-chegado a Gaza.

Ficou claro para mim que 'Arafat e Abu Mazin presumiram com otimismo que aquilo que seus enviados não tinham conseguido obter para os palestinos em Oslo eles conseguiriam extrair de Israel em negociações subsequentes. 'Arafat talvez estivesse confiando em sua lendária habilidade de manobra, que usara por décadas para lidar com os regimes árabes, acabando por esgotar a paciência de muitos de seus monarcas e ditadores. Mas os israelenses não eram nem um pouco suscetíveis à prestidigitação pela qual ele era famoso. Mantiveram suas armas com firmeza, e os acordos posteriores foram tão unilaterais quanto Oslo I.

O Acordo Provisório sobre a Cisjordânia e a Faixa de Gaza, ou Oslo II, como é conhecido, foi aceito pelos dois lados em 1995 e completou o trabalho ruinoso de Oslo I. O documento transformou ambas as regiões em um infame patchwork de áreas — A, B e C —, com mais de 60% do território, a Área C, sob controle israelense completo, direto e irrestrito. A Autoridade Palestina recebeu controle administrativo e de segurança nos 18% que constituíam a Área A, e controle administrativo nos 22% da Área B, enquanto ali Israel permaneceu no comando da segurança. Juntas, as Áreas A e B compreendiam 40% do território, mas abrigavam cerca de 87% da população palestina. A Área C incluía todos os assentamentos judaicos, menos um. Israel também manteve pleno poder sobre a entrada e saída de todas as partes da Palestina e deteve o controle exclusivo dos registros da população (o que significava que decidia quem tinha direitos de residência e quem poderia morar onde). A construção de assentamentos continuou em ritmo acelerado, Jerusalém foi ainda mais separada da Cisjordânia e palestinos dos Territórios Ocupados foram cada vez mais impedidos de entrar em Israel. Mais tarde, dezenas de postos de controle militares e centenas de quilômetros de muros e cercas eletrificadas dividiram a Cisjordânia em uma série de ilhas isoladas e danificaram a paisagem.

Logo se tornou impossível fazer aquilo que eu e muitos palestinos tínhamos feito regularmente e sem dificuldade: dirigir de Jerusalém para Ramallah em menos de meia hora, ou viajar rápido para Gaza a partir da Cisjordânia. Nunca esquecerei o solitário soldado israelense inclinado para trás em uma cadeira, com a arma no colo, que preguiçosamente nos fez passar pelo posto de controle em ruínas que marcava a entrada da Faixa de Gaza quando ali chegamos em minha primeira visita depois dos Acordos de Oslo. Com os novos postos de controle e muros e a necessidade de licenças israelenses difíceis de obter para passar por eles, com Israel bloqueando a livre circulação entre Cisjordânia, Gaza e Jerusalém Oriental, e com estradas vetadas ao tráfego de palestinos, a constrição progressiva da vida palestina, sobretudo para os habitantes de Gaza, estava em andamento. 'Arafat e seus colegas na liderança da OLP, que passavam pelos postos de controle com seus passes VIP, não pareciam se dar conta do crescente confinamento de palestinos comuns ou se importar com isso.

A maioria do pessoal da OLP logo se mudou de Túnis e de outros lugares para os Territórios Ocupados, onde assumiu cargos, em geral os mais altos, nas forças de segurança e nas instituições da Autoridade Palestina. Esta, em tese, havia sido criada como o órgão provisório para o autogoverno nos Territórios Ocupados, a ser suplantado em alguns anos por uma forma permanente de governança após as negociações de status final — o que nunca aconteceu. A OLP realizou sua realocação em massa como se a liberação já tivesse ocorrido, em vez de manter parte, se não o máximo, de seu aparato fora da Palestina até que o resultado dos Acordos de Oslo ficasse claro. Apenas o Departamento Político — seu Ministério das Relações Exteriores — e alguns outros escritórios permaneceram em Túnis ou em outros países. Do ponto de vista humano, era fácil se solidarizar com o desejo de voltar para casa após um longo exílio, e também com o desejo de escapar das inóspitas capitais árabes para as quais a OLP havia sido enviada desde 1982. Também fazia sentido que o pessoal da organização vivesse entre sua base política popular, o segmento localizado dentro da Palestina, depois de ter sido isolado da maioria das comunidades locais.

    Mas havia um perigo oculto em trazer a maior parte da OLP para os Territórios (ainda) Ocupados. 'Arafat e seus colegas tinham com efeito se colocado em uma jaula, à mercê de um regime militar que se manteve em vigor e praticamente inalterado. Em um sinal ameaçador, Israel tentou impedir que alguns funcionários da organização morassem em Jerusalém ou lá trabalhassem. O pior estava por vir. Em 2002, no auge da intensa violência da Segunda Intifada, soldados israelenses invadiram os escritórios da Autoridade Palestina em Ramallah e outras partes da Área A. Eles também fecharam a Casa do Oriente, havia muito o centro da atividade política palestina em Jerusalém e sede das equipes que negociavam com Israel. Ela permanece fechada até hoje.[58] Israel também foi capaz de restringir ou proibir quaisquer atividades, viagens ou reuniões palestinas, e usou esse poder liberalmente contra os líderes da AP. Com efeito, a OLP entrara na boca do leão e não demorou muito para que as mandíbulas se fechassem. Em setembro de 2002, o Exército israelense impôs um cerco ao Muqata'a, o quartel-general de 'Arafat em Ramallah, tornando-o um prisioneiro virtual pelos próximos dois anos até pouco antes de sua morte.

No quarto de século que se passou desde os Acordos de Oslo, a situação na Palestina e em Israel foi muitas vezes falsamente descrita como um confronto entre duas entidades quase equivalentes, entre o Estado de Israel e o quase Estado da Autoridade Palestina. Essa representação mascara a realidade colonialista desigual e inalterada. A AP não tem soberania, jurisdição nem autoridade, exceto aquela permitida por Israel, que controla até a maior parte de suas receitas na forma de taxas alfandegárias e alguns impostos. Sua função principal, à qual grande parte de seu orçamento é dedicado, é a segurança, mas não para seu povo: a AP tem obrigação, pelos ditames dos Estados Unidos e de Israel, de fornecer segurança aos colonos e às forças de ocupação israelenses contra a resistência, violenta ou não, de outros palestinos. Desde 1967, existe uma autoridade estatal em todo o território do Mandato da Palestina: a de Israel. A criação da AP nada fez para mudar essa realidade, reorganizando as espreguiçadeiras do *Titanic* palestino, ao mesmo tempo que proporcionava à colonização e à ocupação israelenses um indispensável escudo palestino. Diante do colosso que é o Estado de Israel está um povo colonizado a quem foi negada a igualdade de direitos e a capacidade de exercer seu direito de autodeterminação nacional, uma condição ininterrupta desde que a ideia de autodeterminação se firmou globalmente após a Primeira Guerra Mundial.

Com a intifada, Rabin e o establishment de segurança israelense tinham percebido que a ocupação — com tropas de Israel policiando centros palestinos densamente povoados que ferviam de raiva — precisava de modificações. O resultado dessa percepção, a base de Oslo, foi projetado para preservar as partes da ocupação que eram vantajosas para Israel — os privilégios e as prerrogativas desfrutadas pelo Estado e pelos colonos —, enquanto aliviava responsabilidades onerosas e ao mesmo tempo interditava aos palestinos a autodeterminação, o Estado e a soberania genuínos. Oslo I foi a primeira modificação desse tipo, com outras adicionadas nos anos seguintes, todas visando manter a disparidade de poder, independentemente de quem fosse o primeiro-ministro de Israel.

Oslo I também envolveu a modificação de maior alcance, que foi a decisão de recrutar a OLP como subcontratada para a ocupação — esse era o verdadeiro significado do acordo de segurança que Rabin fez com 'Arafat, anunciado por meus colegas e por mim aos diplomatas americanos em junho de 1993. O ponto-chave era sempre a segurança para Israel, sua ocupação e colonos, enquanto transferia o custo e a responsabilidade de subjugar a população palestina. Sem rodeios, como o general de divisão Shlomo Gazit, colaborador de Rabin, afirmou publicamente em 1994, "Yasser 'Arafat tem uma escolha. Ele pode ser um Lahd ou um super-Lahd".[59] Gazit se referia a Antoine Lahd, o comandante libanês do Exército do Sul do Líbano, armado, pago e controlado por Israel, encarregado de ajudar a manter a ocupação israelense do sul do Líbano de 1978 a 2000. Com essa observação reveladora, Gazit confirmou o real objetivo daquilo que ele e seu chefe, Rabin, haviam estabelecido com Oslo.

O sistema criado em Oslo e Washington não foi apenas um empreendimento de Israel. Este, como em 1967 e 1982, foi acompanhado por seu indispensável patrocinador, os Estados Unidos. A camisa de força de Oslo não poderia ter sido imposta aos palestinos sem a conivência americana. De Camp David em 1978 em diante, a arquitetura das negociações, com seu estágio intermediário desonesto e infinitamente flexível e o adiamento da soberania palestina, não foi imposta principalmente por Israel, mesmo que a estrutura tenha sido sonhada por Begin e levada adiante por seus herdeiros em ambos os blocos políticos israelenses, Likud e Trabalhista. Foram os Estados Unidos que forneceram a força por trás da insistência de que, para os palestinos, esse era o único caminho de negociação, levando a apenas um resultado possível. Os Estados Unidos não eram apenas um acessório: eram parceiros de Israel.

Essa parceria envolveu muito mais do que simplesmente aquiescência ou consentimento por parte de todos os governos dos Estados Unidos, desde Carter até hoje. Tem contado com o apoio americano nos níveis político, diplomático, militar e legal — as generosas somas de dinheiro em ajuda, empréstimos e doações de caridade isentas de impostos fornecidas para apoiar os assentamentos e a sorrateira absorção dos bairros árabes em Jerusalém; e o fluxo copioso das armas mais avançadas do mundo — para avançar a colonização de toda a Palestina por Israel. Os Acordos de Oslo, na verdade, constituíram outra declaração de guerra americano-israelense contra os palestinos sancionada internacionalmente em apoio ao projeto secular do movimento sionista. Mas, ao contrário de 1947 e 1967, dessa vez os líderes palestinos se deixaram levar pela cumplicidade com seus adversários.

6.
Sexta declaração de guerra
2000-14

> *Esse é um colonialismo único ao qual fomos submetidos, onde não há uso para nós. O melhor palestino para eles ou está morto ou foi embora. Não querem nos explorar, nem precisam nos manter lá, como na Argélia ou na África do Sul, como uma subclasse.*
>
> Edward Said[1]

Para a maioria dos palestinos, a profunda decepção com os Acordos de Oslo ocorreu pouco depois da cerimônia de assinatura em 1993 no jardim da Casa Branca. A perspectiva do fim da ocupação militar e do roubo de terras para assentamentos israelenses foi recebida a princípio com euforia, e muitas pessoas acreditavam que estavam no início de um caminho que levava à condição de Estado. Com o passar do tempo, houve uma percepção crescente de que, apesar dos termos de Oslo, e até por causa deles, a colonização da Palestina continuava em ritmo acelerado e Israel não estava mais perto de permitir a criação de um Estado palestino independente.

De fato, as condições pioraram muito para todos, exceto para um número muito pequeno de indivíduos cujos interesses econômicos ou pessoais estavam entrelaçados com a Autoridade Palestina e que se beneficiavam de relações normalizadas com Israel. Para todos os demais, houve constantes negações de permissão para viajar e transportar mercadorias de um lugar para outro, à medida que um sistema labiríntico de autorizações, postos de controle, muros e cercas foi criado.

Numa consciente política israelense de "separação", Gaza foi separada da Cisjordânia, a qual, por sua vez, foi separada de Jerusalém; empregos dentro de Israel não foram restituídos; os assentamentos e as estradas exclusivas para colonos que ficam entre eles proliferaram, fragmentando a Cisjordânia com efeitos devastadores. Entre 1993 e 2004, o PIB per capita caiu, apesar das promessas de que a prosperidade estava chegando.[2]

Alguns privilegiados — figuras influentes da OLP ou da AP — receberam passes VIP que lhes permitiam transitar pelos postos de controle israelenses. Todos os outros perderam a capacidade de se mover livremente pela Palestina. Até 1991, um grande número de palestinos tinha trabalhado em Israel sem impedimentos e sem necessidade de autorização especial. Podia-se viajar em um carro com placas da Cisjordânia ou de Gaza em qualquer lugar em Israel e nos Territórios Ocupados. Qualquer expectativa de ter essa liberdade restaurada foi logo suprimida. A maioria da população não conseguia obter autorização para viajar e agora estava efetivamente confinada à Cisjordânia ou à Faixa de Gaza, às estradas secundárias pontilhadas de postos de controle destinadas à população nativa, enquanto os colonos percorriam uma rede de soberbas rodovias e viadutos construídos para seu uso exclusivo.

Esse confinamento pós-Oslo foi mais restritivo na Faixa de Gaza. Nas décadas que se seguiram a 1993, a faixa foi isolada do resto do mundo em etapas, cercada por tropas em terra e pela Marinha israelense por mar.[3] Entrar e sair exigia licenças e se tornou possível apenas através de enormes postos de controle fortificados que pareciam currais de gado para humanos, enquanto fechamentos arbitrários israelenses com frequência interrompiam o embarque de mercadorias dentro e fora da faixa. Os resultados na economia daquilo que era de fato um cerco à Faixa de Gaza foram particularmente prejudiciais. A maioria dos habitantes locais dependia do trabalho em Israel ou da exportação de mercadorias. Com restrições rigorosas para fazer as duas coisas, a vida econômica sofreu um lento estrangulamento.⁴

Em Jerusalém, o maior e mais importante centro urbano da Palestina árabe, barreiras colocadas nas entradas dos bairros palestinos de Jerusalém Oriental impediram a livre circulação entre a cidade e a Cisjordânia, da qual a cidade dependia econômica, cultural e politicamente. Seus mercados, escolas, empresas, instituições culturais e escritórios profissionais haviam prosperado principalmente por conta de uma clientela de todos os Territórios Ocupados, bem como de palestinos de dentro de Israel e turistas estrangeiros. De repente, os palestinos da Cisjordânia e de Gaza foram obrigados a obter autorizações, inatingíveis para a maioria das pessoas. Mesmo que conseguissem obter uma permissão, humilhações rotineiras e horas de atraso os aguardavam ao passar pelos postos de controle israelenses que controlavam o movimento para a cidade a partir da Cisjordânia. O impacto desse fechamento de Jerusalém para a economia da cidade foi devastador. De acordo com um relatório de 2018 da União Europeia, a contribuição da Jerusalém Oriental árabe para o PIB palestino encolheu de 15% em 1993 para 7% hoje. O relatório observou que, "devido a seu isolamento físico e à estrita política de permissão israelense, a cidade deixou, em grande parte, de ser o centro econômico, urbano e comercial que já foi".⁵

Essa deterioração da situação passou despercebida da mídia tradicional, e houve grande surpresa nos círculos internacionais quando a população palestina, ainda sob ocupação, expressou seu amargo sentimento de traição por meio de manifestações massivas em setembro de 2000. O brilho persistente e ofuscante de Oslo havia cegado a maioria dos observadores, em Israel, nos Estados Unidos e na Europa, e sobretudo dentro dos círculos sionistas liberais. O mito do caráter benéfico de Oslo continuou a impedir uma análise lúcida, mesmo após a erupção de violência em 2000.[6]

Mas para o Hamas, o novo e vigoroso rival da OLP, a evidência de que Oslo não era aquilo que seus defensores palestinos haviam feito parecer foi proveitosa. Fundado no início da Primeira Intifada, em dezembro de 1987, o grupo tinha crescido rápido, capitalizando as correntes de descontentamento popular com a OLP que haviam surgido por várias razões. Durante a intifada, insistira em manter uma identidade separada, recusando-se a ingressar no Comando Nacional Unificado. Promoveu-se como uma alternativa islamista mais militante à OLP, denunciando o abandono da luta armada e a opção pela diplomacia que foi adotada na Declaração de Independência do Conselho Nacional da Palestina (CNP) em 1988. Somente o uso da força poderia levar à libertação da Palestina, argumentava o Hamas, reafirmando a reivindicação da totalidade de seu território, não apenas das áreas ocupadas por Israel em 1967.[7]

O Hamas vinha do ramo palestino da Irmandade Muçulmana, uma organização fundada no Egito em 1928 com objetivos reformistas, mas que se voltou para a violência nas décadas de 1940 e 1950, reconciliando-se com o regime egípcio de Sadat na década de 1970. Foi fundado em Gaza por militantes que achavam que a Irmandade tinha sido muito complacente com os ocupantes israelenses em troca de tratamento brando. De fato, nas duas primeiras décadas da ocupação, quando reprimiram severamente todos os outros grupos políticos, sociais, culturais, profissionais e acadêmicos palestinos, as autoridades militares tinham permitido que a Irmandade operasse livremente. Por causa de sua utilidade para a ocupação, por dividir o movimento nacional palestino, a tolerância dos israelenses para com Irmandade foi estendida ao Hamas, apesar de seu programa intransigente e antissemita e do compromisso com a violência.[8]

Essa não era a principal razão de seu sucesso, no entanto. A ascensão do Hamas foi parte de uma tendência regional que representou uma resposta ao que muitos perceberam como a falência das ideologias nacionalistas seculares que haviam dominado a política no Oriente Médio durante a maior parte do século XX. Na esteira da mudança da OLP, da luta armada e em direção a um caminho diplomático destinado a levar a um Estado palestino que não conseguiu obter resultados, muitos palestinos sentiram que a organização havia perdido o rumo — e em consequência disso o Hamas se expandiu, apesar de suas posições sociais extremamente conservadoras e da visão superficial de futuro que propunha.

O grupo ficou momentaneamente desconcertado com a onda de satisfação popular quando a conferência de paz de Madri foi convocada com a participação palestina, embora sob condições impostas por Israel. Durante as negociações de Washington, no entanto, continuou a criticar o próprio princípio de negociação com Israel e manteve seu projeto de manter viva a intifada. A assinatura dos Acordos de Oslo teve efeito semelhante ao aumentar as expectativas palestinas e minar temporariamente o Hamas. Mas, dado que a posição da OLP estava ligada aos resultados de suas negociações com Israel, a decepção popular generalizada que se seguiu à implementação dos acordos deixou o Hamas pronto para colher os benefícios e aprofundou sua crítica à organização e à recém-formada AP.

Os palestinos sofreram outra decepção quando o período interino de cinco anos especificado nos acordos se prolongou muito depois da data prevista para seu término. Esse foi mais um revés para a estratégia de negociação de 'Arafat, assim como o fato de que as negociações de status final nunca foram iniciadas, muito menos concluídas, como deveriam ter sido em 1999. Outro revés para a OLP foi o fracasso, em 2000, da última cúpula de Camp David entre 'Arafat e o primeiro-ministro de

Israel, Ehud Barak. Convocada pelo presidente Clinton nos meses finais de seu segundo mandato, quando ele já não tinha força política, depois que o governo de Barak perdeu a maioria no Knesset e quando a popularidade de 'Arafat se encontrava em acentuado declínio, a cúpula foi mal preparada. Não houvera entendimentos prévios entre os dois lados, como é normal em eventos desse tipo, e 'Arafat teve que ser coagido a comparecer, temendo ser responsabilizado por seu eventual fracasso.

Camp David terminou em desastre, com Barak evitando reuniões essenciais com 'Arafat e apresentando uma proposta secreta através dos americanos, enquanto recusava quaisquer modificações. Com esse procedimento extraordinário, os Estados Unidos de fato endossaram formalmente a posição israelense. A proposta inalterável de Barak — que nunca foi publicada e que só poderia ser reconstruída posteriormente com os testemunhos daqueles que participaram das conversas — era inaceitável para os palestinos em vários aspectos cruciais. Entre eles estavam o controle israelense permanente do vale do rio Jordão e do espaço aéreo da Palestina e, portanto, do acesso ao mundo exterior (o que significava que o "Estado" palestino projetado não seria verdadeiramente soberano), o controle contínuo de Israel sobre os recursos hídricos da Cisjordânia, bem como a anexação de áreas que a teriam dividido em vários blocos isolados. Não surpreende que o maior abismo entre os dois lados tenha surgido em torno do status de Jerusalém. Israel exigiu soberania exclusiva, inclusive sobre todo o Haram al-Sharif e a maior parte do restante da Cidade Velha, o que foi um elemento central no colapso final das negociações.[9]

Clinton culpou 'Arafat pelo fracasso da cúpula, embora anteriormente tivesse prometido não fazê-lo. Mesmo antes do término das negociações, Barak começou a informar os jornalistas sobre o obstrucionismo de 'Arafat e logo estava proclamando que os palestinos não desejavam a paz. Essa estratégia acabou sendo autodestrutiva: o primeiro-ministro pareceu tolo por ter participado de uma cúpula fadada ao fracasso, se sua avaliação de 'Arafat e a OLP estivessem corretas. Isso também levou a um questionamento de toda a abordagem de Rabin, Peres, Barak e do Partido Trabalhista de Israel. O beneficiário imediato dos erros táticos de Barak foi Ariel Sharon, que agora liderava o Likud e tinha o mérito da consistência: ele sempre dissera que nenhum acordo com os palestinos era possível e tinha se oposto ferozmente aos Acordos de Oslo. Do lado palestino, as recriminações se tornaram mais fortes depois que esse último esforço de resgate confirmou que Israel não estava disposto a aceitar qualquer coisa que se assemelhasse à plena soberania palestina, que o processo de Oslo não produziria uma resolução que atendesse às demandas palestinas mínimas e que o triste status quo continuaria. Tudo isso fortaleceu o Hamas e levou a uma polarização sem precedentes na política palestina, criando um abismo entre a população. Nesse ponto, o grupo constituía a ameaça mais séria, desde meados da década de 1960, à hegemonia do Fatah dentro da OLP e ao monopólio desta sobre a política palestina.

O agravamento da situação para os palestinos depois de Oslo, o desvanecimento da perspectiva de um Estado e a intensa rivalidade entre OLP e Hamas se combinaram para produzir o material inflamável que eclodiu na Segunda Intifada, em setembro de 2000. Foi necessário apenas um fósforo para detoná-la. Uma visita provocativa de Ariel Sharon ao Haram al--Sharif, cercado por centenas de seguranças, proporcionou a faísca. O Haram — conhecida pelos judeus como Monte do Templo — era um foco de paixão nacionalista e religiosa para ambos os lados pelo menos desde eventos sangrentos ocorridos em 1929. Nessa ocasião, uma manifestação de turbulentos extremistas do sionismo revisionista no adjacente

Muro das Lamentações havia desencadeado dias de violência em todo o país, com centenas de vítimas de cada lado.[10] As inquietações palestinas aumentaram logo após a conquista da parte leste da cidade em 1967, quando as autoridades de ocupação destruíram um bairro inteiro adjacente ao Haram, Haret al-Maghariba, o bairro Maghribi, junto com suas mesquitas, santuários, casas e lojas, para criar uma vasta esplanada contígua ao Muro das Lamentações. Muitos dos prédios derrubados durante a noite de 10 para 11 de junho por tratores israelenses eram *waqfs*, como o madraçal al-Afdaliyya, estabelecido em 1190 pelo governante aiúbida al-Malik al-Afdal, filho de Saladino.[11] Outro, destruído dois anos depois, foi a antiga Zawiyya al-Fakhriyya,[12] uma loja sufi imediatamente adjacente ao Haram.

Com a cidade agora fechada para os palestinos da Cisjordânia e de Gaza e a expansão contínua dos colonos israelenses para Jerusalém Oriental, os moradores temiam estar prestes a ser suplantados. Em 1999, um ano antes, Israel havia aberto um túnel sob grande parte da Cidade Velha e adjacente ao Haram, causando danos a propriedades acima no Bairro Muçulmano e provocando manifestações generalizadas. A visita de Sharon, logo após a fracassada cúpula de Camp David, não poderia ter acontecido em pior momento. Em campanha para ser o sucessor de Barak como primeiro-ministro, ele jogou lenha na fogueira, declarando que "o Monte do Templo está em nossas mãos e permanecerá em nossas mãos".[13] Dado seu histórico de insensibilidade e oportunismo, parecia claro que Sharon pretendia explorar o contexto volátil a fim de se posicionar melhor para vencer as próximas eleições, o que conseguiu fazer alguns meses depois.

O resultado de sua provocação foi o pior surto de violência nos Territórios Ocupados desde 1967, violência que depois se espalhou dentro de Israel por meio de uma onda de atentados suicidas mortais. O aumento no nível de derramamento de sangue foi impressionante. Durante os mais de oito anos da Primeira Intifada, cerca de 1600 pessoas foram mortas, uma média de 177 por ano (12% delas israelenses). Nos quatro anos, mais calmos, que se seguiram, noventa pessoas morreram, ou cerca de vinte por ano (22% delas israelenses). Em contraste, os oito anos da Segunda Intifada deixaram 6600 mortos, uma média de 825 por ano — cerca de 1100 israelenses (pouco menos de 17%) e 4916 palestinos, mortos por forças de segurança israelenses e por colonos (mais de seiscentos palestinos também foram mortos por outros palestinos). A maioria dos israelenses que morreram no último período era de civis mortos por homens-bomba palestinos dentro de Israel, enquanto 332, pouco menos de um terço do total, eram membros das forças de segurança. Esse impressionante aumento no número de mortos durante a Segunda Intifada dá uma ideia da forte escalada de violência.[14]

Embora a rivalidade entre o Hamas e a OLP tenha tido um papel nesse aumento, o uso massivo de munição real pelas forças israelenses contra manifestantes desarmados desde o início (dispararam 1,3 milhão de balas nos "primeiros dias" do levante)[15] foi um fator crucial, causando um número chocante de baixas. Esse caos acabou provocando alguns palestinos — muitos deles das forças de segurança da AP — a pegar em armas e a usar explosivos. Pareceu a observadores perspicazes que as Forças Armadas israelenses estavam bem preparadas para aumentar a violência, e podem ter pretendido desencadear exatamente tal resultado.[16] Como previsto, Israel recorreu a armas pesadas, incluindo helicópteros, tanques e artilharia, e gerou baixas palestinas ainda maiores.

O Hamas e seus parceiros menores no Jihad Islâmico responderam promovendo extensos ataques com homens-bomba, que visaram sobretudo alvos civis vulneráveis — ônibus, cafés e shopping centers — dentro de Israel. Essa tática envolveu levar a violência, até então amplamente concentrada dentro dos Territórios Ocupados, para o território do inimigo, e Israel de início não soube como se defender. A partir do final de 2001, e com frequência crescente, o Fatah participou dos ataques, produzindo uma competição mortal. Seguiu-se uma aceleração assassina de atentados suicidas, provocada em parte pela rivalidade entre as duas facções. De acordo com um estudo dos primeiros cinco anos da Segunda Intifada, quase 40% dos atentados suicidas foram realizados pelo Hamas, quase 26% por seu aliado Jihad Islâmico, mais de 26% pelo Fatah, e o restante pelos parceiros deste último na OLP.[17]

A OLP renunciara à violência em 1988, mas, como um grande número de manifestantes foi baleado por tropas israelenses e como o Hamas respondeu com ataques suicidas, a pressão sobre o Fatah para agir cresceu e a escalada se tornou inevitável. Em resposta a um massacre de 29 palestinos por um colono armado em 1994, dentro da mesquita Ibrahimi em Hebron, entre 1994 e 2000 o Hamas e o Jihad Islâmico foram pioneiros no uso de homens-bomba dentro de Israel como parte de sua campanha contra os Acordos de Oslo, matando 171 israelenses em 27 bombardeios. Até o final desse período, no entanto, esses ataques tinham sido em grande parte contidos pela feroz repressão exercida pelos serviços de segurança da AP. A liderança da OLP pressionou para interrompê-los a todo custo a fim de manter o claudicante processo de Oslo em andamento. Para isso, o aparato de segurança da AP — composto em grande parte por militantes do Fatah que tinham cumprido pena em prisões israelenses — usou a tortura em suspeitos do Hamas com a mesma liberdade que os interrogadores israelenses haviam usado com eles. Essas experiências geraram profundo ódio fratricida em ambos os lados, que irromperiam na cisão aberta OLP-Hamas a partir de meados dos anos 2000.

Em forte contraste com a primeira, a Segunda Intifada constituiu um grande revés para o movimento nacional palestino. Suas consequências para os Territórios Ocupados foram intensas e danosas. Em 2002, com suas armas pesadas causando destruição generalizada, o Exército israelense reocupou as áreas limitadas, sobretudo cidades e vilas, que haviam sido evacuadas como parte dos Acordos de Oslo. Naquele mesmo ano, suas tropas impuseram seu cerco ao quartel-general de Yasser 'Arafat em Ramallah, onde ele adoeceu gravemente. Tendo evitado me reunir com ele após meu decepcionante encontro em Gaza em 1994, fui encorajado por meu amigo Sari Nuseibeh a ver o idoso doente, e o visitei duas vezes durante o cerco, achando-o muito enfraquecido física e mentalmente.[18] Esse cruel tratamento do líder histórico do povo palestino era degradante, como Ariel Sharon pretendia que fosse. Também confirmou o grave erro cometido pela OLP ao transferir quase toda a sua liderança para os Territórios Ocupados, onde esta era vulnerável a tais humilhações.

Após o colapso da cúpula de Camp David, a reocupação por Israel das cidades e vilas da Cisjordânia e da Faixa de Gaza destruiu qualquer pretensão remanescente de que os palestinos tinham algo próximo de soberania ou autoridade real sobre qualquer parte de sua terra ou que iriam conseguir algo do gênero. Isso exacerbou as diferenças políticas entre os palestinos e sublinhou a ausência de uma estratégia alternativa viável, revelando o fracasso tanto do curso diplomático da OLP quanto da violência armada do Hamas e outros. Esses eventos mostraram que Oslo havia fracassado, que o uso de armas e atentados suicidas fora em vão e que, para todas as baixas infligidas a civis israelenses, os maiores perdedores em todos os aspectos foram os palestinos.

Outra consequência da terrível violência da Segunda Intifada foi o apagamento da imagem positiva dos palestinos que havia evoluído desde 1982, passando pela Primeira Intifada e pelas negociações de paz. Com cenas horripilantes de recorrentes atentados suicidas transmitidas globalmente (e com essa cobertura eclipsando a da violência muito maior perpetrada contra os palestinos), os israelenses deixaram de ser vistos como opressores, voltando ao mais bem conhecido papel de vítimas de algozes irracionais e fanáticos. O potente impacto negativo da Segunda Intifada para os palestinos e o efeito dos atentados suicidas na opinião e na política israelenses certamente confirmam a crítica incisiva ao emprego da violência pelos palestinos expressada por Eqbal Ahmad na década de 1980.

Essas considerações estavam, sem dúvida, longe da mente dos homens (e das poucas mulheres) que planejaram e executaram esses atentados suicidas. É possível especular sobre o que buscavam alcançar, mesmo mostrando o quanto seus objetivos eram falhos. Mesmo se aceitarmos a própria narrativa deles que considera os atentados suicidas como retaliação ao uso indiscriminado de munição real por Israel contra manifestantes desarmados nas primeiras semanas da Segunda Intifada, e seus ataques a civis palestinos e assassinatos em Gaza, isso levanta a questão de saber se esses atentados se destinaram a obter algo mais do que uma vingança cega. Isso também omite o fato de que o Hamas e o Jihad Islâmico, que executaram dois terços dos atentados suicidas durante a intifada, haviam realizado mais de vinte desses ataques na década de 1990, antes da visita de Sharon ao Haram. Pode-se argumentar que eles foram feitos para deter Israel. Isso é risível, dada a doutrina havia muito estabelecida dos militares israelenses de que, independentemente do custo, eles deviam ganhar vantagem em qualquer confronto e estabelecer sua capacidade incontestável não apenas de deter seus inimigos, mas de esmagá-los.[19] Foi o que fez Sharon durante a Segunda Intifada, implementando fielmente essa doutrina, como Rabin fizera antes dele durante a Primeira Intifada, embora naquele caso com grande custo político, como o próprio Rabin reconheceu.

Igualmente risível é a ideia de que tais ataques a civis foram golpes terríveis que poderiam levar à dissolução da sociedade israelense. Essa teoria é baseada em uma análise conhecida, mas falha, de Israel como uma entidade política profundamente dividida e "artificial", que ignora os esforços de construção nacional manifestamente bem-sucedidos do sionismo ao longo de mais de um século, bem como a coesão da sociedade israelense, apesar de suas muitas divisões internas. Mas o fator ausente mais importante em quaisquer avaliações que estivessem sendo feitas por aqueles que planejaram os atentados era o fato de que quanto mais duradouros os ataques, mais irmanado se tornava o público israelense por trás da postura linha-dura de Sharon. Com efeito, os atentados suicidas serviram para unir e fortalecer o adversário, ao mesmo tempo que enfraqueceram e dividiram o lado palestino. No final da Segunda Intifada, de acordo com pesquisas confiáveis, a maioria dos palestinos se opunha a essa tática.[20] Assim, além de levantar graves questões legais e morais e privar os palestinos de uma imagem positiva na mídia, em um nível estratégico esses ataques foram altamente contraproducentes. Qualquer que seja a culpa atribuída ao Hamas e ao Jihad Islâmico pelos atentados suicidas que produziram esse fiasco, a liderança da OLP que acabou seguindo o exemplo também devia compartilhá-la.

Yasser 'Arafat morreu em novembro de 2004 em um hospital de Paris, em circunstâncias que permanecem obscuras. Mahmoud 'Abbas (Abu Mazin) o substituiu como chefe da OLP e do Fatah, e foi eleito para a presidência da AP para um mandato de quatro anos em janeiro de 2005. Nenhuma eleição presidencial foi realizada desde então, de modo que Abbas mantém a liderança sem mandato democrático desde 2009. A morte de 'Arafat marcou a passagem de uma era, meio século que começou no início dos anos 1950 com os primeiros sinais de um movimento nacional revivido e terminou com a sorte palestina em seu ponto mais baixo desde 1948. Ao longo da década e meia seguinte, 'Abbas presidiu ineficazmente sobre uma grave deterioração no estado já enfraquecido do movimento nacional, uma intensificação do conflito interpalestino, uma expansão considerável da colonização sionista do que restava da Palestina e uma série de guerras israelenses em uma Faixa de Gaza cada vez mais sitiada.

Um dos poucos membros sobreviventes da velha guarda do Comitê Central do Fatah que havia muito dominava a OLP, 'Abbas não era carismático nem eloquente; não era conhecido pela bravura pessoal nem considerado um homem do povo. No geral, foi um dos menos impressionantes da primeira geração de líderes proeminentes do Fatah. Enquanto alguns desse grupo morreram de causas naturais, muitos deles — Abu Iyad, Abu Jihad, Sa'd Sayel (Abu al-Walid), Majid Abu Sharar, Abu Yusuf Najjar, Kamal 'Adwan, Hayel 'Abd al--Hamid (Abu al-Hol) e Abu Hassan Salameh — foram mortos por assassinos do Mossad ou de grupos apoiados pelos regimes sírio, iraquiano e líbio. Com Ghassan Kanafani e Kamal Nasser, eles tinham estado entre os melhores e mais eficazes líderes e porta-vozes do movimento, e sua perda deixou os palestinos com uma organização menos dinâmica e mais fraca. Os assassinatos sistemáticos de Israel sob a rubrica de "assassinatos direcionados" continuaram durante a Segunda Intifada e durante os anos 'Abbas, quando líderes dos grupos Fatah, FPLP, Hamas e Jihad Islâmico também foram mortos. Que alguns desses assassinatos foram motivados por considerações políticas e não militares ou de segurança ficou claro com a eliminação de Isma'il Abu Shanab, por exemplo, que era um declarado oponente de atentados suicidas dentro do Hamas.[21]

A guerra em curso em Gaza, que incluiu grandes ofensivas terrestres israelenses em 2008-9, 2012 e 2014, foi combinada com incursões militares israelenses regulares em áreas palestinas da Cisjordânia e de Jerusalém Oriental. Estas envolveram prisões e assassinatos, a demolição de casas e repressão da população, tudo com o conluio silencioso da AP controlada pelo Fatah em Ramallah. Esses eventos confirmaram que a AP era um órgão sem soberania e sem autoridade real, exceto a permitida por Israel, pois ela colaborou para reprimir protestos na Cisjordânia enquanto Israel atacava Gaza.

O Hamas e o Jihad Islâmico tinham boicotado as eleições presidenciais de 2005, como haviam feito por ocasião das eleições anteriores da Autoridade Palestina, seguindo a política iniciada com sua rejeição ao processo de Oslo e também à AP e à Assembleia Legislativa Palestina que daí emergiram. Logo depois, porém, em uma surpreendente reviravolta, o Hamas decidiu apresentar uma lista de candidatos nas eleições parlamentares de janeiro de 2006. Em sua campanha, a organização minimizou a mensagem islamista conservadora que fora sua marca registrada, bem como sua defesa da resistência armada a Israel, em vez de enfatizar a reforma e a mudança, que era o nome de seu registro eleitoral. Essa foi uma inversão da maior importância. Ao apresentar candidatos para a assembleia, o grupo não apenas aceitou a legitimidade da AP, mas também, por extensão, a legitimidade do processo de negociação que a produzira e da solução de dois Estados a que ela deveria levar. Além disso, o Hamas estava abraçando a possibilidade de ganhar as eleições, compartilhando assim a responsabilidade de governar a AP juntamente com 'Abbas. Entre as principais responsabilidades da AP, na opinião de seus apoiadores israelenses, americanos e europeus, estava prevenir a

Auja, Cisjordânia, na Área C: as fundações da casa de Raja Khalidi, irmão do autor, demolida por militares israelenses.

violência contra israelenses e cooperar com a segurança de Israel. O Hamas nunca havia admitido que essa mudança significava o que parecia significar, ou que ela contradizia o compromisso com a resistência armada que era sua razão de ser e parte de seu nome, do qual Hamas era um acrônimo, o Movimento de Resistência Islâmica.

Contra todas as expectativas, inclusive a sua própria, o Hamas venceu as eleições por uma margem considerável. Conquistou 74 assentos contra os 45 do Fatah em uma assembleia de 132 membros (embora com as peculiaridades do sistema eleitoral tivesse conquistado apenas 44% dos votos contra 41% do Fatah). As pesquisas de boca de urna após a votação mostraram que o resultado se deveu mais ao grande desejo dos eleitores de mudança nos Territórios Ocupados do que a um apelo por governança islâmica ou maior resistência armada a Israel.[22] Mesmo em alguns bairros predominantemente cristãos, a população votou no Hamas. Isso é prova de que muitos eleitores simplesmente queriam expulsar os titulares do Fatah, cuja estratégia havia fracassado e que eram vistos como corruptos e indiferentes às demandas populares.

Com o Hamas no controle da Assembleia Legislativa, o conflito entre o grupo e o Fatah aumentou. Como várias figuras políticas palestinas reconheceram, uma divisão entre os dois movimentos era potencialmente desastrosa para a causa palestina, sentimento que foi apoiado com veemência pela opinião pública. Em maio de 2006, os cinco líderes dos principais grupos detidos em prisões israelenses, entre os quais Fatah, Hamas, FPLP e Jihad Islâmico, publicaram o Documento dos Prisioneiros (que merece ser mais amplamente conhecido): o texto pedia o fim da ruptura entre as facções com base em um novo programa cuja pedra angular era uma solução de dois Estados. O documento foi um grande acontecimento,[23] uma declaração clara dos desejos das bases de ambos os grupos, cujos elementos mais respeitados (os que não tinham sido assassinados) eram mantidos em prisões israelenses. A consideração por prisioneiros na sociedade palestina é muito alta, e mais de 400 mil palestinos foram encarcerados por Israel desde o início da ocupação.

Sob essa pressão vinda de baixo, o Hamas e o Fatah tentaram repetidamente formar um governo de coalizão de membros de ambos os partidos. Essas iniciativas encontraram forte oposição de Israel e dos Estados Unidos, que rejeitaram o Hamas como parte de qualquer governo da AP. Eles insistiam no reconhecimento explícito de Israel, em vez da forma implícita incorporada no Documento dos Prisioneiros, bem como em várias outras condições. Assim, o Hamas era agora arrastado para a mesma interminável dança em torno de concessões que a OLP havia sido forçada a suportar por décadas, fossem elas a exigência de alterar seu estatuto, concordar com a Resolução 242 do Conselho de Segurança da ONU, renunciar ao terrorismo ou aceitar a existência de Israel, tudo para ganhar legitimação por parte daqueles que impunham as condições. Tenham as demandas sido feitas à OLP nos anos 1970 ou ao Hamas nos anos 2000, elas não ofereciam qualquer reciprocidade por parte do poder que havia expulsado grande parte do povo palestino, bloqueado seu retorno, ocupado seu território pela força e pela intimidação coletiva e impedido sua autodeterminação.

Embora Israel tenha vetado a inclusão do Hamas em uma coalizão da AP, os Estados Unidos submeteram o grupo a um boicote. O Congresso exerceu poder financeiro para impedir que recursos americanos fossem destinados ao Hamas ou a qualquer órgão da AP do qual ele fizesse parte. Fontes de verbas para os palestinos, como a Fundação Ford, forçaram várias ONGs a passar por obstáculos impostos de forma legal para garantir que nenhum apoio fosse direcionado a qualquer projeto mesmo que remotamente ligado ao Hamas. Abraham Foxman, chefe da Anti-Defamation League, entidade ferozmente pró-Israel, chegou a ser convocado para investigar os palestinos beneficiários da generosidade da Ford. O resultado era previsível: a Ford de fato deixou de financiar ONGs palestinas, algo que servia precisamente aos objetivos de Israel.

Enquanto isso, sob o Ato Patriota de 2001, a definição de "apoio material ao terrorismo" se tornou tão ampla no caso palestino que quase qualquer contato com uma organização associada a um grupo que estivesse na lista proibida, como o Hamas e a FPLP, poderia ser considerado um ato criminoso grave envolvendo pesadas penalidades. A demonização da OLP ao longo das décadas desde os anos 1960 agora se repetia com o Hamas. No entanto, mesmo com os atentados suicidas, mesmo que visassem alvos civis em violação do direito internacional, e mesmo com o antissemitismo grosseiro de seu estatuto, o histórico do grupo empalideceu ao lado do número massivo de vítimas civis palestinas causado por Israel e suas elaboradas estruturas de discriminação jurídico-legal e domínio militar. Mas foi o Hamas que ficou preso ao rótulo de terrorista, e o peso da lei dos Estados Unidos foi aplicado apenas ao lado palestino do conflito.

À luz dessa campanha implacável, o fracasso das tentativas de formar um governo de coalizão, apesar da demanda popular pela reconciliação nacional palestina, não deveria ter sido uma surpresa. A pressão exercida por financiadores ocidentais e árabes sobre o Fatah para evitar o Hamas provou ser grande demais para as velhas mãos daqueles na Autoridade Palestina, que não queriam renunciar a seu poder ou aos consideráveis benefícios materiais de que desfrutavam na bolha dourada de Ramallah. Eles preferiram uma divisão ruinosa na política palestina a resistir a um inimigo muito mais forte e arriscar seus privilégios. O que surpreendeu, no entanto, foi a tentativa fracassada das forças de segurança treinadas pelos Estados Unidos e controladas pelo Fatah na Faixa de Gaza, sob seu comandante Muhammad Dahlan, de derrubar o Hamas pela força. Em 2007, o Hamas realizou um contragolpe, rapidamente oprimindo as tropas de Dahlan na amarga luta que se seguiu. O grande abismo entre as duas facções, que remonta à repressão sofrida pelo Hamas principalmente nas mãos do Fatah em meados da década de 1990, era agora ampliado ainda mais pelo sangue derramado copiosamente em ambos os lados da Faixa de Gaza. O Hamas passou a estabelecer sua própria Autoridade Palestina em Gaza, enquanto a jurisdição da AP baseada em Ramallah, tal como era, encolheu, estendendo-se a menos de 20% da Cisjordânia, a área na qual os militares israelenses permitiram sua operação. Absurdamente, os palestinos sob ocupação agora não tinham uma autoridade em grande parte impotente, mas duas.

Com o Hamas agora no controle da Faixa de Gaza, Israel impôs um cerco completo. As mercadorias que entravam na região eram reduzidas ao mínimo; as exportações regulares foram interrompidas; fornecimentos de combustível foram cortados; e sair e entrar em Gaza raramente era permitido. Gaza foi de fato transformada em uma prisão a céu aberto, onde em 2018 pelo menos 53% dos cerca de 2 milhões de palestinos viviam em estado de pobreza[24] e o desemprego estava em surpreendentes 52%, com taxas muito mais altas entre jovens e mulheres.[25] Aquilo que começara com a recusa internacional em reconhecer a vitória eleitoral do Hamas tinha levado a uma desastrosa ruptura palestina e ao bloqueio de Gaza. Essa sequência de eventos resultou em uma nova declaração de guerra aos palestinos. Também forneceu cobertura internacional indispensável para o conflito aberto que estava por vir.

Israel foi capaz de explorar a profunda divisão entre os palestinos e o isolamento de Gaza para lançar três selvagens ataques aéreos e terrestres na região que começaram em 2008 e continuaram em 2012 e 2014, deixando grandes áreas de suas cidades e campos de refugiados em escombros e às voltas com o problema de apagões e água contaminada.[26] Alguns bairros, como Shuja'iyya e partes de Rafah, sofreram níveis extraordinários de destruição. Os números das baixas contam apenas parte da história, embora sejam reveladores. Nesses três grandes ataques, 3804 palestinos foram mortos, dos quais quase mil menores. Oitenta e sete israelenses foram mortos, a maioria deles militares envolvidos nessas operações ofensivas. A escala desigual de 43:1 dessas baixas é digna de nota, assim como o fato de que a maior parte dos israelenses mortos eram soldados, enquanto a maior parte dos palestinos era de civis.[27]

É possível que muita gente não tenha ficado sabendo disso, no entanto, uma vez que a cobertura da imprensa tradicional americana se concentrou fortemente no disparo de foguetes do Hamas e do Jihad Islâmico contra alvos civis israelenses. Certamente, o uso dessas armas obrigou a população israelense do sul do país a passar longos períodos em abrigos antibombas. No entanto, graças ao excelente sistema de alerta precoce de Israel, seu know-how antimíssil de última geração fornecido pelos americanos e sua rede de abrigos, os foguetes raramente eram letais. Em 2014, os 4 mil foguetes que Israel alegou terem sido disparados da Faixa de Gaza mataram cinco civis israelenses, um deles um beduíno na região de Naqab (Negev), e um trabalhador rural tailandês, totalizando seis mortes de civis.[28] Isso não elimina a violação das regras de guerra pelo Hamas com o uso dessas armas imprecisas para ataques indiscriminados em áreas civis. Mas o número de baixas conta uma história diferente daquela que emergiu do foco quase total da mídia no disparo de foguetes do grupo. A cobertura conseguiu obscurecer a extrema desproporcionalidade dessa guerra unilateral: um dos exércitos mais poderosos do planeta utilizou todo o seu poder contra uma área sitiada de 360 quilômetros quadrados, que está entre os enclaves mais populosos do mundo e cujo povo não tinha como escapar da chuva de fogo e aço.

Shuja'iyya, cidade de Gaza, julho de 2014. Um general aposentado americano descreveu o bombardeio israelense como "absolutamente desproporcional".

Detalhes específicos do ataque de 2014 destacam este ponto: durante um período de 51 dias em julho e agosto desse ano, a Força Aérea de Israel fez mais de 6 mil ataques aéreos, enquanto seu Exército e sua Marinha dispararam cerca de 50 mil projéteis de artilharia e de tanques. Juntos, utilizaram o que foi estimado em um total de 21 quilotons (21 mil toneladas, ou 21 milhões de quilos) de altos-explosivos. O ataque aéreo envolveu armas que iam de drones armados e helicópteros Apache americanos lançando mísseis Hellfire fabricados nos Estados Unidos até caças-bombardeiros americanos F-16 e F-15 com bombas de quase uma tonelada. De acordo com o comandante da Força Aérea israelense, houve várias centenas de ataques de aeronaves modernas contra alvos em Gaza, a maioria usando esses potentes artefatos.[29] A explosão de uma bomba de uma tonelada produz uma cratera com cerca de quinze metros de largura e dez metros de profundidade e dispara fragmentos letais num raio de quase quatrocentos metros. Uma ou duas dessas bombas podem destruir um prédio inteiro de vários andares, muitos dos quais foram demolidos na cidade de Gaza no encerramento da campanha aérea israelense no final de agosto.[30] Não há registro público de quantos desses monstros foram lançados sobre a Faixa de Gaza, ou se foi usada munição ainda mais pesada.

Além do bombardeio aéreo, de acordo com um relatório divulgado pelo comando logístico israelense em meados de agosto de 2014, bem antes do cessar-fogo final, no dia 26 do mesmo mês, 49 mil projéteis de artilharia e de tanques foram disparados contra a Faixa de Gaza,[31] a maioria por um morteiro M109A5 155 milímetros fabricado nos Estados Unidos. Seus projéteis de 44 quilos têm uma zona mortal de cerca de cinquenta metros de raio e infligem baixas em um diâmetro de duzentos metros. Israel possui seiscentas dessas peças de artilharia e 175 do canhão americano M107 175 milímetros de longo alcance, que dispara projéteis ainda mais pesados, pesando mais de 65 quilos. Um exemplo do uso dessas armas letais no campo de batalha por Israel é suficiente para mostrar a vasta desproporcionalidade da guerra em Gaza.

De 19 a 20 de julho de 2014, elementos das brigadas de elite Golani, Givati e de paraquedistas lançaram um ataque ao longo de três eixos no distrito de Shuja'iyya, na cidade de Gaza. A brigada Golani em particular encontrou resistência feroz e inesperada que resultou na morte de treze soldados israelenses e talvez cem feridos. De acordo com fontes militares americanas, onze batalhões de artilharia israelenses, empregando pelo menos 258 daqueles canhões de 155 milímetros e 175 milímetros, dispararam mais de 7 mil projéteis nesse único bairro durante um período de 24 horas. Isso incluiu 4800 projéteis durante um período de sete horas. Um oficial graduado do Pentágono "com acesso aos briefings diários" chamou a escala de poder de fogo de "maciça" e "mortal", observando que o Exército americano normalmente usaria uma quantidade tão "enorme" de projéteis em apoio a duas divisões inteiras compostas por 40 mil soldados (talvez dez vezes o tamanho da força israelense engajada em Shuja'iyya). Outro, um ex-comandante de artilharia americano, estimou que os militares dos Estados Unidos empregariam esse número de armas apenas em apoio a um corpo de exército de várias divisões. Um general americano aposentado descreveu o bombardeio israelense — usado para atingir um bairro de Gaza por mais de 24 horas, junto com fogo de tanque e ataques aéreos — como "absolutamente desproporcional".[32]

As peças de artilharia usadas nesse ataque foram projetadas para bombardeio letal em um amplo raio contra fortificações, veículos blindados e tropas entrincheiradas protegidas por armaduras e capacetes. Embora possam lançar munição guiada com precisão, implantadas como estavam contra um bairro denso como Shuja'iyya, elas eram inerentemente imprecisas.

E qualquer ataque aéreo lançando bombas de uma tonelada em áreas construídas, como Shuja'iyya, Beit Hanoun, Khan Yunis e Rafah, necessária e inevitavelmente causará pesadas baixas civis e danos maciços.[33] Não há como ser diferente.

Isso principalmente num lugar tão superpopuloso como a Faixa de Gaza, na qual as pessoas não têm para onde fugir, mesmo que sejam avisadas com antecedência de que suas casas estão prestes a ser destruídas. Além dos ferimentos horríveis que infligem à carne humana, o bombardeio aéreo e o fogo de artilharia nessa escala causam uma destruição inimaginável à propriedade: no ataque de 2014, mais de 16 mil prédios ficaram inabitáveis, incluindo bairros inteiros. Um total de 277 escolas da ONU e do governo, dezessete hospitais e clínicas e todas as seis universidades de Gaza foram danificadas, assim como mais de 40 mil outros edifícios. Talvez 450 mil habitantes de Gaza, cerca de um quarto da população, tenham sido forçados a deixar suas casas, e muitos deles não tinham mais casa para onde voltar depois.

Essas não foram ocorrências aleatórias, nem foi esse o lamentável dano colateral com frequência lastimado durante uma guerra. As armas escolhidas eram letais, destinadas ao emprego em um campo de batalha aberto, não em um ambiente urbano densamente povoado. Além disso, a escala do ataque estava em total acordo com a doutrina militar israelense. A morte e mutilação em 2014 de cerca de 13 mil pessoas, a maioria civis, e a destruição das casas e propriedades de centenas de milhares foi intencional, fruto de uma estratégia explícita adotada pelos militares israelenses pelo menos desde 2006, quando utilizou tais táticas no Líbano. A doutrina Dahiya, como é chamada, recebeu o nome do subúrbio ao sul de Beirute — al-Dahiya — que foi destruído pela Força Aérea de Israel com o uso de bombas de uma tonelada e outros tipos de munição. Essa estratégia foi explicada em 2008 pelo general de divisão Gadi Eizenkot, então chefe do Comando Norte (e depois chefe do Estado-Maior israelense):

> O que aconteceu no bairro de Dahiya [...] acontecerá em todas as aldeias a partir de onde Israel for alvejado. [...] Vamos aplicar uma força desproporcional sobre o lugar e causar grandes danos e destruição. Do nosso ponto de vista, não são aldeias civis, são bases militares. [...] Isso não é uma recomendação. É um plano. E foi aprovado.[34]

Esse foi precisamente o pensamento em 2014 por trás do terceiro ataque de Israel a Gaza em um período de seis anos, de acordo com correspondentes militares israelenses e analistas de segurança.[35] No entanto, houve pouca menção à doutrina Dahiya em declarações de políticos dos Estados Unidos ou nas reportagens sobre a guerra pela maior parte da grande mídia americana, embora se trate menos de uma abordagem estratégica do que de um plano para punição coletiva, o que implica prováveis crimes de guerra.

Há uma série de razões para o silêncio de Washington e da mídia. A Lei de Controle de Exportação de Armas, de 1976, especifica que armas fornecidas pelos americanos devem ser usadas "para legítima defesa pessoal".[36] Dada essa disposição, a linha adotada por funcionários dos Estados Unidos do presidente para baixo — descrevendo as operações de Israel em Gaza como autodefesa — pode ser o produto de aconselhamento jurídico para evitar responsabilidade e potencial processo por crimes de guerra, ao lado dos funcionários israelenses que emitiram ordens e dos soldados que lançaram as bombas. A mídia também raramente menciona essa importante consideração legal, talvez por parcialidade, ou para proteger políticos, ou para evitar os ataques a ela que em geral se seguem até às críticas mais brandas a Israel.

Resta a questão da proporcionalidade, que é central para determinar se certos atos atingem o nível de crimes de guerra. As próprias palavras de Eizenkot e as ações das forças sob seu comando em 2006, e mais tarde esses ataques a Gaza, parecem claramente estabelecer uma desproporcionalidade intencional por parte de Israel. Isso se confirma pela natureza de seu armamento de campo de batalha usado em áreas urbanas densamente povoadas e pela grande desproporção no poder de fogo entre os dois lados.

O Hamas e o Jihad Islâmico foram também responsáveis por potenciais crimes de guerra ao visar uma população civil? Deixando de lado a distinção vital entre a força empregada por um exército ocupante e aquela utilizada por grupos que lutam ao lado do povo ocupado, todos os combatentes são obrigados a obedecer a leis da guerra e a outras disposições do direito internacional. Por mais mortais que os foguetes disparados contra o sul de Israel pudessem ser, poucos tinham sistemas de orientação sofisticados e nenhum era guiado por sistemas de precisão. Assim, seu uso foi geralmente indiscriminado e pode ser considerado como destinado a civis em uma grande proporção de casos.

No entanto, nenhum dos foguetes tinha ogiva equivalente em tamanho ou letalidade à munição dos mais de 49 mil tanques e projéteis de artilharia disparados por Israel em 2014. O foguete Grad ou Katyusha de 122 milímetros, projetado pelos soviéticos, comumente usado pelo Hamas e seus aliados, em geral carregava uma ogiva de vinte ou trinta quilos (em comparação com os projéteis de 155 milímetros de 43 quilos), embora muitos deles tenham sido equipados com ogivas menores para aumentar seu alcance. A maioria dos foguetes Qassam caseiros usados tinha ogivas consideravelmente menores. Juntos, os 4 mil mísseis Qassam, Katyusha, Grad e outros que foram disparados da Faixa de Gaza, e que atingiram Israel (muitos eram tão imprecisos e mal fabricados que falharam e caíram dentro de Gaza), provavelmente teriam menos poder explosivo, somados, do que uma dúzia de bombas de uma tonelada.

Embora a chuva de mísseis lançados pelo Hamas e seus aliados sem dúvida tivesse um efeito psicológico potente sobre os civis dentro de seu alcance (o efeito é paradoxalmente aumentado por sua imprecisão), essas armas não eram terrivelmente poderosas. Ainda assim, a morte de várias dezenas de civis em Israel ao longo dos anos de 2008 a 2014 muito provavelmente alcançava o nível de crimes de guerra. O que dizer então do assassinato, em 2014, de pelo menos 2 mil civis não engajados em combate, entre os quais cerca de 1300 mulheres, crianças e idosos? Vários anos após a última dessas guerras em Gaza, está claro que os responsáveis, protegidos por seus patronos americanos, provavelmente gozarão de impunidade por suas ações.

A desproporcionalidade absurda, no entanto, foi registrada em alguns lugares. Embora o apoio incondicional a Israel tenha se solidificado entre certos grupos como resultado da cobertura feita pelos principais meios de comunicação do bombardeio de 2014 — evangélicos cristãos e os segmentos mais velhos, mais ricos e mais conservadores da comunidade judaica —, a crítica pública a Israel aumentou entre indivíduos mais jovens e mais progressistas, membros de minorias, denominações protestantes liberais e alguns judeus reformistas, conservadores e não afiliados. Em 2016, os números que indicavam uma mudança nessa direção (e um endurecimento paralelo da opinião em apoio a Israel entre outros grupos) eram impressionantes.

Uma pesquisa divulgada pela Brookings Institution em dezembro de 2016 mostrou que 60% dos democratas e 46% de todos os americanos apoiavam sanções contra Israel pela construção de assentamentos judaicos ilegais na Cisjordânia. A maioria dos democratas (55%) acreditava que Israel tem muita influência na política e nas políticas dos Estados Unidos e é um fardo estratégico.[37] Uma pesquisa do Pew Research Center realizada no mesmo ano mostrou que a proporção de pessoas nascidas depois de 1980 e de democratas que simpatizam com os palestinos cresce em relação àqueles que simpatizam com Israel.[38] Uma pesquisa Pew divulgada em janeiro de 2018 revelou uma aceleração dessa tendência: os democratas estavam quase tão inclinados a apoiar os palestinos quanto Israel, enquanto o dobro de democratas liberais simpatizava mais com os palestinos do que com os israelenses.[39] Uma pesquisa Pew de abril de 2019 mostrou que a profunda divisão partidária sobre Israel e Palestina foi ainda mais acentuada. À pergunta se sentiam mais simpatia pelo povo palestino do que pelo povo israelense, ou vice-versa, ou ambos, 58% dos democratas preferiam ambos os povos ou os palestinos, enquanto 76% dos republicanos preferiam ambos os povos ou os israelenses. Enquanto isso, 61% dos republicanos tinham uma visão favorável do governo israelense, contra apenas 26% dos democratas.[40] Tomados em conjunto, esses números eram inéditos.

Assim, as guerras em Gaza se juntaram à guerra de 1982 no Líbano e à Primeira Intifada como pontos de virada cruciais em uma mudança contínua na forma como os palestinos e Israel são percebidos pelos americanos. Não houve uma linha ascendente suave, mas sim um movimento de fluxo e refluxo, dado o impacto dos atentados suicidas durante a Segunda Intifada e especialmente a eficácia inalterada do proselitismo incessante de Israel. Mas a inconfundível onda de sentimento crítico aumentou em todos os casos após uma sequência de imagens horríveis, e a realidade que elas representam rompeu a densa tela de defesa cuidadosamente erguida para proteger o comportamento de Israel e esconder essa realidade.

Apesar da lenta, mas constante, mudança na opinião pública americana em relação à Palestina e a Israel nos últimos anos, houve pouca mudança aparente na formulação da política dos Estados Unidos, na promulgação de novas leis e no discurso político em geral. Uma razão para isso foi o controle, pelo Partido Republicano, da Casa Branca por quase oito anos desde 2000, do Senado desde 2010, da Câmara de 2014 a 2018 e de todos os Poderes entre 2016 e 2018. A base do partido, em especial os evangélicos — seu núcleo em muitas regiões, mais velhos, mais brancos e mais provavelmente conservadores e masculinos —, apoiou com fervor as políticas israelenses mais agressivas. A maioria dos eleitos republicanos refletiu com fidelidade o fervor dessa base, bem como o de doadores conservadores do partido, muitos dos quais, como Sheldon Adelson e Paul Singer (que, juntos, doaram mais de 100 milhões de dólares aos republicanos durante o ciclo eleitoral de 2016), estavam vigorosamente comprometidos com uma abordagem ainda mais linha-dura a favor de Israel. Além disso, a islamofobia, a xenofobia e a visão agressiva do papel dos Estados Unidos no mundo adotada por grande parte da base republicana e da liderança do partido combinavam com o espírito do primeiro-ministro israelense Benjamin Netanyahu e seu governo de direita. De fato, isso foi amplamente exibido na recepção arrebatadora que Netanyahu teve quando discursou em duas sessões conjuntas diferentes de um Congresso dominado pelos republicanos, em 2011 e 2015. Apenas Winston Churchill, que discursou no Congresso em 1941, 1943 e 1952, teve a honra de proferir mais de um desses discursos.

O caso do Partido Democrata em relação a Israel e à Palestina tem sido mais complicado e contraditório. A mudança em grande parte de sua base ocorreu principalmente entre os segmentos mais jovens, minoritários e mais liberais (representando o futuro do partido); não se refletiu nas opiniões da liderança ou da maioria de seus integrantes eleitos e grandes doadores (representando seu passado). A dinâmica em funcionamento era tanto geracional, racial e de classe quanto influenciada pelos grandes doadores do partido e poderosos grupos de pressão como o American Israel Public Affairs Committee (Aipac).

As pesquisas mostram que as opiniões sobre Palestina e Israel em geral têm uma íntima correlação com a idade: pessoas mais velhas tendem a ser mais conservadoras e convencionais e, em 2019, os líderes do Partido Democrata incluíam Nancy Pelosi, com 78 anos, Charles Schumer, com 68, e uma máquina partidária dominada pelos Clinton, ambos no início da casa dos setenta. Todos ricos, Pelosi em grau extremo (ela é um dos membros mais ricos do Congresso, segundo consta, com um patrimônio líquido, junto com o marido, superior a 100 milhões de dólares). Com a incessante captação de recursos, que é a preocupação central dos políticos americanos, e a virada à direita dos democratas no final dos anos 1980, o partido se tornou mais favorável e atraente aos interesses apoiados por grandes quantias de dinheiro. Como resultado, os pontos de vista dos doadores têm sido mais importantes para seus líderes e funcionários eleitos do que os da base do partido ou de seus eleitores. E muitos de seus maiores doadores, como o magnata da mídia Haim Saban e outros das indústrias de alta tecnologia, entretenimento e finanças, permaneceram infalivelmente comprometidos com Israel, não importando seus excessos.

Os democratas ficaram, portanto, divididos entre as inclinações de seus líderes mais velhos e de muitos grandes doadores que pretendem apoiar qualquer ato do governo israelense e a base do partido, que começou a pressionar fortemente por uma mudança. Isso ficou evidente nas posições não convencionais sobre Israel e Palestina tomadas pelo candidato presidencial Bernie Sanders durante a campanha primária democrata de 2016 e nas disputas sobre a plataforma do partido na convenção daquele ano. A divisão também foi exibida na luta pela liderança da agremiação que se seguiu às eleições de 2016, com o favorito, o deputado Keith Ellison, sujeito a difamações e insinuações em parte por causa de sua posição franca sobre a Palestina. Os esforços para mudar a linha do Partido Democrata sobre a Palestina tiveram pouco impacto concreto, o que pôde ser visto no apoio bipartidário à assistência militar anual concedida a Israel de mais de 4 bilhões de dólares e também a uma maré de legislação desfavorável aos palestinos. No entanto, uma pequena mudança no Congresso pôde ser percebida em um projeto de lei copatrocinado por trinta membros da Câmara em novembro de 2017 e reintroduzido em abril de 2019 como HR 2407, que buscava garantir que a ajuda dos Estados Unidos não apoiasse os maus-tratos e a prisão de crianças palestinas pelas forças de segurança israelenses, 10 mil das quais foram detidas pela ocupação desde 2000.[41]

Embora essas realidades possam explicar muito, em especial no que diz respeito à legislação e à retórica política, elas lançam luz limitada sobre a formulação de políticas. Na elaboração da política externa dos Estados Unidos, o Poder Executivo tradicionalmente tem grande liberdade. A Casa Branca não se sente tão limitada quanto o Congresso, cujos membros vivem assombrados pelo ciclo eleitoral e pela arrecadação de fundos que isso exige. Os presidentes americanos de fato agiram repetidas vezes de maneira livre e sem grande consideração pelas objeções de Israel e seus apoiadores quando consideraram que interesses vitais e centrais dos Estados Unidos estavam em jogo. Uma narrativa falsa diria que a influência de Israel e seus apoiadores na política do Oriente Médio tem sempre um papel primordial, mas isso é verdade *apenas* quando formuladores de políticas não consideram que há interesses estratégicos vitais dos Estados Unidos envolvidos e quando as considerações políticas domésticas são especialmente importantes, por exemplo, em um ano de eleição presidencial.

Exemplos de que os Estados Unidos superaram a forte resistência israelense para servir àquele que era visto como o interesse de Washington são inúmeros: durante a Guerra de Suez, em 1956, o país se opôs à agressão contra o Egito, contrária a seus interesses da Guerra Fria; no final da Guerra de Atrito em 1968-70 ao longo do canal de Suez, impôs um cessar-fogo que causou desvantagem estratégica a Israel para evitar um confronto com os soviéticos; e entre 1973 e 1975, Kissinger impôs três acordos exigindo retiradas militares israelenses, apesar das furiosas objeções de Israel. A maioria dessas ações acabou servindo também aos interesses de longo alcance deste último, apesar das objeções míopes de seus líderes. Outros exemplos vão desde as lucrativas vendas de armas avançadas para a Arábia Saudita, a despeito da oposição vociferante de Israel e de seu lobby em Washington, até o acordo nuclear com o Irã negociado pelo presidente Barack Obama apesar da hostilidade de Netanyahu e de seus apoiadores no Congresso. A questão é que quando interesses vitais dos Estados Unidos estão em jogo em Washington, os presidentes americanos agiram sem hesitação a serviço desses interesses, prestando apenas atenção limitada às preocupações de Israel.

No entanto, quando se trata da Palestina e da pacificação entre palestinos e israelenses, algo que necessariamente implica concessões de Israel, parece não haver em jogo grandes interesses estratégicos ou econômicos dos Estados Unidos, e nenhum meio para contrabalançar a oposição contínua de Israel e seus apoiadores, que é inevitavelmente maior nessa questão do que em qualquer outra.[42] Os presidentes americanos, de Truman a Donald Trump, têm relutado em entrar nesse antagonismo e, assim, em geral, permitiram que Israel ditasse o ritmo dos eventos e até determinasse as posições dos Estados Unidos sobre questões relacionadas à Palestina e aos palestinos.

Pode-se argumentar que essa atitude permissiva em relação ao comportamento de Israel — às vezes mascarada pela oposição meramente retórica a determinadas medidas concretas, que raramente mudavam a situação — põe em risco os interesses dos Estados Unidos no Oriente Médio, dado o amplo apoio oferecido aos palestinos pelas populações do mundo árabe.[43] Mas o Oriente Médio há anos é governado pela maior concentração de regimes autocráticos do mundo. Além disso, os americanos nunca apoiaram o avanço da democracia no Oriente Médio de forma contínua, preferindo lidar com as ditaduras e monarquias absolutas que controlam a maioria dos países. Esses regimes antidemocráticos têm sido historicamente subservientes aos Estados Unidos e clientes valiosos de suas indústrias de defesa, aeroespacial, petrolífera, bancária e imobiliária. Geralmente agem desafiando sua própria opinião pública pró-palestina, imunizando assim Washington de qualquer reação por seu apoio à ocupação e colonização da Palestina por Israel.

O país-chave nesse sentido tem sido a Arábia Saudita, que desde 1948 defende publicamente a causa palestina, muitas vezes dando apoio financeiro à OLP, enquanto faz pouco ou nada para pressionar os Estados Unidos a mudar suas políticas favoráveis a Israel. A passividade da monarquia saudita remonta pelo menos a agosto de 1948, quando o secretário de Estado George Marshall agradeceu ao rei 'Abd al-'Aziz ibn Sa'ud pelo "modo conciliatório" como o reino tratava a questão da Palestina. Isso se deu no auge da guerra de 1948, depois que tropas israelenses invadiram a maior parte do país e expulsaram grande parte da população palestina.[44] A Arábia Saudita se tornou muito mais influente na região desde a derrota do Egito em 1967 e a inundação de dinheiro do petróleo nos cofres do reino pós-1973, mas, fora isso, pouco mudou em sua atitude aquiescente em relação a Israel nas décadas seguintes.

Essa dinâmica foi visível durante o governo de George W. Bush, quando tanto os arabistas remanescentes quanto os "promotores da paz" foram amplamente postos à margem da formulação de políticas para o Oriente Médio. Bush, Cheney e Rumsfeld, ao contrário, confiaram em um quadro de falcões neoconservadores fervorosamente pró-Israel como Paul Wolfowitz, Richard Perle, Douglas Feith e Lewis "Scooter" Libby, muitos deles recauchutados do governo Reagan. Eles sistematicamente excluíram os conhecedores da região de qualquer envolvimento em decisões importantes, fossem elas sobre a Palestina, a desastrosa guerra que lançaram no Iraque ou a "Guerra ao Terror", travada quase toda no Oriente Médio e em outras partes do mundo muçulmano. Em Washington, o governo Sharon astutamente conseguiu vender sua campanha contra a violenta Segunda Intifada palestina como parte integrante da guerra ao terror, e a si mesmo como um aliado vital, ao mesmo tempo que fornecia grande parte da frágil justificativa intelectual para essa cruzada ideológica. Em troca, em 2004 Bush aceitou a inclusão de blocos de assentamentos — "grandes centros populacionais israelenses já existentes" — dentro das fronteiras de Israel no contexto de um acordo de paz final.[45] Bush também apoiou a decisão repentina de Sharon de promover uma retirada unilateral de tropas e colonos israelenses da Faixa de Gaza em 2005. Israel fez isso sem coordenação com os palestinos, mantendo o controle sobre a entrada e saída da faixa, que permaneceu sitiada e logo foi tomada pelo Hamas. Isso preparou o terreno para a rodada seguinte de guerras em Gaza.

O presidente que ocupou a Casa Branca durante os três ataques de Israel a Gaza, Barack Obama, seguiu o padrão de seus antecessores. Sua eleição havia levantado as esperanças de muitas almas confiantes que acreditavam que um presidente americano com Hussein como nome do meio, que havia sido fotografado com Edward Said — meu vizinho e colega na Universidade de Chicago, que declarou um "novo começo" para os Estados Unidos no mundo muçulmano — certamente lidaria de maneira diferente com a Palestina. Essas esperanças surgiram da suposição de que presidentes têm liberdade de ação ilimitada. Mas, apesar da considerável margem de manobra concedida ao Poder Executivo, há sempre o poder tenaz da burocracia permanente, do círculo homogêneo de especialistas que circulam dentro e fora do governo, do Congresso e de outros fatores estruturais e políticos.

Há também a potência do pensamento convencional sobre Israel e Palestina, enraizado nas lideranças de ambos os partidos políticos e na grande mídia, bem como o tremendo poder do lobby de Israel e o fato de que não há uma força de compensação efetiva na política dos Estados Unidos. Qualquer arremedo de um lobby árabe nunca passou de uma dispendiosa coleção de escritórios de relações públicas, de escritórios de advocacia, consultores e lobistas pagos generosamente para proteger os interesses das elites corruptas e cleptocratas que governam mal a maior parte dos países árabes. Em sua maioria, esses governantes ditatoriais estão em dívida com os Estados Unidos e são clientes valiosos da defesa, dos setores aeroespacial, petrolífero e bancário, e de interesses imobiliários americanos, que têm grande influência em Washington. Essas forças potentes também fazem lobby por cleptocratas árabes, mas não pelos "árabes", se isso significar os povos desses países.

Ainda assim, outro sinal de esperança foi a rápida indicação de George Mitchell por Obama como enviado especial para a paz no Oriente Médio em janeiro de 2009, encarregado de iniciar negociações diretas israelo-palestinas para um acordo final. Mitchell era um negociador nos moldes de Cyrus Vance e James Baker: uma figura de Washington experiente e independente, que naquele estágio final de sua carreira não estava em dívida com Israel ou seu lobby. Tinha sido governador do Maine e líder da maioria no Senado; como enviado especial do presidente Bill Clinton à Irlanda do Norte em 1998, havia presidido as conversações que resultaram no Acordo da Sexta-Feira Santa, tirando o Exército Republicano Irlandês (IRA) do isolamento e negociando um acordo com ele. Ao contrário dos promotores da paz da era Clinton, Mitchell não aceitou as posições de Israel como sendo os limites da política dos Estados Unidos e se empenhou em enfrentar os aspectos mais espinhosos das negociações: o congelamento dos assentamentos judaicos, o futuro de Jerusalém e o retorno dos refugiados palestinos. Com base em seu êxito com o IRA na Irlanda do Norte, ele propôs envolver o Hamas no processo de negociação, algo que considerava crucial para uma solução abrangente, mas não teve sucesso, em grande parte devido à oposição israelense. Porém Mitchell sofria de uma desvantagem particular: foi prejudicado por gente do próprio governo Obama. A figura-chave na sabotagem de sua missão não podia ser outro senão o inefável Dennis Ross.

Ross ficou fora do governo durante os anos de George W. Bush, mas fez campanha na Flórida e em outros lugares para Obama em 2008, defendendo-o das acusações republicanas de apoio insuficiente a Israel. O presidente recém-eleito estava, portanto, em dívida com ele. Como um paliativo para aqueles que se sentiam insatisfeitos com a nomeação de Mitchell (além de sua intenção de lidar com o Hamas, ele tinha ascendência libanesa, sendo o primeiro alto funcionário dos Estados Unidos envolvido no Oriente Médio com esse histórico desde Philip Habib), Ross foi nomeado assessor especial da secretária de Estado, Hillary Clinton. Ele deveria se concentrar no Golfo, mas logo começou a se envolver nas negociações palestino-israelenses, nas quais era visto pelos israelenses como um interlocutor preferencial. Quando sua interferência nas iniciativas de Mitchell se tornou intolerável, uma vez que ele repetidamente agia pelas costas do enviado especial, estabelecendo canais secretos com os israelenses, Ross deixou seu posto em Foggy Bottom, mas foi parar num novo cargo no Conselho de Segurança Nacional, onde estava ainda mais próximo do presidente. Ele continuou a interferir no trabalho de Mitchell, fazendo acordos paralelos com o governo de Netanyahu, enquanto a AP se recusava a ter qualquer contato com ele por causa de seu manifesto viés pró-Israel.

Foi uma luta desigual: Mitchell contra o lobby de Israel, o Congresso e Netanyahu, com Ross sempre apoiado por seus patronos para operar pelas costas do ex-senador. Em vez de enfrentar um único representante do governo dos Estados Unidos determinado a extrair concessões de ambos os lados, Israel foi capaz de usar o dócil e sempre complacente Ross contra Mitchell. Nessa situação, poderia simplesmente fincar pé, e nenhum progresso em direção a um acordo seria possível. No final, o golpe de misericórdia foi desferido contra Mitchell por seus ex-colegas no Congresso, que decretaram que envolver o Hamas no processo de negociação era inaceitável e violava as leis americanas.[46] Israel tinha vencido. O status quo foi preservado, os palestinos permaneceram divididos e Israel não foi obrigado a falar com o Hamas ou mesmo negociar seriamente, tudo sem ter tido que fazer muito esforço. Ross e o Congresso haviam feito o trabalho em seu lugar.

Embora Obama tenha indicado que a questão palestina era uma prioridade para seu governo, a resposta às guerras em Gaza dá uma noção mais verdadeira de seu compromisso. A primeira a acontecer na presidência dele começou depois da eleição, mas antes da posse. Nem no momento do conflito nem depois o presidente procurou desmontar a falsa narrativa segundo a qual o que estava acontecendo na Faixa de Gaza durante esses ataques ferozes era uma resposta justa ao disparo de foguetes terroristas contra civis israelenses. Em nenhum momento seu governo interrompeu o fluxo de armas americanas usadas para matar cerca de 3 mil civis palestinos e ferir muitos mais. Na verdade, as entregas foram aceleradas quando Israel considerou necessário. Em nenhum momento Obama confrontou decisivamente Israel sobre o cerco à Faixa de Gaza.

Por suas primeiras insinuações de que haveria uma mudança no viés pró-Israel de Washington, Obama foi objeto de um profundo ódio por parte dos líderes de direita e seus apoiadores americanos (ele retribuía o sentimento), mas no final isso não mudou nada na Palestina. Apesar dos esforços infrutíferos para resolver o conflito feitos pelo secretário de Estado de Obama, John Kerry, a única marca que seu governo deixou foi a Resolução 2334 do Conselho de Segurança, aprovada por 14 a 1 com uma abstenção dos Estados Unidos, que chamou a atividade de assentamento israelense na Cisjordânia e em Jerusalém Oriental de "flagrante violação" do direito internacional "sem validade legal". Adotada em dezembro de 2016, quando Obama já não tinha força política, a resolução não previa sanções e medidas coercitivas contra Israel. Assim como outras posturas meramente retóricas adotadas pelos Estados Unidos, ela foi inútil e não teve nenhum efeito sobre a situação na área. Obama foi particularmente azarado porque, poucos meses após sua posse, Netanyahu, com quem suas relações passaram de gélidas a péssimas, assumiu o cargo pela segunda vez e continuou a aprofundar seus laços estreitos com a oposição republicana ao presidente. Por essas e por muitas outras razões, Obama saiu da Casa Branca em 2017 deixando intactos o status quo colonial de ocupação militar na Palestina e a expansão de assentamentos judaicos, e as condições para os palestinos ainda piores do que quando assumira o cargo, oito anos antes.

A lição é clara. Se Obama tivesse genuinamente considerado a questão da paz entre palestinos e israelenses como uma prioridade — tão importante quanto o acordo nuclear com o Irã —, ele poderia ter trabalhado para pressionar por isso contrariando a oposição do Congresso e os esforços do Aipac e do governo israelense, o que talvez pudesse ter dado certo. Em nome de uma questão de suprema importância, envolvendo a guerra e a paz com o Irã, Obama foi capaz de enfrentar e superar o lobby de Israel e seus patronos israelenses. No entanto, ele aparentemente acreditava que romper o impasse na Palestina não constituía um interesse estratégico americano importante o suficiente para que usasse seu prestígio, seu poder e seu capital político. A iniciativa de Mitchell morreu silenciosamente em 2011, e os esforços de Kerry em 2016, e com eles a perspectiva de conduzir negociações entre Israel e os palestinos em uma base inteiramente nova.

Quando chegou a data do centenário da guerra na Palestina, a metrópole americana, base insubstituível da liberdade de ação de Israel, estava tão comprometida com o projeto colonialista sionista quanto Lord Balfour estivera cem anos antes. O segundo século da guerra seria marcado por uma nova e ainda mais destrutiva abordagem da questão da Palestina, com os Estados Unidos em estreita coordenação com Israel e seus novos amigos nas monarquias absolutas do Golfo.

Conclusão
Um século de guerra contra os palestinos

Em 1917, Arthur James Balfour afirmou que, na Palestina, o governo britânico não "propunha sequer consultar os desejos dos atuais habitantes do país". As grandes potências estavam comprometidas com o sionismo, prosseguiu ele, "e o sionismo, seja certo ou errado, bom ou ruim, está enraizado em tradições antigas, em necessidades presentes, em esperanças futuras, de importância muito mais profunda do que os desejos e preconceitos dos 700 mil árabes que agora habitam aquela terra antiga".[1] Cem anos depois, o presidente Donald Trump reconheceu Jerusalém como a capital de Israel, afirmando: "Tiramos Jerusalém da pauta, então não precisamos mais falar sobre isso". Ele disse a Benjamin Netanyahu: "Vocês ganharam um ponto e desistirão de alguns pontos mais tarde na negociação, se ela acontecer. Eu não sei se acontecerá".[2] O centro da história, identidade, cultura e culto dos palestinos foi, assim, sumariamente eliminado sem que sequer houvesse a pretensão de consultar seus desejos.

Ao longo de um século de intervenção, as grandes potências tentaram repetidas vezes agir contra os palestinos, ignorando-os, falando por eles ou passando por cima deles, ou fingindo que não existiam. Diante de um cenário absolutamente adverso, porém, eles mostraram uma capacidade obstinada de resistir a esses esforços para eliminá-los em termos políticos e dispersá-los. Na realidade, mais de 120 anos após o primeiro congresso sionista em Basileia e mais de setenta anos após a criação de Israel, o povo palestino, que não esteve representado em nenhuma dessas ocasiões, não deveria mais constituir qualquer tipo de presença nacional. Em seu lugar deveria haver um Estado judeu, incontestado pela sociedade nativa que ele deveria suplantar. No entanto, apesar de todo o seu poder, de suas armas nucleares e de sua aliança com os Estados Unidos, hoje o Estado judeu é pelo menos tão contestado globalmente quanto em qualquer época do passado. A resistência dos palestinos, sua persistência e seu desafio às ambições de Israel estão entre os fenômenos mais marcantes da era atual.

Ao longo de décadas, os Estados Unidos hesitaram, ora fingindo apoiar a existência dos palestinos, ora tentando excluí-los do mapa do Oriente Médio. A provisão de um Estado árabe na resolução de partilha de 1947 (embora nunca implementada), a menção de Jimmy Carter a uma "pátria" palestina e o apoio nominal a um Estado palestino pelos governos Clinton a Obama foram parte desse discurso da boca para fora. Os casos de exclusão e apagamento promovidos pelos americanos são muito mais comuns: o apoio de Lyndon Johnson à Resolução 242, aprovada pelo Conselho de Segurança da ONU; os anos de Kissinger marginalizando a OLP nas décadas de 1960 e 1970 e secretamente fazendo guerra por procuração contra ela; os Acordos de Camp David, em 1978; o sinal verde do governo Reagan para a guerra de 1982 no Líbano; a falta de vontade dos presidentes americanos, de Johnson a Obama, de impedir a ocupação israelense e o assentamento em terras palestinas.

Independentemente de sua hesitação, os Estados Unidos, a grande potência imperial de nossa época, junto com a Grã-Bretanha antes dela, deram total apoio ao movimento sionista e ao Estado de Israel. Mas eles têm tentado fazer o impossível: impor uma realidade colonial à Palestina em uma era pós-colonial. Eqbal Ahmad resumiu:

Agosto de 1947 marcou o início da descolonização, com o fim do domínio britânico na Índia. Foi naqueles dias de esperança e realização que ocorreu a colonização da Palestina. Assim, no alvorecer da descolonização, voltamos à forma mais primitiva e intensa de ameaça colonial, o colonialismo de ocupação exclusivista.[3]

Em outras circunstâncias ou em outra época, a substituição da população nativa poderia ter sido viável, especialmente à luz da longa e profunda ligação religiosa que os judeus sentem pela terra em questão — se esse fosse o século XVIII ou XIX, se os palestinos fossem tão poucos quanto os colonos sionistas ou se tivessem sido dizimados como os povos nativos da Australásia e da América do Norte. A longevidade da resistência dos palestinos à sua expropriação, no entanto, indica que o movimento sionista, nas palavras do falecido historiador Tony Judt, "chegou tarde demais", pois "importou um projeto separatista característico do final do século XIX para um mundo que mudou".[4]

Com o estabelecimento de Israel, o sionismo conseguiu formar um poderoso movimento nacional e um novo povo próspero na Palestina. Mas não foi possível suplantar totalmente a população original do país, o que seria necessário para seu triunfo final. Confrontos colonialistas com povos nativos só terminam de três maneiras: com a eliminação ou subjugação total da população nativa, como na América do Norte; com a derrota e expulsão do colonizador, como na Argélia, o que é raríssimo; ou com o abandono da supremacia colonialista, num contexto de negociação e de reconciliação, como na África do Sul, no Zimbábue e na Irlanda.

Ainda existe a possibilidade de Israel tentar reprisar as expulsões de 1948 e 1967 e se livrar de alguns ou de todos os palestinos que permanecem tenazmente em sua terra natal.

Transferências forçadas de população em uma base sectária e étnica ocorreram no vizinho Iraque desde sua invasão pelos Estados Unidos e na Síria após o país ser levado ao colapso pela guerra e pelo caos. O Alto-Comissariado da ONU para Refugiados informou em 2017 que um recorde de 68 milhões de pessoas e refugiados foram deslocados em todo o mundo. Nesse terrível cenário regional e global, que suscita escassa preocupação internacional, pode parecer haver pouco para impedir que Israel aja assim. Mas a luta feroz que os palestinos travariam contra sua remoção, a intensa atenção internacional ao conflito e a crescente aceitação da narrativa palestina atenuam essa perspectiva.

Dada a clareza do que está envolvido na limpeza étnica em uma situação colonialista (e não em circunstâncias de uma confusa guerra civil por procuração entrelaçada com extensa intervenção estrangeira, como na Síria e no Iraque), uma nova onda de expulsões provavelmente não se desenrolaria de modo tão suave para Israel como no passado. Mesmo se realizado sob o disfarce de uma grande guerra regional, esse movimento teria o potencial de causar danos fatais ao apoio do Ocidente a Israel, e do qual este tanto depende. No entanto, há temores crescentes de que a expulsão tenha se tornado mais possível nos últimos anos do que em qualquer outro momento desde 1948, com nacionalistas religiosos e colonos dominando sucessivos governos israelenses, planos explícitos para anexações na Cisjordânia e líderes parlamentares israelenses pedindo a remoção de parte da população palestina ou dela toda. As políticas punitivas israelenses são atualmente direcionadas a forçar o maior número possível de palestinos a sair do país, ao mesmo tempo que pessoas na Cisjordânia e no Negev dentro de Israel são expulsas de seus lares e aldeias por meio de demolição de casas, vendas de propriedades falsas, rezoneamento e uma infinidade de outros estratagemas.

O que separa essas táticas de engenharia demográfica testadas e comprovadas de uma repetição da limpeza étnica completa de 1948 e 1967 é apenas um passo. Ainda assim, parece que o cenário não é favorável até o momento para que Israel dê esse passo.

Se a eliminação da população nativa não é um resultado provável na Palestina, o que dizer de um desmantelamento da supremacia do colonizador para possibilitar uma verdadeira reconciliação? A vantagem de que Israel desfrutou ao dar continuidade a seu projeto repousa no fato de que a natureza basicamente colonialista do enfrentamento na Palestina não foi visível para a maioria dos americanos e para muitos europeus. Para eles, Israel parece um Estado-nação comum e natural como qualquer outro, enfrentando a hostilidade irracional de muçulmanos intransigentes e muitas vezes antissemitas (que é como os palestinos, mesmo os cristãos, são vistos por muitos). A propagação dessa imagem é uma das maiores conquistas do sionismo e é vital para sua sobrevivência. Como disse Edward Said, o sionismo triunfou em parte porque "ganhou a batalha política pela Palestina no mundo internacional em que ideias, representação, retórica e imagens estavam em questão".[5] Isso ainda é amplamente verdade hoje. Desmantelar essa falácia e tornar evidente a verdadeira natureza do conflito é um passo necessário para que palestinos e israelenses façam a transição para um futuro pós-colonial em que um povo não use apoio externo para oprimir e suplantar o outro.

Pesquisas recentes revelaram as mudanças que começaram a ocorrer em alguns segmentos da opinião pública americana. Apesar de encorajar os defensores da liberdade palestina, essas mudanças não refletem a posição da maioria dos americanos. Tampouco se baseiam necessariamente em uma compreensão sólida da dinâmica colonialista do conflito. Além disso, a opinião pública pode mudar de novo. Acontecimentos recentes na Palestina inclinaram ligeiramente a balança da simpatia em favor dos palestinos, mas outros fatos podem levá-la a se inclinar na direção oposta, como aconteceu durante a Segunda Intifada. Iniciativas amplamente financiadas foram lançadas para alcançar essa reversão, em particular para difamar os críticos de Israel como "antissemitas",[6] enquanto as contrainiciativas para fortalecer essa tendência positiva são, em comparação, insignificantes.

A experiência das últimas décadas mostra que três abordagens têm sido eficazes para ampliar a forma como a realidade na Palestina é compreendida. A primeira repousa na fecunda comparação do caso da Palestina com outras experiências de colonização, seja ela de nativos americanos, sul-africanos ou irlandeses. A segunda, relacionada à primeira, envolve o foco no grande desequilíbrio de poder entre Israel e os palestinos, uma característica de todos os conflitos colonialistas. A terceira e talvez mais importante é colocar em primeiro plano a questão da desigualdade.

Estabelecer a natureza colonialista do conflito provou ser extremamente difícil, dada a dimensão bíblica do sionismo, que apresenta os recém-chegados como nativos e como proprietários históricos das terras que colonizaram. Sob essa luz, a população original da Palestina fica parecendo um corpo estranho ao ressurgimento pós-Holocausto de um Estado-nação judaico com suas raízes no reino de Davi e Salomão: os palestinos nesse cenário edificante não são mais do que intrusos indesejáveis. Desafiar esse mito épico é difícil nos Estados Unidos, impregnados por um protestantismo evangélico que torna os americanos particularmente suscetíveis a um apelo tão evocativo baseado na Bíblia, ainda mais sendo esse um povo que também se orgulha de seu passado colonial. A palavra "colonial" ali tem um valor que é profundamente diferente de suas associações nas antigas metrópoles imperiais europeias e nos países que já fizeram parte de seus impérios.

Da mesma forma, os termos "colono" e "pioneiro" têm conotações positivas na história americana, surgidas da lenda heroica da conquista do Oeste às custas de sua população nativa conforme projetada em filmes, na literatura e na televisão. Na verdade, existem paralelos notáveis entre esses retratos da resistência dos nativos americanos à sua expropriação e a situação dos palestinos. Ambos os grupos são considerados atrasados e incivilizados, um obstáculo violento, assassino e irracional ao progresso e à modernidade. Embora muitos americanos tenham começado a contestar essa vertente de sua narrativa nacional, a sociedade israelense e seus apoiadores ainda celebram sua versão fundamental — na verdade dependem dela. Além disso, comparações entre a Palestina e as experiências dos nativos americanos ou afro-americanos são preocupantes porque os Estados Unidos ainda não reconheceram plenamente esses capítulos sombrios de seu passado nem abordaram seus efeitos tóxicos no presente. Ainda há um longo caminho a percorrer para mudar a consciência dos americanos sobre a história de sua nação, para não falar no quanto falta para uma nova consciência sobre os eventos envolvendo Palestina e Israel, nos quais os Estados Unidos desempenham um papel tão solidário.

O segundo caminho para mudar as percepções existentes sobre o conflito — destacando o grande desequilíbrio entre os palestinos e os poderes que se opõem a eles — envolve mostrar que o movimento sionista esteve quase sempre na ofensiva em seu esforço para alcançar o domínio sobre uma terra árabe. Apresentar essa realidade de outra forma tem sido central para a vantagem discursiva alcançada pelo sionismo, uma narrativa em que Israel é Davi enfrentando o Golias árabe/muçulmano. Uma ficção mais recente apresenta o conflito como uma luta entre dois povos, ou mesmo dois Estados, em uma disputa igualitária, às vezes enquadrada como certo versus certo. Mesmo assim, a versão aceita é que Israel desejou constantemente a paz, que os palestinos tornaram impossível ("não há parceiro para a paz", como diz a frase, o que teria deixado os israelenses, as vítimas, na obrigação de se defender contra o injustificável terrorismo e o uso de armas). Na realidade, o movimento sionista e depois o Estado de Israel sempre tiveram as grandes tropas a seu lado, sejam eles o Exército britânico antes de 1939, o apoio dos Estados Unidos e da União Soviética em 1947-8, a França e a Grã-Bretanha nas décadas de 1950 e 1960 ou a situação da década de 1970 até hoje, em que, além de receber apoio ilimitado dos americanos, o poder armado de Israel supera o dos palestinos e, na verdade, o de todos os países árabes juntos.

A questão da desigualdade é a mais promissora para ampliar a compreensão da realidade na Palestina. É também a mais importante, pois a desigualdade foi essencial para a criação de um Estado judeu em uma terra predominantemente árabe, e é vital para manter o domínio desse Estado. Ela é crucial não apenas por ser um anátema para as sociedades igualitárias e democráticas nas quais o projeto sionista se apoiou, mas porque a igualdade de direitos é a chave para uma resolução justa e duradoura de todo o problema.

Dentro de Israel, certos direitos importantes são reservados exclusivamente para cidadãos judeus e negados a 20% dos cidadãos, que são palestinos. É claro que os 5 milhões de palestinos que vivem sob um regime militar israelense nos Territórios Ocupados não têm nenhum direito, enquanto o meio milhão de colonos israelenses goza de plenos direitos. Essa discriminação étnica sistêmica sempre foi uma faceta central do sionismo, que por definição visava criar uma sociedade e uma política judaicas com direitos nacionais exclusivos em uma terra de maioria árabe. Mesmo com a Declaração de Independência de Israel, de 1948, proclamando "completa igualdade de direitos sociais e políticos para todos os seus habitantes, independentemente de religião, raça ou sexo",[7] dezenas de leis cruciais baseadas na desigualdade de direitos foram implementadas nos anos seguintes. O acesso severamente restrito ou proibido por completo dos árabes à terra e à residência em comunidades totalmente judaicas formalizou o confisco da propriedade privada e coletiva (*waqf*) de não judeus, impediu a maioria dos palestinos nativos transformados em refugiados de retornar às suas casas e ao mesmo tempo deu direitos de cidadania aos imigrantes judeus e acesso limitado a muitos outros benefícios.

Esse problema central é ainda mais gritante hoje, com uma população árabe total na Palestina e em Israel, do rio Jordão ao mar, que é igual ou talvez um pouco maior do que a população judaica. A visão de que a desigualdade é a questão moral central colocada pelo sionismo, e que vai à raiz da legitimidade de todo o empreendimento, é compartilhada por alguns israelenses ilustres. Imaginando estudiosos olhando para trás daqui a cem anos, o historiador Zeev Sternhell perguntou:

> Quando exatamente os israelenses entenderam que sua crueldade para com os não judeus em seu domínio nos Territórios Ocupados, sua determinação de acabar com as esperanças de independência dos palestinos, ou sua recusa em oferecer asilo a refugiados africanos começaram a minar a legitimidade moral de sua existência nacional?[8]

Por décadas os sionistas insistiram, frequentemente se referindo à declaração de independência, que Israel poderia ser e era a um só tempo "judeu e democrático". À medida que as contradições inerentes a essa formulação se tornavam cada vez mais evidentes, alguns líderes israelenses admitiram (na verdade, até declararam isso com orgulho) que, se fossem forçados a escolher, o aspecto judaico teria precedência. Em julho de 2018, o Knesset consagrou essa escolha na lei constitucional, adotando a "Lei Básica sobre o Estado-Nação Judaico", que institucionalizou a desigualdade estatutária entre os cidadãos israelenses ao arrogar o direito de autodeterminação nacional exclusivamente ao povo judeu, rebaixando o status do árabe e declarando o assentamento judaico como um "valor nacional" que tem precedência sobre outras necessidades.[9] A ex-ministra da Justiça Ayelet Shaked, uma das mais francas defensoras da supremacia judaica e promotora da lei, justificou a situação claramente meses antes que a legislação fosse votada: "Há pontos em que o caráter do Estado de Israel como um Estado judeu deve ser mantido e isso às vezes vem à custa da igualdade".[10] Ela acrescentou: "Israel [...] não é um Estado de todas as suas nações. Ou seja, direitos iguais para todos os cidadãos, mas não direitos nacionais iguais".

O lugar aonde essa ideologia leva foi resumido nas palavras igualmente contundentes de Miki Zohar, membro do partido Likud no parlamento. O palestino, disse ele,

> não tem o direito de autodeterminação porque não é o proprietário da terra. Quero o palestino como residente por causa da minha honestidade, por ele ter nascido aqui, ele mora aqui, e eu nunca diria para que ele saísse. Lamento dizê-lo, mas eles sofrem de um grande defeito: não nasceram judeus.[11]

Essa ligação entre um direito exclusivo à terra e à nacionalidade é central a um tipo específico de nacionalismo "Sangue e Solo" da Europa Central, que é o solo de onde surgiu o sionismo. Comentando sobre um rascunho inicial da lei do

Estado-nação judaico, Sternhell, cuja área de especialização é o fascismo europeu, observou que as ideias constitucionais por trás da legislação estão em consonância com as de Charles Maurras, antissemita e neofascista francês dos anos 1930, ou de nacionalistas poloneses e húngaros modernos e dos "chauvinistas europeus da linha mais dura". No entanto, acrescentou ele, estão totalmente em desacordo com as ideias liberais das revoluções Francesa e Americana.[12]

Ao abraçar sua essência não liberal e discriminatória, o sionismo moderno está cada vez mais em contradição com seus ideais, particularmente o ideal de igualdade, sob o qual as democracias ocidentais estão baseadas. Para Estados Unidos, Canadá, Grã-Bretanha, França e Alemanha, que prezam esses valores, mesmo que nem sempre sejam honrados, e que estão atualmente ameaçados por fortes tendências populistas e autoritárias de direita, isso deve ser um assunto sério, sobretudo porque Israel ainda depende do apoio desses países ocidentais.

Por fim, erradicar a desigualdade sistêmica inerente ao sionismo é crucial para criar um futuro melhor para ambos os povos, palestinos e israelenses. Qualquer fórmula apresentada como solução do conflito será necessária e inevitavelmente malsucedida se não for baseada de modo direto no princípio da igualdade. A igualdade absoluta dos direitos humanos, pessoais, civis, políticos e nacionais deve ser consagrada em qualquer esquema futuro que seja por fim aceito pelas duas sociedades. Essa é uma recomendação extravagante, mas nada mais abordará o cerne do problema, nem será sustentável e duradouro.

Isso deixa a espinhosa questão de como afastar os israelenses de seu apego à desigualdade, muitas vezes codificada e justificada pela necessidade de segurança. A percepção dessa necessidade está em grande parte enraizada em uma história real de insegurança e perseguição, mas em resposta a esse trauma passado gerações agora foram educadas em um dogma reflexivo de nacionalismo agressivo cujo domínio tenaz será difícil de romper. Assim, os cidadãos judeus de uma superpotência regional que intimida seus vizinhos (e que bombardeou as capitais de sete deles impunemente)[13] sofrem de uma profunda insegurança arraigada em parte nessa história, e talvez em parte por uma preocupação tácita de que a realidade colonial cuidadosamente construída e justificada em que vivem pode de súbito se desfazer. A síndrome que impulsiona esse imperativo de dominar e discriminar provavelmente só pode ser abordada por aqueles dentro da sociedade israelense (ou próximos a ela) que entendem a direção sombria do curso atual do país e que podem desafiar as distorções da história, da ética e do judaísmo que essa ideologia constitui. Fazer isso é certamente a tarefa principal e mais urgente dos israelenses e de seus apoiadores que desejam mudar a dinâmica da injustiça e da desigualdade.

Os palestinos também precisam abandonar uma ilusão perniciosa — enraizada na natureza colonialista de seu encontro com o sionismo e na negação por este de seu povo — de que os judeus israelenses não são um povo "real" e que não têm direitos nacionais. Embora seja verdade que o sionismo transmutou a religião judaica e o povo histórico dos judeus em algo bem diferente — um nacionalismo moderno —, isso não apaga o fato de que os judeus israelenses hoje se consideram um povo com um sentimento de pertencimento *nacional* na Palestina, que eles veem como a Terra de Israel, não importa como essa transmutação tenha ocorrido. Também os palestinos hoje se consideram um povo com vínculos *nacionais* com aquela que é de fato sua pátria ancestral, por razões tão arbitrárias e conjunturais quanto as que levaram ao sionismo, tão arbitrárias quanto qualquer uma das razões que levaram ao surgimento de dezenas de movimentos nacionais modernos. Essa conclusão sobre a natureza construída de todas as entidades nacionais, que enfurece os apóstolos do nacionalismo, é autoevidente para aqueles que estudaram sua gênese em inúmeras circunstâncias diferentes.[14]

A ironia é que, como todos os povos, os palestinos presumem que seu nacionalismo é puro e historicamente enraizado, ao mesmo tempo que negam o mesmo aos judeus israelenses. É claro que há uma diferença entre os dois: a maioria dos palestinos descende de pessoas que viveram naquele que eles naturalmente veem como seu país há muito tempo, há muitos séculos, talvez muitos milênios; a maioria dos judeus israelenses veio da Europa e dos países árabes há relativamente pouco tempo, como parte de um processo colonialista sancionado e intermediado pelas grandes potências. Os palestinos são nativos, os israelenses são colonos ou descendentes de colonos, embora muitos estejam lá há gerações e tenham uma ligação religiosa antiga e profunda com o país, ainda que bastante diferente do antigo enraizamento no país dos palestinos nativos. Por se tratar de um conflito colonialista, essa diferença é muito importante. No entanto, ninguém hoje negaria que existem entidades nacionais totalmente desenvolvidas em Estados colonizadores como Estados Unidos, Canadá, Nova Zelândia e Austrália, apesar de suas origens em guerras coloniais de extermínio. Além disso, para aqueles intoxicados pelo nacionalismo, essas distinções entre colonos e povos nativos não importam. Como disse o antropólogo Ernest Gellner:

> As nações como uma maneira natural, dada por Deus, de classificar os homens, como um [...] destino político, são um mito; o nacionalismo, que às vezes pega culturas preexistentes e as transforma em nações, às vezes as inventa, e muitas vezes oblitera culturas preexistentes: *isso é* uma realidade.[15]

Embora a natureza fundamentalmente colonialista do encontro palestino-israelense deva ser reconhecida, há agora dois povos na Palestina, não importando como surgiram, e o conflito entre eles não pode ser resolvido enquanto a existência nacional de cada um for negada pelo outro. A aceitação mútua só pode se basear na completa igualdade de direitos, incluindo os direitos nacionais, não obstante as diferenças históricas cruciais entre ambos. Não há outra solução sustentável possível, exceto a noção impensável de extermínio ou expulsão de um povo pelo outro. Superar a resistência daqueles que se beneficiam do status quo, a fim de garantir direitos iguais para todos nesse pequeno país entre o rio Jordão e o mar — eis um teste para a engenhosidade política de todos os envolvidos. Reduzir o amplo e sustentado apoio externo ao status quo discriminatório e profundamente desigual sem dúvida facilitaria o caminho que vem a seguir.

No entanto, a guerra contra a Palestina ultrapassou a marca dos cem anos com os palestinos enfrentando circunstâncias que talvez sejam mais assustadoras do que em qualquer outro momento desde 1917. Com sua eleição, Donald Trump começou a perseguir aquilo que chamou de "acordo do século", em tese destinado a uma resolução conclusiva do conflito. O fechamento do acordo até agora envolveu dispensar décadas de políticas fundamentais dos Estados Unidos, terceirizar o planejamento estratégico para Israel e desprezar os palestinos. De maneira pouco auspiciosa, o embaixador de Trump em Israel, David Friedman (seu advogado de falências e antigo apoiador financeiro do movimento de colonos judeus), falou em uma "suposta ocupação" e exigiu que o Departamento de Estado parasse de usar o termo. Em uma entrevista, declarou que Israel tem o "direito" de anexar "parte, e embora seja improvável, toda a Cisjordânia".[16] Jason Greenblatt, por mais de dois anos atuando como enviado para negociações entre Israel e a Palestina (outrora advogado de negócios imobiliários de Trump e também doador para causas da direita israelense), afirmou que os assentamentos na Cisjordânia "não são um obstáculo para a paz", rejeitou o uso do termo "ocupação" em uma reunião com emissários da União Europeia[17] e endossou as opiniões de Friedman sobre anexação.

O novo governo rapidamente alardeou uma abordagem "de fora para dentro", na qual três das monarquias sunitas do Golfo — Arábia Saudita, Emirados Árabes Unidos e Bahrein (muitas vezes falsamente descritos como representando árabes sunitas) — foram trazidas para uma aliança com Israel contra o Irã. Como subproduto dessa configuração, esses e outros regimes árabes aliados aos Estados Unidos foram estimulados a intimidar os palestinos para que aceitassem posições israelenses maximalistas que seriam, e pareciam destinadas a ser, fatais para sua causa. Essa iniciativa foi coordenada de perto com esses regimes, por meio da mediação do enviado extraordinário presidencial Jared Kushner, genro de Trump, também magnata do setor imobiliário e fervoroso sionista extremista, cuja família também havia feito doações para assentamentos judaicos.

Em conluio com seus parceiros do Golfo numa conferência de junho de 2019 no Bahrein e em outros locais, Kushner, Greenblatt e Friedman divulgaram aquilo que era em essência uma iniciativa de desenvolvimento econômico para a Cisjordânia e a Faixa de Gaza, destinada a operar sob condições existentes de virtualmente completo controle israelense. Kushner lançou dúvidas sobre a viabilidade do autogoverno palestino independente, dizendo: "Teremos que ver". Ele se baseou no léxico colonialista clássico para acrescentar: "A esperança é que eles, com o tempo, possam se tornar capazes de governar". Tudo o que os palestinos mereciam, na visão de Kushner, era "a oportunidade de viver uma vida melhor. [...] a oportunidade de pagar sua hipoteca".[18] Com sua solução essencialmente econômica, esse triunvirato demonstrou notável ignorância em relação a um sólido consenso de especialistas de que a economia palestina foi estrangulada sobretudo pela interferência sistemática da ocupação militar israelense que seu plano pretendia manter em vigor. O governo Trump exacerbou esse estrangulamento econômico cortando a ajuda americana à AP e à UNRWA. Os Estados Unidos também continuaram a apoiar o bloqueio de Israel a Gaza, auxiliado pelo Egito, com efeitos desastrosos para 1,8 milhão de pessoas.

O aspecto político crucial do acordo do século de Trump estaria contido nos contornos de uma proposta americano-israelense que a AP foi pressionada a aceitar. Isso em tese envolvia a criação de uma entidade não contígua e não soberana sem a remoção de nenhum dos assentamentos israelenses ilegais existentes, que seriam reconhecidos, "legalizados" e anexados a Israel. Ela permaneceria sob total controle de segurança israelense (pela qual os palestinos teriam que pagar!) e, portanto, seria um Estado apenas no nome. Isso excluiria a soberania ou o controle sobre Jerusalém, essa entidade estaria localizada na Faixa de Gaza e as dezenas de fragmentos díspares totalizariam menos de 40% da Cisjordânia que constituem as Áreas A e B, com algumas partes da área C talvez a serem incluídas, dependendo de novas negociações.[19]

Integralmente ligado a tal abordagem estava o reconhecimento por Trump, em dezembro de 2017, de Jerusalém como a capital de Israel e a subsequente realocação da embaixada americana para lá. Esse movimento marcou um afastamento revolucionário de mais de setenta anos de política dos Estados Unidos, remontando à Resolução 181 da Assembleia Geral da ONU, segundo a qual o status da cidade sagrada permaneceria indeterminado até uma resolução final da questão da Palestina a ser acordada por ambos os lados. Essa afronta foi seguida pela proclamação de Trump que reconhecia a soberania israelense sobre as Colinas de Golã anexadas, outra mudança radical na política americana.

Com esses dois pronunciamentos, o governo unilateralmente retirou assuntos da mesa de negociações — um dos quais, o de Jerusalém, Israel está obrigado a negociar com os palestinos. Além de reverter décadas de política americana, o grupo de Trump rejeitou todo um corpo de leis e consensos internacionais, decisões do Conselho de Segurança da ONU, a opinião mundial e, claro, os direitos dos palestinos. Trump aceitou totalmente a posição israelense sobre a questão vital de Jerusalém e o fez sem nenhuma reciprocidade da parte de Israel e sem qualquer reconhecimento das demandas palestinas pelo reconhecimento da cidade como capital da Palestina. Igualmente importante, por implicação, endossou a ampla definição de Israel de uma "Jerusalém unificada", incluindo as extensas áreas árabes dentro e ao redor da cidade por ele apropriadas desde 1967. Embora o governo tenha declarado que as fronteiras reais ainda deveriam ser negociadas, sua proclamação significava que na verdade não havia mais nada para negociar.

Por meio dessas e de outras ações, a Casa Branca confirmou implicitamente os contornos da proposta americano-israelense: evitou explicitamente endossar uma solução de dois Estados; fechou a missão palestina em Washington, DC, e o consulado dos Estados Unidos em Jerusalém Oriental, que havia servido como embaixada informal para os palestinos; alegou que, ao contrário do status de todos os demais refugiados desde a Segunda Guerra Mundial, os descendentes de palestinos, declarados refugiados em 1948, não são refugiados. Por fim, ao endossar a anexação de Jerusalém e das Colinas de Golã, Trump abriu caminho para a anexação de quaisquer partes da Cisjordânia ocupada que Israel decidisse engolir.

Em troca dessas drásticas derrogações de seus direitos, os palestinos deveriam receber dinheiro, arrecadado das monarquias do Golfo. A oferta foi formalizada na conferência de junho de 2019 no Bahrein, de que a AP se recusou a participar. A proposta de Kushner de comprar a oposição palestina para aceitar um plano que evitava um acordo político negociado não era, na verdade, mais do que uma versão reaquecida de planos semelhantes de "paz econômica" em troca de direitos vendidos por líderes israelenses, de Shimon Peres a Netanyahu. Para este último e apoiadores ultranacionalistas de colonos extremistas, um adoçante econômico para a pílula amarga que os palestinos deveriam engolir se tornou um elemento essencial em sua abordagem explicitamente destinada à anexação.

De fato, o que mais chamou a atenção na política da Casa Branca para o Oriente Médio foi o fato de ela acabar efetivamente terceirizada para Netanyahu e seus aliados em Israel e nos Estados Unidos. Suas iniciativas parecem ter vindo pré-embaladas do depósito de ideias da direita israelense: transferir a embaixada americana para Jerusalém, reconhecer a anexação de Golã, dispensar a questão dos refugiados palestinos, tentar liquidar a UNRWA e se retirar do acordo nuclear com o Irã da era Obama. Apenas alguns itens permaneceram na lista de desejos de Netanyahu: anexação de grande parte da Cisjordânia, rejeição formal americana do Estado palestino soberano, a criação de uma liderança à Quisling, colaboracionista, sem poder — todo o pacote destinado a coagir os palestinos a aceitar que eles são um povo derrotado.

Nada disso era completa novidade, dada a prática americana passada. Mas o pessoal de Trump abandonou até a antiga pretensão de imparcialidade. Com esse plano, os Estados Unidos deixaram de ser "advogados de Israel", tornando-se o porta-voz do governo mais extremista da história israelense, propondo negociar diretamente com os palestinos em seu nome, com a bem-vinda assistência de seus aliados árabes mais próximos. Talvez a Casa Branca estivesse tramando outra coisa: gerar rascunhos de propostas tão ofensivamente pró-Israel que seriam inaceitáveis mesmo para os palestinos mais complacentes. Com essa tática, o governo israelense poderia pintar os palestinos como rejeicionistas e continuar a evitar negociações, mantendo o status quo de anexação rastejante, expansão da colonização e discriminação legal. Em ambos os casos, o resultado seria o mesmo: os palestinos foram avisados de que a perspectiva de um futuro independente em sua pátria estava encerrada e que o empreendimento colonialista israelense tinha liberdade para moldar a Palestina como desejasse.

Essa é uma conclusão que a maior parte do mundo rejeita, e que decerto encontrará resistência, tanto local quanto globalmente. Também está em desacordo com todos os princípios de liberdade, justiça e igualdade que os Estados Unidos deveriam defender. Uma resolução imposta apenas em termos israelenses hostis inevitavelmente trará mais conflito e insegurança para todos os envolvidos. Para os palestinos, porém, também apresenta oportunidades.

As atuais estratégias de ambas as principais facções políticas palestinas, Fatah e Hamas, não deram em nada, algo que fica evidenciado pela aceleração do controle israelense sobre toda a Palestina. Nem a dependência da mediação americana em negociações infrutíferas, como parte do único recurso à débil diplomacia da era 'Abbas, nem uma estratégia nominal de resistência armada fizeram avançar os objetivos nacionais palestinos nas últimas décadas. Tampouco os palestinos podem esperar muito de regimes árabes como os do Egito e da Jordânia, que hoje não se envergonham de assinar acordos maciços de gás com Israel, ou Arábia Saudita e Emirados Árabes

Unidos, que compram armas e sistemas de segurança israelenses por meio de atalhos americanos que apenas disfarçam suas origens.[20] Essas percepções exigem que os palestinos reavaliem cuidadosamente seus métodos, independentemente de como definam seus objetivos nacionais: seja o fim da ocupação e a reversão da colonização da terra palestina; seja o estabelecimento de um Estado palestino nos 22% restantes da Palestina do Mandato com Jerusalém Oriental árabe como sua capital; seja o retorno à pátria ancestral dessa metade do povo palestino que atualmente vive no exílio; seja a criação de um Estado binacional democrático e soberano em toda a Palestina com direitos iguais para todos, ou alguma combinação ou arranjo a partir dessas opções.

Como a parte mais fraca do conflito, o lado palestino não pode se dar ao luxo de permanecer dividido. Mas antes que a unidade possa ser alcançada, uma redefinição de objetivos deve ocorrer com base em um novo consenso nacional. É grave tanto para o Fatah quanto para o Hamas que, nas últimas décadas, iniciativas da sociedade civil, como o movimento Boicote, Desinvestimento e Sanções e o ativismo estudantil, tenham feito mais para promover a causa da Palestina do que qualquer uma dessas duas facções principais. Uma reconciliação pelo menos repararia alguns dos danos causados por sua divisão, mas tal reacomodação entre dois movimentos políticos ideologicamente falidos, por mais importante que seja, não pode fornecer a nova estratégia dinâmica necessária para desalojar a causa palestina de seu atual estado de estagnação e recuo.

Uma mudança fundamental e necessária envolve reconhecer que a estratégia diplomática adotada pela OLP desde a década de 1980 foi fatalmente falha: os Estados Unidos não são e não podem ser um mediador, um intermediário ou uma parte neutra. Há muito tempo eles se opõem às aspirações nacionais palestinas e se comprometem formalmente a apoiar as posições do governo israelense sobre a Palestina. O movimento nacional palestino deve reconhecer a verdadeira natureza da postura americana e realizar um trabalho político e informativo de base para defender seu caso dentro dos Estados Unidos, como o movimento sionista tem feito há mais de um século. Essa tarefa não levará necessariamente gerações, dadas as mudanças significativas que já ocorreram em setores-chave da opinião pública. Há uma boa base sobre a qual construir.

No entanto, a bifurcada liderança palestina hoje parece não ter uma compreensão melhor do funcionamento da sociedade e da política americanas do que a de seus predecessores. Ela não tem a menor ideia de como dialogar com a opinião pública americana e não faz nenhuma tentativa séria nesse sentido. Essa ignorância da natureza complexa do sistema político dos Estados Unidos impediu a elaboração de um programa sustentado para alcançar elementos potencialmente simpáticos da sociedade civil. Por outro lado, apesar da posição dominante que Israel e seus apoiadores desfrutam nos Estados Unidos, os palestinos continuam a gastar recursos abundantes para promover sua causa na arena pública. Embora seja mal financiado e tenha sido composto apenas por iniciativas de elementos da sociedade civil, o esforço em favor de direitos palestinos alcançou êxitos notáveis em esferas como as artes (sobretudo cinema e teatro); o campo jurídico, em que defensores da liberdade de expressão e da Primeira Emenda se tornaram aliados vitais contra ataques contínuos a apoiadores do movimento Boicote, Desinvestimento e Sanções; setores da academia, notadamente de estudos médio-orientais e americanos; alguns sindicatos e igrejas; e peças-chave da base do Partido Democrata.

Trabalho semelhante precisa ser direcionado a Europa, Rússia, Índia, China, Brasil e Estados não alinhados. Israel fez progressos nos últimos anos no cultivo das elites e da opinião pública nesses países, enquanto muitos deles, especialmente China e Índia, estão se tornando mais ativos no Oriente Médio.[21] Embora a maioria dos Estados árabes seja controlada por regimes não democráticos subservientes aos Estados Unidos e deseje aprovação israelense, a opinião pública árabe continua extremamente sensível ao apelo da Palestina. Assim, em 2016, 75% dos entrevistados em doze países árabes consideraram a causa Palestina uma preocupação de todos os árabes, e 86% desaprovavam o reconhecimento árabe de Israel devido a suas políticas dirigidas contra a Palestina.[22] Os palestinos precisam ressuscitar a antiga estratégia da OLP de apelar à opinião pública árabe solidária sem a intermediação de regimes indiferentes.

O mais importante é que, caso negociações com base em um consenso palestino se tornem viáveis, qualquer diplomacia futura deve rejeitar a fórmula provisória de Oslo e prosseguir em uma base totalmente diferente. Uma intensa campanha de relações públicas e diplomáticas global deve ter como objetivo exigir patrocínio internacional e rejeitar o controle exclusivo dos Estados Unidos sobre o processo (exigência que já foi feita debilmente pela AP). Além disso, para fins de negociação, os palestinos deveriam tratar os Estados Unidos como uma extensão de Israel. Como superpotência, necessariamente os Estados Unidos estariam representados em qualquer conversa, mas deveriam ser considerados como parte adversária, mesmo sentada com Israel no lado oposto da mesa, o que representaria sua real posição pelo menos desde 1967.

Novas negociações precisariam reabrir todas as questões cruciais criadas pela guerra de 1948 que foram fechadas em favor de Israel em 1967 pela Resolução 242 do Conselho de Segurança da ONU: as fronteiras de partilha da Resolução 181 da Assembleia Geral da ONU, de 1947, e sua proposta de *corpus separatum* para Jerusalém; o retorno e a compensação dos refugiados; e os direitos políticos, nacionais e civis dos palestinos dentro de Israel. Essas conversas devem enfatizar a completa igualdade de tratamento de ambos os povos e se basear nas convenções de Haia e Genebra IV, na Carta das Nações Unidas com ênfase na autodeterminação nacional e em todas as resoluções relevantes do Conselho de Segurança e da Assembleia Geral, não apenas aquelas escolhidas a dedo pelos Estados Unidos para favorecer Israel.

O atual governo de Washington e o governo israelense, é claro, nunca aceitariam tais termos e estes, portanto, seriam, no momento, precondições impossíveis para negociações. Esse é precisamente o ponto. Eles são feitos para não deixar que negociações ocorram seguindo as fórmulas que são vantajosas para Israel. Continuar a negociar na base atual, profundamente falha, só pode consolidar um status quo que está levando à absorção final da Palestina na Grande Terra de Israel. Se um esforço sério e sustentado de relações públicas e diplomáticas palestino fizesse campanha por esses novos termos visando alcançar uma paz justa e equitativa, muitos países estariam dispostos a considerá-los. Eles podem até estar dispostos a desafiar o monopólio de meio século dos Estados Unidos na pacificação, um monopólio que foi crucial para impedir a paz na Palestina.[23]

Um elemento esquecido, mas essencial, da agenda política palestina é o trabalho dentro de Israel, especificamente convencendo israelenses de que há uma alternativa à atual opressão contra os palestinos. É um processo de longo prazo que não pode ser descartado como uma forma de "normalização" das relações com Israel: nem os argelinos nem os vietnamitas se negaram a usar a oportunidade de convencer a opinião pública do país opressor sobre a justiça de sua causa — esforços que contribuíram de forma mensurável para sua vitória. Tampouco os palestinos deveriam fazê-lo.

O povo palestino, cuja resistência ao colonialismo envolve uma batalha árdua, não deve esperar resultados rápidos. Ele tem demonstrado paciência, perseverança e firmeza incomuns na defesa de seus direitos, que é a principal razão pela qual sua causa ainda está viva. Agora é essencial que todos os elementos da sociedade palestina adotem uma estratégia ponderada e de longo prazo, o que significa repensar muito do que foi feito no passado, entender como outros movimentos de libertação conseguiram alterar um equilíbrio de forças desfavorável e cultivar os possíveis aliados em sua luta.

Dado um mundo árabe que se encontra em um estado de desordem maior do que em qualquer outro momento desde o fim da Primeira Guerra Mundial e um movimento nacional palestino que dá a impressão de estar desnorteado, pode parecer que este é um momento oportuno para Israel e os Estados Unidos conspirarem com seus parceiros árabes autocráticos para enterrar a questão palestina, eliminar esse povo e declarar vitória. Não é provável que seja tão simples. Há a questão não negligenciável do público árabe, que pode ser enganado algumas vezes, mas não o tempo todo, e que emerge com bandeiras palestinas hasteadas sempre que correntes democráticas se levantam contra a autocracia, como no Cairo em 2011 e em Argel na primavera de 2019. A hegemonia regional de Israel depende em grande medida da manutenção no poder de regimes árabes não democráticos que suprimirão tal sentimento. Por mais distante que possa parecer hoje, a real democracia no mundo árabe seria uma grave ameaça ao domínio regional de Israel e à liberdade de ação.

Igualmente importante é a resistência popular que se espera que os palestinos continuem a organizar, seja qual for o medíocre acordo ao qual seus desacreditados líderes possam erroneamente aderir. Embora Israel seja a hegemonia regional nuclear, sua dominação não é incontestável no Oriente Médio, assim como não é incontestável a legitimidade dos regimes árabes não democráticos que cada vez mais podem ser vistos como seus clientes. Por fim, os Estados Unidos, apesar de todo o seu poder, desempenharam papel secundário — às vezes papel nenhum — nas crises de Síria, Iêmen, Líbia e outros países da região. E não manterão necessariamente o quase monopólio sobre a questão palestina e, na verdade, sobre todo o Oriente Médio, de que têm desfrutado há tanto tempo.

As configurações do poder global estão mudando: com base em suas crescentes necessidades de energia, China e Índia terão mais a dizer sobre o Oriente Médio no século XXI do que no século anterior. Estando mais perto do Oriente Médio, a Europa e a Rússia têm sido mais afetadas do que os Estados Unidos pela instabilidade na região e pode-se esperar que desempenhem papéis maiores. Os Estados Unidos provavelmente não continuarão a ter a liberdade de ação que a Grã-Bretanha já teve. Talvez essas mudanças permitam que os palestinos, juntamente com israelenses e outros povos em todo o mundo que desejam paz e estabilidade com justiça na Palestina, elaborem uma trajetória que não inclua a opressão de um povo por outro. Somente esse caminho baseado na igualdade e na justiça será capaz de pôr fim à guerra de cem anos na Palestina com uma paz duradoura, que traga consigo a libertação que o povo palestino merece.

Agradecimentos

Tenho uma dívida consciente ou inconsciente com todas as muitas pessoas através de cujas experiências tentei contar a história deste século de guerra na Palestina. Ler ou ouvir suas palavras foi o que me levou a escrever este livro dessa forma. Nele, tentei transmitir vozes que em grande parte não foram ouvidas na confusa dissonância em torno da questão da Palestina.

Em meu livro anterior, agradeci às minhas três tias, 'Anbara Salam al-Khalidi, Fatima al-Khalidi Salam e Wahidi al-Khalidi, por me fornecerem imagens vivas extraídas de suas memórias das primeiras décadas do século XX. Embora enquanto trabalhava neste livro lamentasse profundamente não poder mais consultar nenhuma delas, ou minha mãe, Selwa Jeha al-Khalidi, e meu pai, Ismail Raghib al-Khalidi, sobre os eventos que viveram, eu tinha todos eles sempre em mente enquanto escrevia. Mesmo quando não os cito diretamente, todos estão presentes em suas páginas. Cada um à sua maneira me ensinou algo sobre o passado e sobre como ele faz parte do presente. Felizmente, entre aqueles que pude consultar e dos quais me beneficiei estava meu primo, o professor Walid Ahmad Samih Khalidi, a cuja memória prodigiosa recorri repetidamente ao pensar sobre esse tópico (e em cuja erudição pioneira me baseei ao longo do livro), minha prima Leila Husayn al-Khalidi al-Husayni, e amigos, colegas e camaradas dos dias de Beirute numerosos demais para citar aqui.

Tenho uma dívida que não posso pagar com as muitas pessoas com quem discuti o assunto deste livro, ou que me inspiraram a escrevê-lo. Meu filho Ismail primeiro me convenceu de que esse era um projeto que valia a pena e ajudou a moldar sua forma desde o princípio. Este livro provavelmente não existiria se não fossem suas contribuições iniciais. Durante anos, antes de eu pôr mãos à obra, Nawaf Salam insistia constantemente para que eu escrevesse uma história da Palestina que fosse acessível a leitores desinformados. Espero que o que se segue atenda às suas expectativas.

Enquanto trabalhava neste projeto, consultei muitos colegas e amigos que forneceram ajuda inestimável, alguns dos quais leram seções do livro, e todos merecem minha apreciação especial. Entre eles estavam Bashir Abu-Manneh, Suad Amiri, Seth Anziska, Qais al-Awqati, Remi Brulin, Musa Budeiri, Leena Dallasheh, Sheila Fitzpatrick, Samer Ghaddar, Magda Ghanma, Amira Hass, Nubar Hovsepian, Rafiq Husayni, Amy Kaplan, Ahmad Khalidi, Hasan Khalidi, Raja Khalidi, Barnett Rubin, Stuart Schaar, May Seikaly, Avi Shlaim, Ramzi Tadros, Salim Tamari, Naomi Wallace, John Whitbeck e Susan Ziadeh. Devo também agradecer àqueles que me ajudaram em minha pesquisa. Eles incluem Jeanette Seraphim, bibliotecária do Institute for Palestine Studies, Yasmeen Abdel Majeed, dr. Nili Belkind, Linda Butler, Leshasharee Amore Carter, Andrew Victor Hinton, Sean McManus, Patricia Morel, Khadr Salameh, Malek Sharif e Yair Svorai.

Apresentei partes deste livro para plateias em vários locais em quatro continentes e me beneficiei muito de seus comentários e percepções. Elas incluem o Duke University Middle East Center (Dumesc), o Center for Palestine Studies da School for Oriental and African Studies, a Universidade Brown, a Universidade Yale, o Kevorkian Middle East Center da Universidade de Nova York, a Universidade Princeton, o Centro d'Estudios

Arabes da Universidade de Santiago, o Centro Issam Fares para Políticas Públicas da Universidade Americana de Beirute, a Academia Diplomática de Viena, o Columbia Global Center em Amã, o Harvard Club de Nova York e o Comitê das Nações Unidas sobre os Direitos Inalienáveis do Povo Palestino.

Minha mais profunda gratidão é devida àqueles que leram o livro inteiro, o primeiro entre eles Tarif Khalidi, que, ao examinar cuidadosamente todo o manuscrito, pôs em prática sua vasta experiência e, assim, me salvou de muitos erros. Ao ajudar a melhorá-lo, Tarif fez mais uma vez o que tem feito há muitas décadas: me deu invariavelmente bons conselhos. Meu velho amigo Jim Chandler novamente aplicou seu olhar aguçado para aprimorar minha prosa e aguçar meus argumentos. Minha crítica mais rigorosa, minha esposa, Mona, não apenas tolerou minhas muitas ausências prolongadas e minha frequente distração com paciência exemplar enquanto eu pesquisava e escrevia este livro, mas também usou suas incomparáveis habilidades editoriais para tornar minha escrita mais clara e limitar minha propensão à repetição. Nossas duas filhas, dra. Lamya Khalidi e Dima Khalidi, acrescentaram seu agudo senso crítico ao de sua mãe, assim como seu irmão Ismail, temperado com sua costumeira leveza.

Meu agente, George Lucas, foi inestimável em ajudar a dar ao projeto sua forma atual em um estágio inicial e em me apresentar a Sara Bershtel e Riva Hocherman, da Metropolitan Books. Riva fez muito mais do que é de praxe para uma boa editora: do mesmo modo como com tantos outros, ela compartilhou comigo sua incomparável experiência, enquanto ajudava a dar a este livro a forma que agora tem, reestruturando-o e melhorando-o imensamente. Tenho com ela uma grande dívida de gratidão.

Eu não poderia ter escrito este livro sem todo esse apoio inestimável, mas nem é preciso dizer que a responsabilidade por seu conteúdo é somente minha.

Notas

Introdução [pp. 11-30]

1. Ambos os edifícios datam do final do século VII, embora o Domo tenha mantido essencialmente sua forma original, enquanto a mesquita al--Aqsa foi várias vezes reconstruída e ampliada.
2. O edifício principal da biblioteca, conhecido como Turbat Baraka Khan, é descrito em Michael Hamilton Burgoyne, *Mamluk Jerusalem: An Architectural Study* (Londres: British School of Archaeology in Jerusalem and World of Islam Festival Trust, 1987), pp. 109-16. A estrutura contém os túmulos de Baraka Khan e de seus dois filhos. O primeiro era um líder militar do século XIII cuja filha era esposa do grande sultão mameluco al-Zahir Baybars. Seu filho Sa'id sucedeu a Baybars como sultão.
3. Com esses fundos de minha bisavó, meu avô reformou o prédio. Os manuscritos e livros agrupados na biblioteca foram coletados por meu avô das propriedades de vários de nossos ancestrais, entre os quais coleções que haviam sido originalmente reunidas no século XVIII e antes. O site da biblioteca contém informações básicas sobre ela, inclusive acesso ao catálogo de manuscritos: <www.khalidilibrary.org/indexe.html>.
4. Bibliotecas palestinas privadas foram sistematicamente saqueadas por equipes especializadas que operavam na esteira do avanço das forças sionistas enquanto estas ocupavam vilarejos e cidades habitadas por árabes, em especial Jaffa, Haifa e os bairros árabes de Jerusalém Ocidental, na primavera de 1948. Os manuscritos e livros roubados foram depositados na Biblioteca da Universidade Hebraica, hoje Biblioteca Nacional de Israel, sob a rubrica "PA", de "propriedade abandonada", uma descrição tipicamente orwelliana de um processo de apropriação cultural na esteira da conquista e espoliação: Gish Amit, "Salvage or Plunder? Israel's 'Collection' of Private Palestinian Libraries in West Jerusalem" (*Journal of Palestine Studies*, v. 40, n. 4, pp. 6-25, 2010-1).
5. A fonte mais importante sobre Yusuf Diya é a seção sobre ele em Alexander Schölch, *Palestine in Transformation, 1856-1882: Studies in Social, Economic, and Political Development* (Washington, DC: Institute for Palestine Studies, 1993), pp. 241-52. Essa seção foi reimpressa em *Jerusalem*

Quarterly, v. 24, pp. 65-76, verão 2005. Ver também Malek Sharif, "A Portrait of Syrian Deputies in the Ottoman Parliament", em Christoph Herzog e Malek Sharif (Orgs.), *The First Ottoman Experiment in Democracy* (Würzburg: Nomos, 2010); e Rashid Khalidi, *Palestinian Identity: The Construction of Modern National Consciousness*, ed. rev. (Nova York: Columbia University Press, 2010), pp. 67-76.

6. Seu papel como defensor dos direitos constitucionais contra o absolutismo do sultão é descrito em Robert E. Devereux, *The First Ottoman Constitutional Period: A Study of the Midhat Constitution and Parliament* (Baltimore: Johns Hopkins University Press, 1963).

7. Beneficiando-se de seu serviço como governador no distrito de Bitlis, no Curdistão, no sudeste do que é hoje a Turquia, ele produziu o primeiro dicionário árabe-curdo, *al-Hadiyya al-Hamidiyya fil-Lugha al-Kurdiyya*. Encontrei cópias dessa e de várias outras publicações suas entre o material da Biblioteca Khalidi. O livro foi publicado em 1310AH/1893 em Istambul pelo Ministério da Educação Otomano, e desde então foi republicado várias vezes. Além do título, que faz alusão ao nome do sultão, 'Abd al-Abdul Hamid II, sua introdução inclui uma excessivamente elogiosa dedicatória ao monarca, que era quase que obrigatória para garantir que as obras passassem pela censura, sobretudo nos casos em que o autor era considerado potencialmente subversivo pelas autoridades.

8. Theodor Herzl, *Der Judenstaat: Versuch einer modernen Lösung der Judenfrage*. Leipzig; Viena: M. Breitenstein, 1896. Esse panfleto tem 86 páginas.

9. Id., *Complete Diaries*. Org. de Raphael Patai. Nova York: Herzl Press, 1960, pp. 88-9.

10. Carta de Yusuf Diya Pasha al-Khalidi, Pera, Istambul, ao rabino-chefe Zadoc Kahn, 1 mar. 1899, Central Zionist Archives, H1\197 [Herzl Papers]. Recebi uma cópia digitalizada desse documento, cortesia de Barnett Rubin. A carta foi escrita no Hotel Khedivial, no distrito de Pera, em Istambul. Todas as traduções do original em francês são de minha autoria.

11. Carta de Theodor Herzl a Yusuf Diya Pasha al-Khalidi, 19 mar. 1899, reimpressa em Walid Khalidi (Org.), *From Haven to Conquest: Readings in Zionism and the Palestine Problem until 1948* (Beirute: Institute for Palestine Studies, 1971), pp. 91-3.

12. Ibid.

13. A atitude de Herzl em relação aos árabes é um tema controverso, embora não devesse ser. Entre as melhores e mais equilibradas avaliações estão as de Walid Khalidi, "The Jewish-Ottoman Land Company: Herzl's Blueprint for the Colonization of Palestine" (*Journal of Palestine Studies*,

v. 22, n. 2, pp. 30-47, inverno 1993); Derek Penslar, "Herzl and the Palestinians Arabs: Myth and Counter-Myth" (*Journal of Israel History*, v. 24, n. 1, pp. 65-77, 2005); e Muhammad Ali Khalidi, "Utopian Zionism or Zionist Proselytism? A Reading of Herzl's *Altneuland*" (*Journal of Palestine Studies*, v. 30, n. 4, pp. 55-67, verão 2001).
14. O trecho da carta pode ser encontrado em Walid Khalidi, "The Jewish--Ottoman Land Company", op. cit.
15. *Altneuland* ("Old New Land"), romance quase utópico de Herzl, de 1902, descrevia uma Palestina do futuro que tinha todas essas atraentes características. Ver Muhammad Ali Khalidi, "Utopian Sionism or Sionist Proselytism", op. cit.
16. De acordo com o estudioso israelense Zeev Sternhell, durante toda a década de 1920 "o influxo anual de capital judaico foi, em média, 41,5% maior do que o produto interno líquido (PIL) judaico [...] sua proporção em relação ao PIL não caiu abaixo de 33% em nenhum dos anos anteriores à Segunda Guerra Mundial [...]": *The Founding Myths of Israel: Nationalism, Socialism, and the Making of the Jewish State* (Princeton, NJ: Princeton University Press, 1998), p. 217. A consequência desse notável influxo de capital foi uma taxa de crescimento de 13,2% ao ano para a economia judaica da Palestina de 1922 a 1947: para detalhes, ver Rashid Khalidi, *The Iron Cage: The Story of the Palestinian Struggle for Statehood* (Boston: Beacon, 2007), pp. 13-4.
17. Os números sobre perdas palestinas durante a revolta foram extrapolados das estatísticas fornecidas por Walid Khalidi (Org.), *From Haven to Conquest*, op. cit., apêndice 4, pp. 846-9; e por Matthew Hughes, *Britain's Pacification of Palestine: The British Army, the Colonial State and the Arab Revolt, 1936-39* (Cambridge: Cambridge University Press, 2019), pp. 377-84.
18. George Curzon, *Lord Curzon in India: Being a Selection from His Speeches as Viceroy & Governor-General of India, 1898-1905*. Org. de Sir Thomas Raleigh. Londres: Macmillan, 1906, pp. 589-90.
19. Ibid., p. 489.
20. Theodor Herzl, *Der Judenstaat*, op. cit., traduzido e extraído em *The Sionist Idea: A Historical Analysis and Reader*, org. de Arthur Hertzberg (Nova York: Atheneum, 1970), p. 222.
21. Zangwill, em "The Return to Palestine" (*New Liberal Review*, p. 615, dez. 1901), escreveu que "a Palestina é um país sem povo; os judeus são um povo sem pátria". Para um exemplo recente da reutilização tendenciosa e interminável desse slogan, ver Diana Muir, "A Land Without a People for a People Without a Land" (*Middle East Quarterly*, pp. 55-62, primavera 2008).

22. Joan Peters, *From Time Immemorial: The Origins of the Arab-Jewish Conflict over Palestine*. Nova York: HarperCollins, 1984. O livro foi eviscerado sem dó em resenhas de Norman Finkelstein, Yehoshua Porath e vários outros estudiosos, que praticamente o qualificaram como fraude. O rabino Arthur Hertzberg, que por um breve período foi meu colega na Universidade Columbia, me disse que *From Time Immemorial* foi produzido por Peters, que não tinha nenhum conhecimento específico sobre o Oriente Médio, por instigação e com os recursos de uma instituição israelense de direita. Essencialmente, segundo me contou Hertzberg, a organização forneceu à autora seus arquivos que "provavam" que os palestinos não existiam, e a partir deles ela escreveu o livro. Não tenho como avaliar essa alegação. Hertzberg morreu em 2006 e Peters, em 2015.
23. Esses trabalhos são numerosos. Ver, por exemplo, Arnold Brumberg, *Zion Before Zionism, 1838-1880* (Syracuse, NY: Syracuse University Press, 1985); ou, em forma superficialmente mais sofisticada, o polêmico e tendencioso *Palestine Betrayed*, de Ephraim Karsh (New Haven, CT: Yale University Press, 2011). Este último faz parte de um novo gênero de "bolsas" neoconservadoras financiadas, entre outros, pelo multimilionário de fundos de hedge de extrema direita Roger Hertog, que recebe generosos agradecimentos no prefácio do livro de Karsh. Outra estrela desse firmamento neoconservador, Michael Doran, do Hudson Institute, do qual Hertog é membro do Conselho de Curadores, é igualmente generoso em seus agradecimentos a Hertog no prefácio de seu livro *Ike's Gamble: America's Rise to Dominance in the Middle East* (Nova York: Simon & Schuster, 2016).
24. As atitudes do público americano em relação à Palestina foram moldadas pelo desdém generalizado por árabes e muçulmanos espalhado por Hollywood e pela mídia de massa, como mostra Jack Shaheen em livros como *Reel Bad Arabs: How Hollywood Vilifies a People* (Nova York: Olive Branch, 2001), e por apelidos semelhantes específicos para a Palestina e os palestinos. Noga Kadman, em *Erased from Space and Consciousness: Israel and the Depopulated Palestinian Villages of 1948* (Bloomington: Indiana University Press, 2015), mostra a partir de extensas entrevistas e outras fontes que atitudes semelhantes criaram raízes profundas na mente de muitos israelenses.
25. Matthew M. Silver, *Our Exodus: Leon Uris and the Americanization of Israel's Founding Story* (Detroit: Wayne State University Press, 2010) analisa o impacto do livro e do filme na cultura popular americana. Amy Kaplan argumenta que ambos desempenharam um papel central na americanização do sionismo. Ver seu artigo "Zionism as Anticolonialism: The Case of *Exodus*" (*American Literary History*, v. 25, n. 4, pp. 870-95,

1 dez. 2013) e, mais importante, o cap. 2 de seu livro *Our American Israel: The Story of an Entangled Alliance* (Cambridge, MA: Harvard University Press, 2018), pp. 58-93.

26. Ver Zachary J. Foster, "What's a Palestinian: Uncovering Cultural Complexities" (*Foreign Affairs*, 12 mar. 2015), disponível em: <www.foreignaffairs.com/articles/143249/zachary-j-foster/whats-a-palestinian>. Opiniões semelhantes são fortemente defendidas por grandes doadores políticos, como o bilionário magnata dos cassinos Sheldon Adelson, o maior doador individual do Partido Republicano por vários anos consecutivos, que afirmou que "os palestinos são um povo inventado". Durante todas as eleições pré-presidenciais "primárias do dinheiro", ele orquestrou o indecoroso espetáculo de potenciais candidatos republicanos concordando cegamente com ele. Ver Jason Horowitz, "Republican Contenders Reach Out to Sheldon Adelson, Palms Up" (*New York Times*, 27 abr. 2015), disponível em: <www.nytimes.com/2015/04/27/us/politics/republican-contenders-reach-out-to-sheldon-adelson-palms-up.html>; e Jonathan Cook, "The Battle Between American-Jewish Political Donors Heats Up" (*The New Arab*, 4 maio 2015), disponível em <www.newarab.com/analysis/battle-between-american-jewish-political-donors-heats>. Um dos maiores doadores de Trump, Adelson recebeu sua recompensa quando, em dezembro de 2017, os Estados Unidos reconheceram Jerusalém como capital de Israel e, mais tarde, transferiram a embaixada americana para lá.

27. Vladimir (mais tarde Ze'ev) Jabotinsky, "The Iron Wall: We and the Arabs", publicado pela primeira vez em russo sob o título "O Zheleznoi Stene", em *Rassvyet*, 4 nov. 1923.

28. A Guerra dos Cem Anos original, entre a dinastia Plantageneta na Inglaterra e a dinastia Valois na França, na verdade durou 116 anos, de 1337 a 1453.

29. Estes incluem *Palestinian Identity*, op. cit.; *The Iron Cage*, op. cit.; *Under Siege: PLO Decisionmaking during the 1982 War*, rev. ed. (Nova York: Columbia University Press, 2014); e *Brokers of Deceit: How the US Has Undermined Peace in the Middle East* (Boston: Beacon), 2013.

30. Baron, que foi professor da cátedra Nathan L. Miller de História, Literatura e Instituições Judaicas na Universidade Columbia de 1929 a 1963, e é considerado o maior historiador judeu do século XX, deu aulas para meu pai, Ismail Khalidi, que foi aluno de pós-graduação lá no final dos anos 1940 e início dos anos 1950. Quatro décadas depois, Baron me disse que se lembrava de meu pai e que este fora um bom aluno, embora, dada a cortesia infalível e a boa índole de Baron, talvez ele estivesse simplesmente tentando ser gentil.

31. Explorei as más escolhas feitas pelos líderes do movimento nacional palestino e as grandes dificuldades que eles enfrentaram em meu livro *The Iron Cage*.

1. Primeira declaração de guerra: 1917-39 [pp. 31-78]

1. Essa citação é amplamente atribuída a Arthur James Balfour, e realmente soa como algo que ele diria.
2. Para detalhes, ver Roger Owen (Org.), *Studies in the Economic and Social History of Palestine in the 19th and 20th Centuries* (Londres: Macmillan, 1982).
3. Ver Ben Fortna, *Imperial Classroom: Islam, the State, and Education in the Late Ottoman Empire* (Oxford: Oxford University Press, 2002); e Selçuk Somel, *The Modernization of Public Education in the Ottoman Empire, 1839-1908: Islamization, Autocracy, and Discipline* (Leiden: Brill, 2001). Assim, em 1947 quase 45% da população árabe em idade escolar e a grande maioria dos meninos e das meninas nos centros urbanos estavam na escola, o que se compara favoravelmente com a situação nos países árabes vizinhos: Abdul L. Tibawi, *Arab Education in Mandatory Palestine: A Study of Three Decades of British Administration* (Londres: Luzac, 1956), tabelas, pp. 270-1. A base para esses avanços na educação foi lançada na era otomana. Ver também Rashid Khalidi, *The Iron Cage*, op. cit., pp. 14-6; e Ami Ayalon, *Reading Palestine: Printing and Literacy, 1900-1948* (Austin: University of Texas Press, 2004).
4. Os contrastes entre as regiões montanhosas e a costa estão entre os temas de Salim Tamari, *Mountain against the Sea: Essays on Palestinian Society and Culture* (Oakland: University of California Press, 2008). Tamari atribui essa percepção a Albert Hourani: ver "Political Society in Lebanon: A Historical", palestra de Hourani proferida em 1985, disponível em: <lebanesestudies.com/wp-content/uploads/2012/04/c449fe11.-A--political-society-in-Lebanon-Albert-Hourani-1985.pdf>. Ver também Sherene Seikaly, *Men of Capital: Scarcity and Economy in Mandate Palestine* (Stanford, CA: Stanford University Press, 2016); Abigail Jacobson, *From Empire to Empire: Jerusalem between Ottoman and British Rule* (Syracuse, NY: Syracuse University Press, 2011); Mahmoud Yazbak, *Haifa in the Late Ottoman Period, 1864-1914: A Muslim Town in Transition* (Leiden: Brill, 1998); e May Seikaly, *Haifa: Transformation of an Arab Society, 1918--1939* (Londres: I. B. Tauris, 1995).
5. Esses desdobramentos são explorados em detalhes em Rashid Khalidi, *Palestinian Identity*, op. cit. Ver também Muhammad Muslih, *The Origins*

of Palestinian Nationalism (Nova York: Columbia University Press, 1988); e Ami Ayalon, *Reading Palestine*, op. cit.
6. Vários estudiosos mostram agora o alto grau de integração das comunidades *mizrahi* e sefarditas na sociedade palestina, apesar de atritos ocasionais e do antissemitismo muitas vezes difundido por missionários cristãos europeus. Ver Menachem Klein, *Lives in Common: Arabs and Jews in Jerusalem, Jaffa, and Hebron* (Londres: Hurst, 2015); Gershon Shafir, *Land, Labor and The Origins of the Israeli-Palestinian Conflict 1882--1914* (Cambridge: Cambridge University Press, 1989); Zachary Lockman, *Comrades and Enemies: Arab and Jewish Workers in Palestine, 1906-1948* (Oakland: University of California Press, 1996); Abigail Jacobson, *From Empire to Empire*, op. cit. Ver também Gabriel Piterberg, "Israeli Sociology's Young Hegelian: Gershon Shafir and the Settler-Colonial Framework" (*Journal of Palestine Studies*, v. 44, n. 3, pp. 17-38, primavera 2015).
7. A melhor refutação breve do que já foi um paradigma difundido do "declínio" das sociedades do Oriente Médio é Roger Owen, "The Middle East in the Eighteenth Century — An 'Islamic' Society in Decline? A Critique of Gibb and Bowen's *Islamic Society and the West*" (*Bulletin*, British Society for Middle Eastern Studies, v. 3, n. 2, pp. 110-7, 1976).
8. Para citar apenas o domínio da demografia, Justin McCarthy, *The Population of Palestine: Population Statistics of the Late Ottoman Period and the Mandate* (Nova York: Columbia University Press, 1990) é um exemplo de trabalho baseado principalmente em fontes de arquivo otomanas para o período pré-1918, e que acaba com os mitos da vacuidade e da aridez da Palestina antes que os efeitos "milagrosos" da colonização sionista começassem a ser sentidos.
9. Entre os trabalhos mais importantes sobre essas transformações na Palestina estão Alexander Schölch, *Palestine in Transformation, 1856-1882: Studies in Social, Economic, and Political Development*, trad. de William C. Young e Michael C. Gerrity (Washington, DC: Institute for Palestine Studies, 1993); Beshara Doumani, *Rediscovering Palestine: Merchants and Peasants in Jabal Nablus, 1700-1900* (Oakland: University of California Press, 1995); e Roger Owen, *Studies in the Economic and Social History of Palestine in the 19th and 20th Centuries*, op. cit.
10. Linda Schatkowski Schilcher, "The Famine of 1915-1918 in Greater Syria". In: John Spagnolo (Org.), *Problems of the Modern Middle East in Historical Perspective*. Reading, UK: Ithaca, 1912, pp. 234-54. Para o impacto traumático duradouro do terrível sofrimento que a população suportou durante a guerra, ver Samuel Dolbee, "Seferberlik and Bare Feet: Rural Hardship, Citied Dreams, and Social Belonging in 1920s Syria" (*Jerusalem Quarterly*, n. 51, pp. 21-35, outono 2012).

11. Talvez 1,5 milhão de armênios tenha morrido no genocídio que começou em abril de 1915. Mesmo sem incluir essas vítimas, o 1,5 milhão de outras mortes otomanas durante a guerra como proporção da população total foi quase o dobro do número mais alto, os da França e da Alemanha, com 4,4% e 4,3% da população total, respectivamente. Outros números colocam a quantidade total de mortos otomanos durante a guerra em até 5 milhões, ou cerca de 25% da população.

12. Esses números são de Edward Erikson, *Ordered to Die: A History of the Ottoman Army in World War I* (Westport, CT: Greenwood, 2001), p. 211. Ver também Hikmet Ozdemir, *The Ottoman Army, 1914-1918: Disease and Death on the Battlefield* (Salt Lake City: University of Utah Press, 2008); Kristian Coates Ulrichsen, *The First World War in the Middle* (Londres: Hurst, 2014); e Yigit Akin, *When the War Came Home: The Ottomans' Great War and the Devastation of an Empire* (Stanford, CA: Stanford University Press, 2018).

13. Justin McCarthy, *The Population of Palestine*, op. cit., pp. 25-7. Em contraste, o autor ressalta que, apesar de suas pesadas baixas de guerra, apenas 1% da população francesa foi perdida durante a Primeira Guerra Mundial, durante a qual a Inglaterra e a Alemanha "não sofreram perda total da população".

14. 'Anbara Salam Khalidi, *Memoirs of an Early Arab Feminist: The Life and Activism of Anbara Salam Khalidi*. Londres: Pluto, 2013, pp. 68-9.

15. Husayn Fakhri al-Khalidi, *Mada 'ahd al-mujamalat: Mudhakkirat Husayn Fakhri al-Khalidi* [A era da hipocrisia (literalmente: sutilezas) terminou: Memórias de Husayn Fakhri al-Khalidi]. Amã: Dar al-Shuruq, 2014, v. 1, p. 75.

16. O impacto em minha tia da execução de seu noivo é descrito em 'Anbara Salam Khalidi, *Memoirs of an Early Arab Feminist*, op. cit., pp. 63-7. 'Abd al-Ghani al-'Uraysi foi coeditor do influente jornal beirutense *al-Mufid* e um proeminente intelectual arabista. Reminiscências de 'Anbara Salam Khalidi e suas memórias estavam entre as fontes primárias para um artigo que escrevi sobre ele e seu jornal: "'Abd al-Ghani al-'Uraisi and *al-Mufid*: The Press and Arab Nationalism Before 1914", em Marwan Buheiry (Org.), *Intellectual Life in the Arab East, 1890-1939* (Beirute: American University of Beirut Press, 1981), pp. 38-61.

17. Entrevistas com Walid Khalidi, Cambridge, MA, 12 out. 2014 e 19 nov. 2016. Meu primo-irmão Walid, nascido em 1925, ouviu de nosso avô a história do deslocamento da família durante a guerra quando era jovem. Alguns detalhes são confirmados pelas memórias de nosso tio, Husayn Fakhri al-Khalidi, *Mada 'ahd al-mujamalat*, op. cit., v. 1, p. 75.

18. Entrevista com Fatima al-Khalidi Salam, Beirute, 20 mar. 1981.
19. 'Arif Shehadeh (mais conhecido como 'Arif al-'Arif) é um dos três soldados da Palestina cujas angustiantes memórias da Primeira Guerra Mundial são relatadas por Salim Tamari em *Year of the Locust: A Soldier's Diary and the Erasure of Palestine's Ottoman Past* (Oakland: University of California Press, 2011).
20. Ver o imaginativo relato de Raja Shehadeh sobre a odisseia de seu tio-bisavô, Najib Nassar: *A Rift in Time: Travels with my Ottoman Uncle* (Nova York: OR, 2011). Ver também o romance de Nassar, que narra suas aventuras de forma semificcional e semiautobiográfica: *Riwayat Muflih al-Ghassani* [A história de Muflih al-Ghassani] (Nazaré: Dar al-Sawt, 1981).
21. Ver Noha Tadros Khalaf, *Les Mémoires de 'Issa al-'Issa: Journaliste et intellectuel palestinien (1878-1950)* (Paris: Karthala, 2009), pp. 159-75.
22. Para as motivações britânicas, ver Jonathan Schneer, *The Balfour Declaration: The Origins of the Arab-Israeli Conflict* (Londres: Bloomsbury, 2010); Henry Laurens, *La Question de Palestine* (Paris: Fayard, 1999), v. 1, *1799-1922: L'Invention de la Terre sainte*; e James Renton, *The Sionist Masquerade: The Birth of the Anglo-Zionist Alliance, 1914-1918* (Londres: Palgrave-Macmillan, 2007). Ver também Abdul L. Tibawi, *Anglo-Arab Relations and the Question of Palestine, 1914-1921* (Londres: Luzac, 1977), pp. 196-239; Leonard Stein, *The Balfour Declaration* (Londres: Valentine, Mitchell, 1961); e Mayir Veret, "The Balfour Declaration and Its Makers" (*Middle Eastern Studies*, v. 6, pp. 416-42, 1970).
23. Esse é um argumento central de meu livro *British Policy Towards Syria and Palestine, 1906-1914: A Study of the Antecedents of the Husayn-McMahon Correspondence, the Sykes-Picot Agreement, and the Balfour Declaration* (Reading, UK: Ithaca, 1980), St. Antony's College Middle East Monographs.
24. A declaração de Liev Trótski, o comissário bolchevique das Relações Exteriores, depois de ter aberto os arquivos diplomáticos tsaristas e revelado esses acordos secretos de guerra anglo-franco-russos nessa ocasião, é reproduzida em *Soviet Documents on Foreign Policy, 1917-1924*, org. de Jane Degras (Oxford: Oxford University Press, 1951), v. 1.
25. Relatado na monumental biografia de Yehuda Reinharz, *Chaim Weizmann: The Making of a Statesman* (Oxford: Oxford University Press, 1993), pp. 356-7.
26. Ronald Storrs, *Orientations*. Londres: Ivor Nicholson & Watson, 1937. As memórias de Ronald Storrs, o primeiro governador militar britânico de Jerusalém, mencionam o estrito controle que os britânicos exerciam sobre a imprensa e sobre todas as formas de atividade política árabe na

Palestina (p. 327). Storrs havia servido como censor da imprensa local em seu cargo anterior, como secretário oriental do alto comissário britânico no Egito.

27. 'Abd al-Wahhab al-Kayyali, *Watha'iq al-muqawama al-filistiniyya al--'arabiyya did al-ihtilal al-britani wal-sihyuniyya 1918-1939* [Documentos da resistência árabe palestina à ocupação britânica e ao sionismo, 1918-1939]. Beirute: Institute for Palestine Studies, 1968, pp. 1-3.
28. Edição especial do *Filastin*, p. 1, 19 maio 1914.
29. Para detalhes dessas compras de terras e os confrontos armados resultantes, ver Rashid Khalidi, *Palestinian Identity*, op. cit., pp. 89-117. Ver também Gershon Shafir, *Land, Labor, and the Origins of the Israeli-Palestinian Conflict*, op. cit.
30. Para detalhes dessa evolução, ver Rashid Khalidi, *Palestinian Identity*, op. cit., especialmente o cap. 7, pp. 145-76.
31. Isso foi surpreendentemente demonstrado por Margaret Macmillan, *Paris, 1919: Six Months That Changed the World* (Nova York: Random House, 2002).
32. Ver Erez Manela, *The Wilsonian Moment: Self-Determination and the International Origins of Anticolonial Nationalism* (Nova York: Oxford University Press, 2007). Manela corretamente credita a Wilson um papel importante em desencadear (sem querer) o espírito nacionalista de rebelião contra as potências coloniais logo após a Primeira Guerra Mundial, mas não avalia o suficiente quão grande foi a contribuição bolchevique para esse processo.
33. "Ghuraba' fi biladina: Ghaflatuna wa yaqthatuhum" [Estrangeiros em nossa própria terra: Nossa letargia e a prontidão deles], *Filastin*, p. 1, 5 mar. 1929.
34. Nove memórias e diários autobiográficos foram publicados em árabe somente pelo Institute for Palestine Studies (IPS) desde 2005: Muhammad 'Abd al-Hadi Sharruf, 2017; Mahmud al-Atrash, 2016; al-Maghribi, 2015; Gabby Baramki, 2015; Hanna Naqqara, 2011; Turjuman e Fasih, 2008; Khalil Sakakini, 8 v., 2005-10; Rashid Hajj Ibrahim, 2005; Wasif Jawhariyya, 2005. O instituto também publicou as memórias de Reja-i Busailah em inglês em 2017. Entre elas, as de Sharruf, um policial; al-Maghribi, um trabalhador e organizador comunista; e Turjuman e Fasih, homens alistados no Exército otomano na Primeira Guerra Mundial, representam pontos de vista de quem não era da elite. Ver também as importantes memórias de uma personalidade política central para o período do Mandato, Muhammad 'Izzat Darwaza, *Mudhakkirat, 1887-1984* (Beirute: Dar al-Gharb al-Islami, 1993).

35. Uma das poucas obras que contam com histórias orais da revolta de 1936-9 é Ted Swedenburg, *Memories of Revolt: The 1936-1939 Rebellion and the Palestinian National Past* (Minneapolis: University of Minnesota Press, 1995).
36. Rashid Khalidi, *Palestinian Identity*, op. cit., p. 225, n32; e Noha Tadros Khalaf, *Les Mémoires de 'Issa al-'Issa*, op. cit., p. 58. O livro de Khalaf faz referência a artigos de meu avô e numerosos artigos e poemas de al-'Isa que refletem a evolução do senso de identidade palestino.
37. Ouvi de minha tia Fatima (entrevista, Beirute, 20 mar. 1981) e do tio de minha esposa, Raja al-'Isa, filho de 'Isa al-'Isa, que era também editor de jornal (entrevista, Amã, 7 jul. 1996), versões quase idênticas dessa e de outras histórias.
38. Rashid Khalidi, *Palestinian Identity*, op. cit., cap. 6, pp. 119-44, cobre o tratamento do sionismo na imprensa árabe.
39. Ronald Storrs, *Orientations*, op. cit., 341. O discurso, em um jantar que ele ofereceu em homenagem a Weizmann e aos membros da Comissão Sionista, foi registrado por Storrs. Os presentes incluíam o prefeito e o mufti de Jerusalém, bem como várias outras personalidades políticas e religiosas palestinas.
40. Tom Segev, *One Palestine, Complete*. Nova York: Metropolitan, 2000, p. 404.
41. Uma das grandes ironias dessa e de muitas outras conquistas coloniais é que, dos cinco regimentos de infantaria da 24ª Divisão Francesa que derrotaram forças árabes na Batalha de Maysalun em 23 de julho de 1920, e no dia seguinte ocuparam Damasco, apenas um era etnicamente francês: dois eram senegaleses, um era argelino e um, marroquino. Empregar súditos coloniais dessa maneira foi um elemento crucial na expansão imperial europeia. Essa tática de dividir para dominar foi igualmente importante em projetos colonialistas na Irlanda, na América do Norte, na Índia, no Norte da África, na África do Sul, na Palestina e no restante do Oriente Médio.
42. Dois excelentes artigos recentes no *Journal of Palestine Studies* (v. 46, n. 2, inverno 2017) tratam desse tópico: Lauren Banko, "Claiming Identities in Palestine: Migration and Nationality under the Mandate", pp. 26-43; e Nadim Bawalsa, "Legislating Exclusion: Palestinian Migrants and Interwar Citizenship", pp. 44-59.
43. George Antonius, em *The Arab Awakening* (Londres: Hamish Hamilton, 1938), foi o primeiro a revelar os detalhes das promessas de guerra da Grã-Bretanha aos árabes e a publicar os documentos em que foram incorporadas. Isso forçou um envergonhado governo britânico a publicar

toda a correspondência: Grã-Bretanha, Documentos Parlamentares, Cmd. 5974, *Report of a Committee Set Up to Consider Certain Correspondence between Sir Henry McMahon [His Majesty's High Commissioner in Egypt] and the Sharif of Mecca in 1915 and 1916* (Londres: His Majesty's Stationery Office, 1939).

44. A nomeação de Balfour para o cargo de secretário-chefe para a Irlanda, posto abaixo apenas do de vice-rei, era geralmente atribuída à sua ligação familiar com o primeiro-ministro, Robert Cecil, Lord Salisbury, daí a expressão popular "Bob é seu tio".

45. Ernest L. Woodward e Rohan Butler (Orgs.), *Documents on British Foreign Policy, 1919-1939*. Londres: Her Majesty's Stationery Office, 1952. série I, pp. 340-8.

46. O caso de George Antonius foi um dos muitos exemplos flagrantes a esse respeito. Formado em Cambridge e altamente qualificado, ele foi constantemente preterido para altos cargos na administração do Mandato em favor de oficiais britânicos medíocres: ver Susan Boyle, *Betrayal of Palestine: The Story of George Antonius* (Boulder, CO: Westview, 2001); e Sahar Huneidi, *A Broken Trust: Sir Herbert Samuel, Zionism, and the Palestinians* (Londres: I. B. Tauris, 2001), p. 2.

47. Kenneth W. Stein, *The Land Question in Palestine, 1917-1939*. Chapel Hill: The University of North Carolina Press, 1987, pp. 210-1.

48. Zeev Sternhell, *The Founding Myths of Israel*, op. cit., p. 217. De acordo com Sternhell, a proporção de entrada de capital em relação ao produto interno líquido "não caiu abaixo de 33% em nenhum dos anos anteriores à Segunda Guerra Mundial".

49. Os números da população podem ser encontrados em Walid Khalidi (Org.), *From Haven to Conquest*, op. cit., apêndice I, pp. 842-3.

50. Discurso à Federação Sionista Inglesa, 19 set. 1919, citado em Nur Masalha, *Expulsion of the Palestinians: The Concepto of "Transfer" in Zionist Political Thought, 1882-1948* (Washington, DC: Institute for Palestine Studies, 1992), p. 41.

51. Edwin Black, *The Transfer Agreement: The Untold Story of the Secret Agreement between the Third Reich and Jewish Palestine*. Nova York: Macmillan, 1984.

52. Extraído de uma passagem em seus reveladores diários, citado em Shabtai Teveth, *Ben Gurion and the Palestine Arabs: From Peace to War* (Nova York: Oxford University Press, 1985), pp. 166-8.

53. Para detalhes, ver Rashid Khalidi, *The Iron Cage*, op. cit., pp. 54-62. A "entrevista de emprego" está descrita nas pp. 59-60.

54. Como os britânicos fizeram isso é o assunto principal do cap. 2 de ibid., pp. 31-64.

55. Esse número é baseado em estatísticas fornecidas por Walid Khalidi (Org.), *From Haven to Conquest*, op. cit., apêndice 4, pp. 846-9; e Matthew Hughes, *Britain's Pacification of Palestine: The British Army, the Colonial State and the Arab Revolt, 1936-39* (Cambridge: Cambridge University Press, 2019), pp. 377-84.
56. Para detalhes dessa repressão, ver Matthew Hughes, "The Banality of Brutality: British Armed Forces and the Repression of the Arab Revolt in Palestine, 1936-39" (*English Historical Review*, v. 124, n. 507, pp. 313--54, abr. 2009).
57. Baruch Kimmerling e Joel S. Migdal, *The Palestinian People: A History*. Cambridge, MA: Harvard University Press, 2003, p. 119.
58. Para um relato arrepiante de execuções sumárias arbitrárias de palestinos por unidades mistas de soldados britânicos e milicianos sionistas sob o comando de Orde Wingate, ver Tom Segev, *One Palestine, Complete*, op. cit., pp. 429-32. Wingate aparece como um psicopata assassino no relato de Segev, que acrescenta que alguns de seus homens em particular o consideravam louco. O Ministério da Defesa de Israel disse mais tarde sobre ele: "Os ensinamentos de Orde Charles Wingate, seu caráter e liderança foram uma pedra angular para muitos dos comandantes da Haganah, e sua influência pode ser vista na doutrina de combate das Forças de Defesa de Israel".
59. Ibid., pp. 425-6. Muitos veteranos da campanha irlandesa, entre os quais ex-membros dos notórios Black and Tans, foram recrutados para as forças de segurança britânicas na Palestina. Ver Richard Cahill, "'Going Berserk': 'Black and Tans' in Palestine" (*Jerusalem Quarterly*, v. 38, pp. 59-68, verão 2009).
60. As memórias de Ernie O'Malley, um comandante graduado do IRA durante a Guerra da Independência da Irlanda, *On Another Man's Wound* (Cork: Mercier, 2013), oferece um retrato detalhado dos meios brutais utilizados pelos britânicos de 1919 a 1921 em sua vã tentativa de dominar a revolta irlandesa, como o incêndio de casas, prédios públicos, indústrias de laticínios e outros recursos econômicos vitais em retaliação por ataques a tropas britânicas, polícia e auxiliares armados.
61. Husayn Fakhri al-Khalidi, *Mada 'ahd al-mujamalat*, op. cit., v. 1. A seção relativa ao seu exílio nas Seicheles está nas pp. 247 ss.
62. Ibid.
63. A extensão do controle exercido pelos rebeldes sobre grandes áreas da Palestina é avaliada em um excelente artigo de Charles Anderson, "State Formation from Below and the Great Revolt in Palestine" (*Journal of Palestine Studies*, v. 47, n. 1, pp. 39-55, outono 2017).

64. Relatório do general Sir Robert Haining, 30 ago. 1938, citado em Anne Lesch, *Arab Politics in Palestine, 1917-1939: The Frustration of a National Movement* (Ithaca, NY: Cornell University Press, 1979), p. 223.
65. British National Archives, Cabinet Papers, CAB 24/282/5, Palestina, 1938, "Allegations against British Troops: Memorandum by the Secretary of State for War", 16 jan. 1939, p. 2.
66. Seu exílio e o incêndio de sua casa são descritos em Noha Tadros Khalaf, *Les Mémoires de 'Issa al-'Issa*, op. cit., pp. 227-32.
67. Ibid., p. 230.
68. Para detalhes sobre quão abrangente foi a colaboração entre britânicos e sionistas durante a revolta, ver Tom Segev, *One Palestine, Complete*, op. cit., pp. 381, 426-32.
69. British National Archives, Cabinet Papers, CAB 24/283, "Committee on Palestine: Report", 30 jan. 1939, p. 24.
70. Ibid., p. 27.
71. Essa foi a amarga conclusão do dr. Husayn após o fato, enquanto revisava o registro de promessas britânicas quebradas em seu livro de memórias, *Mada 'ahd al-mujamalat*, op. cit., v. 1, p. 280.
72. A reunião de gabinete em que a posição britânica na Conferência do Palácio de St. James foi decidida é discutida em Susan Boyle, *Betrayal of Palestine*, op. cit., p. 13.
73. Para detalhes sobre as maneiras como os compromissos britânicos feitos no Livro Branco foram enfraquecidos, ver Rashid Khalidi, *The Iron Cage*, op. cit., pp. 35-6, 114-5.
74. Husayn Fakhri al-Khalidi, *Mada 'ahd al-mujamalat*, op. cit., v. 1, pp. 350-1.
75. Ibid., pp. 300-5. Sobre seu tratamento judicioso desse tópico, ver o magistral *al-Qiyadat wal-mu'assassat al-siyasiyya fi Filastin 1917-1948* [Lideranças políticas e instituições na Palestina, 1917-1948], de Bayan al-Hout (Beirute: Institute for Palestine Studies, 1981), p. 397, que chega à mesma conclusão.
76. Husayn Fakhri al-Khalidi, *Mada 'ahd al-mujamalat*, op. cit., pp. 352-6.
77. Ibid., pp. 230 ss. Esse trecho das memórias, relatando as negociações com a Comissão Peel, inclui um entre muitos exemplos que o dr. Husayn fornece da parcialidade dos britânicos em favor dos sionistas.
78. Ele também escreveu um volume de memórias sobre seu exílio nas Seicheles repleto de observações críticas sobre os britânicos, chamado *Exiled from Jerusalem: The Diaries of Hussein Fakhri al-Khalidi* (Londres: I. B. Tauris, 2020).
79. Husayn Fakhri al-Khalidi, *Mada 'ahd al-mujamalat*, op. cit., v. 1, pp. 110-4.
80. Ibid., p. 230.
81. Citado em Nur Masalha, *Expulsion of the Palestinians*, op. cit., p. 45.

82. "The King-Crane Commission Report, August 28, 1919". Disponível em: <www.hri.org/docs/king-crane/syria-recomm.html>.
83. George Orwell, "In Front of Your Nose" (*Tribune*, 22 mar. 1946), republicado em *The Collected Essays, Journalism, and Letters of George Orwell*, org. de Sonia Orwell e Ian Angus (Nova York: Harcourt Brace, 1968), v. 4: *In Front of Your Nose, 1945-50*, p. 124.
84. O oficial era E. Mills, em seu depoimento secreto para a Comissão Peel, citado por Leila Parson, "The Secret Testimony to the Peel Commission: A Preliminary Analysis" (*Journal of Palestine Studies*, v. 49, n. 1, outono 2019).
85. O melhor estudo sobre como a Comissão Permanente de Mandatos da Liga das Nações supervisionou o Mandato Palestino é de Susan Pedersen, *The Guardians: The League of Nations and the Crisis of Empire* (Nova York: Oxford University Press, 2015).
86. O mito de que os britânicos eram pró-árabes durante o período do Mandato, que é apreciado pela historiografia sionista, é desmontado por Tom Segev em *One Palestine, Complete*, op. cit.
87. Abordei esse assunto mais detalhadamente em *The Iron Cage*, op. cit., pp. 118-23.

2. Segunda declaração de guerra: 1947-8 [pp. 79-132]

1. Disponível em: <www.un.org/unispal/document/auto-insert-179435>.
2. Minha prima Leila, nascida em meados dos anos 1920, me relatou esse fato num e-mail pessoal em 18 de março de 2018, relembrando que tinha que ficar acordada com nossa avó para poder ligar o rádio para ela.
3. Meu pai se tornou depois tesoureiro do instituto. Em determinado momento, Habib Katibah também foi secretário: Hani Bawardi, *The Making of Arab-Americans: From Syrian Nationalism to U.S. Citizenship* (Austin: University of Texas Press, 2014), pp. 239-95.
4. Para mais detalhes sobre o instituto, ver ibid.
5. Um trecho sobre a conclusão do roteiro de meu pai pode ser encontrado em "Tasrih li-Isma'il al-Khalidi ba'd 'awdatihi li-Amirka" [Declaração de Ismail al-Khalidi depois de seu retorno da América], *Filastin*, 24 jan. 1948.
6. Meu avô teve nove filhos: sete meninos e duas meninas. Meu pai, nascido em 1915, era o mais novo.
7. Encontrei algumas cartas do dr. Husayn entre os papéis de meu pai. Meu primo Walid Khalidi relata, em "On Albert Hourani, the Arab Office and the Anglo-American Committee of 1946" (*Journal of Palestine Studies*, v. 35, n. 1, p. 75, 2005-6), que também se correspondia com nosso tio

durante seu exílio, a quem enviava livros, que o dr. Husayn menciona com gratidão nos diários em inglês lançados sobre seu exílio nas Seichelles, *Exiled from Jerusalem (2020)*.

8. Mustafa Abbasi, "Palestinians Fighting against Nazis: The Story of Palestinian Volunteers in the Second World War". *War in History*, pp. 1-23, nov. 2017. Disponível em: <www.researchgate.net/publication/32137 1251_Palestinians_fighting_against_Nazis_The_story_of_Palestinian_volunteers_in_the_Second_World_War>.

9. Para obter o texto da Declaração Biltmore, ver <www.jewishvirtuallibrary.org/the-biltmore-conference-1942>.

10. Denis Charbit, em *Retour à Altneuland: La traversée des utopias sionistes* (Paris: Editions de l'Eclat, 2018), pp. 17-8, destaca que a criação de um Estado judeu sempre foi apresentada de maneira proeminente em escritos sionistas, começando com os primeiros dos projetos utópicos sionistas no fim do século XIX até o elaborado por Herzl em seu livro *Altneuland*.

11. Amy Kaplan, *Our American Israel*, op. cit., oferece o mais persuasivo e profundo estudo de como e por que essa iniciativa foi bem-sucedida. Ver também o brilhante *The Holocaust in American Life*, de Peter Novick (Nova York: Houghton Mifflin, 1999).

12. Husayn Fakhri al-Khalidi, *Mada 'ahd al-mujamalat*, op. cit., v. 1, pp. 434-6.

13. "The Alexandria Protocol", 7 out. 1944. *Department of State Bulletin*, v. XVI, n. 411, maio 1947. Disponível em: <avalon.law.yale.edu/20th_century/alex.asp>. Arábia Saudita e Iêmen ingressaram na Liga em 1945.

14. Walid Khalidi, "On Albert Hourani", op. cit., pp. 60-79.

15. "The Case against a Jewish State in Palestine: Albert Hourani's Statement to the Anglo-American Committee of Enquiry of 1946". *Journal of Palestine Studies*, v. 35, n. 1, pp. 80-90, 2005-6.

16. Ibid., p. 86.

17. Ibid., p. 81.

18. Rashid Khalidi, *The Iron Cage*, op. cit., pp. 41-2, dá exemplos de tal tratamento de delegações de líderes palestinos por Sir Herbert Samuel em 1920, e pelo primeiro-ministro, Ramsay MacDonald, e o secretário colonial, Lord Passfield, em 1930. Samuel disse ao primeiro grupo: "Meu encontro com os senhores é apenas de natureza privada".

19. Ernie O'Malley, *On Another Man's Wound*, op. cit., ilustra amplamente a complexidade da organização centralizada que os nacionalistas irlandeses desenvolveram de 1919 a 1921 durante sua luta com os britânicos.

20. Esse órgão também é chamado de Tesouro Nacional Árabe por Sayigh. Seu relato do qual esta seção foi amplamente extraída foi publicado em duas partes: ver parte 1, "Desperately Nationalist, Yusif Sayigh, 1944

to 1948", conforme relatado e editado por Rosemary Sayigh (*Jerusalem Quarterly*, v. 28, p. 82, 2006); Yusuf Sayigh, *Sira ghayr muktamala* [Uma autobiografia incompleta] (Beirute: Riyad El-Rayyes, 2009), pp. 227-60. Um livro de memórias completo baseado nesse material, mas sem incluir alguns dos eventos relatados nessa seleção de duas partes, foi posteriormente editado e publicado por sua esposa, a notável antropóloga Rosemary Sayigh: *Yusif Sayigh: Arab Economist and Palestinian Patriot: A Fractured Life Story* (Cairo: American University of Cairo Press, 2015).
21. Metade dessa quantia foi destinada à aquisição de terras na Palestina: "100 Colonies Founded: Established in Palestine by the Jewish National Fund" (*New York Times*, 17 abr. 1936), disponível em: <www.nytimes.com/1936/04/17/archives/100-colonies-founded-established-in-palestine-by-jewish-national.html>. Na década de 1990, o FNJ estava arrecadando por ano cerca de 30 milhões de dólares nos Estados Unidos. No entanto, de acordo com uma investigação interna em 1996, apenas cerca de 20% desse dinheiro foi de fato enviado para Israel; o restante foi aparentemente gasto em administração e em "programação de Israel" e "educação sionista" sediadas nos Estados Unidos: Cynthia Mann, "JNF: Seeds of Doubt — Report Says Only Fifth of Donations Go to Israel, but No Fraud Is Found" (Jewish Telegraphic Agency, 26 out. 1996), disponível em: <www.jweekly.com/article/full/4318/jnf-seeds-of-doubt-report-says-only-fifth-of-donations-go-to-israel-but-no>.
22. Meu tio foi exilado primeiro nas Seicheles e depois em Beirute. Husayn Fakhri al-Khalidi, *Mada 'ahd al-mujamalat*, op. cit., v. 1, p. 418. Os britânicos permitiram que al-'Alami voltasse à Palestina quando meu tio o fez em 1943, mas só permitiram que Jamal al-Husayni, outro líder importante, voltasse do exílio na Rodésia em 1946. Jamal al-Husayni tinha escapado da captura pelos britânicos em Jerusalém em 1937 e finalmente chegou a Bagdá. Após a reocupação britânica do Iraque em 1941, de acordo com as memórias de sua filha Serene, ele e seus companheiros que (ao contrário do mufti) "tinham rejeitado a possibilidade de ir para a Alemanha [...] decidiram se entregar aos britânicos", e foram presos e mantidos no Irã, e depois transferidos para a Rodésia: Serene Husseini Shahid, *Jerusalem Memories* (Beirute: Naufal, 2000), pp. 126-7.
23. Rosemary Sayigh, "Desperately Nationalist", op. cit., pp. 69-70.
24. Isso fica claro em seu relato em primeira pessoa: "On Albert Hourani, the Arab Office and the Anglo-American Committee of 1946", op. cit.
25. Husayn Fakhri al-Khalidi, *Mada 'ahd al-mujamalat*, op. cit., v. 1, pp. 432--4. Os detalhes dessa viagem foram relatados ao dr. Husayn pelo próprio al-'Alami.

26. Ibid., v. 2, pp. 33-5. Este era o coronel Ernest Altounyan, um cirurgião britânico-sírio-armênio, veterano condecorado da Primeira Guerra Mundial e membro do Royal College of Surgeons, cujo relato em *Plarr's Lives of the Fellows of the Royal College of Surgeons* (disponível em: <livesonline.rcseng.ac.uk/biogs/E004837b.htm>) observa que, durante a Segunda Guerra Mundial, "sua função oficial de oficial médico foi um disfarce eficaz para atividades como consultor especializado em assuntos do Oriente Médio". Ele disse ao dr. Husayn que estava servindo na inteligência militar. Curiosamente, ambos eram médicos por formação, e ambos atuavam naquela época em uma condição muito diferente. O dr. Husayn não menciona nada sobre os antecedentes do coronel, nem em que idioma eles falavam um com o outro; Husayn Fakhri al-Khalidi, *Mada 'ahd al-mujamalat*, op. cit., v. 1, p. 431.
27. Rosemary Sayigh, "Desperately Nationalist", op. cit., pp. 69-70.
28. Albert Hourani, "Ottoman Reform and the Politics of the Notables". In: William Polk e Richard Chambers (Orgs.), *Beginnings of Modernization in the Middle East: The Nineteenth Century*. Chicago: University of Chicago Press, 1968, pp. 41-68. Ao escrever sobre os "notáveis", Hourani sabia do que falava, pois sua experiência docente em Beirute, seu trabalho de guerra para a Grã-Bretanha no Cairo e suas atividades com o Escritório Árabe em Jerusalém o colocaram em contato próximo com muitos exemplos desse grupo ao longo de quase uma década.
29. Em *"Ibrat Filastin"* [A lição da Palestina] (Beirute: Dar al-Kashaf, 1949), Musa al-'Alami sugere que a implementação do esquema do Crescente Fértil seria uma resposta adequada à perda da Palestina, que o dr. Husayn toma como explicação para o apoio do governo iraquiano a al--'Alami: *Mada 'ahd al-mujamalat*, op. cit., v. 2, p. 30.
30. Avi Shlaim, *Collusion Across the Jordan: King Abdullah, the Zionist Movement and the Partition of Palestine* (Nova York: Columbia University Press, 1988) examina essas negociações em detalhes.
31. Walid Khalidi contou como descobriu a "porta dos fundos" desse palácio em uma visita a Amã no início da década de 1950: comunicação pessoal com o autor, 16 jan. 2016. Às vezes, "conselhos" britânicos eram dados por intermediários, como membros da família real.
32. Para a carta de Roosevelt confirmando essas promessas, datada de 5 de abril de 1945, ver United States Department of State, *Foreign Relations of the United States: Diplomatic Papers* [doravante FRUS], *1945. The Near East and Africa*, v. 8 (1945), disponível em: <avalon.law.yale.edu/20th_century/decad161.asp>. Ela reafirmava o compromisso do governo dos Estados Unidos em relação à Palestina "de que nenhuma decisão seja

tomada em relação à situação básica naquele país sem consulta completa tanto a árabes quanto a judeus", acrescentando que o presidente "não tomaria nenhuma ação, na minha qualidade de chefe do Poder Executivo desse governo, que possa se mostrar hostil ao povo árabe". Para detalhes, ver Rashid Khalidi, *Brokers of Deceit: How the US Has Undermined Peace in the Middle East* (Boston: Beacon, 2013), pp. 20-5.

33. Novamente, a referência fundamental é o extenso trabalho de Walid Khalidi sobre esse tema, notadamente seu artigo pioneiro "Plan Dalet: Master Plan for the Conquest of Palestine", republicado no *Journal of Palestine Studies* (v. 18, n. 1, pp. 4-33, outono 1988). O artigo foi publicado originalmente no *Middle East Forum* em 1961. Desde então, outros historiadores confirmaram a maioria de suas descobertas básicas, mesmo aqueles que discordam dele em alguns pontos, como Benny Morris, *The Birth of the Palestinian Refugee Problem Revisited*, 2. ed. (Cambridge: Cambridge University Press, 2004). Ver também Simha Flapan, *The Birth of Israel: Myth and Reality* (Nova York: Pantheon, 1987); Tom Segev, *1949: The First Israelis*, 2. ed. (Nova York: Henry Holt, 1998); e Ilan Pappe, *The Ethnic Cleansing of Palestine*, 2. ed. (Londres: Oneworld, 2007) [ed. bras.: *A limpeza étnica da Palestina*. Trad. de Luiz Gustavo Soares. São Paulo: Sundermann, 2012].

34. Rosemary Sayigh, "Desperately Nationalist", op. cit., p. 82. As memórias de Sayigh incluem um relato muito mais completo de suas experiências nesse período. Ver Yusuf Sayigh, *Sira ghayr muktamala*, op. cit., pp. 227-60.

35. Walid Khalidi, *Dayr Yasin: al-Jum'a, 9/4/1948* [Dayr Yasin: Sexta-feira, 4/9/1948]. Beirute: Institute for Palestine Studies, 1999, tabela, p. 127.

36. Nir Hasson, "A Fight to the Death and Betrayal by the Arab World". *Haaretz*, 5 jan. 2018. Disponível em: <www.haaretz.com/middle-east-news/palestinians/.premium.MAGAZINE-the-most-disastrous-24-hours-in-palestinian-history-1.5729436>.

37. O melhor relato da decisão dos Estados árabes de entrar na Palestina pode ser encontrado em Walid Khalidi, "The Arab Perspective", em William R. Louis e Robert Stookey (Orgs.), *The End of the Palestine Mandate* (Austin: University of Texas Press, 1986), pp. 104-36.

38. O destino dessas aldeias é descrito em detalhes em Walid Khalidi (Org.), *All That Remains: The Palestinian Villages Occupied and Depopulated by Israel in 1948* (Washington, DC: Institute for Palestine Studies, 1992).

39. A casa em ruínas é tema de um documento arquitetônico de 62 páginas em hebraico que mostra as fases de sua evolução ao longo do tempo e fornece imagens de seu estado atual. Ela não foi destruída, assim como a

maioria das outras casas árabes na área que se tornou Israel em 1948, por causa de seu lugar reverenciado na história sionista. Antes de meu avô comprá-la, um grupo pioneiro de imigrantes sionistas conhecido como Bilu'im, sob a liderança de Israel Belkind e seu irmão Shimshon, alugou quartos na casa por alguns meses em 1882 antes de fundar Rishon Le-Zion, a segunda colônia agrícola sionista na Palestina. O edifício é agora chamado de Casa Bilu'im. Sou grato à dra. Nili Belkind, sobrinha-neta de Israel Belkind, por essa informação e por me direcionar ao ensaio de Lihi Davidovich e Tamir Lavi intitulado "Tik Ti'ud: Bet Antun Ayub-Bet Ha-Bilu'im" [Arquivo de Documentação: A Casa-Casa Anton Ayyub dos Bilu'im], 2005-6, que pode ser encontrado no site da Escola de Arquitetura da Universidade de Tel Aviv: <www.batei-beer.com/aboutus.html>.

40. Um dos melhores relatos dessa transformação pode ser encontrado em Tom Segev, *1949: The First Israelis* (Nova York: The Free Press, 1986). Ver também Ibrahim Abu-Lughod, *The Transformation of Palestine* (Evanston, IL: Northwestern University Press, 1971).

41. Esse é o título de um capítulo de Avi Shlaim, *The Politics of Partition: King Abdullah, the Sionists and Palestine, 1921-1951* (Londres: Oxford University Press, 1999), p. 18, que é uma edição em brochura abreviada de *Collusion Across the Jordan*, op. cit.

42. Mary Wilson expõe precisamente como os britânicos e 'Abdullah planejavam fazer isso: *King Abdullah, Britain and the Making of Jordan* (Cambridge: Cambridge University Press, 1987), pp. 166-7.

43. Avi Shlaim, *Collusion Across the Jordan*, op. cit., p. 139. Shlaim explica em detalhes os elementos desse complexo conluio contra os palestinos.

44. Os primeiros a demolir esse mito foram autores israelenses, como Simha Flapan, *The Birth of Israel*, op. cit.; Tom Segev, *1949: The First Israelis*, op. cit.; e Avi Shlaim, *The Iron Wall: Israel and the Arab World* (Londres: Allen Lane, 2000), descritos como "novos" ou "historiadores revisionistas" porque desafiaram a versão incrustada da fundação do Estado judeu.

45. Avi Shlaim, *Collusion Across the Jordan*, op. cit., é indispensável para entender como isso aconteceu. Ver também Mary Wilson, *King Abdullah, Britain and the Making of Jordan*, op. cit.

46. Eli Barnavi, "Jewish Immigration from Eastern Europe". In: Eli Barnavi (Org.), *A Historical Atlas of the Jewish People from the Time of the Patriarchs to the Present*. Nova York: Schocken, 1994. Disponível em: <www.myjewishlearning.com/article/jewish-immigration-from-eastern-europe>.

47. Existe uma extensa literatura sobre o tema da administração Truman e a Palestina. Um relato recente bastante abrangente é de John Judis,

Genesis: Truman, American Jews, and the Origins of the Arab/Israeli Conflict (Nova York: Farrar, Straus & Giroux, 2014). Ver também a biografia oficial: David McCullough, *Truman* (Nova York: Simon & Schuster, 1992).

48. Coronel William Eddy, FDR *Meets Ibn Saud*. Washington, DC: America-Mideast Educational and Training Services, 1954; reimp. Vista, CA: Selwa, 2005, p. 31.

49. Irene L. Gendzier, *Dying to Forget: Oil, Power, Palestine, and the Foundations of U. S. Power in the Middle East*. Nova York: Columbia University Press, 2015.

50. Secretário de Estado da Legação, Jedda, 17 ago. 1948, FRUS, *1948*, v. 2, pt. 2, p. 1318.

51. Para mais informações sobre o relacionamento saudita-americano neste momento, ver Rashid Khalidi, *Brokers of Deceit*, op. cit., pp. 20-5.

52. De 1949 a 1971, o total de ajuda econômica e militar dos Estados Unidos a Israel superou 100 milhões de dólares apenas quatro vezes. Desde 1974, tem sido na casa dos bilhões anualmente.

53. Entre 1953 e 1974, o Conselho de Segurança aprovou pelo menos 23 resoluções para "condenar", "deplorar" ou "censurar" as ações israelenses na Faixa de Gaza, Síria, Jordânia, Líbano, Jerusalém e Territórios Ocupados.

54. Um exemplo típico e antigo de críticas ao desempenho árabe foi o livro de Constantin Zureiq, *The Meaning of the Disaster* (Beirute: Khayat's College Book Cooperative, 1956), escrito em 1948. Para detalhes, ver p. 113.

55. O poema é reproduzido em Ya'qub 'Awadat, *Min a'lam al-fikr wal-adab fi Filastin* [Principais personalidades literárias e intelectuais na Palestina], 2. ed. (Jerusalém: Dar al-Isra', 1992). A frase "pequenos reis", além de sua implicação depreciativa geral, é provavelmente uma referência à baixa estatura do rei 'Abdullah em particular.

56. Nas palavras do site do FNJ, "a terra que havia sido comprada para assentamento judaico pertencia ao povo judeu como um todo", <www.jnf.org/menu-3/our-history#>.

57. Leena Dallasheh, "Persevering Through Colonial Transition: Nazareth's Palestinian Residents After 1948". *Journal of Palestine Studies*, v. 45, n. 2, pp. 8-23, inverno 2016.

58. Um livro de memórias de um dos oficiais árabes mais graduados da Legião Árabe, o coronel 'Abdullah al-Tal, publicado em 1959, revelou detalhes dessas relações clandestinas, posteriormente examinadas em detalhes por Avi Shlaim em *Collusion Across the Jordan*, op. cit.: 'Abdullah al-Tal, *Karithat Filastin: Mudhakkirat 'Abdullah al-Tal, qa'id ma'rakat*

al-Quds [O desastre da Palestina: Memórias de 'Abdullah al-Tal, comandante na batalha por Jerusalém] (Cairo: Dar al-Qalam, 1959).
59. Um relato contemporâneo detalhado do incidente e suas consequências pode ser encontrado em "Assassination of King Abdullah" (*The Manchester Guardian*, 21 jul. 1951), disponível em: <www.theguardian.com/theguardian/1951/jul/21/fromthearchive>.
60. O romance de Kanafani, de 1963, foi traduzido por Hilary Kirkpatrick: *Men in the Sun and Other Palestinian Stories* (Boulder, CO: Lynne Rienner, 1999) [Ed. bras.: *Homens ao sol*. Trad. de Safa Jubran. Rio de Janeiro: Tabla, 2023].
61. Gamal Abdel Nasser, *Philosophy of the Revolution*. Nova York: Smith, Keynes & Marshall, 1959, p. 28.
62. Benny Morris, *Israel's Border Wars: 1949-1956: Arab Infiltration, Israeli Retaliation, and the Countdown to the Suez War*. Oxford: Clarendon, 1993.
63. De 1953 a 1968, quando meu pai trabalhou na divisão de Assuntos Políticos do Conselho de Segurança (agora Divisão de Assuntos Políticos), Israel foi condenado ou censurado nove vezes pelo conselho por suas ações.
64. Isso é confirmado por memórias de oficiais militares que serviram como observadores da ONU dos acordos de armistício, como Elmo H. Hutchinson, *Violent Truce: a Military Observer Looks at the Arab-Israeli Conflict 1951-1955* (Nova York: Devin-Adair, 1956); general de divisão Eedson L. M. Burns, *Between Arab and Israeli* (Londres: Harrap, 1962); e general de divisão Carl von Horn, *Soldiering for Peace* (Nova York: D. McKay, 1967).
65. Sobre esse episódio, ver Muhammad Khalid Az'ar, *Hukumat 'Umum Filastin fi dhikraha al-khamsin* [O governo de toda a Palestina em seu quinquagésimo aniversário] (Cairo: [s.n.], 1998).
66. Para a visão condescendente e quase desdenhosa que os diplomatas britânicos tiveram do único episódio até hoje da democracia jordaniana, ver Rashid Khalidi, "Perceptions and Reality: The Arab World and the West", em Roger Owen e William Roger Louis (Orgs.), *A Revolutionary Year: The Middle East in 1958* (Londres: I. B. Tauris, 2002), pp. 197-9. Quando o governo de meu tio foi demitido pelo jovem rei Hussein em maio de 1957, a poderosa rainha-mãe, Zayn, ajudou o embaixador britânico a intimidar os políticos jordanianos para que aceitassem a formação de um governo "civil" que serviria de cobertura para o governo militar que a Grã-Bretanha e os hachemitas desejavam e que foi finalmente estabelecido. A descrição daquela reunião no palácio real feita pelo embaixador é digna de Evelyn Waugh: "Os ministros estavam relutantes em assumir as responsabilidades do cargo e haviam perguntado ao rei

por que um governo militar não poderia ser formado [...]. A rainha-mãe [...] salientou energicamente que um governo militar tornaria desnecessária qualquer outra forma de governo. Por fim, Sua Majestade disse ao designado do ministro que eles não seriam autorizados a deixar o palácio até que tivessem feito o juramento de posse, e foi nessa base não totalmente encorajadora que o novo governo acabou sendo formado": UK Public Records Office, Ambassador Charles Johnston to Foreign Secretary Selwyn Lloyd, n. 31, 29 maio 1957, F. O. 371/127880.

67. O melhor trabalho sobre esse tópico é Salim Yaqub, *Conteining Arab Nationalism: The Eisenhower Doctrine and the Middle East* (Chapel Hill: University of North Carolina Press, 2004).
68. Isso foi demonstrado pela primeira vez por Avi Shlaim em um artigo pioneiro, "Conflicting Approaches to Israel's Relations with the Arabs: Ben Gurion and Sharett, 1953-1956" (*Middle East Journal*, v. 37, n. 2, pp. 180-201, primavera 1983).
69. Esses relatos podem ser encontrados em Abu Iyad com Eric Rouleau, *My Home, My Land: A Narrative of the Palestinian Struggle* (Nova York: Times, 1981); e Alan Hart, *Arafat: A Political Biography* (Bloomington: Indiana University Press, 1989).
70. Ver o relato de testemunha ocular das consequências imediatas do ataque do oficial naval americano que estava encarregado da Comissão Mista de Armistício das Nações Unidas, que investigou o ataque: Elmo H. Hutchinson, *Violent Truce*, op. cit.
71. Resolução 101 do Conselho de Segurança da ONU, de 24 de novembro de 1953.
72. Meu primo Munzer Thabit Khalidi, que foi convocado para o Exército jordaniano e serviu como oficial em uma área de fronteira da Cisjordânia durante a década de 1950, relatou-me em 1960 que essas foram as ordens que recebeu para as tropas sob seu comando. Para mais detalhes sobre as medidas da Legião Árabe da Jordânia para impedir a infiltração palestina nesse período, ver as memórias de seu comandante, John Bagot Glubb, *Soldier with the Arabs* (Londres: Hodder & Stoughton, 1957). A extensão dessas medidas é confirmada pelo relato do presidente da Comissão Mista de Armistício da ONU, comandante Elmo H. Hutchinson, *Violent Truce*, op. cit.
73. Isso fica claro nos extratos dos diários de Sharett em Livia Rokach, *Israel's Sacred Terrorism: A Study Based on Moshe Sharett's Personal Diary and Other Documents* (Belmont, MA: Arab American University Graduates, 1985).
74. Isso é atestado por Mordechai Bar On, que era membro do Estado-Maior israelense na época: *The Gates of Gaza: Israel's Road to Suez and Back*,

1955-57 (Nova York: St. Martin's, 1994), pp. 72-5. Ver também Benny Morris, *Israel's Border Wars*, op. cit.

75. Avi Shlaim, "Conflicting Approaches", op. cit.
76. Um relato oficial desses eventos é o livro de memórias do oficial canadense general de divisão Burns, que comandou a Organização de Supervisão da Trégua da ONU na linha do armistício egípcio-israelense entre 1954 e 1956: Eedson L. M. Burns, *Between Arab and Israeli*, op. cit. Ver também Avi Shlaim, "Conflicting Approaches", op. cit.
77. Matthew Connelly, *A Diplomatic Revolution: Algeria's Fight for Independence and the Origin of the Post-Cold War Era*. Nova York: Oxford University Press, 2002.
78. Existe uma vasta literatura sobre a Guerra de Suez em 1956. Para uma boa coleção de ensaios sobre o tema, ver Roger Louis e Roger Owen (Orgs.), *Suez 1956: The Crisis and Its Consequences* (Oxford: Clarendon, 1989). Ver também Benny Morris, *Israel's Border Wars*, op. cit.
79. "Special Report of the Director of the United Nations Relief and Works Agency for Palestine Refugees in the Near East". A/3212/Add.1, 15 dez. 1956. Disponível em: <unispal.un.org/DPA/DPR/unispal.nsf/0/6558F6-1D3DB6BD4505256593006B06BE>.
80. Esses massacres foram objeto de um debate no Knesset em novembro de 1956, no qual a frase "assassinato em massa" foi usada. Para um relato detalhado de um soldado israelense que testemunhou o massacre, ver Marek Gefen, "The Strip Is Taken" (*Al-Hamishmar*, 27 abr. 1982). Esses massacres são o foco principal de Joe Sacco, *Footnotes in Gaza: A Graphic Novel* (Nova York: Metropolitan, 2010) [ed. bras.: *Notas sobre Gaza*. Trad. de Alexandre Boide. São Paulo: Companhia das Letras, 2010].
81. Mais tarde, El-Farra falou sobre isso em uma história oral das Nações Unidas: <www.unmultimedia.org/oralhistory/2013/01/el-farra-muhammad>.
82. Na segunda edição de *The Birth of the Palestinian Refugee Problem Revisited*, op. cit., Benny Morris lista vinte desses massacres.
83. Jean-Pierre Filiu, *Gaza: A History*. Oxford: Oxford University Press, 2014.

3. Terceira declaração de guerra: 1967 [pp. 133-88]

1. Georges Duby, *Le Dimanche de Bouvines: 27 juillet 1214*. Paris: Gallimard, 1973, p. 10. A citação original em francês é: "*Je tachai de voir comment un événement se fait et se défait puisque, en fin de compte, il n'existe que par ce qu'on en dit, puisqu'il est à proprement parler fabriqué par ceux qui en répandent la renommée*".

2. Lyndon Johnson, *The Vantage Point: Perspectives of the Presidency*. Nova York: Holt, Rinehart & Winston, 1971, p. 293.
3. Os militares dos Estados Unidos e a CIA estimaram que Israel derrotaria facilmente todos os exércitos árabes combinados, mesmo que estes atacassem primeiro. Ver US Department of State, *Foreign Relations, 1964-1968, Volume XIX, Arab-Israeli Crisis and War, 1967* [doravante *Foreign Relations, 1967*], disponível em: <2001-2009.state.gov/r/pa/ho/frus/johnsonlb/xix/28054.htm>. Em uma reunião com o presidente Johnson e seus principais assessores em 26 de maio de 1967, o chefe do Estado-Maior Conjunto, general Earl Wheeler, declarou: "As disposições da RAU [República Árabe Unida] são defensivas e não parecem ser preparatórias para uma invasão de Israel [...]. Ele concluiu, no entanto, que Israel deveria ser capaz de resistir ou empreender [sic] agressão e que, a longo prazo, Israel prevaleceria [...]. Ele acreditava que os israelenses ganhariam a superioridade aérea. A RAU perderia muitas aeronaves. A filosofia militar de Israel é obter surpresa tática atacando primeiro os aeródromos" ("Memorandum for the Record", Documento 72). A CIA tinha a mesma opinião: o "Memorando de Inteligência preparado pela Agência Central de Inteligência" declarou: "Israel poderia quase certamente atingir a superioridade aérea sobre a península do Sinai em 24 horas após tomar a iniciativa ou em dois ou três dias se a RAU atacasse primeiro [...]. Estimamos que forças de ataque blindadas poderiam romper a linha de defesa dupla da RAU no Sinai dentro de alguns dias" (Documento 76). A noção de que Israel era mais fraco que os árabes e estava à beira da aniquilação se tornou, no entanto, uma das imposturas mais consistentes sobre o conflito.
4. Os generais — quatro deles generais de divisão em 1967 — eram Ezer Weizman (comandante da Força Aérea em 1967 e mais tarde presidente de Israel, e sobrinho de Chaim Weizmann), Chaim Herzog (chefe da inteligência militar até 1962 e mais tarde presidente de Israel), Haim Bar Lev (vice-chefe de gabinete em 1967 e mais tarde chefe de gabinete), Matitiyahu Peled (membro do Estado-Maior em 1967) e Yeshiyahu Gavish (chefe do Comando Sul em 1967): Amnon Kapeliouk, "Israël était-il réellement menacé d'extermination?" (*Le Monde*, 3 jun. 1972). Ver também Joseph Ryan, "The Myth of Annihilation and the Six-Day War" (*Worldview*, pp. 38-42, set. 1973), que resume a "guerra dos generais" travada contra essa inverdade em particular: <carnegiecouncil-media.storage.googleapis.com/files/v16i009a009.pdf>.
5. Alegou-se que o Egito estava prestes a lançar um ataque aéreo de surpresa às bases aéreas israelenses em 27 de maio de 1967 e foi dissuadido apenas pelos esforços dos Estados Unidos e da União Soviética: ver

William Quandt, *Peace Process* (Washington, DC: Brookings Institution, 1993), p. 512 n38. Os militares israelenses pelo visto acreditavam nessa possibilidade, mas, embora houvesse um plano de contingência egípcio chamado Fajr (Amanhecer), ele nunca foi seriamente considerado pelos líderes do Egito, que foram bastante desencorajados de atacar tanto pelos Estados Unidos quanto pela União Soviética: ver Avi Shlaim, "Israel: Poor Little Samson", em William Roger Louis e Avi Shlaim (Orgs.), *The 1967 Arab-Israeli War: Origins and Consequences* (Nova York: Cambridge University Press, 2012), p. 30. Uma delegação egípcia de alto nível estava em Moscou nesse momento, e seus interlocutores soviéticos, entre os quais o primeiro-ministro soviético, Alexei Kosygin, o ministro da Defesa, Andrei Grechko, e o ministro das Relações Exteriores, Andrei Gromyko, com veemência aconselharam moderação aos egípcios: para detalhes baseados em uma entrevista com o ministro da Defesa egípcio, Shams Badran, os relatos de vários outros participantes e as atas das reuniões, ver Hassan Elbahtimy, "Did the Soviet Union Deliberately Instigate the 1967 War?" (Wilson Center History and Public Policy Program, 5 jun. 2017) (a conclusão do autor em resposta à pergunta do título é: não), disponível em: <www.wilsoncenter.org/blog-post/did-the-soviet-union-deliberately-instigate-the-1967-war-the-middle-east>.

Para uma exposição mais completa das fontes e suas conclusões, ver id., "Allies at Arm's Length: Redefining Soviet Egyptian Relations in the 1967 Arab-Israeli War" (*Journal of Strategic Studies*, fev. 2018), disponível em: <doi.org/10.1080/01402390.2018.1438893>. Ver também id., "Missing the Mark: Dimona and Egypt's Slide into the 1967 Arab-Israeli War" (*Nonproliferation Review*, v. 25, n. 5/6, pp. 385-97, 2018), disponível em: <www.tandfonline.com/doi/full/10.1080/10736700.2018.1559482>.

6. Um dos primeiros e talvez o mais influente daqueles que originalmente difundiram esse mito foi o ministro das Relações Exteriores de Israel Abba Eban. Em um de seus famosos *bon mots*, ele disse ao Conselho de Segurança em 8 de junho de 1967 que, embora muitos duvidem da "perspectiva de segurança e sobrevivência de Israel [...]. O fato é que acabamos sendo menos cooperativos do que alguns poderiam esperar com o plano de nossa extinção". Registros Oficiais do Conselho de Segurança das Nações Unidas, Reunião 1351, 8 jun. 1967, S/PV.1351. Para mais detalhes sobre a refutação desse mito e sua duração, ver Joseph Ryan, "The Myth of Annihilation and the Six-Day War", op. cit., pp. 38-42.

7. O secretário de Estado Mike Pompeo invocou o mito de Israel estar à beira do extermínio em 1967 para justificar o reconhecimento da soberania israelense sobre as Colinas de Golã pelo governo Trump, dizendo: "Esta é uma situação incrível e única. Israel estava travando uma batalha

defensiva para salvar sua nação, e não pode ser o caso de uma resolução da ONU ser um pacto suicida". David Halbfinger e Isabel Kershner, "Netanyahu Says Golan Heights Move 'Proves You Can' Keep Occupied Territory". *New York Times*, 26 mar. 2019. Disponível em: <www.nytimes.com/2019/03/26/world/middleeast/golan-heights-israel-netanyahu.html>.

8. Para um resumo dessas questões, ver Hassan Elbahtimy, "Allies at Arm's Length", e Eugene Rogan e Tewfik Aclimandos, "The Yemen War and Egypt's War Preparedness", em William Roger Louis e Avi Shlaim (Orgs.), *The 1967 Arab-Israeli War*, op. cit. Ver também Jesse Ferris, *Nasser's Gamble: How Intervention in Yemen Caused the Six-Day War and the Decline of Egyptian Power* (Princeton, NJ: Princeton University Press, 2012).

9. Michael Oren, *Six Days of War: June 1967 and the Making of the Modern Middle East* (Oxford: Oxford University Press, 2002) observa que os ataques aéreos de surpresa foram "planejados havia muito tempo" (p. 202), e que uma série de antigos planos de contingência existiam para atacar e ocupar as Colinas de Golã sírias (p. 154), a Cisjordânia e Jerusalém Oriental (p. 155) e a península do Sinai (p. 153).

10. Os tempos mudaram na ONU: essa divisão agora se chama Assuntos Políticos e geralmente é chefiada por um americano.

11. Meu pai pode ser visto se levantando brevemente na última fila ao redor da mesa do conselho assim que a resolução é aprovada (talvez para confirmar a contagem de votos) em um clipe da Universal Newsreel sobre a votação do cessar-fogo de 9 de junho, inserido no verbete da Wikipedia sobre a guerra de junho: <en.wikipedia.org/wiki/Six-Day_War>.

12. Registros Oficiais do Conselho de Segurança das Nações Unidas, Reunião 1352, 9 jun. 1967, S/PV.1352.

13. Ver Itamar Rabinovich, *The Road Not Taken: Early Arab-Israeli Negotiations* (Nova York: Oxford University Press, 1991); e Avi Shlaim, *The Iron Wall*, op. cit.

14. A França forneceu em segredo a tecnologia necessária para as armas nucleares de Israel, enquanto o governo israelense enganou sistematicamente os americanos sobre a natureza de seu programa nuclear. Para um relatório do Departamento de Defesa de 1987 que foi aberto ao público por ordem judicial em 2015, abordando o nível técnico do desenvolvimento de armas nucleares de Israel, ver <www.courthousenews.com/2015/02/12/nuc%20report.pdf>. Para a melhor descrição da atitude enganosa de Israel contra os Estados Unidos em relação ao seu programa nuclear, ver Avner Cohen, *Israel and the Bomb* (Nova York: Columbia University Press, 1999). Ver também o trabalho de Cohen sobre armas

nucleares israelenses com o Projeto de História Internacional de Proliferação Nuclear no Woodrow Wilson International Center for Scholars.
15. Biblioteca e Arquivo Presidencial John F. Kennedy, disponível em: <www.jfklibrary.org/Asset-Viewer/Archives/JFKPOF-135-001.aspx>. Em sua carta, o futuro presidente previu, nove anos antes do evento, que a partilha da Palestina acabaria sendo o resultado do conflito.
16. A biógrafa de Fortas, Laura Kalman, o descreveu como "judeu que se importava mais com Israel do que com o judaísmo" em *Abe Fortas: A Biography* (New Haven: Yale University Press, 1990).
17. Referências sobre Bundy et al. podem ser encontradas em <moderate.wordpress.com/2007/06/22/lyndon-johnson-was-first-to-align-us-policy-with-israel%E2%80%99s-policies>.
18. Feinberg foi presidente do American Bank and Trust Company e um contribuinte importante para o Partido Democrata. Krim foi presidente da United Artists e presidente do Comitê de Finanças do Partido Democrata.
19. Sobre Mathilde Krim, ver Deirdre Carmody, "Painful Political Lessons for AIDS Crusader" (*New York Times*, 30 jan. 1991), disponível em <www.nytimes.com/1990/01/30/nyregion/painful-political-lesson-for-aids-crusader.html>; Philip Weiss, "The Not-So-Secret Life of Mathilde Krim" (Mondoweiss, 26 jan. 2018), disponível em: <mondoweiss.net/2018/01/secret-life-mathilde>; e o relato de Grace Halsell, que trabalhou na Casa Branca como redatora da equipe do presidente em 1967, "How LBJ's Vietnam War Paralyzed His Mideast Policymakers" (*Washington Report on Middle East Affairs*, p. 20, jun. 1993), disponível em <www.wrmea.org/1993-june/how-lbj-s-vietnam-war-paralyzed-his-mideast-policymakers.html>.
20. O registro oficial da reunião nos Estados Unidos está em *Foreign Relations, 1967*, Documento 124, "Memorandum for the Record, June 1, 1967, Conversation between Major General Meir Amit and Secretary McNamara", disponível em: <2001-2009.state.gov/r/pa/ho/frus/johnsonlb/xix/28055.htm>. Para o relato de Amit, ver Richard Parker (Org.), *The Six-Day War: A Retrospective* (Gainesville: University Press of Florida, 1996), p. 139. O relato dos Estados Unidos é mais vago que o de Amit, observando apenas que o general disse que "ele sente que medidas extremas são necessárias rapidamente", e que McNamara "perguntou ao general Amit quantas baixas ele achava que ocorreriam em um ataque no Sinai" e lhe prometeu que "transmitiria as opiniões de Amit ao presidente". Embora os documentos oficiais americanos e os relatos dessa reunião de Amit e outros estejam disponíveis há muito tempo, a visão manifestamente falsa de que

os Estados Unidos não deram sinal verde a Israel para atacar persiste. Ver, por exemplo, o detalhado, mas falho, *Six Days of War*, op. cit., de Michael Oren, pp. 146-7. Muito melhores nesse (e em quase todos os outros) aspectos da guerra de 1967 são Tom Segev, *1967: Israel, the War, and the Year That Transformed the Middle East* (Nova York: Metropolitan, 2007), pp. 329-34; e Guy Laron, *The Six-Day War: The Breaking of the Middle East* (New Haven: Yale University Press, 2017), pp. 278-80, 283-4.

21. Michael Oren, *Six Days of War*, op. cit., pp. 153-5, 202.
22. Eu estava presente nessa reunião, para a qual fui levado por meu pai. El-Farra mais tarde falou publicamente sobre esse conluio americano com Israel em uma história oral: <www.unmultimedia.org/oralhistory/2013/01/el-farra-muhammad>.
23. Registros Oficiais do Conselho de Segurança das Nações Unidas, Reunião 1382, 22 nov. 1967, S/PV.1382. Disponível em: <unispal.un.org/DPA/DPR/unispal.nsf/db942872b9eae454852560f6005a76fb/9f5f09-a80bb6878b05256723005650­63?OpenDocument>.
24. *Sunday Times*, 15 jun. 1969.
25. Isso se deu durante uma fase volátil da guerra civil libanesa. Adam Howard (Org.), *FRUS, 1969-76, XXVI, Arab-Israeli Dispute*, "Memorandum of Conversation", *March 24, 1976*, Washington, DC, 2012, p. 967.
26. De acordo com uma pesquisa de 2018 do Centro Árabe de Pesquisa e Estudos de Políticas, para cada ano desde 2011, mais de 84% dos entrevistados em onze países árabes se opuseram ao reconhecimento de Israel, sendo a principal razão dada para essa oposição sua ocupação das terras palestinas. De 2017 a 2018, 87% se declararam contra o reconhecimento, com apenas 8% a favor. Três quartos dos entrevistados naquele ano consideraram a Palestina uma causa árabe, enquanto 82% consideraram Israel a principal ameaça externa à região. As atitudes negativas em relação à política dos Estados Unidos passaram de 49% em 2014 para 79% de 2017 a 2018: Arab Opinion Index, 2017-2018: Main Results in Brief (Washington, DC: Arab Center, 2018), disponível em: <arabcenterdc.org/wp-content/uploads/2018/07/Arab-Opinion-Index-2017-2018-1.pdf>.
27. Já em 1977 os Estados Unidos se empenharam em convencer a OLP a aceitar a SC 242 por meio de contatos indiretos com a organização. Ver Adam Howard (Org.), *FRUS, 1977-1980, v. VIII, Arab-Israeli Dispute, January 1977-August 1978*, "Telegram from Department of State to the Embassy in Lebanon", Washington, DC, 17 ago. 1977, p. 477, disponível em: <history.state.gov/historicaldocuments/frus1977-80v08/d93>.
28. Ahmad Samih Khalidi, "Ripples of the 1967 War". *Cairo Review of Global Affairs*, v. 20, p. 8, 2017.

29. O título em árabe é *al-Waqa'i' al-ghariba fi ikhtifa' Sa'id abi Nahs, al--mutasha'il*. O livro foi publicado pela primeira vez em Haifa em 1974 e imediatamente republicado em Beirute, estando amplamente disponível desde então. Mais tarde foi adaptado para o palco como um popular monólogo pelo importante ator palestino Muhammad Bakri, a cuja apresentação assisti no teatro al-Qasaba em Jerusalém, na década de 1990.
30. Para a melhor edição dos escritos de Kanafani, ver as seções sobre ele em Bashir Abu Manneh, *The Palestinian Novel: From 1948 to the Present* (Cambridge: Cambridge University Press, 2016), pp. 71-95; e em Barbara Harlow, *After Lives: Legacies of Revolutionary Writing* (Chicago: Haymarket, 1996). A obra de Kanafani foi traduzida para o inglês por Barbara Harlow, Hilary Kilpatrick e May Jayyusi, entre outros.
31. Sobretudo *al-Adab al-filastini al-muqawim tahta al-ihtilal, 1948-1968* [Literatura de resistência palestina sob ocupação, 1948-1968], 3. ed. (Beirute: Institute for Palestine Studies, 2012).
32. Os serviços de segurança israelenses normalmente não reivindicam tais assassinatos. No entanto, de acordo com um livro de setecentas páginas baseado em entrevistas com centenas de altos funcionários da inteligência e ampla documentação, de autoria de Ronen Bergman, *Rise and Kill First: The Secret History of Israel's Targeted Assassinations* (Nova York: Random House, 2018), p. 656, nota, Kanafani foi assassinado pelo Mossad. Repleto de detalhes, o livro de Bergman é um relato oficial de alguém intimamente ligado ao meio de inteligência da aniquilação, por Israel, de centenas de líderes e militantes palestinos por várias gerações. Ele é severamente prejudicado por seu tom de admiração por aqueles que planejaram e executaram esses assassinatos, e sua aceitação da lógica irrefletida e eliminacionista de soma zero que é aparente em seu título, retirado da injunção talmúdica "Se alguém vier matá-lo, levante-se e mate-o primeiro". O título é revelador: sugere que os assassinatos de líderes palestinos por Israel são justificados porque, se não fossem esses "assassinatos direcionados", eles teriam matado israelenses. Para uma avaliação crítica, mas apreciativa, do livro, ver Paul Aaron, "How Israel Assassinates Its 'Enemies': Ronen Bergman Counts the Ways" (*Journal of Palestine Studies*, v. 47, n. 3, pp. 103-5, primavera 2018).
33. O melhor estudo sobre o MNA é Walid Kazziha, *Revolutionary Transformation in the Arab World: Habash and His Comrades from Nationalism to Marxism* (Londres: Charles Knight, 1975).
34. Para mais detalhes, ver as memórias de Amjad Ghanma, *Jam'iyat al--'Urwa al-Wuthqa: Nash'atuha wa-nashatatuha* [A Sociedade 'Urwa al--Wuthqa: Suas origens e suas atividades] (Beirute: Riad El-Rayyes, 2002).

A obra traz uma foto (p. 124) do "Comitê Administrativo" do grupo em 1937-8, em que aparecem meu pai com Zureiq e o presidente da UAB, Bayard Dodge, sentados na primeira fila. O nome do grupo ecoa o da famosa publicação nacionalista pan-islâmica produzida em Paris por Jamal al-Din al-Afghani e Muhammad 'Abdu no início da década de 1880, cujo nome, por sua vez, vinha de uma frase do Alcorão, 2,256.

35. *Constantin Zureiq, Ma'na al-nakba* [O significado da catástrofe]. Beirute: Dar al-'Ilm lil-Milayin, 1948. Esse opúsculo foi republicado várias vezes, mais recentemente em 2009 pelo Institute for Palestine Studies (IPS), junto com outros escritos iniciais baseados nas lições da derrota de 1948, de autoria de Musa al-'Alami (*'Ibrat Filastin* [A lição da Palestina]), Qadri Touqan (*Ba'd al-nakba* [Após a catástrofe]) e George Hanna (*Tariq al--khalas* [O caminho para a salvação]).

36. Ver meu artigo "The 1967 War and the Demise of Arab Nationalism: Chronicle of a Death Foretold", em William Roger Louis e Avi Shlaim (Orgs.), *The 1967 Arab-Israeli War*, op. cit., pp. 264-84, para uma discussão de como a derrota de 1967 afetou o nacionalismo árabe e o ressurgimento do movimento nacional palestino.

37. A obra padrão sobre o movimento de resistência palestino é Yezid Sayigh, *Armed Struggle and the Search for State: The Palestinian National Movement, 1949-1993* (Oxford: Oxford University Press, 1997). Duas excelentes histórias gerais do conflito são Charles D. Smith, *Palestine and the Arab-Israeli Conflict: A History with Documents*, 9. ed. (Nova York: Bedford/St. Martin's, 2016); e James Gelvin, *The Israeli-Palestine Conflict: One Hundred Years of War*, 3. ed. (Cambridge: Cambridge University Press, 2014). Ver também Baruch Kimmerling e Joel Migdal, *Palestinians: The Making of a People* (Nova York: The Free Press, 1993); e William Quandt, Fuad Jabber e Ann Lesch, *The Politics of Palestinian Nationalism* (Oakland: University of California Press, 1973).

38. Um excelente estudo sobre esse tópico é Paul Chamberlin, *The Global Offensive: The United States, the Palestine Liberation Organization, and the Making of the Post-Cold War Order* (Oxford: Oxford University Press, 2012).

39. Para a análise mais sofisticada de como Israel conseguiu estabelecer sua hegemonia discursiva nos Estados Unidos, ver Amy Kaplan, *Our American Israel*, op. cit., e Peter Novick, *The Holocaust in American Life*, op. cit.

40. Ronen Bergman, *Rise and Kill First*, op. cit., pp. 162-74, dá uma descrição detalhada dessa operação, na qual Barak se vestia de mulher.

41. Ibid., pp. 117-8, 248-61, inclui muitos exemplos de tais tentativas de assassinato de 'Arafat. Para uma análise dessa estratégia de assassinato e

um antídoto para a abordagem escusatória de Bergman, ver a resenha do livro feita por Paul Aaron, "How Israel Assassinates Its 'Enemies'", op. cit., e seu artigo de duas partes "The Idolatry of Force: How Israel Embraced Targeted Killing" e "The Idolatry of Force (Part II): Militarism in Israel's Garrison State" (*Journal of Palestine Studies*, v. 46, n. 4, pp. 75-99, verão 2017, e v. 48, n. 2, pp. 58-77, inverno 2019).

42. Grande parte do material usado neste capítulo e no próximo é baseada em traduções para o inglês de documentos dos apêndices secretos da Comissão Kahan de inquérito sobre os massacres de Sabra e Chatila em 1982. No que se segue, citei-os como Kahan Papers [KP] I a VI. Os documentos estão disponíveis no site do IPS: <palestinesquare.com/2018/09/25/the-sabra-and-shatila-massacre-new-evidence>. William Quandt, professor emérito da Universidade da Virgínia e membro graduado do Conselho de Segurança Nacional durante o governo do presidente Jimmy Carter, forneceu ao instituto cópias digitalizadas desses documentos. No curso de um processo de difamação contra a *Time* por Ariel Sharon, Quandt atuou como consultor dos advogados de defesa da publicação. Ele recebeu esses documentos como seleções traduzidas do original hebraico do escritório de advocacia da revista. Especialistas familiarizados com esses documentos atestaram que eles constituem a maior parte dos apêndices não publicados do relatório Kahan.

    Em KP IV, "Meeting between Sharon and Bashir Gemayel" (Beirute, 8 jul. 1982, Doc. 5, p. 229), em que Gemayel pergunta se Israel teria alguma objeção a sua demolição dos campos de refugiados palestinos no sul do Líbano para que estes não permanecessem no sul, Sharon respondeu: "Isso não é da nossa conta: não queremos lidar com os assuntos internos do Líbano". Durante uma reunião entre Sharon e Pierre e Bashir Gemayel em 21 de agosto de 1982 (KP V, pp. 2-9), Sharon lhes disse: "Uma questão foi levantada antes, o que aconteceria com os campos palestinos uma vez que os terroristas se retirassem [...]. É preciso agir [...] para que não haja terroristas, é preciso limpar os campos". Para saber mais sobre a lógica eliminacionista compartilhada por Sharon, Gemayel e seus lugares-tenentes, ver o cap. 5, a seguir.

43. Pierre Gemayel fundou o partido após visitar a Alemanha nazista durante os Jogos Olímpicos de 1936, dos quais participou como goleiro do time de futebol libanês.

44. *Jerusalem Post*, 15 out. 1982. Ze'ev Schiff e Ehud Ya'ari, em *Israel's Lebanon War* (Nova York: Simon & Schuster, 1983), p. 20, indicam que o coronel Binyamin Ben-Eliezer, o principal contato israelense oficial com as FL e mais tarde ministro da Defesa israelense e vice-primeiro-ministro, estava presente no posto de comando onde as FL dirigiram o cerco de

Tal al-Za'tar em julho, semanas antes da queda do campo. Schiff e Ya'ari relatam a extensa colaboração entre os serviços militares e de inteligência israelenses e as FL nesse e em períodos subsequentes, assim como Ronen Bergman, *Rise and Kill First*, op. cit.

45. KP III, ata da reunião do Comitê de Defesa e Relações Exteriores do Knesset, 24 set. 1982, pp. 224-5.
46. Ibid., pp. 225-6.
47. Em 13 de agosto de 1976, a Wafa identificou o oficial sênior da inteligência militar síria no Líbano, coronel 'Ali Madani, como estando presente no posto de comando das FL para "supervisionar" a operação contra o campo: ver *al-Nahar* e *al-Safir*, 13 de agosto de 1976, para reportagens sobre a entrevista coletiva de Hassan Sabri al-Kholi em 12 de agosto de 1976. Helena Cobban, que cobriu a guerra como repórter do *Christian Science Monitor* e foi testemunha da queda do campo, afirma que o coronel Madani foi visto no posto de comando das FL por outros jornalistas ocidentais: *The Palestinian Liberation Organization* (Cambridge: Cambridge University Press, 1984), p. 281, n35. Outros relatos identificam seu subordinado, coronel Muhammad Kholi, como presente também.
48. Adam Howard (Org.), *FRUS, 1969-1976, XXVI, Arab-Israeli Dispute*, "Minutes of Washington Special Actions Group Meeting", Washington, DC, 24 mar. 1976, p. 963.
49. Kissinger fez essa declaração sobre o abandono dos curdos do Iraque pelos americanos ao Comitê Permanente de Inteligência da Câmara, chefiado pelo congressista Otis Pike em 1975.
50. KP, I,18. Esse é um documento aparentemente preparado para a Comissão Kahan pelo Ministério da Defesa em resposta às acusações contra Sharon. Sharon é citado (p. 48) nesse documento dizendo que "cerca de 130 Falanges" receberam treinamento em Israel, mas dá o mesmo número para a quantidade de ajuda militar.
51. Ronen Bergman, *Rise and Kill First*, op. cit., pp. 225-61.
52. Adam Howard (Org.), *FRUS, 1969-1976, XXVI, Arab-Israeli Dispute*, "Minutes of Washington Special Actions Group Meeting", Washington, DC, 24 mar. 1976, p. 963.
53. Ibid.
54. Henry Kissinger, *Years of Renewal*. Nova York: Touchstone, 1999, p. 351.
55. Esse memorando estava inicialmente disponível apenas em Meron Medzini (Org.), *Israel's Foreign Relations: Selected Documents, 1974-1977* (Jerusalém: Ministry for Foreign Affairs, 1982), v. 3, pp. 281-90. O governo americano o publicou vinte anos depois em Adam Howard (Org.), *FRUS, 1969-1976, XXVI, Arab-Israeli Dispute*, "Memorandum of

Agreement between the Governments of Israel and the United States". Uma carta secreta da mesma data, do presidente Ford para o primeiro-ministro israelense Yitzhak Rabin, consagrou outro compromisso crucial, pelo qual os Estados Unidos prometeram que, durante qualquer negociação de paz, "se empenhariam em coordenar suas propostas com Israel, com o objetivo de evitar propostas que este considerasse insatisfatórias", pp. 838-40.

56. Adam Howard (Org.), *FRUS, 1969-1976, XXVI, Arab-Israeli Dispute, "Minutes of National Security Council Meeting"*, Washington, DC, 7 abr. 1976, p. 1017.
57. Ibid., pp. 831-2. Ver também Patrick Seale, *Asad: The Struggle for the Middle East* (Oakland: University of California Press, 1989), pp. 278-84.
58. A descrição dessa operação por Ronen Bergman, *Rise and Kill First*, op. cit., pp. 214-24, contém erros, como a menção de que em 1978 um agente secreto israelense se infiltrou em uma ONG "em um abrigo no campo de refugiados de Tel al-Zaatar". O campo foi destruído dois anos antes. Essa ONG pode ter sido um orfanato para crianças que sobreviveram ao massacre no campo, a Bayt Atfal al-Sumud.
59. Ibid., pp. 242-3 e ss. Sobre a "Frente para a Libertação do Líbano de Estrangeiros", que, agora sabemos, não era mais do que um grupo de frente para os serviços de segurança israelenses, ver Remi Brulin, "The Remarkable Disappearing Act of Israel's Car-Bombing Campaign in Lebanon" (Mondoweiss, 7 maio 2018), disponível em: <mondoweiss.net/2018/05/remarkable-disappearing-terrorism>.
60. Para mais informações sobre as acusações de Dean, ver Philip Weiss, "New Book Gives Credence to US Ambassador's Claim That Israel Tried to Assassinate Him" (Mondoweiss, 23 ago. 2018), disponível em: <mondoweiss.net/2018/08/credence-ambassadors-assassinate>.
61. O falecido embaixador Dean gentilmente me forneceu documentos que cobrem todo o período de sua missão em Beirute, do final de 1978 a 1981. Aqueles relativos à OLP são principalmente de 1979. Há também pelo menos meia dúzia de telegramas confidenciais que tratam dos contatos realizados por Parker e Dean com um desses intermediários, meu primo Walid Khalidi, no Wikileaks: ver, por exemplo, <search.wikileaks.org/?s=1&q=khalidi&sort=0>.
62. O embaixador Dean forneceu cópias desses documentos ao IPS, onde estão disponíveis para consulta por pesquisadores.
63. "Telegram from Secretary of State Vance's Delegation to Certain Diplomatic Posts", 1 out. 1977, *FRUS, 1977-1980, Arab-Israeli Dispute*, v. 8, pp. 634-6.

64. O estudo definitivo desse tópico é Seth Anziska, *Preventing Palestine: A Political History from Camp David to Oslo* (Princeton, NJ: Princeton University Press, 2018).
65. Ibid., para o relato mais rigoroso de como Begin fez isso, baseado em um estudo exaustivo de documentos israelenses e americanos não revelados anteriormente, e de como ele lançou as bases para negociações subsequentes, inclusive em Madri, Washington e Oslo na década de 1990.

4. Quarta declaração de guerra: 1982 [pp. 189-225]

1. Disponível em: <avalon.law.yale.edu/19thcentury/hague02.asp#art25>.
2. Citado em Alexander Cockburn, "A Word Not Fit to Print" (*Village Voice*, 22 set. 1982).
3. KP III, p. 196. Gur estava falando com Sharon durante uma reunião do comitê de Defesa e Relações Exteriores do Knesset em 10 de junho de 1982.
4. Chaim Herzog, *The Arab-Israeli Wars: War and Peace in the Middle East from the War of Independence Through Lebanon*, ed. rev. (Nova York: Random House, 1985), p. 344, fala em oito divisões. Herzog era um general de divisão aposentado, ex-chefe da inteligência militar e mais tarde presidente de Israel. Outras fontes israelenses autorizadas sugeriram que até nove divisões acabaram envolvidas na força de invasão.
5. Isso está de acordo com o relatório oficial dos Serviços de Segurança Geral Libaneses (Da'irat al-Amn al-'Am), que afirmou que 84% das vítimas em Beirute eram civis (*Washington Post*, 2 dez. 1982). Entende-se que esses números não eram necessariamente precisos, dadas as circunstâncias de guerra.
6. Em 14 de agosto de 1982, a agência de notícias palestina Wafa informou que na imprensa israelense foram publicados 453 obituários de soldados mortos no Líbano durante as dez semanas de combate. Essa discrepância pode se dever ao fato de os militares israelenses divulgarem números apenas sobre os mortos em ação, não os que morreram depois por causa de seus ferimentos ou foram mortos em um teatro de combate: citado em Rashid Khalidi, *Under Siege*, op. cit., pp. 199-200 n4.
7. *The Jerusalem Post*, 10 out. 1983. O próprio Sharon mencionou 2500 baixas israelenses a Pierre e Bashir Gemayel em 21 de agosto de 1982: KP IV, p. 5. As baixas militares israelenses de junho de 1982 até a retirada parcial de junho de 1985 foram superiores a 4500. Mais de quinhentos outros soldados israelenses foram mortos entre 1985 e o fim da ocupação do sul do Líbano em maio de 2000, para um total de mais de oitocentos mortos de 1982 até 2000. A guerra e a ocupação do Líbano produziram,

assim, a terceira maior baixa militar geral de Israel, após as guerras de 1948 e 1973, e antes das guerras de 1956 e 1967 e da Guerra de Atrito em 1968-70 ao longo do canal de Suez.

8. Provavelmente por causa de minha função anterior na Wafa, onde ajudei Mona a montar o novo serviço de inglês, alguns jornalistas que desconheciam as regras básicas sob as quais falei com eles durante a guerra me descreveram erroneamente como "diretor da Wafa" ou como "porta-voz da OLP", e eu não era nem uma coisa nem outra: Thomas Friedman, "Palestinians Say Invaders Are Seeking to Destroy PLO and Idea of a State" (*New York Times*, 9 jun. 1982). A primeira denominação teria surpreendido o atual diretor da Wafa, Ziyad 'Abd al-Fattah, e Ahmad 'Abd al-Rahman e Mahmud al-Labadi, que eram os porta-vozes oficiais da OLP, o primeiro para a mídia árabe e o segundo para a imprensa estrangeira. Como chefe da seção de Informações Estrangeiras da OLP, al-Labadi era a única pessoa responsável por lidar com jornalistas estrangeiros. Esses três funcionários tinham o dever de apresentar a posição da organização, o que eu não era obrigado a fazer. Quando conversava com jornalistas ocidentais, não era em caráter oficial, mas anonimamente, como "uma fonte palestina informada". Quase todos os jornalistas respeitaram essa convenção.

9. David Shipler, "Cease-Fire in Border Fighting Declared by Israel and PLO". *New York Times*, 25 jul. 1981. Disponível em: <www.nytimes.com/1981/07/25/world/cease-fire-border-fighting-declared-israel-plo-us-see-hope-for-wider-peace.html>.

10. Conheci Habib superficialmente quando era adolescente em Seul. Na época, eu acompanhava meu pai, que de 1962 a 1965 ocupou o principal posto civil da ONU na Coreia do Sul, onde Habib era diplomata graduado na embaixada americana. Ele e a esposa socializavam com meus pais, e minha mãe e a sra. Habib costumavam jogar bridge juntas em nossa casa. Eu me beneficiei desse contato quando Habib concordou em ser entrevistado para meu livro sobre a OLP durante a Guerra do Líbano: Rashid Khalidi, *Under Siege*, op. cit.

11. Não era a primeira vez que eu encontrava Primakov e, como sempre, fiquei impressionado com seu conhecimento da política do Oriente Médio, sua inteligência e sua franqueza. Após a dissolução da União Soviética, ele se tornou o primeiro chefe do serviço de inteligência da Rússia, depois ministro das Relações Exteriores e, finalmente, primeiro-ministro. Quando primeiro-ministro, ajudou um colega austríaco e eu a chegarmos a um acordo com os arquivos do Estado russo para a publicação de documentos diplomáticos soviéticos sobre o Oriente Médio dos anos 1940 até os anos 1980. O projeto foi abortado quando Primakov

foi afastado do cargo pelo presidente Boris Yeltsin em 1999. Seu relato da guerra de 1982 pode ser encontrado em *Russia and the Arabs: Behind the Scenes in the Middle East from the Cold War to the Present* (Nova York: Basic, 2009), pp. 199-205.

12. Em entrevistas posteriores que conduzi em Túnis, tanto Abu Iyad quanto Abu Jihad confirmaram que a liderança da OLP sabia havia muito tempo que a guerra estava chegando e, assim, tinham se preparado: Rashid Khalidi, *Under Siege*, op. cit., p. 198 n21.

13. 'Arafat aparentemente não ficou surpreso. Em um discurso em março de 1982, ele previu que a OLP e seus aliados teriam que lutar em Khaldeh: ibid., p. 198 n20. O comandante do setor da organização ali, coronel Abdullah Siyam, foi morto nessa batalha em 12 de junho, sendo seu oficial de mais alto escalão a morrer durante a guerra. Dois dias antes, o oficial israelense de mais alta patente a morrer em combate, o general de divisão Yukutiel Adam, ex-vice-chefe de gabinete e diretor designado do Mossad, havia sido morto por combatentes palestinos na costa de Damour, uma área que se pensava pacificada: ibid., pp. 80-1.

14. Revelação feita por Alexander Cockburn, "A Word Not Fit to Print" (*Village Voice*, 22 set. 1982).

15. A maioria dos jornalistas ocidentais tinha ido para o Commodore Hotel, fugindo do St. George, lendário hotel à beira-mar na Corniche, que foi saqueado e incendiado em 1975. O St. George serviu por muito tempo como sede de jornalistas estrangeiros, diplomatas, espiões, traficantes de armas e outros tipos perigosos. Embora mais modesto que o luxuoso St. George, e sem suas espetaculares vistas do mar, o Commodore tinha a inestimável virtude de estar relativamente distante da maioria das frentes de batalha da guerra civil. Said Abu Rish, *The St. George Hotel Bar* (Londres: Bloomsbury, 1989), narra algumas das intrigas que ali ocorreram, observando que famosos agentes de inteligência como Kim Philby e Miles Copeland eram seus habitués.

16. Ze'ev Schiff e Ehud Ya'ari, *Israel's Lebanon War*, op. cit., mostram com algum detalhe quão extensa era a rede de espionagem israelense no Líbano, assim como Ronen Bergman, *Rise and Kill First*, op. cit.

17. Segundo Ronen Bergman, *Rise and Kill First*, op. cit., pp. 244-7, os planos conjuntos para matar toda a liderança da OLP datavam pelo menos de 1981.

18. "123 Reported Dead, 550 Injured as Israelis Bomb PLO Targets". *New York Times*, 18 jul. 1981. Disponível em: <www.nytimes.com/1981/07/18/world/123-reported-dead-550-injured-israelis-bomb-plo-targets-un--council-meets-beirut.html>.

19. "Begin Compares Arafat to Hitler". UPI, 5 ago. 1982. Disponível em: <www.upi.com/Archives/1982/08/05/Begin-compares-Arafat-to-Hitler/2671397368000>.
20. Ronen Bergman, *Rise and Kill First*, op. cit., indica que os planos israelenses para assassinar 'Arafat começaram em 1967 (pp. 117-8) e inclui relatos de várias tentativas de matá-lo durante a guerra de 1982 (pp. 248-61).
21. Entrevista com dra. Lamya Khalidi, Nice, 1 jun. 2018. Há uma foto em Ronen Bergman, *Rise and Kill First*, op. cit., entre as pp. 264-5, do comandante de um esquadrão de assassinato israelense "vestido de mendigo" sentado em uma rua em uma cidade árabe não identificada, provavelmente Beirute.
22. Esse agente duplo foi infiltrado pelos serviços de Abu Iyad na facção anti-OLP Abu Nidal baseada na Líbia para minar o grupo, uma operação que foi muito bem-sucedida. Mais tarde, ele foi contratado como motorista por um dos principais auxiliares de Abu Iyad, Abu al-Hol [Ha'il 'Abd al-Hamid]. Esse agente acabou sendo subornado (presume-se que pelo regime iraquiano, que apoiava o grupo Abu Nidal e estava furioso por Abu Iyad ter se oposto abertamente à invasão do Kuwait). Ele assassinou Abu Iyad, Abu al-Hol e um assessor em 14 de janeiro de 1991, dois dias antes da ofensiva dos Estados Unidos para expulsar as forças iraquianas do Kuwait.
23. Esse pode ser o bombardeio descrito em Ronen Bergman, *Rise and Kill First*, op. cit., p. 256: "Uma vez eles [o esquadrão de assassinatos] até ouviram 'Arafat ao telefone e enviaram um par de caças-bombardeiros que arrasaram o prédio, mas 'Arafat havia saído 'não mais do que trinta segundos antes', de acordo com Dayan [comandante da unidade]". Esse pode ser o mesmo ataque mencionado no livro (pp. 258-9) que está incorretamente datado de 5 de agosto e incorretamente descrito como sendo dirigido contra "o bloco de escritórios Sana'i, em Beirute Ocidental, onde 'Arafat deveria estar participando de uma reunião". Segundo Bergman, o comandante do Estado-Maior, Rafael Eitan, participou pessoalmente desse atentado.
24. Rashid Khalidi, *Under Siege*, op. cit., p. 97. O repórter Tony Clifton, da *Newsweek*, estava no local, assim como John Bulloch, do *Daily Telegraph*. Clifton oferece uma descrição angustiante das consequências e diz que o número de mortos pode ter chegado a 260: Tony Clifton e Catherine Leroy, *God Cried* (Londres: Quartet, 1983), pp. 45-6. Ver também John Bulloch, *Final Conflict: The War in Lebanon* (Londres: Century, 1983), pp. 132-3.
25. Para detalhes, ver Rashid Khalidi, *Under Siege*, op. cit., pp. 88 e 202 n39. Ver também Ronen Bergman, *Rise and Kill First*, op. cit., pp. 242-3, que

fornece detalhes sobre o uso de carros-bomba no Líbano pelos serviços de inteligência israelenses.
26. Em Rashid Khalidi, *Under Siege*, op. cit., contei como a OLP chegou à sua decisão de evacuar Beirute. Escrevi esse livro com base no acesso aos arquivos da organização que estavam então localizados em Túnis (esses arquivos e outros escritórios da OLP foram bombardeados por Israel em 1º de outubro de 1985, matando um dos arquivistas que me ajudaram), juntamente com entrevistas com os principais participantes americanos, franceses e palestinos nas negociações.
27. Seth Anziska, *Preventing Palestine*, op. cit., p. 201.
28. Os palestinos sempre suspeitaram que o grupo Abu Nidal, que em diferentes momentos serviu de fachada para as agências de inteligência líbia, iraquiana e síria, também teve infiltração do Mossad israelense. Ronen Bergman, *Rise and Kill First*, op. cit., diz que, de acordo com suas fontes israelenses, "a inteligência britânica tinha um agente duplo dentro da célula Abu Nidal" que realizou o ataque a Argov (p. 249). Bergman descreve agentes duplos israelenses como presentes em praticamente todos os grupos considerados hostis a Israel, mas, apesar dos ataques espetaculares do Abu Nidal contra alvos israelenses e judeus, seu livro não menciona sua penetração por agentes duplos israelenses, nem, de fato, uma entrada de índice própria para o grupo.
29. Seth Anziska, *Preventing Palestine*, op. cit., pp. 201-2.
30. Minha mãe foi baleada e teve a sorte de ter sido apenas levemente ferida quando passou por outro posto de controle, ocupado por tropas sírias, em fevereiro de 1977.
31. Eles incluíam políticos como Rashid Karami, Sa'eb Salam e Salim al--Hoss, que haviam servido como primeiros-ministros do Líbano sob uma fórmula que remontava à independência do país em 1943, e que estavam tradicionalmente alinhados com a majoritária presença política e militar palestina sunita no Líbano.
32. Rashid Khalidi, *Under Siege*, op. cit., pp. 65, 88 e 201 n16. Vários documentos dos apêndices secretos da Comissão Kahan de inquérito sobre os massacres de Sabra e Chatila se referem aos massacres de drusos pelas FL no Shouf: KP I, p. 5; KP II, pp. 107-8; KP III, p. 192; KP IV, pp. 254, 265, 296; KP V, pp. 56, 58; KP VI, p. 78. Esses documentos podem ser encontrados em <palestinesquare.com/2018/09/25/the-sabra-and-shatila-massacre-new-evidence>.
33. O texto do Plano de Onze Pontos pode ser encontrado em Rashid Khalidi, *Under Siege*, op. cit., pp. 183-4.

34. Além dos massacres no Shouf no final de junho e início de julho, documentos nos apêndices secretos da Comissão Kahan relatam outras atrocidades: o desaparecimento e o suposto assassinato de 1200 pessoas em Beirute nas mãos de forças controladas por Elie Hobeika, chefe da inteligência das FL (KP II, p. 1, e KP V, p. 58), e um relatório do Mossad sobre quinhentas pessoas "liquidadas" em bloqueios de estrada das FL até 23 de junho: KP II, p. 3 e KP VI, p. 56. Ver <palestinesquare.com/2018/09/25/the-sabra-and-shatila-massacre-new-evidence>.
35. Rashid Khalidi, *Under Siege*, op. cit., p. 171, citando os documentos originais nos arquivos da OLP.
36. Toda a correspondência Estados Unidos-Líbano pode ser encontrada no *Department of State Bulletin*, v. 82, n. 2066, pp. 2-5, set. 1982.
37. Relatórios da polícia libanesa citaram "pelo menos 128 mortos" e mais de quatrocentos feridos naquele dia: Rashid Khalidi, *Under Siege*, op. cit., p. 204 n67, citando um relatório da AP publicado no *New York Times*, 13 ago. 1982.
38. Registro do diário de 12 de agosto de 1982, em Ronald Reagan, *The Reagan Diaries*, org. de Douglas Brinkley (Nova York: HarperCollins, 2007), p. 98.
39. Por algum tempo depois disso, elas também ficaram com medo toda vez que ouviam o som de um avião ou um helicóptero.
40. O próprio Malcolm Kerr foi assassinado do lado de fora de seu escritório apenas dezesseis meses depois, assim como vários de meus colegas da UAB.
41. Jenkins mais tarde dividiu um Prêmio Pulitzer com Thomas Friedman, do *New York Times*, por reportagem sobre o massacre de Sabra e Chatila.
42. A análise mais completa do número de vítimas do massacre, baseada em extensas entrevistas e meticulosa pesquisa, é feita pela ilustre historiadora palestina Bayan Nuwayhid al-Hout, que em *Sabra and Shatila: September 1982* (Ann Arbor: Pluto, 2004), estabeleceu um mínimo de cerca de 1400 mortos. Ela observa, no entanto, que como muitas vítimas foram sequestradas e nunca encontradas, o número real era sem dúvida maior e é desconhecido.
43. A *graphic novel* é de Ari Folman e David Polonsky (Nova York: Metropolitan, 2009) [ed. bras.: *Valsa com Bashir*. Trad. de Pedro Gonzaga. Porto Alegre: L&PM, 2009]. De acordo com o relato de Folman em *Valsa com Bashir*, sua unidade disparou os sinalizadores, criando "um céu bem iluminado que ajudou outras pessoas a matar" (p. 107). Embora o livro e o filme sejam implacáveis na descrição da atrocidade que está no centro de toda a história, seu foco principal é a angústia psicológica subsequente

dos israelenses que permitiram que os assassinos fizessem seu trabalho, em vez do sofrimento das vítimas sem nome, que é retratado no final. Nisso, têm mais do que uma semelhança passageira com o conhecido gênero israelense de "atirar e chorar".

44. No final, o amigo de Folman alivia a angústia dele com um pouco de psicologia pop. Ele lhe diz que só "na sua percepção", como filho de dezenove anos de sobreviventes do Holocausto, não haveria diferença entre aqueles que realizaram o massacre e os israelenses nos círculos ao seu redor, e que "Você se sentiu culpado […]. Contra sua vontade, você foi escalado para o papel de nazista […]. Você disparou os sinalizadores. Mas você não executou o massacre".

45. O texto do relatório da Comissão Kahan pode ser encontrado em <www.jewishvirtuallibrary.org/jsource/History/kahan.html>. Uma crítica mordaz das muitas falhas e omissões do documento pode ser encontrada em Noam Chomsky, *Fateful Triangle: The United States, Israel, and the Palestinians*, 2. ed. (Cambridge, MA: South End, 1999), pp. 397-410.

46. Os documentos divulgados pelos Arquivos do Estado de Israel em 2012 foram disponibilizados on-line pelo *New York Times* no trigésimo aniversário do massacre de Sabra e Chatila, juntamente com um artigo de opinião sobre o assunto de Seth Anziska, que descobriu esses documentos nos arquivos: "A Preventable Massacre" (*New York Times*, 16 set. 2012), disponível em: <www.nytimes.com/2012/09/17/opinion/a-preventable-massacre.html?ref=opinion>. Os documentos podem ser encontrados on-line: "Declassified Documents Shed Light on a 1982 Massacre" (*New York Times*, 16 set. 2012), disponível em: <htwww.nytimes.com/interactive/2012/09/16/opinion/20120916 lebanondoc.html?ref =opinion>.

47. Conforme observado anteriormente, as traduções em inglês dos apêndices secretos do relatório estão disponíveis no site do IPS: <palestinesquare.com/2018/09/25/the-sabra-and-shatila-massacre-new-evidence>. Eu os citei como Kahan Papers [KP] I a VI.

48. Já em 19 de julho, Sharon disse a Habib que relatórios de inteligência israelenses indicavam que a OLP planejava deixar para trás "núcleos de infraestrutura terrorista" e que "esta é a ideia oculta por trás da exigência de que a MLF [Força Multilateral] proteja campos de refugiados" (KP III, p. 163). Como isso não era verdade, ou Sharon estava extremamente mal informado ou já estava preparando um pretexto para um movimento planejado contra a presença palestina remanescente no Líbano após a saída da OLP.

49. "Declassified Documents Shed Light on a 1982 Massacre". *New York Times*, 16 set. 2012.

50. KP IV, p. 273. Sharon também relatou a essa reunião de gabinete que as FL haviam sido enviadas para Sabra.
51. "Declassified Documents Shed Light on a 1982 Massacre", op. cit. Ver também Seth Anziska, *Preventing Palestine*, op. cit., pp. 217-8.
52. "Declassified Documents Shed Light on a 1982 Massacre", op. cit. Falando ao gabinete israelense em 16 de setembro de 1982, Sharon relatou uma conversa anterior com Draper, a quem acusou de "extraordinária impudência" por contradizê-lo (KP IV, p. 274).
53. KP III, pp. 222-6. Conforme observado no cap. 3, Sharon falou em detalhes sobre Tal al-Za'tar em uma reunião fechada do Comitê de Defesa e Relações Exteriores do Knesset, em 24 de setembro de 1982, e no Knesset em outubro de 1982. De acordo com um relatório do Mossad datado de 23 de junho de 1982, Bashir Gemayel declarou aos representantes da agência em uma reunião com a participação de seis de seus principais conselheiros que, ao lidar com os xiitas, "é possível que eles precisem de vários Deir Yassins". Para conhecimento israelense sobre os massacres anteriores das FL durante a invasão israelense de 1982, ver as notas 32 e 34.
54. Em 8 de julho de 1982, Bashir Gemayel perguntou a Sharon se ele faria objeção caso as FL usassem tratores para remover os campos palestinos no sul. Sharon respondeu: "Isso não nos diz respeito: não queremos lidar com assuntos internos do Líbano" (KP IV, p. 230). Em uma reunião com o general de divisão Saguy em 23 de julho de 1982, Bashir Gemayel afirmou que era necessário lidar com o "problema demográfico" palestino, e se os campos de refugiados palestinos no sul fossem destruídos, a maioria dos libaneses não se importaria (KP VI, p. 244). Em uma reunião em 1º de agosto de 1982, o general Saguy declarou que "Chegou a hora de os homens de Bashir prepararem um plano para lidar com os palestinos" (KP VI, p. 243). Em 21 de agosto, em resposta a uma pergunta de Sharon sobre o que as FL planejavam fazer com os campos de refugiados palestinos, Bashir Gemayel declarou: "Estamos planejando um zoológico de verdade" (KP V, p. 8). Uma testemunha perante a Comissão Kahan, o tenente-coronel Harnof, afirmou que os líderes das FL haviam dito que "Sabra se tornaria um zoológico e Chatila, estacionamento de Beirute", observando que eles já haviam realizado massacres de palestinos no sul (KP VI, p. 78). O diretor do Mossad (desde setembro de 1982), Nahum Admoni, disse à comissão que Bashir Gemayel "estava preocupado com o equilíbrio demográfico do Líbano [...]. Quando ele falava de mudança demográfica, era sempre em termos de matança e eliminação" (KP VI, p. 80). O diretor do Mossad até setembro de 1982, Yitzhak Hofi,

disse que os líderes das FL "falam sobre resolver o problema palestino com um gesto de mão cujo significado é eliminação física" (KP VI, p. 81).
55. *Israel's Lebanon War*, op. cit., livro de dois jornalistas israelenses experientes e respeitados, Ze'ev Schiff e Ehud Ya'ari, está repleto de relatos de instâncias cruciais de tomada de decisão israelense e do papel de apoio da diplomacia americana, muitos dos quais têm sido confirmados por documentos oficiais de ambos os lados recentemente divulgados. Ver também Ze'ev Schiff, "The Green Light" (*Foreign Policy*, v. 50, pp. 73-85, primavera 1983).
56. Seth Anziska, *Preventing Palestine*, op. cit., pp. 200-1, citando Morris Draper, "Marines in Lebanon, a Ten Year Retrospective: Lessons Learned" (Quantico, VA: 1992), cortesia de Jon Randal.
57. Ao longo de uma notável carreira diplomática, Ryan Crocker serviu como embaixador em seis países, muitos deles postos extremamente difíceis, como Bagdá e Cabul.
58. Esse não foi meu último contato com a inteligência síria. Uma tradução árabe de meu livro *Under Siege*, que incluía uma descrição crítica do papel do regime de al-Assad na guerra de 1982, foi interrompida alguns anos depois, porque a editora libanesa temia os ameaçadores serviços de inteligência sírios, que dominavam Beirute naqueles dias. Consegui publicá-lo em árabe em forma serializada na imprensa do Kuwait. O IPS finalmente publicou uma tradução árabe em 2018. Embora não pudesse ser publicado nesse idioma em Beirute, Marachot, a editora do Ministério da Defesa de Israel, publicou o livro em tradução hebraica em 1988, embora adicionando uma ou outra nota marginal com conteúdo sarcástico e crítico.
59. A UAB levou quase oito meses para obter uma autorização de residência para ele, algo que deveria ter demorado algumas semanas: essa era a Sûreté Générale do novo regime instalado por Sharon em ação. A natureza da eleição de Amin Gemayel pode ser vista em Ronen Bergman, *Rise and Kill First*, op. cit., p. 673 n262, que detalha como militares e seguranças israelenses "escoltaram" deputados libaneses para a eleição e, às vezes, ajudaram a "persuadi-los".
60. Antes de deixar Beirute, visitei o veterano político libanês Sa'eb Salam, que era nosso parente por vários casamentos, para entrevistá-lo sobre seu papel durante a guerra de 1982. Ele respondeu a minhas perguntas, mas pediu para não ser mencionado no livro. Pouco antes de eu me despedir, ele me contou sobre sua muito especulada visita a Bashir Gemayel dias antes de seu assassinato. Essa reunião dos dois se seguiu a um amargo encontro secreto entre Gemayel e Begin, no qual o primeiro recusou a exigência do segundo de assinar imediatamente um tratado de

paz com Israel. Para mais detalhes ver Ze'ev Schiff e Ehud Ya'ari, *Israel's Lebanon War*, op. cit., alguns dos quais Schiff me confirmou em uma entrevista (Washington, DC, 30 jan. 1984). O jovem presidente eleito, agora morto, dissera a ele: "Você conhece Sa'eb Bey [um título honorífico otomano adquirido por seu pai], muitos dos meus principais auxiliares foram treinados em Israel. Não sei ao certo quais deles são leais a Israel e quais são leais a mim". Embora suas relações com Begin tivessem azedado antes de sua morte, Gemayel tinha muitos inimigos. Acreditava-se que a pessoa que plantou os explosivos que o mataram era um esquerdista libanês que trabalhava com a inteligência síria. As transcrições do interrogatório de um dos supostos assassinos, Habib al-Shartouni, podem ser encontradas no jornal falangista *al-'Amal*: parte 1: <www.lebanese-forces.com/2019/09/04/bachir-gemayel-chartouni>; parte 2: <www.lebanese-forces.com/2019/09/02/bachir-gemayel-36>; parte 3: <www.lebanese-forces.com/2019/09/04/bachir-gemayel-37>.

61. Essa é uma das conclusões de Amy Kaplan em seu exame do apoio dos Estados Unidos a Israel em *Our American Israel*, op. cit., pp. 136-77, no capítulo intitulado "Not the Israel We Have Seen in the Past [Não é o Israel que vimos no passado]", embora ela constate que com o tempo apoiadores de Israel conseguiram restaurar sua imagem.

62. Entrevistas com Morris Draper, Robert Dillon e Philip Habib, Washington, DC, 14 dez., 6 dez. e 3 dez. 1984. Essas foram entrevistas para meu livro *Under Siege*, cuja ideia surgiu pela primeira vez durante a guerra, quando eu estava lendo o relato de Ibn Khaldun sobre um encontro com Timur [Tamerlão] durante seu cerco de Damasco em 1400 e por acaso encontrei um amigo, dr. Sami Musallam. Assim como eu, Sami trabalhava meio período no IPS e também era responsável pelos arquivos da presidência da OLP. Eu disse a ele que, embora eu certamente não fosse um Ibn Khaldun, gostaria de ter acesso àqueles arquivos depois da guerra, para escrever um relato documental do que tivéssemos testemunhado durante o cerco. Sami disse que, se sobrevivêssemos, e se conseguisse tirar os arquivos de Beirute, o que ele fez, ele conseguiria a permissão de 'Arafat, o que ele também fez.

63. Entrevistei 'Arafat, Abu Iyad, Abu Jihad, Mahmud 'Abbas (Abu Mazin), Khalid e Hani al-Hasan e Faruq Qaddumi (Abu Lutf), bem como outros funcionários da OLP em Túnis em março, agosto e dezembro de 1984.

64. O bombardeio maciço desse navio da Segunda Guerra Mundial dirigido às milícias drusas no Shouf levou alguns libaneses a apelidá-lo de "Novo Derzi", uma brincadeira com a palavra árabe para "druso".

65. Ronen Bergman, *Rise and Kill First*, op. cit., pp. 560-3 timidamente insinua que 'Arafat foi envenenado por agentes israelenses.

5. Quinta declaração de guerra: 1987-95 [pp. 227-77]

1. Caius Cornelius Tacitus, *Agricola and Germania*. Trad. de K. B. Townsend. Londres: Methuen, 1893, p. 33.
2. Este capítulo se refere principalmente à Primeira Intifada, o levante desarmado e sobretudo não violento que durou com força total de 1987 a 1993, à diferença da segunda, que começou em 2000 e acabou se tornando um levante armado com o uso de homens-bomba pelos palestinos e o emprego de tanques, helicópteros e outras armas pesadas pelas forças de ocupação israelenses.
3. Francis X. Clines, "Talk with Rabin: Roots of the Conflict". *New York Times*, 5 fev. 1988. Disponível em: <www.nytimes.com/1988/02/05/world/talk-with-rabin-roots-of-the-conflict.html>.
4. Para uma excelente análise do impacto da intifada na opinião dos Estados Unidos em relação a Israel, ver Amy Kaplan, *Our American Israel*, op. cit., cap. 4.
5. Francis X. Clines, "Talk with Rabin: Roots of the Conflict", op. cit.
6. David McDowall, *Palestine and Israel: The Uprising and Beyond*. Londres: I. B. Tauris, 1989, p. 84.
7. Para um retrato ácido de Milson e seu papel, ver Flora Lewis, "Foreign Affairs: How to Grow Horns" (*New York Times*, 29 abr. 1982), disponível em: <www.nytimes.com/1982/04/29/opinion/foreign-affairs-how-to-grow-horns.html>.
8. Para uma análise desse exemplo particular do antigo fenômeno orientalista de especialistas estudando o povo a quem estavam oprimindo, ver Gil Eyal, *The Disenchantment of the Orient* (Stanford, CA: Stanford University Press, 2006).
9. "Colonel Says Rabin Ordered Breaking of Palestinians' Bones". Reuters, citado no *Los Angeles Times*, 22 jun. 1990, disponível em: <articles.latimes.com/1990-06-22/news/mn-431_1_rabin-ordered>. Em *Yitzhak Rabin: Soldier, Leader, Statesman* (New Haven, CT: Yale University Press, 2017), pp. 156-7, Itamar Rabinovitch nega a precisão dessa citação, embora admitindo que Rabin "claramente foi o autor de uma política que procurou derrotar a intifada através do uso da força".
10. Em uma viagem dois anos mais tarde, com uma bolsa Fulbright, foi-me negada a entrada em Israel. Depois de muitas horas de detenção, fui autorizado a entrar por intercessão do cônsul-geral dos Estados Unidos em Tel Aviv, que havia sido avisado de minha chegada pelo Departamento de Estado.
11. Esses números, coletados pela ONG israelense de direitos humanos B'tselem, incluem palestinos e israelenses mortos nos Territórios

Ocupados, bem como dentro de Israel: <www.btselem.org/statistics/first_intifada_tables>.
12. Itamar Rabinovich, *Yitzhak Rabin*, op. cit., pp. 157-8.
13. Jonathan Broder, "Iron-fist Policy Splits Israelis". *Chicago Tribune*, 26 jan. 1988. Disponível em: <articles.chicagotribune.com/1988-01-27/news/8803270825I_beatings-anti-arab-anti-israeli-violence>.
14. O premiado documentário *Naila and the Uprising* (2017), de Julia Bacha, oferece um retrato abrangente do papel central das mulheres na intifada: <www.justvision.org/nailaandtheuprising>. Ver também o filme *The Wanted 18* (2014), de Amer Shomali: <www.youtube.com/watch?v=ekhTuZpMw54>.
15. Como vimos, apesar das divisões que gerou, a revolta efetuou extensas transformações sociais e políticas antes de ser esmagada por 100 mil soldados britânicos, apoiados por seus auxiliares sionistas, bem como o uso pesado de poder aéreo. Ver o notável artigo de Charles Anderson "State Formation from Below and the Great Revolt in Palestine", op. cit.
16. Ronen Bergman, *Rise and Kill First*, op. cit., pp. 311-33, diz que o papel de Abu Jihad na intifada foi a principal razão pela qual ele foi morto, observando (p. 323) que alguns altos funcionários israelenses reconheceram mais tarde que "o assassinato não atingiu seu objetivo" de reduzir a intifada, e que, por esses e outros motivos, eles passaram a sentir que sua morte tinha sido um erro.
17. Ibid., pp. 316-7, relata que os planejadores da operação para matar Abu Jihad deliberadamente decidiram renunciar ao assassinato de Mahmud 'Abbas [Abu Mazin], cuja casa ficava nas proximidades. Muitos palestinos suspeitam há muito tempo que apenas aqueles percebidos pelos serviços de segurança israelenses como destacados defensores da causa palestina foram alvo de aniquilamento, o que implica que outros não valiam o esforço de matá-los.
18. A virulência da rivalidade entre a Síria e a OLP pode ser discernida a partir da alegação (ibid., p. 304) de que agentes de inteligência israelenses disfarçados de palestinos dissidentes passaram secretamente informações sobre agentes da OLP para a estação de inteligência síria em Chipre. Os serviços de segurança sírios então "se livraram de cerca de 150 pessoas da OLP", que foram mortas quando chegaram ao Líbano.
19. Para detalhes, ver Richard Sale, "Israel Gave Major Aid to Hamas" (UPI, 24 fev. 2001), e Shaul Mishal e Avraham Sela, *The Palestinian Hamas: Vision, Violence, and Coexistence* (Nova York: Columbia University Press, 2000). Esses bem relacionados autores israelenses deixam claro que dividir as fileiras palestinas era o objetivo da segurança israelense ao encorajar o surgimento de um rival islâmico da OLP.

20. Após a guerra de 1982, Shoufani se juntou aos rebeldes do Fatah apoiados pela Síria em oposição à liderança de 'Arafat.
21. "Statement by Yasser Arafat — 14 December 1988". Ministério das Relações Exteriores de Israel, Documentos Históricos, 1984-8. Disponível em: <mfa.gov.il/MFA/ForeignPolicy/MFADocuments/Yearbook7/Pages/419%20Statement%20by%20Yasser%20Arafat-%2014%20December%201988.aspx>.
22. *FRUS, XXVI, Arab-Israeli Dispute, 1974-76*, Washington, DC, 2012, pp. 838-40, 831-2. Disponível em: <history.state.gov/historicaldocuments/frus1969-76v26>.
23. Embora, como vimos no cap. 4, a carta de Ford a Rabin tenha sido publicada pelo Ministério das Relações Exteriores de Israel em sua série *Israel's Foreign Relations: Selected Documents* em 1982 e, posteriormente, ficado disponível on-line no site do ministério, ela nunca é mencionada no volumoso livro de memórias de Kissinger, e o governo americano só a publicou na série *Foreign Relations of the United States* em 2012, trinta anos depois.
24. Ronen Bergman, *Rise and Kill First*, op. cit., p. 311.
25. Fui informado desse conselho, incorporado em um memorando cujo texto não consegui encontrar, pelo próprio Ahmad e outros. Alguns desses temas podem ser encontrados em seleções em Carollee Bengelsdorf, Margaret Cerullo e Yogesh Chandrani (Orgs.), *The Selected Writings of Eqbal Ahmad* (Nova York: Columbia University Press, 2006), pp. 77-8, 296-7.
26. Em uma carta a um "camarada" (o nome do destinatário está apagado) em 17 de setembro de 1982, Ahmad mais tarde deu o mesmo conselho à OLP: enquanto ele pedia "resistência armada clandestina" às forças de ocupação israelenses no Líbano, na Palestina ocupada ele defendia "organização *militante* e *criativa* de *luta política não violenta*" [grifos do autor]. Cópia da carta em minha posse, cortesia de Nubar Hovsepian. Ver também a análise de Ahmad nesse sentido em "Pioneering in the Nuclear Age: An Essay on Israel and the Palestinians", em Carollee Bengelsdorf, Margaret Cerullo e Yogesh Chandrani (Orgs.), *The Selected Writings of Eqbal Ahmad*, op. cit., pp. 298-317.
27. Isso era verdade, embora em 1947 Moscou tivesse sido uma das parteiras da partilha e da resultante criação de Israel, cuja existência apoiou de forma consistente daí em diante, e tivesse apoiado a SC 242, que consagrou as vitórias de Israel de 1948 e 1967. Os soviéticos inicialmente suspeitaram do "aventureirismo" da OLP e de seu potencial para arrastar seus clientes egípcios e sírios e a União Soviética para um conflito que eles não queriam.

28. Para o relato de Primakov sobre seu esforço para evitar uma guerra (e salvar um dos últimos clientes soviéticos remanescentes da loucura de seu líder), ver *Missions à Bagdad: Histoire d'une négociation secrète* (Paris: Seuil, 1991). Imediatamente depois, Primakov se tornou chefe da diretoria de operações estrangeiras da KGB e, após a dissolução da União Soviética, atuou como chefe de inteligência externa russa, ministro das Relações Exteriores e primeiro-ministro.
29. Elizabeth Thompson, *Justice Interrupted: The Struggle for Constitutional Government in the Middle East*. Cambridge, MA: Harvard University Press, 2013, p. 249.
30. O texto de "U. S.-Soviet Invitation to the Mideast Peace Conference in Madrid, October 18, 1991" pode ser encontrado em William Quandt, *Peace Process: American Diplomacy and the Arab-Israeli Conflict Since 1967*, 3. ed. (Washington, DC: Brookings Institution, 2005), apêndice N, disponível em: <www.brookings.edu/wp-content/uploads/2016/07/Appendix-N.pdf>. Para a carta de garantias aos palestinos, ver ibid., apêndice M, disponível em: <www.brookings.edu/wp-content/uploads/2016/07/Appendix-M.pdf>.
31. Ibid., apêndice N.
32. A carta de garantias aos palestinos foi datada de 18 de outubro de 1991. Ver ibid., apêndice M.
33. Conforme mencionado no cap. 4 e anteriormente, essa carta só foi divulgada pelo governo americano na série *Foreign Relations of the United States* em 2012. No entanto, fora publicada por Israel na série documental de seu Ministério das Relações Exteriores havia vinte anos, em 1982, muito antes de Madri.
34. Aaron David Miller, "Israel's Lawyer". *Washington Post*, 23 maio 2005. Disponível em: <www.washingtonpost.com/wp-dyn/content/article/2005/05/22/AR2005052200883.html>.
35. Id., *The Much Too Promised Land*. Nova York: Bantam, 2008, p. 80.
36. "'When You're Serious, Call Us'". *Newsweek*, 24 jun. 1990. Disponível em: <www.newsweek.com/when-youre-serious-call-us-206208>.
37. John Goshko, "Baker Bars Israeli Loan Aid Before Settlements Are Halted". *Washington Post*, 25 fev. 1992. Disponível em: <www.washingtonpost.com/archive/politics/1992/02/25/baker-bars-israeli-loan-aid-unless-settlements-are-halted/e7311eea-e6d3-493b-8880-a3b98e0830a1>.
38. Um texto-chave na campanha contra eles foi Robert Kaplan, *Arabists: Romance of an American Elite* (Nova York: The Free Press, 1995), baseado em uma série de artigos contundentes publicados na *Atlantic*. Outro

crítico mordaz da diplomacia americana e dos estudos sobre o Oriente Médio é Martin Kramer, *Ivory Towers on Sand: The Failure of Middle Eastern Studies in America* (Washington, DC: Washington Institute for Near East Policy, 2001). Aluno de Bernard Lewis, Kramer é um em uma longa linha de detratores de extrema direita das políticas ocidentais no Oriente Médio como sendo insuficientemente pró-Israel e antiárabe, remontando ao acadêmico britânico nascido em Bagdá Elie Kedourie.

39. Os dois primeiros receberam seus doutorados em relações internacionais (e, portanto, não eram especialistas em Oriente Médio), e Kurtzer e Miller, em estudos do Oriente Médio.
40. Roger Cohen, "The Making of an Iran Policy". *New York Times Magazine*, 30 jul. 2009. Disponível em: <www.nytimes.com/2009/08/02/magazine/02Iran-t.html>.
41. Peter Beinert, "Obama Betrayed Ideals on Israel". *Newsweek*, 12 mar. 2012. Disponível em: <www.newsweek.com/peter-beinart-obama--betrayed-ideals-israel-63673>.
42. Indyk foi mais tarde embaixador dos Estados Unidos em Tel Aviv, onde esse veterano combatente pelos interesses de Israel em Washington foi vilipendiado como muito mole, assim como seu colega Dan Kurtzer quando ocupou o mesmo cargo. Nenhum dos dois foi poupado das contínuas e vulgares injúrias da extrema direita israelense, apesar do fato de ambos serem judeus.
43. Rashid Khalidi, *Brokers of Deceit*, op. cit., p. 56.
44. Clyde Haberman, "Shamir Is Said to Admit Plan to Stall Talks 'For 10 Years'". *New York Times*, 27 jun. 1992. Disponível em: <www.nytimes.com/1992/06/27/world/ shamir-is-said-to-admit-plan-to-stall-talks--for-10-years.html>.
45. Isso é confirmado por Itamar Rabinovich, biógrafo e colega próximo de Rabin, que foi o principal negociador israelense com a Síria: *Yitzhak Rabin*, op. cit., pp. 177-85, 193-9.
46. Ibid., p. 165.
47. Ibid., pp. 212-4.
48. "Outline of the Model of the Palestinian Interim Self-Governing Authority (PISGA)", apresentado em 14 de janeiro de 1992, disponível em: <https://oldwebsite.palestine-studies.org/sites/default/files/uploads/images/PISGA%20Jan%2014%2C%201992%20%20p%201%2C2.pdf>. Uma versão mais detalhada do plano foi apresentada ao lado israelense em 2 de março de 1992: "Palestinian Interim Self-government Arrangements: Expanded Outline of Model of Palestinian Interim Self-government Authority: Preliminary Measures and Modalities for Elections",

disponível em: <https://oldwebsite.palestine-studies.org/sites/default/files/uploads/files/Final%20outline%20PISGA%20elections%202%20Mar_%2092.pdf>.
49. Itamar Rabinovich, *Yitzhak Rabin*, op. cit., p. 183.
50. Ibid., pp. 189-91, cita dois outros "canais alternativos para Oslo" e para Washington cuja abertura Rabin ordenou, mas não menciona este.
51. Nenhum deles particularmente modesto, tanto Peres quanto Abu al--'Ala escreveram bastante, o último de forma exaustiva, sobre seus papéis em Oslo: Abu al-'Ala' [Ahmad Quray'], *al-Riwaya al-filistiniyya al--kamila lil-mufawadat: Min Oslo ila kharitat al-tariq* [O relato palestino completo das negociações: De Oslo ao roteiro] (Beirute: IPS, 2005-14), v. 1-4; Shimon Peres, *Battling for Peace: A Memoir* (Nova York: Random House, 1995).
52. Nas palavras de Itamar Rabinovich, *Yitzhak Rabin*, op. cit., p. 187, "Rabin confiava em ex-oficiais das Forças de Defesa de Israel", entre os quais ele próprio.
53. Pode-se procurar em vão na biografia desses dois homens (e, no caso de 'Ammar, que morreu em 2010, em seu obituário) qualquer menção de seus papéis na garantia de um acordo de segurança israelo-palestino.
54. "Draft Minutes: Meeting with the Americans", 23 jun. 1993. Disponível em: <www.palestine-studies.org/sites/default/files/uploads/files/Minutes%20Kurtzer% 2C%20Miller%20meeting%2023 %20June% 2093.pdf>.
55. Existem muitas análises detalhadas das razões para o fracasso dos Acordos de Oslo e suas consequências feitas por participantes das negociações palestino-israelenses, como Abu al-'Ala', Shimon Peres, Yossi Beilin, Dennis Ross, Daniel Kurtzer, Aaron David Miller, Camille Mansour, Hanan 'Ashrawi, Ghassan al-Khatib e meu *Brokers of Deceit*, op. cit.
56. Edward Said, "The Morning After". *London Review of Books*, v. 15, n. 20, 21 out. 1993. Disponível em: <www.lrb.co.uk/v15/n20/edward-said/the--morning-after>. Esse artigo profundamente cético foi escrito em um momento de euforia quase universal sobre a cerimônia de assinatura dos Acordos de Oslo em 1993 no jardim da Casa Branca. Said foi presciente em muitos aspectos, perguntando: "Isso significa, de forma sinistra, que o estágio intermediário pode ser o final?". Enquanto estas linhas são escritas, estamos prestes a entrar no 27º ano desse estágio intermediário.
57. Itamar Rabinovich, *Yitzhak Rabin*, op. cit., p. 193.
58. Alguns dos documentos ali apreendidos, entre eles material da década de 1930 dos arquivos históricos da Sociedade de Estudos Árabes, como papéis de Musa al-'Alami, que examinei lá no início dos anos 1990, agora

podem ser encontrados nos Arquivos Nacionais de Israel, sob o título PA (Propriedade Abandonada). Eles ficam ao lado de material roubado do Centro de Pesquisa da OLP em Beirute em 1982 e livros apreendidos de lares árabes em um saque organizado anteriormente, em 1948. Esse processo contínuo de roubo de bens culturais e intelectuais palestinos constitui uma forma de "memoricídio", parte integrante da campanha de politicídio por parte de Israel contra os palestinos, novamente no uso apropriado do falecido Baruch Kimmerling.

59. Eu estava presente e ouvi Gazit dizer isso em resposta a uma pergunta da plateia durante um painel de discussão no Amherst College em 4 de março de 1994.

6. Sexta declaração de guerra, 2000-14 [pp. 279-317]

1. David Barsamian, *The Pen and the Sword: Conversations with Edward Said*. Monroe, ME: Common Courage, 1994.
2. O PIB palestino per capita permaneceu em torno de 1380 dólares de 1995 a 2000. Ele caiu mais de 340 dólares de 2000 a 2004, e ainda mais nos anos subsequentes. Estatísticas da UNCTAD, "Report on UNCTAD's Assistance to the Palestinian People", TD/B/52/2, 21 jul. 2005, tabelas 1, 6.
3. Ben White observa que o isolamento da Faixa de Gaza na verdade começou com restrições ao movimento de moradores de Gaza para Israel por meio de novos cartões magnéticos em 1989, dezessete anos antes de o Hamas assumir: "Gaza: Isolation and Control" (Al Jazeera News, 10 jun. 2019), disponível em: <www.aljazeera.com/news/2019/06/gaza--isolation-control-190608081601522.html>.
4. Há uma infinidade de estudos sobre a situação em Gaza, notadamente as obras de Sara Roy, como *The Gaza Strip: The Political Economy of De--Development* (Washington, DC: IPS, 1994); e *Hamas and Civil Society in Gaza: Engaging the Islamist Social Sector* (Princeton, NJ: Princeton University Press, 2011); bem como Jean-Pierre Filiu, *Gaza: A History* (Oxford: Oxford University Press, 2014).
5. Piotr Smolar, "Jerusalem: Les diplomates de l'EU durcissent le ton". *Le Monde*, p. 3, 2 fev. 2018. Disponível em: <www.lemonde.fr/proche--orient/article/2018/01/31/a-rebours-des-etats-unis-les-diplomates--europeens-soulignent-la-degradation-de-la-situation-a-jerusalem525 00323218.html>.
6. Evidência disso pode ser encontrada na recepção arrebatadora em Nova York do medíocre melodrama *Oslo*, com suas caricaturas racistas limítrofes de negociadores palestinos e israelenses e a representação

hagiográfica de Peres, que ganhou um Tony Award como melhor peça em 2017, e em breve estava desfrutando uma temporada de sucesso no West End em Londres.

7. A literatura sobre o Hamas é extensa. Inclui Tareq Baconi, *Hamas Contained: The Rise and Pacification of Palestinian Resistance* (Stanford, CA: Stanford University Press, 2018); Sara Roy, *Hamas and Civil Society in Gaza*, op. cit.; Ziad Abu-Amr, *Islamic Fundamentalism in the West Bank and Gaza: Muslim Brotherhood and Islamic Jihad* (Indianápolis: Indiana University Press, 1994); Khaled Hroub, *Hamas: Political Thought and Practice* (Washington, DC: IPS, 2002); Shaul Mishal e Avraham Sela, *The Palestinian Hamas*, op. cit.; e Azzam Tamimi, *Hamas: A History from Within* (Northampton, MA: Olive Branch, 2007).

8. Um bom resumo de como Israel apoiou o Hamas é Mehdi Hassan, "Blowback: How Israel Went from Helping Hamas to Bombing It" (*The Intercept*, 19 fev. 2018), disponível em <theintercept.com/2018/02/19/hamas-israel-palestine-conflict>. Ver também as fontes citadas na nota 19 do cap. anterior.

9. Há extensa literatura sobre a cúpula de Camp David, em grande parte autopromocional ou espúria, notadamente o trabalho de um de seus principais arquitetos, Dennis Ross, *The Missing Peace: The Inside Story of the Fight for Middle East Peace* (Nova York: Farrar, Straus & Giroux, 2004). O melhor relato é Clayton Swisher, *The Truth about Camp David: The Untold Story about the Collapse of the Middle East Peace Process* (Nova York: Nation, 2004).

10. Para detalhes, ver Rana Barakat, "The Jerusalem Fellah: Popular Politics in Mandate-Era Palestine" (*Journal of Palestine Studies*, v. 46, n. 1, pp. 7-19, outono 2016); e "Criminals or Martyrs? British Colonial Legacy in Palestine and the Criminalization of Resistance" (*Omran*, v. 6, nov. 2013), disponível em <omran.dohainstitute.org/en/issue006/Pages/art03.aspx>. Ver também Hillel Cohen, *1929: Year Zero of the Arab-Israeli Conflict* (Boston: Brandeis University Press, 2015).

11. Para uma lista dos santuários muçulmanos e mesquitas destruídos como parte da criação da praça do Muro das Lamentações, ver Rashid Khalidi, "The Future of Arab Jerusalem" (*British Journal of Middle East Studies*, v. 19, n. 2, pp. 139-40, outono 1993). A análise mais detalhada do estabelecimento, história e destruição de Haret al-Maghariba pode ser encontrada em Vincent Lemire, *Au pied du Mur: Vie et mort du quartier maghrébin de Jérusalem (1187-1967)* (Paris: Seuil, 2022). Informações arquitetônicas e arqueológicas, bem como ilustrações de muitos desses locais destruídos, podem ser encontradas em Michael Hamilton Burgoyne,

Mamluk Jerusalem: An Architectural Study (Londres: World of Islam Festival Trust, 1987).

12. A Zawiyya, outrora uma loja sufi adjacente ao Haram, tinha se tornado a residência da família Abu al-Sa'ud, que era tradicionalmente sua administradora: Yitzhak Reiter, *Islamic Endowments in Jerusalem under British Mandate* (Londres: Cass, 1996), p. 136. Foi ali que Yasser 'Arafat, cuja mãe era uma Abu Sa'ud, nasceu em 1929, segundo minha prima Raqiyya Khalidi, Um Kamil. Ela relatou ter visitado seus vizinhos, a família Abu Sa'ud, juntamente com sua mãe para parabenizá-los pelo nascimento do bebê: entrevista, Jerusalém, 26 jul. 1993.

13. Suzanne Goldenberg, "Rioting as Sharon Visits Islam Holy Site". *Guardian*, 29 set. 2000. Disponível em: <www.theguardian.com/world/2000/sep/29/israel>.

14. Todos os números são de tabelas publicadas pelo indispensável B'Tselem, o Centro de Informações Israelense para Direitos Humanos nos Territórios Ocupados: <www.btselem.org/statistics>.

15. Reuven Pedatzur, "One Million Bullets". *Haaretz*, 29 jun. 2004. Disponível em: <www.haaretz.com/1.4744778>.

16. Ibid. De acordo com a análise de Pedatzur, o alto-comando israelense havia decidido de antemão sobre esse esmagador uso da força para que a derrota final dos palestinos fosse "gravada em sua consciência".

17. Efraim Benmelech e Claude Berrebi, "Human Capital and the Productivity of Suicide Bombers". *Journal of Economic Perspectives*, v. 21, n. 3, pp. 223-38, verão 2007.

18. Tive a impressão de que seu declínio mental começou mais cedo, e pode ter remontado ao pouso forçado em 1992 de um avião que o transportava no deserto da Líbia, que matou vários dos que estavam a bordo e o deixou ferido: Youssef Ibrahim, "Arafat Is Found Safe in Libyan Desert After Crash" (*New York Times*, 9 abr. 1992), disponível em <www.nytimes.com/1992/04/09/world/arafat-is-found-safe-in-libyan-desert-after-crash.html>.

19. Essa doutrina é analisada em profundidade por Pedatzur, "One Million Bullets", op. cit.

20. A pesquisa mais confiável e consistente das últimas décadas foi feita pelo Centro de Mídia e Comunicações de Jerusalém. De acordo com sua pesquisa n. 52, publicada em dezembro de 2004, "A maioria dos palestinos se opõe a operações militares contra alvos israelenses como uma resposta adequada sob as atuais condições políticas"; disponível em: <www.jmcc.org/documentsandmaps.aspx?id=448>.

21. Nicholas Pelham e Max Rodenbeck, "Which Way for Hamas?". *New York Review of Books*, 5 nov. 2009. Disponível em: <www.nybooks.com/articles/2009/11/05/which-way-for-hamas>.
22. Isso foi claramente demonstrado por pesquisas feitas após a eleição pelo respeitável Centro Palestino de Pesquisas e Estudos de Políticas, <www.pcpsr.org/en/node/478>; e por uma empresa privada, Near East Consulting, <www.neareastconsulting.com/plc2006/blmain.html>.
23. A versão final revisada, aceita por todas as facções palestinas, datada de 28 de junho de 2006, pode ser encontrada em <web.archive.org/web/20060720162701/http://www.jmcc.org/documents/prisoners2.htm>.
24. Esse número é de junho de 2018: <www.ochaopt.org/content/53-cent-palestinians-gaza-live-poverty-despite-humanitarian-assistance>.
25. Esse dado é da ONG israelense Gisha: <gisha.org/updates/9840>. As estimativas do *CIA World Factbook* para 2016 e 2017 são mais baixas: <www.cia.gov/library/publications/resources/the-world-factbook/geos/gz.html>.
26. Dois livros excelentes sobre as guerras de Gaza são Norman Finkelstein, *Gaza: An Inquest into Its Martyrdom* (Oakland: University of California Press, 2018); e Noam Chomsky e Ilan Pappe, *Gaza in Crisis: Reflections on the US-Israeli War on the Palestinians* (Chicago: Haymarket, 2013).
27. Esses números são retirados do site do B'Tselem, <www.btselem.org/statistics/fatalities/during-cast-lead/by-date-of-event>, e <www.btselem.org/statistics/fatalities/after-cast-lead/by-date-of-event>.
28. "50 Days: More Than 500 Children: Facts and Figures on Fatalities in Gaza, Summer 2014". B'Tselem, [s.d.]. Disponível em: <www.btselem.org/2014gazaconflict/en/il>.
29. Barbara Opall-Rome, "Gaza War Leaned Heavily on F-16 Close-Air Support". *Defense News*, 15 set. 2014. Disponível em: <www.defensenews.com/article/20140915/DEFREG04/309150012/Gaza-War-Leaned-Heavily-F-16-Close-Air-Support>. Também disponível em: <www.imra.org.il/story.php3?id=64924>.
30. Jodi Rudoren e Fares Akram, "Lost Homes and Dreams at Tower Israel Leveled". *New York Times*, 15 set. 2014.
31. "Protective Edge, in Numbers". Ynet, 14 ago. 2014. Disponível em: <www.ynetnews.com/articles/0,7340,L-4558916,00.html>.
32. Mark Perry, "Why Israel's Bombardment of Gaza Neighborhood Left US Officers 'Stunned'". Al Jazeera America, 27 ago. 2014. Disponível em: <america.aljazeera.com/articles/2014/8/26/israel-bombing-stunsusofficers.html>.
33. Em "Why It's Hard to Believe Israel's Claim That It Did Its Best to Minimize Civilian Casualties" (The World Post, 21 ago. 2014), Idan Barir,

ex-comandante de tripulação do corpo de artilharia israelense, observa: "A verdade é que projéteis de artilharia não podem ser apontados com precisão e não se destinam a atingir alvos específicos. Um projétil padrão de quarenta quilos nada mais é do que uma grande granada de fragmentação. Quando explode, é para matar qualquer um dentro de um raio de cinquenta metros e ferir qualquer um dentro de um raio de cem metros", e acrescenta que "o uso de fogo de artilharia de Israel é um jogo mortal de roleta-russa. As estatísticas, nas quais esse poder de fogo se apoia, significam que em áreas densamente povoadas, como Gaza, os civis também serão inevitavelmente atingidos". Disponível em: <www.huffingtonpost.com/idan-barir/israel-gaza-civilian-deathsb5673023.html>.

34. "Israel Warns Hizballah War Would Invite Destruction". Ynet, 3 out. 2008. Disponível em: <www.ynetnews.com/articles/0,7340,L-3604893,00.html>. Ver também Yaron London, "The Dahiya Strategy" (Ynet, 6 out. 2008). Disponível em: <www.ynetnews.com/articles/0,7340,L-3605863,00.html>.

35. Por exemplo, Amos Harel, "A Real War Is Under Way in Gaza" (*Haaretz*, 26 jul. 2014), disponível em: <www.haaretz.com/news/diplomacy--defense/.premium-1.607279>.

36. "22 USC 2754: Purposes for which military sales or leases by the United States are authorized; report to Congress". Disponível em: <uscode.house.gov/view.xhtml?req=(title:22%20section:2754%20edition:prelim)>.

37. Shibley Telhami, "American Attitudes on the Israel-Palestinian Conflict". Brookings, 2 dez. 2016. Disponível em: <www.brookings.edu/research/american-attitudes-on-the-israeli-palestinian-conflict>.

38. "Views of Israel and Palestinians". Pew Research Center, 5 maio 2016. Disponível em: <www.people-press.org/2016/05/05/5-views-of-israel-and-palestinians>.

39. "Republicans and Democrats Grow Even Further Apart in Views of Israel, Palestinians". Pew Research Center, 23 jan. 2018. Disponível em: <www.people-press.org/2018/01/23/republicans-and-democrats--grow-even-further-apart-in-views-of-israel-palestinians>.

40. Carroll Doherty, "A New Perspective on Americans' Views of Israels and Palestinians". Pew Research Center, 24 abr. 2019. Disponível em: <www.pewresearch.org/fact-tank/2019/04/24/a-new-perspective-on--americans-views-of-israelis-and-palestinians>.

41. A principal promotora do projeto de lei foi a congressista Betty McColum (DFL-MN): <mccollum.house.gov/media/press-releases/mccollum-introduces-legislation-promote-human-rights-palestinian-children>. Ver também <mccollum.house.gov/media/press-releases/mccollum-introduces-legislation-promote-human-rights-palestinian-children>.

42. Essas são as situações descritas com precisão por John Mearsheimer e Steven Walt em *The Israel Lobby and U. S. Foreign Policy* (Nova York: Farrar, Straus & Giroux, 2007).
43. Isso emerge claramente da pesquisa já citada com mais de 18 mil entrevistados em onze países árabes em 2017-8 pelo Centro Árabe de Pesquisa e Estudos de Políticas: <www.dohainstitute.org/en/News/Pages/ACRPS-Releases-Arab-Index-2017-2018.aspx>.
44. Secretário de Estado da Legação, Jedda, 17 ago. 1948, *FRUS, 1948*, v. 2, pt. 2, p. 1318. Para mais detalhes sobre como o regime saudita cedeu a Washington na Palestina, ver Rashid Khalidi, *Brokers of Deceit*, op. cit., pp. XXIV-XXVII.
45. Isso estava contido em uma carta de Bush a Sharon entregue em 14 de abril de 2004, durante uma reunião em Washington: <mfa.gov.il/mfa/foreignpolicy/peace/mfadocuments/pages/exchange%20of%20letters%20sharon-bush%2014-apr-2004.aspx>.
46. Entrevistas com dois altos funcionários diretamente envolvidos com esses assuntos que preferiram permanecer anônimos (1 fev. 2010 e 11 jan. 2011).

Conclusão:
Um século de guerra contra os palestinos [pp. 319-43]

1. "Memorandum by Mr. Balfour (Paris) respecting Syria, Palestine, and Mesopotamia, August 11, 1919". In: *Documents on British Foreign Policy, 1919-1939*. Org. de E. L. Woodward e Rohan Butler. Londres: HM Stationery Office, 1952, pp. 340-8. Disponível em: <www.yorku.ca/dwileman/2930Bal.htm>.
2. "Remarks by President Trump and Prime Minister Netanyahu of Israel before Bilateral Meeting Davos, Switzerland". Casa Branca, 25 jan. 2018. Disponível em: <www.whitehouse.gov/briefings-statements/remarks--president-trump-prime-minister-netanyahu-israel-bilateral-meeting--davos-switzerland>.
3. Carollee Bengelsdorf et al. (Orgs.), *The Selected Writings of Eqbal Ahmad*, op. cit., p. 301.
4. O artigo de Judt, "Israel: The Alternative" (*The New York Review of Books*, 23 out. 2003), controverso na época, provavelmente causaria menos reações hoje, embora na atmosfera atual sua crítica ao sionismo possa atrair acusações absurdas do antissemitismo.
5. "Introduction". In: Edward Said e Christopher Hitchens (Orgs.), *Blaming the Victims: Spurious Scholarship and the Palestinian Question*. Nova York: Verso, 1988, p. 1.

6. Essa iniciativa internacional, coordenada de perto pelo Ministério de Assuntos Estratégicos de Israel, se concentra em particular em rotular o movimento Boicote, Desinvestimento e Sanções (BDS) como "antissemita". O *Journal of Palestine Studies* publicou uma série de artigos sobre essa iniciativa: Shir Hever, "BDS Suppression Attempts in Germany Backfire" (v. 48, n. 3, pp. 86-96, primavera 2019); Barry Trachtenberg e Kyle Stanton, "Shifting Sands: Zionism and US Jewry" (v. 48, n. 2, pp. 79-87, inverno 2019); Dominique Vidal, "Conflating Anti-Zionism with Anti-Semitism: France in the Crosshairs" (v. 48, n. 1, pp. 119-30, outono 2018); Moshe Machover, "An Immoral Dilemma: The Trap of Zionist Propaganda" (v. 47, n. 4, pp. 69-78, verão 2018).
7. "The Declaration of the Establishment of the State of Israel". Ministry of Foreign Affairs, 14 maio 1948. Disponível em: <www.mfa.gov.il/mfa/foreignpolicy/peace/guide/pages/declaration%20of%20establishment%20of%20state%20of%20israel.aspx>.
8. Zeev Sternhell, "En Israël pousse un racisme proche du nazisme à ses débuts" (*Le Monde*, p. 22, 20 fev. 2018), tradução minha.
9. Para uma análise lúcida da lei, ver Hassan Jabareen e Suhad Bishara, "The Jewish Nation-State Law: Antecedents and Constitutional Implications" (*Journal of Palestine Studies*, v. 48, n. 2, pp. 46-55, inverno 2019). Para seu texto, ver pp. 44-5, e para uma petição à Suprema Corte de Israel sobre o assunto da lei por Adalah, o Centro Jurídico para os Direitos das Minorias Árabes em Israel, ver pp. 56-7.
10. Revital Hovel, "Justice Minister: Israel Must Keep Jewish Majority Even at the Expense of Human Rights". *Haaretz*, 13 fev. 2018. Disponível em: <www.haaretz.com/israel-news/justice-minister-israel-s-jewish-majority-trumps-than-human-rights-1.5811106>.
11. Ibid. Ver também Ravit Hecht, "The Lawmaker Who Thinks Israel Is Deceiving the Palestinians: No One Is Going to Give Them a State" (*Haaretz Weekend*, 28 out. 2017), disponível em: <www.haaretz.com/israel-news/.premium.MAGAZINE-the-lawmaker-who-thinks-israel-is-deceiving-the-palestinians-1.5460676>.
12. Zeev Sternhell, "En Israël pousse un racisme proche du nazisme à ses débuts", op. cit.
13. Aviões israelenses bombardearam em diferentes momentos Túnis, Cairo, Cartum, Amã, Beirute, Damasco e Bagdá, vários deles repetidamente, e vários deles recentemente.
14. Esse é um argumento central de meu livro *Palestinian Identity*, op. cit., alinhado com as teses apresentadas por vários dos mais respeitados

escritores sobre nacionalismo, como Benedict Anderson, Eric Hobsbawm e Ernest Gellner.
15. Ernest Gellner, *Nations and Nationalism*. Ithaca, NY: Cornell University Press, 1983, pp. 48-9.
16. Peter Beaumont, "Trump's Ambassador to Israel Refers to 'Alleged Occupation' of Palestinian Territories". *Guardian*, 1 set. 2017. Disponível em: <www.theguardian.com/us-news/2017/sep/01/trump-ambassador-israel--david-friedman-alleged-occupation-palestinian-territories>; Nathan Guttman, "US Ambassador to Israel Asked State Department to Stop Using the Word 'Occupation'". *The Forward*, 26 dez. 2017. Disponível em: <forward.com/fast-forward/390857/us-ambassador-to-israel-asked-state-dept--to-stop-using-the-word-occupation>; David Halbfinger, "US Ambassador Says Israel Has Right to Annex Parts of West Bank". *New York Times*, 8 jun. 2019. Disponível em: <www.nytimes.com/2019/06/08/world/middleeast/israel-west-bank-david-friedman.html>.
17. Ruth Eglash, "Top Trump Adviser Says Settlements Are Not an Obstacle to Peace". *Washington Post*, 10 nov. 2017. Disponível em: <www.washingtonpost.com/world/middleeast/top-trump-adviser-says-israeli-settlements-are-not-an-obstacle-to-peace/2016/11/10/8837b472-5c81-49a3-947c-ba6a47c4bc2fstory.html>; Piotr Smolar, "Washington ouvrira son ambassade à Jérusalem en mai". *Le Monde*, p. 4, 25/26 fev. 2018.
18. Jonathan Swan, "Kushner, For First Time, Claims He Never Discussed Security Clearance with Trump". Axios, 3 jun. 2019. Disponível em: <www.axios.com/jared-kushner-security-clearance-donald-trump--f7706db1-a978-42ec-90db-c2787f19cef3.html>.
19. "Palestine Chief Negotiator Reveal Details of Trump Peace Plan". *Middle East Monitor*, 22 jan. 2018. Disponível em: <www.middleeastmonitor.com/20180122-palestine-chief-negotiator-reveals-details-of-trump--peace-plan>.
20. Jonathan Ferziger e Peter Waldman, "How Do Israel's Tech Firms Do Business in Saudi Arabia? Very Quietly". *Bloomberg Businessweek*, 2 fev. 2017. Disponível em: <www.bloomberg.com/news/features/2017-02-02/how-do-israel-s-tech-firms-do-business-in-saudi-arabia-very-quietly>.
21. Julien Boissou, "Analyse: L'Inde s'implante au Moyen-Orient". *Le Monde*, p. 21, 27 fev. 2018.
22. "2016 Arab Opinion Index: Executive Summary". Arab Center Washington, DC, 12 abr. 2017. Disponível em: <arabcenterdc.org/survey/arab-opinion-index-2016>.
23. Essa é a tese central de meu livro *Brokers of Deceit*, op. cit.

Índice remissivo

As páginas em itálico indicam as figuras.

A

abássida, período, 53
'Abbas, Abu al-, 165, 246
'Abbas, Mahmud (Abu Mazin), 268, 272, 291-3, 337
'Abd al-'Aziz ibn Sa'ud, rei da Arábia Saudita, 96, 97, 111, 311
'Abd al-Hamid, Hayel, 292
'Abd al-Hamid, sultão do Império Otomano, 13
'Abd al-Shafi, Haydar, 232, 235, 250, 255
'Abd al-Shafi, Huda, 232
'Abdullah, rei da Transjordânia, 65, 69, 74, 80, 82, 95-9, 103, 107, 113, 117-8, 124
Abu al-Hol *ver* 'Abd al-Hamid, Hayel
Abu al-Walid *ver* Sayel, Sa'd
Abu Iyad *ver* Khalaf, Salah
Abu Jihad *ver* Wazir, Khalil al-
Abu Lutf *ver* Qaddumi, Faruq al-
Abu Musa, 237
Abu Nidal, 170, 173, 204, 246-8
Abu Rish, 199
Abu Shanab, Isma'il, 292-3
Abu Sharar, Majid, 292
Abu Za'im, 204
Abu-Lughod, Ibrahim, 165
Acheson, Dean, 111
Achille Lauro (navio) ataque, 247
Acordo do Cairo (1969), 205
Acordo de Munique (1936), 68
Acordos de Oslo: Acordo Provisório (Oslo II, 1995), 272-6; conversas de status final, 251, 268, 273, 283; Declaração de Princípios (Oslo I, 1993), 267-72, 276, 279; fracasso dos, 289, 293; negociações secretas, 264-5
Acordo Sykes-Picot, 41, 52, 58
Acordo de Transferência (nazista), 61
Adelson, Sheldon, 307
Áden, 67, 128
Admoni, Nahum, 216, 241
'Adwan, Kamal, 172, 174, 292
África do Sul, 22, 67, 90, 243, 321, 324
África Oriental, 22
Agência Árabe, 54
Agência das Nações Unidas de Assistência aos Refugiados da Palestina no Oriente Próximo (UNRWA), 116-7, 119, 334, 336; Relatório Especial sobre Massacres Israelenses em Gaza, 130

Agência Judaica para Israel, 54, 56, 68, 71, 77, 88, 96, 258
Ahmad, Eqbal, 242, 290, 320
'Ain al-Hilwa campo de refugiados, 175, 194
aiúbida, período, 53, 286
Al-'Urwa al-Wuthqa, 155
al-Aqsa, mesquita, 11, 118
al-Azhar, Universidade, 157
'Alami, Musa al-, 72, 86, 90-4, 97
Albright, Madeleine, 256
Alcorão, 33
Alemanha, 37, 40; nazista, 20, 61, 72, 83, 85, 94, 110
al-Hadaf (jornal), 152
Aliança Israelita Universal, 32
al-Karmil (jornal), 38, 46, 48
Allenby, Edmund, 37
Al-Malik al-Afdal, 286
Alto Comissariado da ONU para refugiados, 322
Amã, Jordânia, 81, 97, 114, 116, 118
Amal, movimento, 205
American Israel Public Affairs Committee (Aipac), 257, 308, 317
Amir, Yigal, 271
Amit, Meir, 143
'Amleh, Abu Khalid al-, 237
'Ammar, Nizar, 265
Andrews, Lewis, 67
Anti-Defamation League, 296
antissemitismo, 14-5, 41, 48, 61, 110, 296
Arábia Saudita, 78, 93, 95-6, 118, 149, 187, 310-1, 333, 337; Estados Unidos e, 85, 98, 111; guerra de 1948 e, 108, 112; Guerra do Líbano de 1982 e, 201, 202; Guerra Fria Árabe e, 135, 141-2; Iêmen e, 141, 149

'Arafat, Yasser, 126, 157-9, 164-5, 172, 174, 178, 182, 197-200, 223-4, 236-49, 263-5, 268-76, 283-4, 289-92
Arens, Moshe, 215
Argélia, 22, 120, 128, 164, 242, 321, 342
Argov, Shlomo, 204
'Arif, 'Arif al-, 38, 51
armas nucleares, 129, 141, 145, 159, 320
Armistício de 1949, 105, 147, 171
Arquivos do Estado de Israel, 214
'Ashrawi, Hanan, 235, 250, 255, 263-6
Assad, Hafez al-, 173, 178, 246, 260
Assembleia Geral da ONU: Guerra de Suez e, 130; OLP e, 163-4, 238; Resolução 181, 82, 100, 101, 170, 244, 334, 340; Resolução 194, 147, 244
Assembleia Legislativa Palestina, 293-4
assentamentos, 27, 115, 203, 229, 280, 305, 316, 320, 333; Estados Unidos e, 277, 305, 312; Jerusalém Oriental e, 286; negociações Madri-Washington e, 251, 252, 254, 256, 260, 262, 267; negociações palestino-israelenses de 2009 e, 314; Oslo I e, 269, 275, 279; Oslo II e, 273; Pisga e, 262; Resolução 2334 do Conselho de Segurança da ONU e, 316; restrições de viagem e, 120, 272, 279-81, 286; retirada israelense de 2005 e, 312
assírios, 36
Associação de Colonização Judaica (depois Associação Judaica de Colonização da Palestina), 26

Assuã, barragem de, 125, 128
Ato Patriota dos Estados Unidos
    (2001), 296
Attlee, Clement, 100
Austrália, 22, 28
autodeterminação nacional, 45, 57,
    66, 71, 77, 101, 117, 148, 168, 251,
    275, 296, 328, 341
Autoridade Autônoma Interina
    Palestina (Pisga), 261-2, 269
Autoridade de Terras de Israel, 115
Autoridade Palestina (AP), 203, 269-
    75, 279, 283, 287-8, 293, 297;
    Abbas como presidente, 291;
    eleições de 2005, 293; eleições
    de 2006, 293-7; Estados
    Unidos e, 334, 336; Fatah vs.
    Hamas e, 293-7; futuro da, 341;
    negociações palestino-
    -israelenses de 2009 e, 315

B

Baath, Partido, 156
Bahrein, 333, 336
Baker, James, 239, 249-57, 313
Balfour, Arthur James, 31, 39, 42, 56,
    57, 58, 101, 317, 319
Banco Mundial, 128
Barak, Ehud, 172, 284, 286
Barghouti, Mustafa, 235
Baron, Salo, 29
Batalha de Argel, A (filme), 243
Begin, Menachem, 25, 185-6, 192,
    196-203, 209, 214, 222, 225, 227,
    245, 251, 259, 261, 267, 269, 276
Beirute, 32, 36, 69, 72, 74, 113-
    6, 150-3, 174, 187; ataque ao
    aeroporto em 1968 e, 166;
    bombardeio do quartel
    dos Estados Unidos, 223;
    embaixada americana em, 182,
    219, 223; invasão israelense de
    1982 e, 189-207, 211-2, 214-22,
    241, 302; OLP foi evacuada de,
    166, 209-11, 218, 249
Ben-Gurion, David, 34, 62, 85, 98,
    126-7, 160
Ben-Zvi, Yitzhak, 34, 98
Berri, Nabih, 205
Bevin, Ernest, 108
Biltmore, Programa, 85
Bloco Oriental, 163
Boicote, Desinvestimento, Sanções,
    338-9
British Church Mission Society, 12
Brzezinski, Zbigniew, 179
Budayri, Muhammad Hasan al-, 51
Bundy, McGeorge, 142
Bush, George H. W., 239, 249, 252,
    255-6
Bush, George W., 312, 314

C

Cairo, 32, 94, 157, 219;
    manifestações de 2011, 342
Camp David, Acordos de (1978),
    185, 244, 251-60, 276, 320
Camp David, cúpula de (2000),
    283-4, 286, 289
Caradon, Lord, 144
Carta Nacional Palestina, 168-9
Carta da ONU, 101, 341
Carter, Jimmy, 167, 179, 184-5, 245,
    277, 320
Casa do Oriente, 274
Chamberlain, Neville, 71-2
Cheney, Dick, 312
China, 45, 339, 343
Christopher, Warren, 256
Churchill, Livro Branco de (1922), 63

Churchill, Winston, 42, 63, 72, 84, 307
CIA, 111, 135
Cidade de Gaza, 38, 232, 300-1
Cisjordânia, 126, 186; anexações na, 322, 332, 335-6; Autoridade Palestina na, 297; conversações de Madri e, 252, 254, 256, 261, 262; demolições na, 294; despejos na, 322; domínio da Jordânia na, 108, 114, 116-7; Estados Unidos sob Trump e, 332-3, 335; guerra de 1967 e, 135, 137, 145; guerra do Líbano de 1982 e, 193, 227; OLP e, 231, 236; Oslo e, 273; Pisga e, 262; Plano Reagan e, 203; Primeira Intifada e, 229-32, 236; protestos na, 293; reocupação israelense de, 289; Resolução 2334 do Conselho de Segurança da ONU, 316; restrições de viagem na, 273, 280-1, 286; *ver também* assentamentos; Territórios Ocupados
Clayton, brigadeiro, 86
Clifford, Clark, 142
Clinton, Bill, 256, 258, 263, 284, 308, 314, 320
Clinton, Hillary, 308, 314
Colégio Árabe do Governo, 80
Colinas de Golã, 27, 135, 137, 145, 260; anexação de, 145, 335-7
Collusion Across the Jordan [Conluio pelo rio Jordão] (Shlaim), 96
colonialismo de assentamento, 16-22, 25-28, 75-77, 84, 147, 160, 168, 275, 320-1, 324, 331, 338; fronteiras e, 245, 247

Comando Nacional Unificado, 282
Comando Norte de Israel, 225, 303
Comissão de Inquérito Anglo--Americana, 87-8, 90-1
Comissão Hayward, 63
Comissão Kahan, 214, 216, 225
Comissão King-Crane, 75
Comissão Peel, 63, 65-9, 74, 100, 107
Comissão Real britânica, 65
Comissão Shaw, 63
Comissão Woodhead, 63
Comitê Especial das Nações Unidas sobre a Palestina (Unscop), 100; Relatório da Minoria, 79
Comitê Superior Árabe (CSA), 65, 68, 81, 89-90, 93, 122
comunismo, 141, 156
Conferência de Paz de Paris (1918-19), 49
Conferência de Versalhes (1918), 43, 45
Conferências de Genebra (anos 1970), 181, 184
Congresso dos Estados Unidos, 296, 307, 309, 315
congressos da Palestina árabe, 49-50, 64
congressos muçulmanos-cristãos (1919-28), 49
congressos sionistas, 14, 319
Conselho de Segurança da ONU, 112, 121, 126, 130, 163, 335; guerra de 1967 e, 136, *138*, 139, 145; Resolução 2334 sobre assentamentos, 316; Resolução 235, 138; Resolução 242, 140, 144-50, 163, 167, 171-2, 181, 183-4, 240, 244, 295, 320, 340; Resolução 338, 181, 240

Conselho de Segurança Nacional
    dos Estados Unidos, 258, 315
Conselho Nacional da Palestina
    (CNP), 165, 170, 240, 282
Conselho Supremo Muçulmano,
    64
Convenção de Genebra, IV, 341
Convenções de Haia, 189, 341
conversações israelo-palestinas
    (2009-11), 313-7
Coreia, 45, 109
Crescente Fértil, 95
Crescente Vermelho palestino, 232
cristãos, 14, 21, 23, 34, 36, 110
cristãos libaneses, 175
cristãos maronitas, 119, 175-6, 178
Crocker, Ryan, 218-9
Cruzadas, 33
Cruzadas, período das, 53
Curdistão, 13
Curzon, Lord, 22

D

Dahiya, doutrina, 302
Dahlan, Muhammad, 297
Dáil Éireann, 89
Dajani, Burhan, 91
Dalet, Plano (1948), 102, *103*
Damasco, 32, 52, 104, 116, 120, 137, 139, 152, 219
Damour, massacre de, 175
Darwish, Mahmoud, 150, 153, 240
Dayan, Moshe, 127
Dayr Yasin, massacre de, 104, 130
Dbaye, campo de refugiados, 175
Dean, John Gunther, 183-4
declaração anglo-francesa, 46
Declaração Balfour, 23-4, 28, 39-44, 49-54, 76, 140, 146, 168-9

Declaração de Independência da
    Palestina (1988), 240, 282
demolições, 293, *294*, 322
Departamento de Estado dos
    Estados Unidos, 111, 183, 215, 254, 256, 258, 266, 332
Deuxième Bureau, 119
Dill, Sir John, 68
Dillon, Robert, 222
Disraeli, Benjamin, 257
Divisão de Assuntos Políticos da
    ONU, 121, 136
Documento dos Prisioneiros
    (2006), 295
Doonesbury (tirinha), *213*
Draper, Morris, 215-8, 222
Drori, Amir, 225
drusos, 119, 205, 208, 223
Duby, Georges, 133

E

Eagleburger, Lawrence, 215
Eban, Abba, 134, 145
Eden, Anthony, 128
Egito, 45, 52, 60, 63, 70, 86-7, 95-7, 109, 114, 121, 153-60, 282, 337; Estados Unidos e, 141, 167, 179, 185; Gaza e, 127, 334; guerra de 1967 e, 135-7, 140-1, 144, 149, 155, 311; Guerra de Suez e, 125-30, 217, 310; Guerra Fria Árabe e, 141-2; Iêmen e, 135, 141, 149; Israel e, 110, 126-7; OLP e, 125, 159; Resolução 242 do Conselho de Segurança da ONU e, 171; Síria e, 245
Eisenhower, Dwight, 129, 140, 142, 146
Eitan, Rafael, 216
Eizenkot, Gadi, 303-4

Ellison, Keith, 309
Emirados Árabes Unidos, 333, 337
Empresa Judaico-Otomana de Terras, 18
Escritório Árabe, 91-6, 99
Escritório Árabe Palestino, 87
Escritório Colonial Britânico, 68
Escritório de Informações de Guerra (Estados Unidos), 79
Estado judeu, 15-22, 40-5, 65, 71, 75, 78, 85, 87-8, 100-1, 108, 110-1; democracia e, 327-8; Nakba e a criação do, 106-7
Estado judeu, O (Herzl), 14, 17
Estado palestino, 267, 270, 276, 279, 283-4, 320, 336; negociações Madri-Washington e, 262; plano de partilha de 1947 e, 102, 104-5, 108, 320; proposta binacional sobre, 338; regra da maioria e, 49; soberania e, 56, 251; solução de dois Estados e, 172, 240, 293, 335, 338; tratado egípcio-israelense e, 185-6; única proposta democrática secular sobre, 169-72
Estados do Golfo, 120-1, 149, 317, 333, 336
Estados Unidos, 61, 84-5, 89, 97-8, 110, 148, 223, 342-3; Arábia Saudita e, 98; ataques israelenses a Gaza e, 300-4; autodeterminação nacional e, 45; Autoridade Palestina e, 275, 295-6; colonialismo de assentamentos e, 28, 324-5; Comissão de Inquérito Anglo--Americana e, 87; Comissão King-Crane e, 75; Conferência de Camp David em 2000 e, 283-4, 286, 289; Egito e, 127, 178; eleições de 2016, 308-9; família Khalidi nos, 114; guerra civil libanesa e, 179-80, 186; guerra de 1948 e, 129, 326; guerra de 1967 e, 133-4, 139, 143-4, 217; Guerra de Suez e, 129-30, 217; Guerra do Golfo e, 245-9; Guerra do Líbano de 1982 e, 202-3, 208-28, 240; Hamas e, 296; Iêmen e, 141; Israel e, 109-11, 140, 142, 144, 239, 241, 309; mudanças de política e, 140-6, 332, 334-5; negociações Madri-Washington e, 244, 252-67; OLP e, 163-7, 181-3, 235-45; opinião pública nos, 164-5, 303, 305-6, 308-9, 323-4, 339; Oslo e, 267, 276-7; palestinos e, 24, 99, 161, 163, 305-20, 324-6, 338; petróleo e, 98, 112; Primeira Intifada e, 228, 243; rejeição, como mediador, 338-40, 343; Resolução 242 do Conselho de Segurança da ONU e, 149-50; Segunda Guerra Mundial e, 72, 79; sionismo e, 28, 85, 99; Transjordânia e, 82; tratado Egito-Israel e, 184-6; União Soviética e, 109; Unscop e, 100
Europa, 39, 221, 343
evangélicos americanos, 305, 307, 324
Executiva árabe dos congressos palestinos, 64
Exército de Libertação da Palestina, 264-7
Exército do Sul do Líbano, 187, 276
Exército libanês, 108, 174
Exército Republicano Irlandês (IRA), 314
Exodus (Uris), 24, 161

F

Faisal, rei do Iraque, 97
Faixa de Gaza, 105, 114, 117, 122; bloqueio israelense, 297, 334; Egito e, 126-7; Estados Unidos e, 333; Fatah e, 126, 157; guerra de 1967 e, 135, 137; guerra de 1982 e, 193; Guerra de Suez e, 127-30; guerras israelenses contra, 28, 131-2, 290, 293, 298-306, 312, 315-6; Hamas e, 282, 297, 299, 305, 312, 315; negociações Madri-Washington e, 252, 254, 261, 262; OLP e, 231, 236, 271-2; Pisga e, 262; Plano Reagan e, 203; Primeira Intifada, 227-9, 233, 236; restrições de viagem e, 273, 280, 281, 286; retirada dos israelenses de (1956), 141-2; retirada dos israelenses de (2005), 312; *ver também* assentamentos; Territórios Ocupados
Fanon, Frantz, 242
Farouq, rei do Egito, 96-7
Farra, Muhammad El-, 130, 144
Farsoun, Samih, 165
Fatah, 123n, 125-6, 131, 135, 154-9, 169, 236-7, 248, 250, 285, 288-93, 337-8; Comitê Central, 173, 292; eleições de 2006, 294; Hamas *vs.*, 295, 297; motim, 237
Faysal ibn 'Abd al-'Aziz, rei da Arábia Saudita, 118, 142
Faysal, Amir, 51
Fedorenko, Nikolai, 138
Feinberg, Abraham, 143
Feith, Douglas, 312

Filastin (jornal), 39, 43, 46, 48
Filiu, Jean-Pierre, 131
Folman, Ari, 213, 217, 224
fome de 1915-18, 35-8
Força 17, 182
Forças Armadas britânicas, 66-7, 75, 84
Forças de Defesa de Israel, 20, 105, 108, 126, 134, 233, 289, 300
Forças Libaneses (FL), 176-9, 207, 211, 213, 217-8, 223-4
Ford, Fundação, 296
Ford, Gerald, 179, 181, 253
Foreign Relations of the United States (documentário), 184
Fortas, Abe, 142
Foxman, Abraham, 296
França, 22, 41, 78, 110, 140, 326; Argélia e, 243; Guerra de Suez e, 128-32; Líbano e, 52, 119, 178, 201, 210, 222-3
Frente de Libertação Árabe, 246
Frente de Libertação da Palestina, 165, 246
Frente de Libertação Nacional (FLN), 242
Frente Democrática de Libertação da Palestina, 172
Frente Libanesa, 195, 200
Frente para a Libertação do Líbano de Estrangeiros, 183
Frente Popular para a Libertação da Palestina (FPLP), 131, 152-7, 166, 171-2, 292, 295-6
Friedman, David, 332
Friedman, Thomas, 189, 198
From Time Immemorial [Desde tempos imemoriais] (Peters), 24
Fundo Nacional Árabe, 89, 94, 103
Fundo Nacional Judaico (FNJ), 89, 115

fuzileiros navais dos Estados Unidos, quartéis de Beirute bombardeados, 223

G

Galileia, 55, 67, 196, 260
Gazit, Shlomo, 265, 276
Geagea, Samir, 224
Gemayel, Amin, 219
Gemayel, Bashir, 176, 210-1, 216, 219, 224
Gemayel, Pierre, 176
Gendzier, Irene, 111
Giacaman, Rita, 235
Gingrich, Newt, 24
Glubb, Sir John Bagot, 97
Goldberg, Arthur, 139, 142, 144
Governo de Toda a Palestina, 122
Grã-Bretanha, 21-3, 26, 86-100, 108-9, 129, 140, 319-20; deixa a Palestina, 78, 100-1; Egito e, 52, 109-10, 127; Guerra de Suez e, 128-9; Iêmen e, 141; Jordânia e, 117, 123; ocupa a Palestina, 41, 47-53; partilha e, 107-8; Primeira Guerra Mundial e, 37-42, 56; Resolução 181 da Assembleia Geral da ONU e, 101; Segunda Guerra Mundial e, 71-2, 84; Transjordânia e, 81-2; *ver também* Mandato Britânico na Palestina
Grande Israel (Eretz Yisrael), 168, 186, 193, 227, 259, 271, 341
Grande Síria, 35-6
Greenblatt, Jason, 332
grego ortodoxo, 47
Grupo de Brigada Judaica, 84
grupos de comando palestinos, 135

Guarda Revolucionária Iraniana, 219
"Guerra ao Terror", 312
guerra de 1948, 73, 105-9, 112, 117, 121, 129, 132, 152, 192, 311, 326; consequências de, 111-23, 140, 147; *ver também* Nakba
guerra de 1967 (Guerra dos Seis Dias), 112, 129, 133-40, 142-5, 159, 217, 236, 286; consequências de, 140-50, 154
guerra de 1973, 129, 180
guerra de 1982 *ver* invasão do Líbano (1982)
Guerra de Suez (1956), 125-32, 141, 143, 153, 217, 310
Guerra do Golfo (1990-91), 228, 245-9
Guerra do Vietnã, 140, 164, 243
Guerra dos Seis Dias *ver* guerra de 1967
Guerra Fria, 111, 125, 129, 137, 140-2, 146, 167, 179, 201, 255, 310
Guerra Fria Árabe, 135, 141
Guerra Irã-Iraque, 247
Guilherme II, cáiser da Alemanha, 14
Gur, Mordechai, 193

H

Habash, George, 154-6
Habib, Philip, 196, 201, 207-8, 215, 218, 222, 225, 314
Habiby, Emile, 150-1, 153
Haddad, Wadi', 154-6
Haganah, 102-4
Haifa, 32, 38, 44, 50, 102
Haig, Alexander, 187, 203, 215, 217, 222, 225
Haining, Robert, 68

Hamas, 131, 237, 282, 285-97, 312, 315; eleições de 2006 e, 293-7; Fatah e, 295, 297, 338; Gaza e, 282, 297, 299, 305, 312, 315
Hamshari, Mahmoud, 174
Haram al-Sharif (Monte do Templo ou Esplanada das Mesquitas), 11, 118, 284-6, 290
Hebron, 32, 230; massacre da mesquita Ibrahimi, 288
Herzl, Theodor, 14-9, *17*, 22-3, 25, 33, 40, 49, 59, 78, 98
Hezbollah, 220, 224
Hilmi, Ahmad (Ahmad Hilmi Pasha 'Abd al-Baqi), 122
Hirsch, barão Maurice de, 26
Hitler, Adolf, 110, 199
Hitti, Philip, 80
Hobeika, Elie, 224
Holocausto, 85, 87, 110, 152
homens-bomba, 287-92, 296, 306
Hope-Simpson, Relatório, 63
Hourani, Albert, 87-91, 95, 109
Hout, Shafiq al-, 240
Huckabee, Mike, 25
Husayn, Sharif, 39, 41, 46, 51, 118; correspondência entre McMahon e, 41, 57-8
Husayni, 'Abd al-Qadir al-, 104, 123n
Husayni, Faysal, 123n, 249, 251, 255, 263
Husayni, Hajj Amin al- (grande mufti da Palestina), 64-74, 90, 92, 94, 113, 118, 122, 123n
Husayni, Jamal al-, 72, 90, 94, 123n
Husayni, Musa Kazim Pasha al-, 64, 123n
Hussein, rei da Jordânia, 123
Hussein, Saddam, 173, 245, 247-8

I

Iêmen, 67, 78, 108, 154, 343; guerra civil de 1962, 135, 141, 149
igualdade, ideal de, 329-30, 337, 341
imigração judaica, 19, 23, 41-4, 49, 51, 55, 60-2, 68, 71, 83, 88, 110, 256
Império Otomano, 13, 16, 18, 35, *37*, 40, 45, 52, 56
Índia, 22, 45, 60, 63, 70, 78, 100, 321, 339, 343
Indyk, Martin, 257
Institute for Palestine Studies (IPS, Beirute), 155, 197, 204, 220
Instituto Árabe-Americano, 79-82
Instituto Oriental Soviético, 197
inteligência britânica, 86, 93, 97
inteligência militar israelense, 214, 231
invasão do Líbano (1982), 109, 189-225, 230, 236, 306, 320
Irã, 52, 85, 317, 333; crise dos reféns dos Estados Unidos e, 183-4
Iraque, 36, 49, 52, 86-96, 109, 128, 141, 154, 165, 245-6; Guerra de 1948 e, 108; Guerra do Golfo e, 245-9; Guerra dos Estados Unidos de 2003 e, 312, 322; OLP e, 173, 239, 245-8, 292
Irgun, 102, 104, 143
Irlanda, 45, 57, 63, 67, 78, 89, 321, 324
Irlanda do Norte, 314
Irmandade Muçulmana, 156, 282
irredentismo, 120-1, 153
'Isa al-'Isa, 39, 43-7, 62, 69, 74, 113
Israel: acordo secreto entre OLP e, 264-6; Arábia Saudita e, 311; assassinatos e, 173, 182, 237, 292; ataques palestinos e,

124, 131; Autoridade Palestina e, 275, 293-6; bilateralismo e, 148-50; Carter e, 185-6; cidadãos palestinos de, 114-5, 124, 326-9; como Estado judeu, 170, 328; contestação atual contra, 320-3; Declaração de Independência de, 327; Declaração de Princípios e, 267; Egito e, 110, 126-7; Estados árabes e, 124, 337, 342; Estados Unidos e, 28, 109-11, 140-6, 181-2, 239, 241, 305-17, 332-7; Fatah e, 158; fronteiras e, 147; fundação, 102, 109; Gaza e, 126-7, 130, 292, 297-305; Grã-Bretanha e, 28; Guerra de Suez e, 128-9, 141, 143, 217; Hamas e, 282; homens-bomba e, 290; Iêmen e, 141; Jordânia e, 113, 118, 149; Líbano e, 166, 176-8, 187; OLP e, 161-7, 173, 178, 181-2, 241-2; ONU e, 121; opinião pública em, 341; Palestina controlada por, 337; palestinos expulsos de, 104, 106; partilha e, 82; proposta de estado democrático laico único e, 169, 171; Protocolo de Sèvres e, 129; renascimento palestino e, 160-1; Síria e, 166; território controlado por, 83, 127; Transjordânia e, 96; União Soviética e, 109-10; *ver também* assentamentos; Territórios Ocupados; *ações militares, guerras, indivíduos específicos*; *negociações de paz*

Istambul, 12, 32; ataque a sinagoga, 247

Istiqlal, Partido, 50, 123

J

Jabalya, campo de refugiados, 227
Jabotinsky, Ze'ev, 25, 27, 42, 66, 75, 186
Jaffa, 32, 36, 39, 44, 46-7, 102, *103*, 123n
Jamiyat In'ash al-Mukhayam, 175
Jarring, Gunnar, 171
Jenkins, Loren, 212, 215
Jerusalém, 11-2, 14, 27, 32-3, 36, 43-4, 51, 64, 73, 100, 104-5, 114, 148, 271, 284, 340; anexação de, 335; assassinato de 'Abdullah em, 118; assentamentos em, 27, 123n; Cisjordânia separada de, 273, 280; mudança da embaixada dos Estados Unidos para, 319, 334-7; negociações de Camp David e, 284; negociações Madri-Washington e, 256, 251-4, 262; Segunda Intifada e, 274
Jerusalém Ocidental, 102-3
Jerusalém Oriental, 108, 114, 117, 135, 137, 145, 186, 193, 231, 271, 273, 281, 286, 335, 338; anexação de, 145; Resolução 2334 do Conselho de Segurança da ONU e, 316
Jewish People Policy Planning Institute, 258
Jihad Islâmico, 131, 287-95, 298, 304
Jisr al-Basha, campo de refugiados, 175-6
Johnson, Lyndon B., 134, 141-3, 320
Jordânia (antes Transjordânia), 91, 95, 105-9, 113-26, 130, 153, 178, 181, 337; eleições de 1956, 123; guerra de 1948 e, 108;

guerra de 1967 e, 135, 137, 140, 144; negociações Madri-Washington e, 251-2, 254; OLP e, 160-2, 166-7, 171, 236; Resolução 242 do Conselho de Segurança da ONU e, 170-1; tratado israelense com, 149
Jordão, rio, 107, 135
judeus alemães, 26, 61
judeus mizrahi, 34, 54
judeus sefarditas, 34
Judt, Tony, 321
Jumblatt, Walid, 205

K

Kahan, Yitzhak, 213
Kahn, Zadoc, 15
Kamal, Zahira, 235
Kanafani, Ghassan, 120, 150-3, *152*, 172, 174, 292
Karameh, ataque israelense em, 162-3, 166, 192
Karantina, campo de refugiados, 175
Kennan, George, 111
Kennedy, John F., 141-2, 146
Kerr, Malcolm, 135, 211-2, 224
Kerry, John, 316-7
KGB, 197
Khalaf, Salah (Abu Iyad), 126, 157, 200, 223-4, 247-8, 265, 292
Khalidi, 'Anbara Salam al-, 36, *48*
Khalidi, Ahmad al-, 36, 80
Khalidi, al-Sayyid Muhammad 'Ali al-, 12
Khalidi, Amira al- "Um Hasan", 36, *48*, 79, 105, 114
Khalidi, biblioteca, 11, 13
Khalidi, Dima, 190

Khalidi, família, 11, 47, *48*, 114; perda da casa, 105, *106*
Khalidi, Ghalib al-, *48*, 67, 80
Khalidi, Hajj Raghib al-, 11, 36, 38, 47, *48*, 105, 114
Khalidi, Hasan al-, 36, *37*, 48
Khalidi, Husayn Fakhri al-, 36, *37*, *48*, 67, 71-3, 80, 82, 86, 90-1, 93, 99, 118, 122
Khalidi, Ismail (filho), 191, 220
Khalidi, Ismail Raghib al- (pai), 36, *48*, 79-80, *81*, 98, 114, 118, 121, 133, 136-9, *138*, 155
Khalidi, Khadija al-, 11
Khalidi, Lamya, 190
Khalidi, Mona, 175-6, 190-1, 194, 211, 219
Khalidi, Nu'man al-, 36
Khalidi, Raja, 194, 212, 219, *294*
Khalidi, Selwa al-, 79, 114, 194, 211, 219
Khalidi, Walid al-, *48*, 91-2, 99, 165
Khalidi, Ya'coub al-, *48*, 80
Khalidi, Yusuf Diya al-Din Pasha al-, *13*, 23, 32-3, 43
Khalidi, Yusuf Diya al-Din Pasha al-, 12-9
Khalidi, Ziyad al-, 232
Khan Yunis, campo de refugiados, 127, 302; massacre, 130
Khatib, Ghassan al-, 235
Kholi, Hassan Sabri al-, 177
Kholi, Muhammad, 177
Kimmerling, Baruch, 53, 173
King David Hotel, bombardeio do, 100
Kissinger, Henry, 148, 167, 178-83, 241, 253, 255, 310, 320
Knesset israelense, 193, 261, 284, 328; Comitê de Defesa e Relações Exteriores do, 177-8
Krim, Arthur, 143

Krim, Mathilde, 143
Kurtzer, Daniel, 257, 265-6
Kushner, Jared, 333, 336
Kuwait, 154, 156; invasão do Iraque ao (1990-91), 245, 248

L

Lahd, Antoine, 276
Lampson, Miles, 97
Lawrence, T. E., 73
Legião Árabe, 82, 107, 117
Lei Básica sobre o Estado-Nação Judaico (Israel, 2018), 328-9
lei da nacionalidade, 56
Lei de Controle de Exportação de Armas (Estados Unidos), 303
Lei de Estrangeiros (Grã-Bretanha, 1905), 57
Lênin, Vladimir, 44
Líbano, 13, 49, 52, 67, 72, 86, 95, 105, 107, 116-20, 125, 149, 154, 156, 181; guerra civil (1975-90), 172-83, 187, 205, 216, 220, 236; incursões israelenses no, 166, 187, 276; mapas do, *188*; negociações Madri-Washington e, 252, 254; OLP e, 160-1, 173, 186, 187, 221, 242; sistema político sectário em, 119
Libby, Lewis "Scooter", 312
Líbia, 35, 83, 120, 154, 173, 246, 292, 343; guerra (1911-12), 35
Liderança Nacional Unificada, 228
Liga Árabe, 86, 93, 95, 97, 104, 125, 159, 164, 171, 177, 202, 245
Liga das Nações, 27, 49, 53; Mandato e, 53-6, 76-7; pacto da, 46, 53, 56-9
ligas das aldeia, projeto, 230, 237

Likud, Partido (Israel), 185, 186, 277, 285, 328
limpeza étnica, 20, 102, 106, 322-3
Litani, Operação, 187, 192
Livro Branco (1939), 27, 71-2, 83, 87, 99, 101, 129; *ver também* Livro Branco de Churchill; Livro Branco de Passfield
Livro Branco de Passfield (1930), 63
Lloyd George, David, 40, 42, 55
Lydd (Lod), 154

M

Madani, 'Ali, 177
madraça al-Afdaliyya, 286
Malta, 12, 32
mameluco, período, 12, 53
Mandato Britânico da Palestina, 19, 24, 26, 46, 50, 53-78, 92, 99, 118, 123, 140, 168, 173, 218, 338; estabelecimento, 53-9; fim, 78; identidade palestina e, 47-9; Livro Branco e, 63, 71-2; Revolta Árabe e, 20, 49, 63-77
Mansour, Camille, 251
Marshall, George, 111, 311
marxistas, 154, 156
Maurras, Charles, 329
McCarthy, Justin, 36
McNamara, Robert, 134, 143
Meca e Medina, 33
Meir, Golda, 96, 99, 147, 150
Memorando Balfour, 58-9
Memorando de Acordo Estados Unidos-Israel (1975), 181-2
Miller, Aaron D., 255, 257, 265-6
Milson, Menachem, 230
Ministério da Guerra britânico, 68

Ministério das Relações Exteriores britânico, 43, 108
Ministério das Relações Exteriores palestino, 91
Ministério do Interior do Egito, 157
Miqdadi, Darwish al-, 91
Mitchell, George, 313,-4, 317
Mossad, 143, 152, 153, 173, 183, 201, 216, 241, 247, 292
Moughrabi, Fouad, 165
Movimento dos Nacionalistas Árabes (MNA), 154-7
Movimento Nacional Libanês (MNL), 198, 211
Moyne, Lord, 99
Muqataʻa, cerco a (2002), 274
Muro das Lamentações, manifestação de 1929, 286

N

Nabatiya, bombardeio do campo de refugiados de, 166
Nablus, 32, 105, 114; Primeira Intifada e, 230-1, 233
Nabulsi, Sulayman al-, 123
nacionalismo árabe, 39, 141-2, 154-7
Nahhas Pasha, Mustafa, 97
Najjar, Abu Yusuf, 172, 174, 292
Najm, Lamis, 153
Nakba, 83, 89, 102, 104-6, 113, 120, 122-5, 131, 151, 153, 155, 169, 222
Nashashibi, Raghib al-, 69, 117
Nassar, Najib, 38, 46
Nasser, Gamal Abdel, 121, 126, 130, 141, 154
Nasser, Kamal, 172, 174, 292
nativos americanos, 28, 324-5
negociações bilaterais, 148-50, 185, 240-4, 250, 254

negociações de paz Madri-Washington (1991-93), 123n, 228, 244, 249-69, 283
Netanyahu, Benjamin, 25, 186, 215, 225, 307, 310, 315-6, 319, 336
New Jersey, USS (navio de guerra), 223
Nixon, Richard, 161, 167, 179
Norte da África, 22, 85
Nuseibeh, Sari, 251, 289

O

Obama, Barack, 310, 312-7, 320
Olimpíada de Munique (1972), ataque terrorista na, 182
Olmert, Ehud, 25
omíada, período, 53
ONGs palestinas, 296
Organização das Nações Unidas (ONU), 27, 100, 112, 122, 162; guerra de 1967 e, 136, 144; partilha e, 96, 100, 140 *ver também* Assembleia Geral da ONU; Carta da ONU
Organização de Libertação da Palestina (OLP), 91, 131, 159-71, 189, 246, 295, 320, 340; Arábia Saudita e, 311; bilateralismo e, 149; Carta Nacional, 168-9; Comitê Executivo, 159; cúpula de Camp David em 2000 e, 283-5; declaração de 1988 e, 244; Declaração de Princípios e, 267; Departamento Político, 238, 274; diplomacia e, 289, 338; Estados Unidos e, 161, 180-4, 239-45; expulsão da Jordânia, 171; fundação, 125, 159; Guerra Civil libanesa e, 175-80, 187; Guerra do Golfo

e, 245-9; Guerra do Líbano
(1982) e, 187, 189-210, 219,
222-5, 227, 235, 242, 249;
Hamas e, 237, 282-3, 285,
287-8; líderes assassinados,
170-4, 182; morte de 'Arafat
e, 291-2; motim do Fatah
e, 237; negociações Madri-
Washington e, 244-5, 249-55,
259, 263; opções de Estado
e, 169-71; Oslo e, 267-77, 283;
Primeira Intifada e, 236-44;
retirada de Beirute pela, 207-
10, 214, 218; Segunda Intifada
e, 274, 288-91; Síria e, 246;
Territórios Ocupados e, 230-
1, 235-8, 263-6, 267-71; tratado
Egito-Israel e, 181, 185
organizações pan-árabes, 154
Orwell, George, 76
Oslo, Acordos de, 251, 267-89, 340

P

Palestina, partilha da, 65-9, 82, 96,
100-2, 107-8, 122, 140, 169, 240,
320; *ver também* Nakba
palestinos: Arábia Saudita e, 97;
ausência de aparato estatal
inicial, 88-9, 96; colonialismo
e, 14, 16, 19, 20, 22, 27, 331;
condição de, pós-Nakba, 113-4,
124; Crescente Fértil e, 95;
detenções de, 230, 236; direito
de retornar e, 127, 147, 152,
168, 251, 340; direitos a terra e
propriedade de, 44, 55, 60, 62,
71, 105-6, 115, 148, 168, 271, *294*,
322, 327; direitos dos, 53, 340-1;
Estados Unidos e, 98, 112, 142,
146, 306-17, 323-5, 332-7; forças
internacionais *vs.*, 29; futuro
dos, 323, 329-32, 337-43; Grã-
Bretanha e, 39-53, 57-9, 63-72,
76-8, 84, 86, 91-2, 99, 108, 112;
identidade e sociedade de, 22-5,
31-5, 39, 45-9, 51, 63, 83-4, 92, 96,
114, 121-2, 146, 150-5; Jordânia
e, 117-8; liderança e, 72, 88-9,
112, 339; Liga das Nações e,
57; ligação tripla de, pós-1917,
76-8; Mandato e, 53-63, 71-
4; mapa, *30*; nacionalismo e,
44-9, 65, 67, 118, 120, 147, 150-
73, 193, 221, 227, 271, 289, 292,
330-1, 339-43; negociações
Madri-Washington e, 244,
250-67; Oslo e, 267-77, 289;
polarização dos, 285; pontos
de virada na luta de, 29;
Primeira Guerra Mundial e, 35-
9, 45; regimes árabes e, 78, 81-8,
125-6; relações públicas e, 339-
40; resistência dos, 27, 49, 52,
62, 131, 150-1, 158-66, 319-21;
restrições a viagens de, 120, 273,
279-81, 286; Segunda Guerra
Mundial e, 72, 83-4; separação
Fatah-Hamas e, 295-8, 337-8;
Transjordânia e, 81-2, 96; *ver
também* Revolta árabe (1936-
39); *guerras, indivíduos, locais,
organizações específicos*
palestinos americanos, 165
Paquistão, 117
Parker, Richard, 182-3
Partido Comunista Iraquiano, 141
Partido Comunista Israelense, 124
Partido Comunista Palestino, 124
Partido Democrata (Estados
Unidos), 143, 305-9, 339
Partido do Congresso (Índia),
63, 78

Partido Falangista, 175-7, 210, 214
Partido Nacional Sírio, 95
Partido Republicano (Estados Unidos), 306-7, 314
Partido Trabalhista (Israel), 176-7, 260, 277, 285
Paz Agora, 221
Pelosi, Nancy, 308
Pentágono, 111-2, 135
Peres, Shimon, 177, 265, 268, 285, 336
Perle, Richard, 312
Peters, Joan, 24
petróleo, 98, 112, 119, 149, 239
Pew Research Center, 306
Plano de Onze Pontos (OLP), 207, 211
Pontecorvo, Gillo, 243
Poti, porto russo, 13
Primakov, Yevgeny, 197
Primeira Guerra Mundial, 19, 32, 35-46, 56, 60, 98
Primeira Intifada (1987-93), 222, 227-44, *233*, 250, 263, 266, 275, 282, 287-91, 306
proposta ponte, 259
Protocolo de Alexandria, 86
Public Theater, 153n

R

Rabin, Yitzhak, 127, 228-33, 253, 257, 259-71, 275, 285, 291
Rabinovich, Itamar, 233, 260, 265, 270
Rafah, campo de refugiados, 127, 298, 302; massacre, 130
Ramallah, 230, 273-4, 293, 297; cerco de, 224, 289
Randal, Jonathan, 212, 215
Reagan, Plano, 202
Reagan, Ronald, 179, 186, 199, 201, 202, 209, 221, 225, 312, 320
refugiados palestinos, 321; campos e, 116-7, 119, 156, 166, 174, 176, 205, 208, 241; direito de voltar e, 127, 147, 251, 340; dispersão de, 105, 160; documentos de viagem e, 120; propostas dos Estados Unidos sobre, 336; *ver também* Nakba; *campos, guerras, indivíduos, localizações específicos*
Relatório da União Europeia (2018), 281
retórica do "muro de ferro", 26, 42, 73
Revolta árabe (1936-39), 20, 39, 63-77, 83-8, 90, 93, 100, 104, 150, 154, 233-4
revolução bolchevique, 45, 85
Rogers, William, 171
Roma, massacre do aeroporto de, 247
Roosevelt, Franklin D., 98, 111, 239
Ross, Dennis, 257-9, 266, 314
Rostow, Eugene, 142
Rostow, Walter, 142
Rothschild, barão Edmond de, 26
Rubinstein, Elyakim, 261-2
Rumsfeld, Donald, 312

Q

Qaddafi, Mu'ammar al-, 173
Qaddumi, Faruq al- (Abu Lutf), 238
Qassam, Shaykh 'Iz al-Din al-, 50, 154
Qibya, massacre, 126, 131
Quneitra, Síria, 137
Quray', Ahmad (Abu al-'Ala'), 265

Rússia: pós-União Soviética, 343; pré-União Soviética, 36, 41, 45, 57; *ver também* União Soviética

S

Sa'di, Shaykh Farhan al-, 66
Sa'id, Nuri al-, 91, 95
Sabra e Chatila, massacre dos campos de refugiados de, 174, 176-7, 190, 194, 200, 203, 212-7, 223-4
Sadat, Anwar, 185, 245, 282
Saguy, Yehoshua, 216
Said, Edward, 161, 165, 235, 240, 242, 270, 279, 313, 323
Saladino, 247, 286
Salam, Fatima al-Khalidi, 38, 80
Salameh, Abu Hassan, 182, 292
Salisbury, Lord, 57
Samuel, Sir Herbert, 50, 64
Sanders, Bernie, 308
Sarafand, campo de concentração, 67
Sarraj, Iyad al-, 235
Sayel, Sa'd (Abu al-Walid), 184, 292
Sayigh, Yusif, 89-90, 92, 94, 99, 103, *104*
Schumer, Charles, 308
Segunda Guerra Mundial, 26, 66, 71-2, 79, 83-4, 110
Segunda Intifada (2000-08), 274, 287-93, 312, 324
Seicheles, Ilhas, 67, 80
Senado dos Estados Unidos, 142, 307
sequestros de aviões, 156, 166, 171
Setembro Negro, 166, 236
Sèvres, Protocolo de, 129
Sha'ath, Nabil, 238
Shaked, Ayelet, 328

Shamir, Yitzhak, 25, 186, 193, 214-5, 225, 250, 255-6, 259, 261-2, 267, 269
Sharabi, Hisham, 165
Sharett, Moshe, 96, 127
Sharon, Ariel, 25, 126-7, 174-8, 186, 187, 192, 196-7, 201, 203-4, 208, 214-8, 221, 225, 227, 230, 285-91, 312
Shehadeh, 'Aref *ver* 'Arif, 'Arif al-
Shehadeh, Raja, 235, 251
Shlaim, Avi, 96, 108
Shouf, montanhas, 180, 187, 194, 197, 205, 223
Shoufani, Elias, 238
Shuja'iyya, 298, *299*, 301
Shultz, George, 215, 239
Shuqayri, Ahmad, 91
Sidon, 116, 187, 194, 197
Sinai, 36, 130; guerra de 1967 e, 135-7; retirada dos israelenses de, 141, 142; tratado egípcio-israelense e, 185
Singer, Joel, 268
Singer, Paul, 307
Sinn Féin, 63, 78
sionismo, 14-28, 34, 40-66, 70-82, 83-90, 96, 98-108, 110, 113, 118, 129, 142, 147, 150, 153, 160, 227, 242, 259, 262, 292, 319-30
sionismo trabalhista, 257
sionistas revisionistas, 25, 143, 285
Síria, 13, 48, 58, 86-7, 95, 105, 107, 116, 120, 149, 154, 172; Abu Nidal e, 246; Fatah e, 237; guerra civil, 322, 343; guerra civil libanesa e, 177-8, 180-1, 187; guerra de 1967 e, 135-40, 155; Guerra do Líbano (1982) e, 193, 195-207, 219, 223; Israel e, 166, 180; negociações

Madri-Washington e, 252, 254, 260; OLP e, 160-1, 178, 180, 245, 292; Oslo e, 270; Resolução 242 do Conselho de Segurança da ONU e, 171; Skykes-Picot e, 52; *ver também* Colinas de Golã
Sourani, Raji, 235
St. James, Conferência do Palácio de (1939), 71-3, 86, 118
Stálin, Ióssif, 101, 109
Stalingrado, Batalha de, 83
Stern, Gangue, 99
Sternhell, Zeev, 327, 329
Suez, Guerra de Atrito de (1968-70), 310
sunitas, 119, 178, 205, 207, 333
sunitas libaneses, 205, 207
Suprema Corte israelense, 213
Suriyya al-Janubiyya, 51

T

Tácito, 227
Tal al-Rish, 36, 47, *48*, 105, *106*
Tal al-Za'tar, massacre, 175-7, 211
Tal, Wasfi al-, 91
Tannous, 'Izzat, 90
Tchecoslováquia, 128
Tel Aviv, 46, 105
Territórios Ocupados, 229; Administração Civil, 262; Áreas A, B e C, 272-3; assentamentos e, 229, 262; autogoverno limitado em, 266-71; Guerra do Líbano (1982) e, 193, 222, 227; Hamas e, 294; negociações Madri-Washington e, 252-62, 266; ocupação militar de, 230-1, 267, 326; OLP e, 230-1, 235-8, 263-6; Oslo e, 267-71; Pisga e, 262; prefeitos expulsos, 230; Primeira Intifada e, 227, 229, 235, 266; restrições de viagens e, 273, 280-1, 286; Resolução 242 do Conselho de Segurança da ONU e, 145; retorno da OLP para, 273, 275-6, 289; Segunda Intifada e, 287-8; tratado egípcio-israelense e, 185-6; *ver também* assentamentos; Cisjordânia; Faixa de Gaza; Jerusalém Oriental
terrorismo, 170, 174, 296
Touqan, Fadwa, 150-1, 153
Transjordânia (mais tarde Jordânia), 65, 69, 80, 82, 86, 95-6, 103-7; renomeada de Jordânia, 117; tomada da Cisjordânia por, 107
tratado de paz egípcio-israelense (1979), 149, 167, 171, 178-87, 244, 251
"três nãos", 171
Trípoli, 187, 205
Truman, Harry, 85, 88, 98, 101, 110, 112, 140, 146, 310
Trump, Donald, 310, 319, 332-7
Túnis, 200, 219, 235, 237, 248-9, 253, 263, 265
Turquia, 39, 52, 85

U

Unesco, 191
União dos Estudantes Palestinos, 157
União Soviética (URSS), 44-5, 72, 84, 87, 100, 109-10, 141, 146, 149, 179, 185; colapso da, 245, 249, 252; guerra de 1948 e, 129, 326; guerra de 1967 e, 138; Guerra de Suez e, 129-30; Guerra do Líbano (1982) e, 197,

221; negociações de Madri e, 252; OLP e, 167, 172, 245; *ver também* Rússia
Universidade Americana de Beirute (UAB), 73, 80, 154, 175, 182, 189-90, 211-2, 220, 224
Universidade Árabe (Beirute), 198
Universidade de Chicago, 231-2
Universidade de Michigan, 79
Universidade Libanesa, 175
Universidade Princeton, 80
'Uraysi, 'Abd al-Ghani al-, 36
Uris, Leon, 24

V

vale do Bekaa, 193, 197, 205, 219
valores democráticos, 169-72, 327-9
Vance, Cyrus, 179, 313
Viena, massacre do aeroporto de, 247

W

Wafa, 190, 195
Wafd, Partido, 63, 95
wahabismo, 142
Washington Institute for Near East Policy, 258
Wazir, Khalil al- (Abu Jihad), 126, 223, 236-7, 248, 292
Weizmann, Chaim, 40, 42, 51, 55, 57, 61, 74, 98
Wilson, Woodrow, 44-5, 57, 75
Wolfowitz, Paul, 312

X

xiitas, 119, 175, 205, 207, 224
xiitas libaneses, 205, 207

Y

Yale, Faculdade de Direito de, 150
Yehud, massacre de, 126
yishuv, 54, 60, 99, 100
Yofi, Yitzhak, 216
Young, Andrew, 241

Z

Zangwill, Israel, 23
Zanzibar, 67
Zawiyya al-Fakhriyya, 286
Zayyad, Tawfiq, 151, 153
Zimbábue, 321
Zohar, Miki, 328
Zu'aytir, Wael, 174
Zureiq, Constantin, 155

Créditos das imagens

pp. 13, 37, 48, 81: Biblioteca Khalidi
p. 16: Central Zionist Archives
p. 103: Universidade de Birzeit
p. 104: Rosemary Sayigh
pp. 106, 138: Família Khalidi
p. 152: Wattan Media
p. 196: Abdallah el Binni/ Al Jazeera
p. 213: *Doonesbury* © 1982 G. B. Trudeau. Publicado mediante acordo com Andrews McMeel Syndication. Todos os direitos reservados.
p. 233: Lucian Perkins
p. 294: Raja Khalidi
p. 299: EPA/ Oliver Weiken

Todos os esforços foram feitos para encontrar os detentores de direitos autorais das imagens incluídas neste livro. Em caso de eventual omissão, a Todavia terá prazer em corrigi-la em edições futuras.

The Hundred Years' War on Palestine © Rashid Khalidi, 2020

Todos os direitos desta edição reservados à Todavia.

Grafia atualizada segundo o Acordo Ortográfico da Língua Portuguesa de 1990, que entrou em vigor no Brasil em 2009.

capa
Bloco Gráfico
foto de capa
Yacoub Rabah/ Shutterstock
tratamento de imagens
Carlos Mesquita
preparação
Cacilda Guerra
índice remissivo
Marco Mariutti
revisão
Karina Okamoto
Paula Queiroz

2ª reimpressão, 2025

Dados internacionais de Catalogação na Publicação (CIP)

Khalidi, Rashid (1948-)
Palestina : um século de guerra e resistência (1917-2017) / Rashid Khalidi ; tradução Rogerio W. Galindo. — 1. ed. — São Paulo : Todavia, 2024.

Título original: *The Hundred Years' War on Palestine*
ISBN 978-65-5692-589-9

1. Palestina — história. 2. Israel — história. 3. Guerra.
I. Galindo, Rogerio W. II. Título.

CDD 956.94

Índice para catálogo sistemático:
1. Palestina : História 956.94

Bruna Heller — Bibliotecária — CRB-10/2348

todavia
Rua Luís Anhaia, 44
05433.020 São Paulo SP
T. 55 11. 3094 0500
www.todavialivros.com.br

fonte
Register*
papel
Pólen natural 80 g/m²
impressão
Geográfica